Direito, Inteligência Artificial e Algoritmos

DESAFIOS JURÍDICOS NA ERA DA TECNOLOGIA EXTREMA

Direito, Inteligência Artificial e Algoritmos

DESAFIOS JURÍDICOS NA ERA DA TECNOLOGIA EXTREMA

Coordenadores:
Clodoaldo Silva da Anunciação
Fernanda Viana Lima
Marcelo José S. Lagrota Felix
Geovânia Silva de Sousa

Alisson Guilherme Zeferino
Bruno Mello Corrêa de Barros Beuron
Claudia de Faria Barbosa
Danilo Felix Macêdo
Gabriela Wadhy Rebehy
Guilherme Edson M. de Mello Cruz Pinto
Guilherme Manoel de Lima Viana
Jane Hilda Mendonça Badaró
Jianine Simões Rodrigues Pichite
Joana Stelzer
José Sérgio da Silva Cristóvam
José Valdir Jesus de Santana
Julia Jacob Alonso
Larisse Salvador Bezerra de Vasconcelos
Leonardo Bortolozzo Rossi
Lucio Flavio J. Sunakozawa
Maria de Fátima de Andrade Ferreira
Paulo Borba Casella
Pedro Henrique Feliciano
Rafael Soares Duarte de Moura
Ricardo Murilo da Silva
Rhadson Rezende Monteiro
Rodolfo Ignácio Aliceda
Tatiane Mendes Sanches
Viviane Aparecida Mota de Carvalho
Vitória Dreide Xavier Araújo Silva

ALMEDINA
BRASIL

Direito, Inteligência Artificial e Algoritmos
Copyright © 2025 STARLIN ALTA EDITORA E CONSULTORIA LTDA.
ALMEDINA é uma empresa do Grupo Editorial Alta Books.
Copyright © 2025 Clodoaldo Silva da Anunciação, Fernanda Viana Lima, Marcelo José S. Lagrota Felix, Geovânia Silva de Sousa
ISBN: 978-85-8493-9350
Impresso no Brasil – 1ª Edição, 2025 – Edição revisada conforme o Acordo Ortográfico da Língua Portuguesa de 2009.

Dados Internacionais de Catalogação na Publicação (CIP)

A615

Direito, Inteligência Artificial e Algoritmos. Clodoaldo Silva da Anunciação, Fernanda Viana Lima, Marcelo José S. Lagrota Felix, Geovânia Silva de Sousa. 1. ed. – Rio de Janeiro: Almedina Brasil, 2025.

352 p; 16 x 23 cm.

ISBN 978-85-8493-9350

1. Inteligência artificial. 2. Direito digital. 3. Direitos fundamentais. 4. Proteção de dados. 5. Administração pública. 6. Sustentabilidade. 7. Justiça digital. I. Anunciação, Clodoaldo Silva da. II. Lima, Fernanda Viana. III. Felix, Marcelo José S. Lagrota. IV. Sousa, Geovânia Silva de. V. Título.

CDU 342.5 (81)

Índice para catálogo sistemático:

1. Brasil : Inteligência artificial : Direito digital : Direitos fundamentais

Grupo Editorial Alta Books

Produção Editorial: Grupo Editorial Alta Books
Diretor Editorial: Anderson Vieira
Editora-Chefe: Manuella Santos de Castro
Assistente Editorial: Francielle Regina
Vendas Governamentais: Cristiane Mutüs
Diagramação: Cumbuca Studio

ALTA BOOKS
GRUPO EDITORIAL

Rua Viúva Cláudio, 291 – Bairro Industrial do Jacaré
CEP: 20.970-031 – Rio de Janeiro (RJ)
Tels.: (21) 3278-8069 / 3278-8419
www.altabooks.com.br – altabooks@altabooks.com.br
Ouvidoria: ouvidoria@altabooks.com.br

Editora
afiliada à:

ASSOCIADO

CBL Câmara Brasileira do Livro

NOTA DA COORDENAÇÃO

O conhecimento científico se constrói por meio do compartilhamento de ideias, reflexões e descobertas. Este livro, fruto do I Congresso Internacional Diálogos Humanistas, reflete o empenho de pesquisadores de diversas instituições e áreas do saber na produção acadêmica e na disseminação do conhecimento.

Realizado entre os dias 16 e 18 de outubro de 2024, na cidade do Salvador, Bahia, o congresso teve como tema central "IA e Direito: Desafios e Caminhos Interdisciplinares para uma Sociedade Inovadora e Sustentável". O evento reuniu especialistas para debater as implicações da inteligência artificial (IA) nas mais diversas esferas sociais, incluindo o direito, a ética, a sustentabilidade e as relações econômicas.

Os trabalhos aqui reunidos, compostos por artigos e resumos expandidos, exploram a interseção entre IA e os desafios da atualidade. Dentre as pesquisas, destacam-se estudos sobre a aplicação da IA na Administração Pública, os impactos da tecnologia na proteção de dados e privacidade, a influência da automação no mercado de trabalho e a relação entre IA e direitos fundamentais. Além disso, diversos trabalhos abordam questões regulatórias, sustentabilidade, ética na programação de algoritmos, desafios na segurança pública e o impacto da IA na solução de disputas online.

A coletânea inclui estudos sobre a interseção entre conflitos armados e crimes internacionais, destacando a atuação de tribunais internacionais na limitação do uso da força e na proteção dos direitos humanos. Outros artigos analisam a infraestrutura da Rota Bioceânica, explorando sua relevância para a economia e a integração tecnológica na América do Sul. Já pesquisas sobre a Administração Pública Digital discutem os riscos da opacidade algorítmica e a necessidade de governança transparente na implementação da IA.

No campo do direito digital, estudos abordam os desafios da Lei Geral de Proteção de Dados (LGPD) e da prova digital, destacando a necessidade de soluções tecnológicas para garantir conformidade. Além disso, são exploradas aplicações da IA nos processos de devida diligência empresarial, bem como sua utilização na fiscalização de cadeias produtivas para garantir a proteção dos direitos humanos.

Os impactos da IA na sustentabilidade e no meio ambiente também são analisados, incluindo seu papel na preservação do patrimônio cultural e na fiscalização ambiental. No âmbito da inclusão e dos direitos sociais, pesquisas investigam como a automação pode tanto ampliar quanto restringir direitos fundamentais, desde o combate à escravidão contemporânea até a formulação de políticas públicas mais equitativas.

Por fim, o impacto da IA na justiça e na democracia é amplamente debatido, com estudos sobre o uso de inteligência artificial na resolução de disputas online, na transparência eleitoral e na modernização do judiciário, enfatizando a necessidade de um equilíbrio entre inovação e controle regulatório.

Essa coletânea representa a riqueza e diversidade do debate acadêmico, promovendo a integração entre teoria e prática e contribuindo para a compreensão dos desafios emergentes no mundo digital. Ao reunir pesquisas inovadoras, esta obra se propõe a ser um material de referência para estudiosos e profissionais interessados nos impactos da IA e sua interface com o direito e a sociedade.

Agradecemos a todos os pesquisadores que contribuíram com seus estudos, bem como os avaliadores e organizadores que tornaram possível a concretização deste livro. Que esta publicação possa fomentar o diálogo e incentivar a produção acadêmica de excelência.

Boa leitura!

Organizadores Científicos da obra e do I Congresso Internacional Diálogos Humanistas.
Prof. Dr. Clodoaldo Silva da Anunciação
Profa. Dra. Fernanda Viana Lima
Prof. Dr. Marcelo José S. Lagrota Felix
Profa. Dra. Geovânia Silva de Sousa

SUMÁRIO

1. GENOCÍDIO, CRIMES DE GUERRA, CRIMES CONTRA A HUMANIDADE E CRIMES AMBIENTAIS EM CONFLITOS ARMADOS[1]

Paulo Borba Casella
Professor titular de Direito internacional público na Faculdade de Direito da Universidade de São Paulo. Presidente do IDIRI – Instituto de Direito Internacional e Relações Internacionais de São Paulo. Coordenador do GEPIM-USP – Grupo de estudos sobre proteção internacional de minorias, do GEBRICS-USP – Grupo de estudos sobre os BRICS, do NEI-USP – Núcleo de estudos internacionais.

Associado IHLADI. Coorganizador do *Fórum Permanente sobre genocídio e crimes contra a humanidade* da USP. Lecionou na Academia de Direito Internacional da Haia. Autor de livros e artigos jurídicos.

A ocorrência de conflitos armados acarreta extensa e sistemática destruição, não somente de vidas humanas, de patrimônio histórico e artístico, como de recursos naturais. Traçar a linha divisória entre o que possa ser considerado 'objetivo militar' e o que constitui crime internacional será sempre tanto necessário quanto difícil de ser determinado.

Ao longo da história muitos desses temas foram tratados, em diversas civilizações. Notadamente a ocorrência ou não dos elementos indispensáveis para a caracterização do que possa ser uma guerra justa – *bellum iustum*

1 Palestra magna de abertura do Congresso Internacional – Diálogos Humanistas, organizado pelo prof. Clodoaldo Silva da ANUNCIAÇÃO, em Salvador, 16 de outubro de 2024. Uma versão anterior do presente trabalho foi apresentada no XXXII Congresso do IHLADI – Instituto hispano luso americano e filipino de Direito internacional, em Lisboa, 2 a 6 de setembro de 2024, na Faculdade de Direito da Universidade de Lisboa.

– desde os antigos romanos[2] até nossos tempos, passando pela Índia antiga, com KAUTILYA,[3] até as correntes flagrantes violações do Direito internacional, do Direito internacional humanitário, bem como dos Princípios basilares da proteção da dignidade humana, em curso, dentre outras, na Ucrânia, em Gaza –[4] como também na Cisjordânia e no Líbano –, e estas violações demonstram a atualidade e a necessidade de tentar configurar normas e parâmetros para o enquadramento legal de tais questões.

Nos vemos diante de diferentes contextos de invasão, guerra de agressão e violência sistemática contra a população civil e contra alvos não-militares, inclusive escolas, hospitais e infraestrutura, de um lado entre dois povos eslavos – agressores russos e vítimas ucranianas – e, de outro, entre israelenses e árabes palestinos. Agem os agressores como se não existissem princípios, normas e instituições internacionais, para coibir tais condutas abusivas, ilegais e desumanas.

Entre russos e ucranianos temos mais de mil anos de alternância entre convivência e confrontação. A controvérsia a respeito de existir um estado 'russo',[5] tende a partir do núcleo inicial da Moscóvia – tendo Moscou sido

---

2 CASELLA, **Tratado de direito internacional** – vol. 3 B – **Gregos, romanos, chineses indianos** (São Paulo: Almedina, 2ª ed., 2023, cap. 6 – na formação e no desenvolvimento de Roma, p. 117-194, esp. item 6.3 – duradoura contribuição do *jus gentium* para o direito internacional); Christian NADEAU e Julie SAADA, **Guerre juste, guerre injuste** – Histoire, théories et critiques (Paris: PUF, 2009); Paulo P. de Alcântara VELOSO, *Guerra justa* (in **Enciclopédia luso-brasileira de direito internacional**, 2023, p. 586-589).

3 KAUTILYA, **The Arthashastra** (ed., arranged and translated by L. N. RANGAJARAN, New Delhi: Penguin Books India, 1992). A respeito, v. CASELLA, **Tratado de direito internacional** – vol. 3 B – **Gregos, romanos, chineses indianos** (São Paulo: Almedina, 2ª ed., 2023, item 7.1 – a Índia e Direito internacional na Índia antiga e medieval, p. 203-289).

4 Ver o conjunto dos textos em Rafael Domingos OLIVEIRA (org.), **Gaza no coração** – História, resistência e solidariedade na Palestina (São Paulo: Elefante, 2024), esp. Arlene CLEMESHA, *Al-Nakba e os percursos historiográficos de uma tragédia sem fim* (in **Gaza no coração**, org. R. D. OLIVEIRA, São Paulo: Elefante, 2024, p. 67-93, cit. p. 87): "O estado de Israel foi criado em 78% do território da Palestina histórica, e não nos 52% designados pela ONU. Nessa porção majoritária permaneceram apenas cerca de 150 mil palestinos. A Faixa de Gaza recebeu 200 mil refugiados, cujos descendentes representam 70% da população atual. Outros 550 mil palestinos fugiram principalmente para Cisjordânia, Jordânia, Síria e Líbano"; v. tb. Atef Abu SAIF, **Quero estar acordado quando morrer** – Diário do genocídio em Gaza (orig. publ. **Don't look left: A Diary of Genocide**, 2023, trad. Gisele EBERSPÄCHER, São Paulo: Elefante, 2024).

5 B. A. RYBAKOV, **Early centuries of Russian History** (orig. publ. **Pervie veka russkoi istorii**, transl. by John WEIR, Moscou: Progress, 1965, cit. p. 4) "traces the beginnings of the history of Kiev Rus, one of the largest states of Medieval Europe, and its subsequent break-up into a system of principalities during the epoch of feudal fragmentation", entre os séculos IX ao início do século XIII. Ver tb. Valeri LOBACHEV e Vladimir PRAVOTORV, **A millennium of Russian orthodoxy** (orig. publ. **Ticialetnie russkovo pravoslavia**, transl. by Mikhail NIKOLSKY, ed. by Juliette SHAPLAND, Moscou: Novosti, 1988); Anatole LEROY-BEAULIEU (1842-1910), **L'empire des tsars et les russes** (4ᵉ éd. 1897-1898, Paris: Robert Laffont, 1990).

fundada em 1156 – mas, não se pode esquecer, que existiu, vários séculos antes, o Principado de Kiev –[6] um dos maiores estados da Europa, durante a Idade média, até ser fracionado pela perversa combinação de conflitos internos e invasões externas.[7] A seguir, outros séculos de história, trazem a Ucrânia à convivência c interação com o estado lituano-polonêse com o cristianismo ocidental católico – a igreja uniata ucraniana – do que com a Rússia dos czares.

As pretensões da Rússia sobre a Ucrânia e a Belarus, como terras 'russas' desencaminhadas, por serem todos os três 'descendentes' da Rus de Kiev, não se sustentam, diante da história. "Sabemos, hoje, que uma tal visão não tem qualquer base histórica: as terras das atuais Ucrânia e Belarus faziam parte do Grão ducado da Lituânia (1289-1765) e da República polono-lituana (1569-1795), depois da desintegração da Rus de Kiev. Durante centenas de anos, os territórios da Ucrânia e da Belarus atuais foram chamados 'Rus', no Grão ducado, como na República dual. A Moscóvia (que se torna, a partir de 1721, o Império russo e, a partir de 1922, a União das repúblicas socialistas soviéticas) se estendeu, pouco a pouco, pelas terras da Rus, mas Kiev não foi absolutamente governada por Moscou, antes de 1667 – ou seja, mais de quatro séculos depois da queda da Rus de Kiev, nem de L'viv, antes de 1939, sete séculos depois

---

6 Pierre LORRAIN, **L'Ukraine** – une histoire entre deux destins (orig. publ. 2019, Paris: Bartillat, 2e éd., 2021); Felipe LOUREIRO (org.), **Linha vermelha – a guerra da Ucrânia e as relações internacionais no século XXI** (Campinas: Ed. Unicamp, 2022); Alexandra GOUJON, **L'Ukraine** – de l'indépendance à la guerre (Paris: Le cavalier bleu – Les idées reçues, 2022); Francis MONCAUBEIG, **L'Ukraine** – de l'Antiquité à 2015 (Tours: Ed. Sutton, 2019); Jorge SABORIDO, **Ucrania** – passado, presente, futuro? (Buenos Aires: Biblos, 2022); Volodymyr SERHIYCHUK, **Holodomor 1932-1933** – genocídio do povo ucraniano (orig. publ. **Golodomor 1932-1933** – rokiv iak guenocid ukrainstva, trad. Emílio GAUDELA, Curitiba: RCUB – Representação central ucraniano brasileira, 2022); Luís Filipe F. R. THOMAZ, **Ucrânia – as lições da história** – e outros estudos sobre o Oriente cristão (Lisboa: Gradiva, 2022); Serguei YEKELTCHYK, **Istoria Ukraini** – Stanovlenie sovremennoi natcii (orig. publ. **Ukraine** – the birth of a modern Nation, 2007, trad. Nikolai KLIMTCHUKA, Kiev: Ed. K. I. S., 2010).

7 Georges SOKOLOFF, em seu ensaio histórico, **Le retard russe** – Histoire et développement 882-2014 (Paris: Fayard, 2014, chap. IX – Tradition et modernité, p. 149-167, esp. 'La fourche du XIIIe siècle', cit. p.153-154) situa o ponto de divergência inicial entre europeus e os habitantes do espaço russo por volta de 1250: até então ambos encontravam-se em condições de igualdade: "Sortant d'une période difficile où son niveau de vie la classait plus bas que la Chine, l'Inde, le Japon et l'empire abbasside, l'Europe occidentale avait su se placer sur une pente à nouveau ascendante au XIe siècle". Nessa altura, os eslavos orientais começavam a diversificar seus tradicionais recursos agrícolas com o aporte vigorosamente mercantil dos Varegues suecos, sobretudo amplificados graças à abertura cultural e econômica, encontrada na relação com Bizâncio. Mas, a seguir, enquanto a Europa prosseguiu em seu caminho, sob impulso de Veneza e das outras grandes cidades do norte da Itália, "la Russie kiévienne payait un tribut on ne peut plus lourd à des divisions politiques et à sa bien trop faible capacite de résistance devant l'invasion mongole."

da queda da antiga Rus." E, se formos falar em 'ascendência' e 'descendência', como valores pertinentes para a diplomacia, a Polônia teria tanto direito em falar em 'laços familiares' quanto a Rússia.[8] Na verdade, a Polônia soube evitar esse gênero de metahistória, tratando seus vizinhos orientais como estados-nação iguais.[9]

8 Timothy SNYDER, **La reconstruction des nations – Pologne, Ukraine, Lituanie, Bélarus** 1569-1999 (orig. publ. **The reconstruction of nations**, 2003, trad. Olivier SALVATORI, Paris: Gallimard – bibliothèque des histoires, 2017, cit. p. 404) no plano filosófico, o enfoque polonês era radicalmente diverso. "Os Poloneses, não menos que os Russos, os Húngaros ou os Sérvios, mantiveram uma relação histórica complexa com seus vizinhos; e essa inclui, no século XX, o revanchismo aberto, os estados de guerra oficiais e as limpezas étnicas sistemáticas; e que as lembranças da guerra e das injustiças foram importantes, junto às elites dos vizinhos orientais da Polônia e da população polonesa. Além disso, quando esses vizinhos orientais alcançaram a independência, em 1991, dirigentes, diplomatas e cidadãos, dos dois lados da antiga fronteira soviético-polonesa, suscitaram essas mesmas questões históricas. Depois do fim da União soviética, a política das normas europeias funcionou apesar das reivindicações nacionais, então reiteradas, sobre a pátria lituana contestada ou o interior ucraniano assediado. O sucesso dessas política não nos deve fazer esquecer que esses desafios eram muito reais". Algo diversa a avaliação de Pierre LORRAIN, **L'Ukraine** – une histoire entre deux destins (orig. publ. 2019, Paris: Bartillat, 2ᵉ éd., 2021, Première partie – La grande principauté de Kiev, p. 25-82, Deuxième partie – De la Sitch cosaque à l'éveil ukranien, p. 83-183). A respeito da eclosão e da violência dessas 'acomodações' territoriais pós 1945, ver Mark MAZOWER, **Dark Continent: Europe's Twentieth Century** (1998, New York: A. Knopf, 1999); Keith LOWE, **Savage continente: Europe in the aftermath of World war II** (Londres : Viking – Penguin, 2012); ___, **L'Europe barbare** 1945-1950 (trad. Johan F. H. GUEDJ, Paris: Perrin – histoire, 2015); de modo bastante direto o exprime Hamit BOZARSLAN, **Crise, violence, dé-civilisation** (Paris: CNRS éd., 2019, p. 69): "S'il est indéniable que l'Europe est fille de l'Église, elle est aussi fille de la 'barbarie', au sens antique du terme." E aponta o paradoxo – "saindo do Império romano, a religião ajudou a barbárie a triunfar, sem ser ela mesma bárbara".

9 A respeito, Adam MICKIEWICZ, **Conrad Wallenrod** – légende historique d'après les chroniques de Lithuanie et de Prusse (éd. 1866, trad. Ladislas MICKIEWICZ, Paris: BnF – Gallica / Hachette livre http://gallica.bnf.fr/ark:/12148/bpt6k58360189). V. tb. Anne-Marie THIESSE, **La création des identités nationales** – Europe XVIIIᵉ-XIXᵉ siècle (orig. publ. 1999, Paris: Seuil – histoire, 2001); Larry WOLFF, **Inventing Eastern Europe** – the Map of Civilization in the Mind of the Enlightenment (Stanford: Univ. Press, 1994); Jean-Yves ANDRIEUX, Fabienne CHEVALLIER & Anja KERVANTO-NEVANLINNA (dir. de), **Idée nationale et architecture en Europe** 1860-1919 – Finlande, Hongrie, Roumanie, Catalogne / **Architeture and National Identities in Europe** 1860-1919 – Finland, Hungary, Romania, Catalonia (Rennes: Presses univ. de Rennes / Institut national d'histoire de l'art, 2006); Philippe MEYER, **Baltiques** – Histoire d'une mer d'ambre (Paris: Perrin – histoire, 2013); Jerzy LUKOWSKI e Hubert ZAWADZKI, **Histoire de la Pologne** (orig. publ. **A concise history of Poland**, 2001, trad. Eric CHEDAILLÉ, Paris: Perrin, 2010). Do ponto de vista ucraniano, Serguei YEKELTCHYK, **Istoria Ukraini** – Stanovlenie sovremennoi natcii (orig. publ. **Ukraine** – the birth of a modern Nation, 2007, trad. Nikolai KLIMTCHUKA, Kiev: Ed. K. I. S., 2010).

A Rússia de PUTIN parece querer reescrever a história,[10] e esconder as suas fraquezas e incertezas por trás de tais agressões,[11] ao mesmo tempo em que o discurso do regime pretende negar a condição de povo dos ucranianos e a existência de estado ucraniano independente – o que, não esqueçamos, reiteradamente reconheceu a Rússia ao longo dos últimos cem anos. Contra esse negacionismo, a resposta mais eloquente e admirável tem sido dada pelos ucranianos, na heroica e persistente resistência contra o agressor russo, deixando patente que se dispõem a lutar e morrer para preservar sua identidade e sua liberdade.[12]

---

10 Francis CONTE, **Les slaves** – aux origines des civilisations d'Europe centrale et orientale (VIe-XIIIe siècles) (orig. publ. 1986, Paris: Albin Michel, 1996, cit. p. 461): "la Russie n'a cessé de s'interroger sur le sens de son histoire, sur son passé et son avenir, comme jamais sans doute ne l'a fait aucune puissance au monde. Dans le même temps, ces recherches inquiètes, qui se poursuivent à ce jour, ont souvent débouché sur une volonté de s'affirmer, de 'compenser' par une volonté de puissance qui interroge à son tour les autres puissances". V. tb. James H. BILLINGTON, **The Icon and the Axe** – an interpretation of Russian culture (orig. publ. 1966, New York: Vintage Books, 1970); Henri MASSIS, **Découverte de la Russie** (Paris: H. Lardanchet, 1944); Hans-Heinrich NOLTE, **Geschichte Russlands** (orig. publ. 1998, Stuttgart: Ph. Reclam, 3a. ed., 2012); Marc SEMENOFF, **Histoire de Russie** – Étude comparée entre l'Orient et l'Occident (préface de Louis RÉAU, Paris: La Renaissance du Livre, 1924).

11 Jean RADVANYI, **Russie, un vertige de puissance** – une analyse critique et cartographique 1986-2023 (Paris: La découverte, 2023, p. 145-151) expõe "*les persistantes faiblesses de la puissance russe*". No mesmo sentido, Robert D. KAPLAN, **The revenge of geography** (New York: Random House, 2012, esp. chap. X – Russia and the independent heartland, p. 154-187, cit. p. 155) descreve a Rússia como "the world's preeminent land power, extending 170 degrees of longitude, almost halfway around the globe", mas como "land powers are perennially insecure", "without seas to protect them, they are forever dissatisfied and and have to keep expanding or be conquered in turn themselves. This is especially true of the Russians, whose flat expanse is almost bereft of natural borders and affords little protection". E, ao longo do tempo, os russos avançaram rumo ao Báltico, para ter acesso a este mar, no início do século XVIII, na Grande guerra do norte, e para conter a Suécia – o que KAPLAN não menciona – the Russians have pushed into Central and Eastern Europe to block nineteenth-century France and twentieth-century Germany. They have pushed toward Afghanistan to block the British in India and to seek a warm water outlet on the Indian Ocean, and have pushed into the Far East to block China. As for the Caucasus, those mountains constitute the barrier that the Russians must dominate in order to be safe from the political and religious eruptions of the Greater Middle East." Ver Evguéni TARLÉ, **La guerre du Nord** et l'invasion suédoise en Russie (orig. publ. **Severnaiá voiná** – i schwedskoe naxestvie na Rossiio, trad. Jean CHAMPENOIS, Moscou: Ed. Progresso, 1966, 2 vols.).

12 P. B. CASELLA, **Tratado de direito internacional** – vol. 2 – **Direito internacional dos espaços** (São Paulo: Almedina, 2ª ed., 2022, cap. 29 – espacialidade e direitos fundamentais: a dimensão humana do território, p. 531-626, esp. item 29.3 – dimensão humana do território como expressão da relação entre espacialidade e direitos fundamentais) sobre a guerra de agressão russa contra a Ucrânia, tb. P. B. CASELLA e Alex S. OLIVEIRA, *A guerra de agressão russa na Ucrânia e o direito internacional* (in **Temas de direito internacional, direito do trabalho e direito internacional do trabalho** – estudos em homenagem a C. A. HUSEK, coord. F. ZAVANELLA, F. FELAMINGO, H. A. T. de MATTOS e L. M. de SOUZA, São Paulo: LTr, 2023, p. 242-252);

Digna de todo o respeito e de apoio a luta do povo ucraniano contra a guerra de agressão russa, em curso desde fevereiro de 2022, apesar da flagrante e substancial desigualdade de condições da luta,[13] por diversas ordens de motivos: pela disparidade populacional e consequente disponibilidade de recrutamento de contingentes militares, pela diferença de condições econômicas para sustentar o esforço de guerra, porquanto a economia ucraniana tem sido fortemente impactada pelo esforço bélico e coarctada em sua existência e suas exportações pelos ataques e barreiras impostas pelos agressores russos, enquanto, nesse meio tempo, a Rússia tem conseguido driblar as sanções econômicas, impostas pelo Ocidente, aumentando as exportações de gás para a R.P. da China e as vendas de petróleo para a Índia, este reexportado para terceiros países, a partir de lá.

Em outro conflito, entre israelenses e árabes, que se estende por décadas, tivemos recrudescimento de conflito direto, a partir do ataque terrorista do Hamas contra população majoritariamente civil israelense, em 7 de outubro de 2023. Todo ataque terrorista deve ser condenado; todo ataque contra população civil tem de ser condenado. Sejam ataques contra população civil israelense, sejam ataques contra população civil palestina.

Obviamente Israel tem o direito de se defender. Mas, desde o ataque sofrido em 7 de outubro de 2023 – que causou a morte de cerca de 1.200 pessoas e mais de 200 reféns sequestrados – a resposta do atual governo de extrema direita de Israel foi além de todos os limites – com mortes de muito mais de 40.000 palestinos, em sua grande maioria mulheres e crianças – além de outras dezenas de milhares de mortos, soterrados sob escombros e desaparecidos, que sequer puderam ser até aqui computados, com destruição sistemática de toda a faixa de Gaza, reduzida a escombros, em terra arrasada, sequer poupando de bombas nem escolas, nem hospitais, nem espaços para onde centenas de milhares de deslocados foram forçados e estão amontoados, em condições desumanas e degradantes, sem água, sem comida, sem

---

P. A. FERNÁNDEZ SÁNCHEZ (coord.), **La situación de Ucrania ante el derecho internacional** – Perspectiva iberoamericana (Sevilha: Edtrl. Univ. de Sevilla, 2023).

13 Felipe N. P. ALAMINO, **Anexação da Crimeia** – o conceito de agressão no Direito internacional (prefácio P. B. CASELLA, Curitiba: Instituto memória ed., 2021); Robert BADINTER, Bruno COTTE e Alain PELLET, **Vladimir Poutine – l'accusation** (Paris: Fayard, 2023); Paul D'ANIERI, **A Ucrânia e a Rússia** – do divórcio civilizado à guerra incivil (orig. publ. **Ukraine and Russia** – from civilized divorce to uncivil war, 2023, trad. J. P. MOREIRA e M. J. B. MARQUES, Lisboa: Relógio d'água, 2023); Vladimir FÉDOROVSKI, **Poutine, l'Ukraine, les faces cachées** (Paris: Balland, 2022); Mathilde PHILIP-GAY, **Peut-on juger Poutine?** (Paris: Albin Michel, 2023); Càndida PINTO e David ARAÚJO, **Ucrânia insubmissa** (Alfragide: Dom Quixote – Leya, 2023).

abrigo, e sob ameaça fatal constante. E isso em busca de resultado impossível, como se tem visto.

Ao falar em árabes, é preciso atentar para a existência de um vasto conjunto de povos, com consideráveis diferenças culturais e históricas, normalmente enfeixados sob a denominação de 'árabes'.[14] Em certa medida, utiliza-se a autodefinição, na medida em que estes seriam os povos, que como tais se identificam e, em considerável extensão, estão reunidos em organização internacional regional, a Liga dos estados árabes.[15] Geograficamente se estendem desde o oceano Atlântico até o oceano Índico, consideravelmente concentrados no que se costuma denominar Oriente médio.[16] Em

---

14 Jacques BENDELAC, **Les arabes d'Israël** – entre intégration et rupture (Paris: Autrement – coll. Frontières, 2008); John Bagot GLUBB, **A short history of the Arab peoples** (orig. publ. 1969, London: Quartet Books, 1980); Albert HOURANI, **Uma história dos povos árabes** (orig. publ. **A history of the Arab peoples**, 1991, trad. Marcos SANTARRITA, São Paulo: Companhia das letras, 2006); Rashid KHALIDI, **Palestina** – um século de guerra e resistência (1917-2017) (orig. publ. **The hundred years' war on Palestine**, 2020, trad. R. W. GALINDO, São Paulo: Todavia, 2024); Eugene ROGAN, **The Arabs – a History** (orig. publ. 2009, 3rd. ed., with updates, 2018); ___, **Os árabes** – uma história (2009, trad. Marlene SUANO, Rio de Janeiro: Zahar, 2021).

15 Inicialmente, a Liga Árabe – *Al-Jamiah al-'Arabiyyah* – foi constituída no Cairo, em 22 de março de 1945, e contava sete membros: Arábia Saudita, Egito, Iêmen (originalmente o Iêmen do norte, depois ingressou o Iêmen do Sul, em 1967, unificado desde 1990, atualmente em situação de guerra civil), Iraque, Jordânia, Líbano e Síria. Oficialmente denominada Liga dos estados árabes – *Al-Jamiah al-Duwal al-'Arabiyyah* – , atualmente conta 22 estados membros (com ano de ingresso): Argélia (1962), Bahrein (1971), Comores (1993), Djibuti (1977), Emirados árabes unidos (1971), Kuwait (1961), Líbia (1953), Mauritânia (1973), Marrocos (1958), Omã (1971), Palestina (1976), Qatar (1971), Somália (1974), Sudão (1956), Tunísia (1958). Sete estados têm status de observadores: Armênia (2004), Brasil (2003), Chade (2005), Eritréia (2003), Grécia (2021), Índia (2007) e Venezuela (2006). Estão fora da Liga somente dois países, nos quais o árabe é uma língua oficial: Chade e Mali. No caso de Malta, Eritréia e Sudão do Sul embora o árabe não seja a língua oficial, há dialeto relacionado com o árabe, falado por parcela considerável das respectivas populações. Outros dois países de língua árabe – a República democrática árabe Saraui e a Somalilândia – tem problemas de reconhecimento internacional, e sua condição de estados independentes é questionada, respectivamente, pelo Marrocos e pela Somália, tornando pouco provável o ingresso destes, como membros da organização, em futuro previsível.

16 Hamit BOZARSLAN, **Crise, violence, dé-civilisation** – essai sur les angles morts de la cité (Paris: CNRS Éd., 2019); ___, **Sociologie politique du Moyen-Orient** (Paris: La découverte, 2011); Leyla DAKHLI (dir. de), **Le Moyen-Orient** – fin XIXe–XXe siècle (Paris: Seuil – histoire, 2016); Louise FAWCETT (ed.), **International relations of the Middle East** (orig. publ. 2005, Oxford: Univ. Press, 2nd ed., 2009); Arthur GOLDSCHMIDT Jr. e Ibrahim AL-MARASHI, **Uma história concisa do Oriente Médio** (orig. publ. **A concise history of the Middle East**, 2019, trad. Caesar SOUZA, Petrópolis: Vozes, 2021); Raymond HINNEBUSCH, **The international politics of the Middle East** (orig. publ. 2003, Manchester: Univ. Press, 2004); Peter MANSFIELD (1928-1996), **A history of the Middle East** (orig. publ. 1991, Londres: Penguin, 4th ed., rev. and updated by Nicolas PELHAM, 2013).

sua imensa maioria, professam a religião muçulmana,[17] nas suas correntes sunita e xiita, muito embora existam também outras minorias muçulmanas, bem como também minorias cristãs de língua árabe,[18] além de consideráveis grupos muçulmanos não árabes, em diversos países desde a África ocidental até a Indonésia.

17 Jean-Paul CHARNAY, **Traumatismes musulmans** – entre *chârî'â* et géopolitique (Paris: Afkar, 1993); Sylvie DENOIX et Hélène RENEL (dir. de), **Atlas des mondes musulmans médiévaux** (Paris: CNRS Éds., 2022); Maurice LOMBARD, **L'Islam dans sa première grandeur** – VIIIe–XIe siècle (orig. publ. 1971, préf. Hichem DJAÏT, Paris: Flammarion, 1987); Eduardo MANZANO MORENO, **Historia de las sociedades musulmanas en la Edad media** (Madrid: Síntesis, 1992); Ali MÉRAD, **L'Islam contemporain** (orig. publ. 1984, Paris: PUF, 7e éd., 2005); Rosalie Helena de Souza PEREIRA (org.), **O Islã clássico** – itinerários de uma cultura (São Paulo: Perspectiva, 2007); Edmond RABBATH, **L'Orient chrétien à la veille de l'Islam** – les chrétiens dans l'Islam des premiers temps (Beirute: Publications de l'Université Libanaise – Section des études historiques, vol. XXIII, 1980); Fazlur RAHMAN, **O islamismo** (orig. publ. **Islam**, 1966, trad. J. Teixeira de AGUIAR, Lisboa: Arcádia, 1970); Philippe SÉNAC, **L'Occident médiéval face à l'Islam** – l'image de l'autre (orig. publ. 1983, Paris: Flammarion, 2e éd., 2000); Adam J. SILVERSTEIN, **Islamic history** (Oxford: Univ. Press – a very short introduction, 2010); Dominique SOURDEL, **L'Islam** (orig. publ. 1949, Paris: PUF, 22é éd. 2009).

18 Angelos DALACHANIS, Confessions et minorités (in **Le Moyen-Orient** – fin XIXe–XXe siècle, dir. de L. DAKHLI, Paris: Seuil – histoire, 2016, p. 73-98, Conclusion, p. 98): "Pour faire l'histoire des populations minoritaires au Moyen-Orient, des problèmes liés à la difficulté d'accéder à des archives communautaires et confessionnelles, qu'elles soient chrétiennes ou autres, doivent être surmontées. En effet, la position parfois fragile de certains groupes minoritaires dans les contextes locaux souvent mouvementés, ainsi que les réflexes de repli et de protection que manifestent certains groupes empêchent fréquemment ceux-ci de partager un matériel archivistique à la fois riche et largement inexploité. [...] Dans cette logique d'interconnexion, cette contribution a essayé d'aborder le fait minoritaire dans sa complexité, en tâchant d'éviter de le confiner aux seules appartenances religieuses ou ethniques. De plus, en évoquant les minorités *de fait* et *de droit*, nous avons tenté de saisir comment la catégorie juridique de 'minorité' a été initialement conçue en Europe, puis exportée au Moyen-Orient. Or, en dehors des catégories analytiques ou juridiques plus ou moins représentatives de ces populations, la complexité de la question des minorités au Moyen-Orient s'observe au niveau des personnes pour qui les différentes échelles du phénomène s'entremêlent". V. tb. P. B. CASELLA, **International Law, History and Culture** (2024, chap. IV – The role of the international protection of fundamental rights as a factor in the renewal and transformation of international law, p. 340-412, items A – The legal framework for the protection of minorities, B – The protection of religious minorities, C – Protection of ethnic minorities, D – The Yogyakarta Principles (2007 and 2017) and protection of minorities in relation to sexual orientation and gender identity, E – The human dimension in postmodern international law).

A conjugação entre conflitos armados e crimes de guerra, crimes contra a humanidade, genocídio[19] e crimes ambientais[20] comporta enorme volume de

19 A **Convenção para a prevenção e repressão do crime de genocídio** foi assinada em Paris, aos 11 de dezembro de 1948; entrada em vigor aos 12 de janeiro de 1951. A respeito, v. o Parecer consultivo da CIJ sobre a possibilidade de reservas à Convenção sobre o crime de genocídio, ICJ, **Reservations to the Convention on the Prevention and Punishment of the Crime of Genocide** (Advisory Opinion of 28 May 1951, ICJ Reports 1951, p. 15), no qual expõe a Corte seu entendimento sobre a natureza do compromisso internacionalmente assumido no tocante à prevenção e repressão ao crime de genocídio como matéria de relevância e de interesse do conjunto da sociedade internacional como um todo, e como tal se situam os limites do que pode ser objeto de eventual reserva, por parte de algum estado, ao conteúdo do referido instrumento internacional. V. tb. Hamit BOZARSLAN, Vincent DUCLERC et Raymond A. KÉVORKIAN, **Comprendre le génocide des arméniens** – 1915 à nos jours (Paris: Tallandier, 2015); Jean-Hervé BRADOL et Marc LE PAPE, **Génocide et crimes de masse** – L'expérience rwandaise de MSF 1982-1997 (orig. publ. **Humanitarian aid, Genocide and Mass killings**, 2016, Paris: CNRS Éd., 2017); Bernard BRUNETEAU, **O século dos genocídios** – violências, massacres e processos genocidários da Arménia ao Ruanda (orig. publ. **Le siècle des génocides**, 2004, trad. Isabel ANDRADE, Lisboa: Instituto Piaget, 2008); M. L. T. CARNEIRO e L. YEGHIAZARYAN (orgs.), **Genocídio armênio** – protótipo dos genocídios modernos (São Paulo: Edusp, 2021); P. B. CASELLA, *Genocídio armênio* (in **Cem anos do genocídio armênio** – negacionismo, silêncio e direitos humanos, org. M. L. T. CARNEIRO, C. A. A. BOUCAULT e H. A. C. LOUREIRO, São Paulo: Humanitas, 2019, p. 51-112); ___, *O genocídio armênio* (in **Direito internacional na Constituição** – estudos em homenagem a F. REZEK, org. A. J. CICCO Fo., A. F. P. VELLOSO, M. E. G. T. ROCHA, São Paulo: Saraiva, 2014, p. 565-604); Daniel FEIERSTEIN, **Introducción a los estúdios sobre genocídio** (Buenos Aires: FCE / Eduntref, 2016); Oscar LÓPEZ GOLDARACENA, **Genocidio, crímines de guerra, crímines de lesa humanidad** – cooperación con la Corte Penal Internacional – Ley no. 18.026 de 25 de setiembre de 2006 anotada (Montevideo: Fundación de cultura universitária, 2008); Larry MAY, **Genocide** – a normative account (Cambridge: Univ. Press, 2010); Marco Aurélio Moura dos SANTOS, **Genocídio no direito internacional** – procedimentos retóricos (pref. P. B. CASELLA, São Paulo: Dialética, 2023); William A. SCHABAS, **Genocide in International Law** – the crime of crimes (orig. publ. 1999, Cambridge: Univ. Press, 2nd ed., 2009).

20 ONU – Assembleia geral, 77ª sessão, Res. 77/104 – **Proteção do meio ambiente em conflitos armados**, adotada em 7 de dezembro de 2022 / UNGA, 77th. Session –– Resolution 77/104, adopted on 7 December 2022 (on the Report of the Sixth Committee A/77/415, para. 12) – **Protection of the environment in relation to armed conflicts** – refere o Report of the International Law Commission on the work of its seventy-third session (*Draft Principles on Protection of the Environment in relation to armed conflicts)*, nos termos do art. 13 da Carta da ONU, enfatiza a importância da codificação e desenvolvimento progressive do DI – the continuing importance of the codification and progressive development of international law – refere a recomendação do Programa das Nações Unidas para o meio ambiente – UNEP – que a Comissão do DI – ILC – examinasse o Direito internacional existente em matéria de proteção do meio ambiente durante conflitos armados e recomendasse como isso pode ser esclarecido, codificado e expandido (cfr. UNEP, **Protecting the Environment during armed conflict. An Inventory and Analysis of International Law**, Nairobi 2009, recommendation 3), aponta ser a proteção do meio ambiente em relação a conflitos armados de grande importância nas relações internacionais, e mesmo quando não reflitam direito costumeiro ou obrigações, para os estados, resultantes de tratados, como aplicável, os Princípios (ILC, *Draft Principles on Protection of the Environment in relation to armed conflicts)*, constituem recomendações para o progressivo desenvolvimento do direito

elementos, jurídicos, políticos, econômicos, históricos, em vasto e complexo conjunto.[21] Visando a viabilidade operacional desta apresentação, são destacadas duas situações, de extrema gravidade, comportando violações sistemáticas e flagrantes não somente do Direito internacional e do Direito internacional humanitário, como do Direito internacional dos direitos humanos, como também recentes, ainda em curso, e ambas sem perspectiva de 'solução' a curto ou previsível prazo: Ucrânia e Gaza.

Ainda que outras situações, passadas e presentes, igualmente possam ser lembradas, ambos casos são destacados por constituírem múltiplas ameaças para a civilização humana e a colocam em xeque, bem como os avanços institucionais e normativos até aqui alcançados.

São recentes e graves violações do Direito internacional geral, do Direito internacional humanitário – aplicável aos conflitos armados internacionais, como aos conflitos não internacionais –[22] bem como do Direito internacional dos direitos humanos:

- a multissecular confrontação, substancialmente agravada pela guerra de agressão da Rússia contra a Ucrânia, desde

internacional, inter alia, como exemplos de medidas voluntárias efetivas para aperfeiçoar a proteção do meio ambiente em conflitos armados.

21 Dentre outras, v. P. B. CASELLA, **International Law, History and Culture** (Leiden / Boston: Brill / Nijhoff, 2024, chap. 5, B – *Limitations on war and the use of force*, p. 450-495); ___, **Tratado de direito internacional** – vol. 4 – **Direito Internacional no tempo medieval** (São Paulo: Almedina, 2ª ed., 2023, cap. 11 – tratadistas da guerra: Baltazar AYALA e Pierino BELLI, p. 491-687); ___, **Tratado de direito internacional** – vol. 7 – **Direito Internacional no tempo de Hugo Grócio** (São Paulo: Almedina, 2ª ed., 2023, item 18.8 – GRÓCIO e os limites do direito da guerra, p. 302-378); ___, **Tratado de direito internacional** – vol. 12 – **Direito Internacional no tempo de Vattel e von Martens** (São Paulo: Almedina, 2ª ed., 2024, item – mutações do direito internacional no século XVIII, ilustradas pelo tema da guerra e item 24.1 – a concepção de VATTEL sobre o tema da guerra); ___, *Genocídio armênio* (in **Cem anos do genocídio armênio** – negacionismo, silêncio e direitos humanos, org. M. L. T. CARNEIRO, C. A. A. BOUCAULT e H. A. C. LOUREIRO, São Paulo: Humanitas, 2019, p. 51-112); ___, *O genocídio armênio* (in **Direito internacional na Constituição** – estudos em homenagem a F. REZEK, org. A. J. CICCO Fo., A. F. P. VELLOSO, M. E. G. T. ROCHA, São Paulo: Saraiva, 2014, p. 565-604).

22 Situa com pertinência o objeto do Direito internacional humanitário M. BETTATI, **Droit humanitaire** (textes introduits et commentés, Paris: Seuil, 2000, chap. I – Présentation: Physionomie du droit humanitaire, p. 11-45, cit. p. 13): "Le droit international humanitaire (DIH) est constitué des règles destinées à restreindre la faculté des Parties à un conflit d'utiliser les méthodes et moyens de guerre de leur choix. Il tend à protéger les personnes et les biens affectés para la guerre. / On y distingue deux régimes juridiques: l'un, très élaboré, concerne les conflits armés internationaux; l'autre, encore rudimentaire mais en cours de perfectionnement, vaudra pour les conflits armés non-internationaux".

fevereiro de 2022, que continua sem perspectivas de solução em futuro previsível;[23]

- a confrontação de décadas, entre israelenses e árabes, sobretudo palestinos, desde a criação do estado de Israel e a consequente *Nakba*, em 1948, levada ao paroxismo na guerra de Israel contra Hamas em Gaza, em curso desde 7 de outubro de 2023.[24]

Ambas situações presentes nos põem diante de graves violações do Direito internacional:

---

23 P. B. CASELLA e Alex S. OLIVEIRA, A guerra de agressão russa na Ucrânia e o direito internacional (in **Temas de direito internacional, direito do trabalho e direito internacional do trabalho** – estudos em homenagem a C. A. HUSEK, coord. F. ZAVANELLA, F. FELAMINGO, H. A. T. de MATTOS e L. M. de SOUZA, São Paulo: LTr, 2023, p. 242-252); CASELLA, **Tratado de direito internacional** - vol. 2 – **Direito Internacional dos espaços** (São Paulo: Almedina, 2ª ed., 2022, item 29.3 – dimensão humana do território como expressão da relação entre espacialidade e direitos fundamentais, p. 598-626, cit. p. 625): "o patamar de efetividade e de independência (humanamente possível) do controle de tais violações, que podem ser cometidas pelos estados, podem encontrar guarida mediante princípios, normas e procedimentos de implementação de direito internacional. Isso exige correspondente adequação ou redefinição da expressão territorial da soberania dos estados".

24 P. B. CASELLA, Genocídio, crimes de guerra, tratamento desumano e degradante, e apartheid (São Paulo: Faculdade de direito da USP – Opinião, 15 de janeiro de 2024 – https://direito.usp.br > notícia > 7 cb); ___, Genocídio e outros crimes (Belo Horizonte: Dois Pontos, Hoje em dia, p. 7, 17 de janeiro de 2024); ___, Genocídio e outros crimes (Campo Grande: Estado Mato Grosso do Sul, p. A 2, 19 de janeiro de 2024); ___, Genocídio e outros crimes (Fortaleza: Jornal do comércio do Ceará, 20 jan. 2024); ___, Genocídio e outros crimes (Boa Vista: Folha Boa Vista, 22 jan. 2024); ___ e FERNANDES, Guilherme A. A. L., Genocídio, crimes de guerra, tratamento desumano e degradante, e apartheid (São Paulo: Conjur.com.br, 23 de janeiro de 2024); Viviane FORRESTER, **O crime ocidental** (orig, publ. **Le crime occidental**, 2004, trad. M. J. CATAGNETTI e T. YAMAGUCHI, São Paulo: Ed. Unesp, 2006); Roy GUTMAN, David RIEFF, Anthony DWORKIN (ed. by), **Crimes of war** (orig. publ. 1999, New York: W. W. Norton, 2nd revised and updated ed., 2007); Ilan PAPPE, **The ethnic cleansing of Palestine** (orig. publ. 2006, Oxford: Oneworld, reprinted 2008); Edward SAID, **From Oslo to Iraq and the Road Map** – essays (foreword by Tony JUDT, afterword by Wadie E. SAID, New York: Vintage Books, 2004); ___, **A questão da Palestina** (orig. publ. **The question of Palestine**, 1992, trad. Sonia MIDORI, São Paulo: Ed. Unesp, 2012); ___, **Cultures and Imperialism** (Londres: Chatto & Windus, 1993); Charles SMITH, *The Arab-Israeli conflict* (in L. FAWCETT, **International relations of the Middle East**, op. cit., 2009, p. 231-253); Avi SHLAIM, *The Rise and Fall of the Oslo peace process* (in L. FAWCETT, **International relations of the Middle East**, op. cit., 2009, p. 254-271); Enzo TRAVERSO, **Gaza ante la historia** (trad. Valentina OLALLA SALVADOR, Buenos Aires: Akal – Reverso – historia crítica, 2024); Asa WINSTANLEY e Frank BARAT (ed. by), **Corporate complicity in Israel's occupation** – evidence from the London Session of the Russell Tribunal on Palestine (foreword Alice WALKER, Londres: Pluto Press, 2011).

- relativas às restrições contra o uso unilateral da força armada (capítulo VII, e especialmente art. 51 da Carta da Organização das Nações Unidas, 1945),[25]
- da Convenção das Nações Unidas para a prevenção e a repressão ao crime de Genocídio (1948, em vigor 1951),[26]
- das quatro Convenções de Genebra (1949, em vigor 1950)[27] e de seus três Protocolos (1977),[28] com menção específica ao Protocolo

---

25 **Carta** das Nações Unidas, assinada em San Francisco, em 26 de junho de 1945, entrada em vigor internacionalmente em 24 de outubro de 1945, desde o 'Preâmbulo' reafirma "a fé nos direitos fundamentais do homem, na dignidade e no valor do ser humano, na igualdade de direitos dos homens e das mulheres, assim como das nações grandes e pequenas, e a estabelecer condições sob as quais a justiça e o respeito às obrigações decorrentes de tratados e de outras fontes do direito internacional possam ser mantidos, e a promover o progresso social e melhores condições de vida dentro de uma liberdade ampla". Estados na organização: Israel foi admitido em 11 de maio de 1949; o estado da Palestina tem a condição de estado observador não membro da Organização, nos termos da Resolução A/RES/67/19 de 29 de novembro de 2012, conferida pela AGNU; a Federação Russa, desde 24 de outubro de 1945, sucede à URSS como membro fundador; e a Ucrânia, também membro fundador, desde 24 de outubro de 1945.

26 **Convenção para a prevenção e repressão ao crime de genocídio**, assinada em Paris, em 9 de dezembro de 1948, em vigor desde 12 de janeiro de 1951 (United Nations Treaty Series, vol. 78, p. 277) foi assinada por Israel em 17 de agosto de 1949 e ratificada em 9 de março de 1950; o estado da Palestina aderiu à Convenção desde 2 de abril de 2014; pela Federação Russa foi assinada em 16 de dezembro de 1949 e ratificada em 3 de maio de 1954; pela Ucrânia foi assinada em 16 de dezembro de 1949 e ratificada em 15 de novembro de 1954.

27 As quatro **Convenções de Genebra** relativas à proteção das vítimas de conflitos armados internacionais, de 12 de agosto de 1949, cf. ihl-databases.icrc.org, foram ratificadas por 196 estados, incluindo todos os estados membros, bem como os dois observadores da ONU – a Santa Sé e o estado da Palestina – e ainda as ilhas Cook. A **IV Convenção de Genebra sobre a proteção de população civil em tempo de guerra**, em vigor desde 21 de outubro de 1950, tem por escopo proteger população civil, em áreas de conflitos armados, contra homicídio, tortura ou violência, bem como discriminação, com base em nacionalidade, raça ou convicção política. O art. 3º da IV Convenção estipula os requisitos mínimos a serem observados em conflitos armados não internacionais que ocorram no território de um estado parte.

28 Cf. ihl-databases.icrc.org, quanto aos **Protocolos** de 1977, respectivamente ratificados por 174 estados, o Protocolo II por 169 estados e o Protocolo III por 79 estados. Em relação ao **Protocolo sobre proteção de vítimas de conflitos armados internacionais** – Protocolo I, de 8 de junho de 1977, ratificado por 174 estados: a Federação Russa tinha assinado em 12 de dezembro de 1977, ratificado em 29 de setembro de 1989, quando formulou reserva e fez declaração nos termos do art. 90, e o denunciou em 23 de outubro de 2019; a Ucrânia assinou em 12 de dezembro de 1977 e o ratificou em 25 de janeiro de 1990, quando tb. formulou declaração nos termos do art. 90 – ref. à prévia aceitação da competência da Comissão de Investigação. O art. 1º, par. 4º do **Protocolo I** estipula que conflitos armados nos quais povos lutam contra a dominação colonial, ocupação estrangeira ou regimes racistas devem ser considerados conflitos internacionais. Ver tb. CICR, **Comentario del Protocolo del 8 de junio de 1977 adicional a los Convenios de Ginebra del 12 de agosto de 1949** relativo a la protección de las víctimas de los conflictos armados internacionales (Protocolo I) (Yves SANDOZ et al., orig. publ. 1986 em francês; 1987 em

II – sobre proteção das vítimas de conflitos armados sem caráter internacional,[29]

- do Estatuto de Roma do Tribunal Penal Internacional (TPI) (1998, em vigor 2002) sobre Genocídio, Crimes de guerra, Crimes contra a humanidade, atos de Agressão e Crimes ambientais –[30] com aceitação da jurisdição do Tribunal pela Palestina, desde 2014,
- a Convenção das Nações Unidas contra a Tortura e outros Tratamentos ou Penas Cruéis, Desumanos ou Degradantes (1984, em vigor 1987)[31],
- a Convenção contra o Crime de Apartheid (1973, em vigor 1976)[32] e

---

inglês; trad. Mauricio DUQUE Ortiz, refs. Mercè FERRÉS Hernández, superv. edtrl. José CHOCOMELI Lera, Bogotá: CICR / Plaza y Janés, 2000, tomos I e II).

29 Cf. ihl-databases.icrc.org, quanto ao **Protocolo sobre proteção de vítimas de conflitos armados sem caráter internacional** – Protocolo II, de 8 de junho de 1977, ratificado por 169 estados, tem por escopo aperfeiçoar a proteção de vítimas de conflitos armados não internacionais, no interior das fronteiras de um único estado: Israel formulou declarações em 14 de junho de 1983 e 2 de agosto de 1984; a Federação Russa assinou em 12 de dezembro de 1977, o ratificou e formulou reserva em 29 de setembro de 1989, e fez notificação em 13 de janeiro de 1992; a Ucrânia assinou em 12 de dezembro de 1977 e o ratificou em 25 de janeiro de 1990. Ver CICR, **Comentario del Protocolo del 8 de junio de 1977 adicional a los Convenios de Ginebra del 12 de agosto de 1949** relativo a la protección de las víctimas de los conflictos armados sin carácter internacional (Protocolo II) y del artículo 3 de estos Convenios (Sylvie-Stoyanka JUNOD et al., orig. publ. 1986 em francês; 1987 em inglês; trad. José CHOCOMELI Lera con colab. de Mauricio DUQUE Ortiz, refs. Margarita SERRANO Garcia y Maria ECUYER, Bogotá: CICR / Plaza y Janés, 1998).

30 O **Estatuto de Roma do Tribunal Penal Internacional** foi assinado em 17 de julho de 1998 e entrou em vigor em 1º de julho de 2002. Nos termos do art. 12, par. 3 do Estatuto de Roma, um estado não parte do Estatuto pode "por meio de Declaração depositada junto ao Cartório (Registrar) do TPI, aceitar o exercício da jurisdição da Corte, com relação ao crime em questão". Depois de uma primeira declaração, em 2009, considerada inválida, a Palestina formulou Declaração de aceitação da jurisdição do TPI, que encontrou aceitação em 31 de dezembro de 2014, com início da jurisdição em 13 de junho de 2014.

31 **Convenção das Nações Unidas contra a Tortura e outros Tratamentos ou Penas Cruéis, Desumanos ou Degradantes** (assinada em 10 de dezembro de 1984, em vigor desde 26 de junho de 1987): por Israel foi assinada em 22 de outubro de 1986 e ratificada em 3 de outubro de 1991; a Palestina aderiu em 2 de abril de 2014; pela Federação russa – ainda como URSS – foi assinada em 10 de dezembro de 1985 e ratificada em 3 de março de 1987; pela Ucrânia – ainda como R.S.S. da Ucrânia – foi assinada em 27 de fevereiro de 1986 e ratificada em 24 de fevereiro de 1987. Há também o Protocolo opcional à Convenção contra a tortura (OPCAT) adotado pela Assembleia geral em 18 de dezembro de 2002, em vigor desde 22 de junho de 2006, prevendo "sistema de visitas regulares, feitas por entidades independentes, internacionais e nacionais, a locais nos quais as pessoas estão privadas de liberdade, visando evitar tortura e outros tratamentos ou penas cruéis, desumanos ou degradantes", a ser supervisionado por Subcomité para a prevenção da tortura e outros tratamentos ou penas cruéis, desumanos ou degradantes.

32 **Convenção internacional para a supressão e a punição do crime de apartheid** (adotada em 30 de novembro de 1973, em vigor 18 de julho de 1976, AGNU Res. 3068 (XXVIII) 28 U. N.

- a Convenção internacional contra a tomada de reféns (1979, em vigor 1983).[33]

Concomitantemente à prática de crimes de guerra, o dano ambiental durante uma ação militar pode configurar crime ambiental ou especificamente ecocídio –[34] e resultar em imputação de responsabilidade penal para o pessoal militar e/ou paramilitar nos termos do Estatuto de Roma do Tribunal Penal Internacional (TPI).

O TPI tem a missão de investigar e levar a julgamento indivíduos, não estados, que cometem os crimes mais graves, e devem ser motivo de preocupação para a comunidade internacional, como o genocídio, os crimes de

---

GAOR Supp. (No. 30) at 75, U. N. Doc. A/9030 (1974) 1015 U. N. T. S. 243 – legal.un.org) enfatiza, desde o primeiro parágrafo do Preâmbulo, "a convicção de que o apartheid constitui a negação total dos propósitos e princípios da Carta das Nações Unidas e é um crime contra a humanidade" e "reconhece a urgente necessidade de tomar medidas efetivas adicionais, visando a supressão e punição do apartheid". Ainda como URSS, a Federação Russa a assinou em 12 de fevereiro de 1974 e ratificou em 26 de novembro de 1975; ainda ao tempo da URSS, a Ucrânia a assinou em 20 de fevereiro de 1974 e ratificou em 10 de novembro de 1975. O Secretário geral da ONU recebeu, em 12 de maio de 1975, do governo de Israel, a seguinte comunicação: "The instrument deposited by the government of Kuwait contains a statement of a political character in respect to Israel. In the view of the government of Israel, this is not the proper place for making such political pronouncements, which are, moreover, in flagrant contradiction to the principles, objectives and purposes of the Organization. That pronouncement by the government of Kuwait cannot in any way affect whatever obligations are binding upon Kuwait under general international law or under particular treaties, The government of Israel will, insofar as concerns the substance of the matter, adopt towards the government of Kuwait an attitude of complete reciprocity". Outra comunicação, essencialmente idêntica, *mutatis mutandis,* foi recebida pelo Secretário geral, do governo de Israel, em 15 de dezembro de 1987, com relação à declaração feita pelo Iêmen, quando da adesão deste.

33 **Convenção internacional contra a tomada de reféns** (assinada em 18 de dezembro de 1979, em vigor desde 3 de junho de 1983), foi assinada por Israel em 19 de novembro de 1980; a Federação russa aderiu em 11 de junho de 1987; a Ucrânia aderiu em 19 de junho de 1987 – em 20 de outubro de 2015 o governo da Ucrânia fez comunicação a respeito, que pode ser acessada C.N. 613.20115.TREATIES-XVIII.5 of 20 October 2015. A Convenção tipifica o delito em seu art. 1º, par. 1: "Toda pessoa que prender, detiver ou ameaçar matar, ferir ou continuar a deter outra pessoa (daqui por diante denominada refém), com a finalidade de obrigar terceiros, a saber, um estado, uma organização intergovernamental internacional, uma pessoa física ou jurídica, ou um grupo de pessoas, a uma ação ou omissão como condição explícita ou implícita para a libertação do refém, incorrerá no crime de tomada de refém, dentro das finalidades da presente Convenção". O art. 1.2 tipifica também a tentativa de tomada de refém, bem como "agir como cúmplice de alguém que tome ou tente tomar refém, estará, igualmente, incorrendo em crime, dentro das finalidades da presente Convenção".

34 Andreas MALM, **A destruição da Palestina é a destruição do planeta** (orig. publ. **The destruction of Palestine is the destruction of the Earth**, 2024, trad. Natália ENGLER, São Paulo: Elefante, 2024) analisa a extensão na qual a pulverização de Gaza por Israel, em curso desde 7 de outubro de 2023, além da grave crise humanitária também constitui uma catástrofe ambiental.

guerra e os crimes contra a humanidade, inclusive homicídio generalizado de civis, a tortura e violações sistemáticas, na sua condição de instituição judicial mundial, com jurisdição internacional que complementa os sistemas jurídicos nacionais.

Nas negociações que resultaram no Estatuto do Tribunal Penal Internacional se deu pouca atenção aos crimes ambientais. A tipificação de crimes ambientais se tem ampliado e vem se consolidando, mas a matéria recebeu muito pouca atenção e, seguramente, não foi uma prioridade nos primeiros anos do TPI.[35]

A matéria, contudo, tem relevância e pode ter impactos de tal amplitude, que torna indispensável seja considerada.

A tipificação de crime ambiental – é ato, ou conjunto de atos, cometido com a intenção de causar dano ou com potencial de causar dano aos sistemas ecológicos e/ou biológicos, visando obter ganhos políticos, como parte de estratégia militar ou visando assegurar vantagens comerciais ou pessoais. Para a determinação de enquadramento jurídico de condutas, um delito ambiental é um ato, contra o meio ambiente, que viola uma lei de proteção ambiental, como convenções, protocolos e instrumentos internacionais conexos.

Os crimes ambientais se estipularão sobre a base do Estatuto de Roma e outros instrumentos normativos do TPI, bem como dos tratados ambientais aplicáveis, as normas do Direito internacional consuetudinário e a jurisprudência de outros tribunais internacionais e nacionais.

Danos ambientais podem se configurar como estratégia de guerra. E, consequentemente, ser tipificados como crimes de guerra, como crime ambiental ou, especificamente, como ecocídio.

---

35 Kai AMBOS y Ezequiel MALARINO (eds.), **Persecución penal nacional de crímenes internacionales en América Latina y España** (Bonn / Montevideo: Fund. K. Adenauer, 2003); K. AMBOS e Fauzi Hassan CHOUKR (orgs.), **Tribunal penal internacional** (São Paulo: Ed. RT, 2000); William BOURDON avec Emmanuelle DUVERGER, **La Cour pénale internationale** – Le Statut de Rome – introduit et commenté (préf. Robert BADINTER, Paris: Seuil – essais, 2000); Antonio CASSESE e Mireille DELMAS-MARTY (ed.), **Crímines internacionales y jurisdicciones internacionales** (orig. publ. **Crimes internationaux et juridictions internationales**, 2002, trad. Horacio PONS, Bogotá: Grupo ed. Norma, 2004); Julian FERNANDEZ e Xavier PACREAU (dir. de), **Statut de Rome de la Cour pénale internationale** – commentaire article par article (avant-propos Robert BADINTER, ouverture Philippe KIRSCH, Paris: Pedone, 2012, 2 tomos); Hervé ASCENSIO, Emmanuel DECAUX et Alain PELLET (dir. de), **Droit international pénal** (2e éd. revisée, Paris: Pedone, 2012, Première partie, titre II, C – les infractions relatives à l'espace et à l'environnement, p. 365-407); Olivier de FROUVILLE e Anne-Laure CHAUMETTE, **Droit international pénal** – sources, incriminations, responsabilité (Paris: Pedone, 2012); André HUET e Renée KOERING-JOULIN, **Droit pénal international** (orig. publ. 1994, Paris: PUF – Thémis - droit, 3e éd., 2005).

O Estatuto de Roma do TPI estipula em seu artigo 8º, sobre crimes de guerra, a competência do Tribunal para "julgar crimes de guerra, em particular quando cometidos como parte integrante de um plano ou de uma política ou como parte de uma prática em larga escala desse tipo de crimes". Entendem-se por crimes de guerra, nos termos do art. 8.2, "as violações graves às Convenções de Genebra, de 12 de agosto de 1949". Nos termos do art. 8º, par. 2º, letra b) inciso IV:

> *Lançar intencionalmente um ataque, sabendo que o mesmo causará perdas acidentais de vidas humanas, ou ferimentos na população civil, danos em bens de caráter civil ou prejuízos extensos, duradouros e graves no meio ambiente que se revelem claramente excessivos em relação à vantagem militar concreta e direta que se previa;*

Há três modos de um caso chegar ao Tribunal:

- encaminhamento por um Estado Parte do Estatuto;
- encaminhamento pelo Conselho de Segurança das Nações Unidas;
- ou mediante pedido de indiciamento, a partir de investigação por parte do Promotor do TPI.

Se, por um lado, existe crescente consciência internacional de que algumas ações militares devem ser consideradas como delitos contra o meio ambiente, por outro lado, a doutrina sobre o ajuizamento de delitos, cometidos contra o meio ambiente durante ações militares, é matéria que todavia ainda precisa ser desenvolvida.

A configuração de dano ambiental como crime de guerra tem de ser examinada à luz dos delitos internacionalmente tipificados já configurados.

Questão complexa que se coloca é determinar como proceder, quando o Estado, do qual se originou a ação, que configura crime ambiental, não seja parte do Tratado.

A questão se coloca, e tem sido objeto de intenso debate, na medida em que cabe ao TPI complementar, e não substituir a jurisdição penal dos Estados, nos termos do princípio de "subsidiariedade".

A questão se coloca nos termos do Art. 17, inciso 1, do Estatuto – "Questões relativas à admissibilidade" – que estipula competir ao Tribunal decidir a respeito de questão de admissibilidade de determinada matéria, quando

> o caso for objeto de inquérito ou procedimento criminal por um estado com jurisdição sobre ele, salvo se este não tiver vontade de levar a cabo o inquérito ou o procedimento ou não tenha capacidade para o fazer realmente;

> o caso tiver sido objeto de inquérito por um estado com jurisdição sobre ele e tal estado tenha decidido não dar seguimento ao procedimento criminal contra a pessoa em causa, a menos que essa decisão resulte do fato de esse estado não ter vontade de proceder criminalmente ou da sua incapacidade real para o fazer;
>
> ...
>
> o caso não for suficientemente grave para justificar a ulterior intervenção do Tribunal.

Crimes ambientais estão enumerados dentre os crimes de guerra estipulados pelo art. 8º do Estatuto de Roma do TPI. Contudo, para o TPI, o tipo de crime cuja prática é mais provável que suscite enquadramento pelo Tribunal são os crimes contra as pessoas.

A jurisdição do TPI está limitada aos "crimes mais graves de relevância para a comunidade internacional". Ainda que não seja justo descrever a inclusão dos crimes ambientais como uma ocorrência tardia ou desenvolvimento recente, está claro que estes não se colocaram como uma preocupação primordial.

A tipificação dos crimes ambientais utiliza terminologia idêntica à da maior parte das Convenções vigentes sobre a matéria: configura, assim, reafirmação da legislação existente. De modo que não se coloca a necessidade de reafirmar os termos legais, que regem tais matérias no âmbito internacional.

Nesse sentido, devem ser considerados os Princípios sobre proteção do meio ambiente em conflitos armados, adotados pela AGNU, nos termos da Resolução 77/104, em 7 de dezembro de 2022:[36] aplicáveis à proteção do meio ambiente, antes, durante e depois de conflito armado, inclusive em situações de ocupação (princípio 1), destinados a aperfeiçoar a proteção do meio ambiente em conflitos armados, incluindo medidas para prevenir, mitigar e reparar danos ao meio ambiente (princípio 2).

Os estados deverão, em conformidade com as suas obrigações de direito internacional, adotar medidas efetivas, legislativas, administrativas, judiciais e outras, para aperfeiçoar a proteção do meio ambiente em conflitos armados; bem como adotar medidas adicionais, conforme necessário, para aperfeiçoar a proteção do meio ambiente em conflitos armados (princípio 3). Deve ser feita

---

36 ONU – Assembleia geral, 77ª sessão, Res. 77/104 – **Proteção do meio ambiente em conflitos armados**, adotada em 7 de dezembro de 2022 / UNGA, 77th. Session -- Resolution 77/104, adopted on 7 December 2022 (on the Report of the Sixth Committee A/77/415, para. 12) – **Protection of the environment in relation to armed conflicts** – ref. o Report of the International Law Commission on the work of its seventy-third session (*Draft Principles on Protection of the Environment in relation to armed conflicts).*

a designação de zonas protegidas (princípio 4); a proteção do meio ambiente das terras e territórios tradicionalmente habitadas ou utilizadas por povos originários (princípio 5), com obrigação para os estados de tomar medidas para mitigar e reparar os danos que possam ser causados a terras e territórios, habitados ou tradicionalmente utilizados por povos originários.

Estados e organizações internacionais devem inserir normas sobre proteção ambiental em relação à presença de forças militares (princípio 6), visando medidas para prevenir, mitigar e reparar danos ambientais. Da mesma forma, estados e organizações internacionais, engajados em operações de paz, devem avaliar o impacto de referidas operações sobre o meio ambiente e adotar medidas adequadas para prevenir, mitigar e reparar os danos ambientais, decorrentes de tais operações (princípio 7).

Em relação ao deslocamento de pessoas – *human displacement* – estados, organizações internacionais e outros agentes relevantes devem adotar medidas adequadas para prevenir, mitigar e reparar danos ambientais em áreas, nas quais as pessoas sejam obrigadas a se deslocar em razão de conflitos armados, ou pelas quais tenham de transitar, assegurando ajuda e assistência a tais pessoas e comunidades locais (princípio 8).

Configura responsabilidade internacional do estado, em relação a conflito armado, causar dano ao meio ambiente, e acarreta a obrigação de prover plena reparação de referido dano, incluindo o dano ambiental, em si mesmo e nos seus efeitos (princípio 9), sem prejuízo da aplicação das normas sobre responsabilidade do estado ou organização por atos internacionalmente ilícitos, abrangendo e sem limitação no tocante às normas sobre responsabilidade de grupos armados não estatais, bem como às normas sobre responsabilidade penal individual. O mesmo sendo aplicável em relação a corporações e pessoas jurídicas de direito privado interno (princípios 10 e 11).

Em casos não previstos em instrumentos internacionais vigentes, o meio ambiente está colocado sob a proteção e respaldo dos princípios de direito internacional abrangidos pelo direito costumeiro, bem como do princípio da humanidade e dos ditames da consciência pública, nos termos da cláusula Martens, com relação à proteção do meio ambiente em conflitos armados (princípio 12).

Há dever geral de proteção do meio ambiente em conformidade com o direito internacional e, especificamente, com relação ao direito internacional dos conflitos armados, para assegurar a proteção do ambiente contra danos graves, generalizados e duradouros. São proibidos métodos e medidas de guerra que causem danos graves, generalizados e duradouros ao meio ambiente. E o meio ambiente não pode atacado, exceto se se torna objetivo militar específico (princípio 13).

O direito internacional dos conflitos armados, incluindo princípios e normas sobre distinção (entre alvos militares e civis), a proporcionalidade e a precaução, deve ser aplicado ao meio ambiente, visando sua proteção (princípio 14), sendo proibidos ataques ao meio ambiente quer como represália (princípio 15), ou como pilhagem (princípio 16). É igualmente proibido utilizar técnicas de modificação genética ambiental como técnica de combate ou como parte de operação militar (princípio 17), com efeitos graves, generalizados e duradouros, como meios de destruição, dano ou ataque a outro estado.

Áreas de proteção ambiental relevante, bem como áreas de interesse cultural, designadas como áreas protegidas devem permanecer imunes de qualquer ataque, exceto quando contenham objetivos militares. As zonas protegidas devem receber proteção adicional (princípio 18).

Em situações de ocupação, a potência ocupante deve respeitar e proteger o território ocupado, em conformidade com o direito internacional e adotar considerações ambientais como critério para as medidas de administração de referido território, visando prevenir danos relevantes para o território ocupado, notadamente quando possam provocar danos à saúde e bem estar das pessoas no território ocupado, ou constituir qualquer violação dos direitos de tais pessoas. A potência ocupante deve respeitar o direito e as instituições do território ocupado, no tocante às normas de proteção ambiental, e somente pode introduzir alterações nos limites permitidos pelo direito internacional dos conflitos armados (princípio 19).

Deve ser feito uso sustentável dos recursos naturais, por parte da potência ocupante, em benefício da população local (princípio 20), devem ser evitados danos transfronteiriços (princípio 21), bem como a propagação dos danos ambientais a áreas não sujeitas a jurisdição nacional, ou qualquer área do estado ocupado, além do território ocupado.

As partes em conflito armado devem, como parte do processo de paz, e em acordos de paz, considerar questões relativas à restauração e proteção do meio ambiente que sofreu danos em decorrência do conflito (princípio 22). Visando facilitar a adoção de tais medidas de reparação de danos ambientais resultantes de conflito armado devem compartilhar e assegurar acesso a informações relevantes (princípio 23), em conformidade com suas obrigações internacionais.

Após a ocorrência de conflito armado, deve haver avaliação de danos ambientais e adoção de medidas reparatórias (princípio 24), de modo que os danos ambientais não permaneçam sem reparação e compensação, podendo ser estipuladas compensações ambientais específicas, mediante fundos ou outras formas de ajuda e assistência (princípio 25).

As partes envolvidas em conflito armado, após o término deste, devem assegurar, tão logo possível, a remoção ou a neutralização de resíduos de guerra tóxicos ou perigosos, sob sua jurisdição ou controle, que possam causar ou representem riscos ao meio ambiente, nos termos das normas aplicáveis de direito internacional (princípio 26), seja em terra, ou também em relação a resíduos de guerra no mar (princípio 27).

A matéria merece ser considerada. Não somente por seu interesse jurídico, como pelo enorme impacto de danos ambientais utilizados como estratégia militar e, consequentemente, podendo configurar crimes de guerra.

Não por acaso nas duas décadas que permearam entre a primeira e a segunda guerra mundial ocorrem reiterados esforços de apresentação e de promoção do então chamado 'Direito internacional da paz', ou normas gerais de Direito internacional da paz.[37] No espírito da época também se inscreve o Pacto BRIAND-KELLOGG, ou Pacto de Paris, de 1928, proscrevendo a guerra do Direito internacional, e declarando-a inaceitável nas relações internacionais:[38] mesmo se este pode ser descartado como esforço meritório, de pouco impacto sobre a prática, não se pode deixar de reconhecer ter representado mutação conceitual importante – proscrevendo a guerra, e limitando o uso da força no Direito internacional vigente – ademais mantida no espírito que norteou a

---

37 Dentre extensa literatura disponível sobre o tema, ver: C. DUPUIS, **Règles générales du droit de la paix** (RCADI, 1930, t. 32, p. 1-290); J.-P.-A. FRANÇOIS, **Règles générales du droit de la paix** (RCADI, 1938, t. 66, p. 1-294); J. van KAN, **Règles générales du droit de la paix : l'idée de l'organisation internationale dans ses grandes phases** (RCADI, 1938, t. 66, p. 295-601); E. KAUFMANN, **Règles générales du droit de la paix** (RCADI, 1935, t. 54, p. 309-620); E. MILHAUD, **L'organisation économique de la paix** (RCADI, 1926, t. 15, p. 277-431); J. MULLER, **L'œuvre de toutes les confessions chrétiennes (églises) pour la paix internationale** (RCADI, 1930, t. 31, p. 293-392); E. M. PATTERSON, **Les bases économiques de la paix** (RCADI, 1931, t. 37, p. 413-525); H. RAUCHBERG, **Les obligations juridiques des membres de la Société des Nations pour le maintien de la paix** (RCADI, 1931, t. 37, p. 83-204); G. SALVIOLI, **Les règles générales de la paix** (RCADI, 1933, t. 46, p. 1-164); G. SCELLE, **Règles générales du droit de la paix** (RCADI, 1933, t. 46, p. 327-703); S. SÉFÉRIADES, **Principes généraux du droit international de la paix** (RCADI, 1930, t. 34, p. 177-492); K. STRUPP, **Les règles générales du droit de la paix** (RCADI, 1934, t. 47, p. 259-595); A. von VERDROSS, A., **Règles générales du droit international de la paix** (RCADI, 1929, t. 30, p. 271-517).

38 A respeito, i.a., ver E.-E. F. DESCAMPS, **Le droit international nouveau : l'influence de la condamnation de la guerre sur l'évolution juridique internationale** (RCADI, 1930, t. 31, p. 393-559); V. H. RUTGERS, **La mise en harmonie du pacte de la Société des Nations avec le pacte de Paris** (RCADI, 1931, t. 38, p. 1-123);
Manuel A. RIBEIRO, *Guerra* (in **Enciclopédia luso-brasileira de direito internacional**, 2023, p. 582-584, cit. p. 584): "Embora a conclusão do Pacto BRIAND-KELLOGG não tenha evitado os conflitos que eclodiram na década de trinta do século XX, teve a importância de ter tornado ilícito o recurso à guerra e ter aberto o caminho para as formas de neutralidade diferenciada que vieram a ser declaradas no decurso da II guerra mundial".

redação da Carta da Organização das Nações Unidas, em 1945 – notadamente seu capítulo VII, sobre *ação relativa a ameaça à paz, ruptura da paz e atos de agressão*, arts. 39 a 51 –, bem como tem pautado a atuação da Organização nos oitenta anos desde a sua criação.[39]

Passemos agora a breve apontamento da situação entre a Rússia e a Ucrânia. O que nos põe diante de mais que milenar trajetória histórica.

Sem remontar demasiadamente atrás no passado histórico compartilhado, é contudo necessário apontar uma série de recentes agressões russas:

- contra as tentativas de independência da Chechênia, arrasando a resistência e implantando ditadura local, a serviço de Moscou;
- contra a Georgia, desde 2008, mantendo controle sobre cerca de vinte por cento do território georgiano;
- a primeira guerra na região do Donbass, e a anexação da Crimeia, em 2014; e
- desde 24 de fevereiro de 2022, a guerra de agressão contra a Ucrânia, causando enorme número de vítimas, deslocamento de milhões de ucranianos, dentro e fora do território nacional, bem como destruição sistemática de alvos civis, infraestrutura, geração de energia, ininterruptamente, há mais de dois anos, em padrão continuo que se repete, em crescendo de violência, destruição e ameaças;[40]

De forma curiosa y contraditória, a Rússia cita a Declaração unilateral de independência do Kosovo, em 2008, como precedente para o reconhecimento da Ossétia do Sul e da Abkazia, em 2008, pela Rússia declaradas 'independentes', bem como para a primeira guerra no leste da Ucrânia – região do Donbass – e a anexação da Crimeia, em 2014, e as "Repúblicas", formadas apressadamente, de Donetsk e Lugansk, desde 2022, pretendendo incorporar à Federação Russa esses territórios que sequer militarmente são controlados plenamente pelo agressor russo.

---

39 Dentre imensa literatura a respeito, ver e.g., P. DAILLIER, **Les opérations multinationales consécutives à des conflits armés en vue du rétablissement de la paix** (RCADI, 2005, t. 314, p. 233-431); U. VILLANI, **Les rapports entre l'ONU et les organisations régionales dans le domaine du maintien de la paix** (RCADI, 2001, t. 290, p. 225-436).

40 Jean RADVANYI, **Russie, un vertige de puissance** – une analyse critique et cartographique 1986-2023 (Paris: La découverte, 2023).

Ao mesmo tempo, a Rússia – e, furiosamente, também a Sérvia – negam e se opõem ao reconhecimento da independência do Kosovo. Sem esquecer que, acertadamente, o Kosovo é reconhecido por mais de uma centena de países.[41]

Do ponto de vista do direito internacional, dentre os aspectos mais relevantes da agressão russa e da resposta da Ucrânia, cumpre destacar o caso instaurado pela Ucrânia contra a Federação Russa na Corte Internacional de Justiça, iniciado em 2022, do qual resultou a Ordem de 16 de março de 2022, e se encontra em andamento, como se examina a seguir.

Igualmente relevante, há outra linha independente de investigação, pelo Tribunal Penal Internacional. Desta atuação resultaram os pedidos pelo Procurador geral do TPI, em 22 de fevereiro de 2023, bem como a emissão dos mandados de prisão, pelo Tribunal Penal Internacional, em 17 de março de 2023, contra Vladimir Vladimirovich PUTIN, Presidente da Rússia e Maria Alekseyevna LVOVA-BELOVA, a Secretária de estado para Direitos da criança da presidência da Rússia.[42] Ambos seriam alegadamente responsáveis pelo crime de guerra de deportação ilegal de população (crianças) e transferência ilegal de população (crianças) de áreas ocupadas da Ucrânia para o território da Federação russa, nos termos dos artigos 8º, inc. 2º, letra 'a', no. VII e art. 8º, inc. 2º, letra 'b', no. VIII do Estatuto de Roma. Referidos crimes teriam sido cometidos em território ocupado da Ucrânia, a partir de 24 de fevereiro de 2022.[43]

---

41 P. B. CASELLA, Reconhecimento de estado e de governo no direito internacional contemporâneo (in **O direito internacional no terceiro milênio** – estudos em homenagem ao prof. V. Marotta Rangel, org. L. O. BAPTISTA e J. R. F. da FONSECA, São Paulo: LTr, 1998, p. 287-318); M. A. RIBEIRO, Reconhecimento de estados (in **Enciclopédia luso-brasileira de direito internacional**, 2023, p. 986-987).

42 Cour Pénale Internationale – International Criminal Court, Statement of ICC President Piotr HOFMANSKI, *Situation in Ukraine: ICC judges issue arrest warrants against Vladimir Vladimirovich Putin and Maria Alekseyevna Lvova-Belova* (Press release 17 March 2023). Source: fadi.el-abdallah@icc-cpi.int.

43 A transferência forçada de crianças do grupo para outro grupo como modalidade do crime de genocídio está igualmente estipulada na Convenção das Nações Unidas para a prevenção e a repressão do crime de genocídio, de 1948, em vigor desde 1951, art. 2º., letra 'e', nos mesmos exatos termos que o art. 6º do Estatuto de Roma do TPI. Para a tipificação do crime internacional, o nexo não seria satisfatório apenas pela afirmação de ter ocorrido o crime simultaneamente a um conflito armado. Para comparação dessa apreciação entre julgamentos do Tribunal Penal Internacional para a antiga Iugoslávia – TPII – e do Tribunal Penal Internacional para Ruanda – TPIR – ver Larissa K. B. TEIXEIRA, **O instituto da prisão perpétua à luz do direito internacional penal nos julgamentos do Tribunal Penal Internacional *ad hoc* para Ruanda** (São Paulo: Fac. de Direito da USP – Dissertação de mestrado em Direito Internacional com P. B. CASELLA, 2024, esp. p. 93); tb. Jean-Hervé BRADOL e Marc LE PAPE, **Génocide et crimes de masse** – L'expérience rwandaise de MSF 1982-1997 (orig. publ. **Humanitarian aid, Genocide and Mass killings**, 2016, Paris: CNRS Éd., 2017).

Haveria indícios da prática de referidos crimes por parte do presidente da Rússia, V. V. PUTIN: (i) por este cometidos diretamente ou com concurso de outros agentes, ou por meio de outros agentes, nos termos do art. 25, inc. 3º, letra 'a' do Estatuto de Roma; bem como (ii) deixar de exercer controle adequado sobre seus subordinados, civis e militares, que cometeram tais atos, ou permitido que esses ocorressem, e estavam sob sua efetiva autoridade e controle, como superior responsável, nos termos do art. 28, letra 'b' do Estatuto de Roma.

Haveria indícios da prática de tais crimes por Maria A. LVOVA-BELOVA, tendo atuado diretamente, bem como por intermédio de outros agentes, nos termos do art. 25, inc. 3º, letra 'a' do Estatuto de Roma.

O Juízo de admissibilidade da Segunda Câmara (*Pre-trial Chamber 2*) do TPI considerou, com base no pedido de emissão dos mandados de prisão, pelo Procurador geral do Tribunal, haverem indícios e motivos suficientes para a convicção de cada um dos suspeitos ter responsabilidade pelo crime de deportação ilegal de população e da transferência ilegal de população de áreas ocupadas da Ucrânia para a Federação russa, com prejuízo para crianças ucranianas.[44]

Dois dias após o início da invasão russa, em 22 de fevereiro de 2022, a Ucrânia protocolou, em 24 de fevereiro de 2022, pedido de medidas liminares na Corte Internacional de Justiça (CIJ) na Haia, em relação à alegada prática de genocídio, nos termos da Convenção para a prevenção e a repressão ao crime de Genocídio (Ucrânia vs. Federação Russa, Ordem de 16 de março de 2022).

A Ucrânia declara existir uma controvérsia entre as partes, a respeito de estar ou não em curso um genocídio na Ucrânia. Essa imputação de prática de genocídio poderia ser considerada, afirma a Rússia, como a suposta razão, pela qual a Rússia desencadeou medidas militares contra a Ucrânia, supostamente para prevenir e reprimir um genocídio – do qual seria responsável a Ucrânia, contra a minoria de língua russa, no leste do território ucraniano – mas, fica a pergunta se existe algo, de acordo com a definição de tal delito na Convenção sobre o Genocídio, e em que medida.

Ainda a respeito da agressão russa e da resposta ucraniana. A Ucrânia considera que a Rússia "virou de ponta cabeça a Convenção sobre o Genocídio", fazendo *'fake news'* sobre o genocídio, como suposta razão para suas ações, que resultam em graves violações dos direitos fundamentais de milhões de ucranianos, bem como enormes números de vítimas, extensa destruição de toda a infraestrutura, além de graves danos ambientais na Ucrânia.

44 Cour Pénale Internationale – International Criminal Court, Statement of ICC President Piotr HOFMANSKI, *Situation in Ukraine: ICC judges issue arrest warrants against Vladimir Vladimirovich Putin and Maria Alekseyevna Lvova-Belova* (Press release 17 March 2023). Source: fadi.el-abdallah@icc-cpi.int.

Em lugar de medidas militares, a Rússia não somente poderia como deveria ter dirigido aos órgãos das Nações Unidas, me conformidade o art. VIII da Convenção contra o Genocídio, ou à Corte Internacional de Justiça, em conformidade com o art. IX da mesma Convenção.

A Ucrânia declara sua inconformidade com a interpretação e a aplicação dessa Convenção por parte da Rússia.

Diante da alegação de genocídio, a Ucrânia pede à CIJ que determine se estão sendo cometidos atos de genocídio por parte da Ucrânia, nas regiões de Donetsk e Lugansk, e que a Corte instaure procedimentos penais para avaliar tais atos.

A Ucrânia também pediu que a Corte avalie se há algum motivo para as declarações do presidente russo, Vladimir PUTIN, dentre outras ocasiões, como em 22 de fevereiro de 2022, na qual descreve a situação na região de Donbass como "horror e genocídio, que enfrentam quase quatro milhões de pessoas" – *sic.*

Desgraçadamente, pelo terceiro ano consecutivo e sem trégua, horror e genocídio continuam a ser praticados na Ucrânia, pela Rússia, que comete tais crimes, no território de país vizinho, contra ucranianos, também eslavos e estreitamente relacionados com os russos!

Historicamente a Rússia pretendeu se apresentar como 'guardiã' dos povos eslavos. Esta, entre outras contradições, se torna flagrante, na medida em que a Rússia oprimiu sistematicamente, entre outros, dois povos eslavos, Ucrânia e Polônia, na medida em que e durante os tempos em que ambos, total ou parcialmente, estiveram sob domínio russo, ao longo de séculos passados.

Dois poetas nacionais,[45] Adam MICKIEWICZ (1798-1855) e Taras CHEVTCHENKO (1814-1861), estas duas poderosas vozes estão entre patriotas que ao

---

45 A respeito, v. CASELLA, **Tratado** – tomo 13 – **Direito internacional no tempo do concerto europeu** (no prelo, 2025, item – literatura e nacionalismo); Harold BLOOM, **O cânone ocidental** – os livros e a escola do tempo (orig. publ. **The Western Canon**, 1994, trad. Marcos SANTARRITA, Rio de Janeiro: Objetiva, 2001, cit. p. 43 e 44): "dignidade estética não pode ser alugada" e "o valor estético surge da memória"; Philippe DESCOLA, **La composition des mondes** (entretiens avec Pierre CHARBONNIER, orig. publ. 2014, Paris: Flammarion – champs – essais, 2017); Marijan DOVIC e Jón Karl HELGASON, **National poets, cultural saints** – Canonization and Commemorative Cults of Writers in Europe (Leiden: Brill – National Cultivation of Culture, vol. 12, 2017, Epilogue, p. 189-203, cit. p. 189-190 e 202): "in order to develop the concept of cultural sainthood, we have broadened the perspective of traditional literary studies with approaches developed by scholars of cultural memory, cultural nationalism, and partly even religion. Our broad aim [...] was to identify how cultural memory, relating to a range of individuals from the past, has traditionally been constructed and cultivated for a variety of political, cultural and religious reasons. Our focus [...] was primarily the way in which the legacies of national poets have been cultivated, contributing to shaping ethnic, national, and, to some degree, pan-national identities in Europe over the past two centuries". [...] "It seems that the gap between national and

longo do tempo levantaram o clamor contra a opressão e dominação russa de suas pátrias, a Polônia e a Ucrânia! Ambos passaram pela prisão e pelo exílio na luta contra o inimigo russo.

Não deixa dúvidas a respeito da opressão russa, MICKIEWICZ, no derradeiro parágrafo da 74ª lição de seu curso sobre **os Eslavos**, no prestigioso *Collège de France*, em Paris, no ano de 1842:

> *A missão de Moisés, a missão de Jesus Cristo foram precedidas por massacres de inocentes. Compreendem agora o que significa o martírio dos filhos de vosso país? Mães polonesas: fiquem atentas! Que todas as almas polonesas vigiem e esperem* – Wszelka zywa duszo polska pragnij i czuwaj – *pois não sabeis o momento do chamado. Aproximem os ouvidos da grama, que cresce aos vossos pés; pedi ao sopro do vento que vos anuncie!*[46]

Mais uma vez, MICKIEWICZ, no canto doze do seu poema épico nacional, **Pan Tadeusz**:

> *A Polônia está viva,*
> *E nós a salvaremos!*[47]

Tampouco deixa margem para qualquer dúvida o clamor do poeta nacional da Ucrânia, CHEVTCHENKO, em seu poema *Testamento*, de 1845:

> *Quando eu morrer sepultem-me*
> *Numa colina, em meio à estepe ampla,*
> *Na amada Ucrânia:*
> *Para que eu possa ver*
> *Os vastos campos semeados,*
> *O Dnipro, as margens íngremes*
> *E ouvir como, ruidoso, ele ruge!*

---

transnational cultural saints is becoming increasingly visible in the globalized world. JÓNAS, PRESEREN, MÁCHA and PETÖFI are national poets of predominant local merit, cultural saints in their respective communities, but they do not really figure on the international scale. Unlike DANTE, SHAKESPEARE, SCHILLER, CERVANTES, or ANDERSEN, they were never consecrated by the 'Holy Synod' of world literature."

46 Adam MICKIEWICZ, **Les Slaves** – Cours du Collège de France 1842 (éd. dir. par Philippe-J. SALAZAR, avec une présentation de Jerzy AXER, Paris: Klincksieck [cadratin], 2005, Soixante--quatorzième leçon, vendredi 1er juillet 1842, p. 219-228, cit. p. 228).

47 Adam MICKIEWICZ, **Monsieur Thadée** de 'Sopliça' – ou le dernier procès en Lithuanie – sui generis – récit historique en douze chants / **Les poètes illustres de la Pologne au XIXe siècle** (traduit par Charles de NOIRE-ISLE, Paris: Typographie de E. Plon & Cie., 1876, 2 tomos – ed. facsimilar, Paris: BnF / Hachette Livre, tome 2, p. 303).

Quando for levado da Ucrânia
Ao mar azul o sangue inimigo,
Então, eu tudo deixarei, campos e montes
E até Deus voarei para rezar.
Mas, até então, a Deus eu desconheço!

Sepultem-me e levantem-se,
Arrebentem as algemas
E com o mau sangue inimigo
Reguem a liberdade!

E não deixem de recordar-me
Na grande família,
Na família livre, nova,
Com uma boa, suave palavra![48]

A atuação de um e outro, ao seu tempo, se prolonga e se projeta como elemento das respectivas identidades nacionais – no caso da Polônia e da Ucrânia – tendo a resistência contra o opressor russo como elemento relevante dessa construção histórica e cultural. Para deixar claro o que pensavam MICKIEWICZ e CHEVTCHENKO a respeito da relação da Rússia com os seus povos eslavos irmãos.

O distanciamento histórico permite avaliar mais precisamente que, ao apresentar a si mesma como a 'guardiã' dos povos eslavos – sobretudo contra as atrocidades cometidas no passado, em várias ocasiões, pelo império otomano – a Rússia o fez como forma de impulsionar suas pretensões hegemônicas, sob a égide do discurso "pan-eslavista". Essa pretensão não mais pode ser sustentada...

Contrariamente a ataques em discursos recentes do regime russo – que mostram inquietantes semelhanças, com o discurso do atual governo de extrema direita de Israel, em relação aos palestinos – no sentido de que os ucranianos não são um povo e de que a Ucrânia nunca foi um estado, é também relevante enumerar várias ocasiões e atos internacionais, nos quais a Rússia reconheceu não somente a existência do Estado ucraniano e de suas fronteiras, ao menos durante os últimos 100 anos:

48 Tarás CHEVTCHENKO o poeta da Ucrânia (edição bilingue português e ucraniano, redator Mariano CZAIKOWSKI et al., Curitiba, Paraná: Representação central ucraniano-brasileira, 2014, *Testamento*, p. 49).

- depois do fim do império russo e dos anos de guerra civil, em 30 de dezembro de 1922, surgiu a nova "União das Repúblicas Socialistas", com estrutura federada, em conformidade com o Tratado para o estabelecimento da U.R.S.S., e este foi ratificado pela R. S. S. F. R. da Rússia, a R. S. S. da Ucrânia, bem como por Belarus e pelas Repúblicas Transcaucasianas;
- o tratado de 1922 não somente permaneceu em vigor, como teve seu conteúdo incorporado à Constituição da U. R. S. S., de 1924;
- além disso, a URSS, bem como a Ucrânia e Belarus firmaram, como membros fundadores, a Carta da Organização das Nações Unidas, em San Francisco, em 1945.

Desde o final da União soviética, com base princípio do *uti possidetis*, as fronteiras entre a Federação Russa e a Ucrânia, com Belarus e com as demais antigas repúblicas da URSS, foram reafirmadas e confirmadas pelo Acordo de Minsk, de 8 de dezembro de 1991.

Da mesma forma, o Protocolo constitutivo da Comunidade de Estados Independentes (CEI), firmado também em Minsk, aos 8 de dezembro de 1991, pela Belarus, Federação Russa e a Ucrânia, garantindo a integridade territorial e as fronteiras respectivas, bem como normas aplicáveis também às fronteiras de outras repúblicas da CEI, como o Cazaquistão, a Georgia e o Azerbaijão, com a Rússia, mas tais compromissos internacionalmente assumidos parecem ter sido em vão...

A Ucrânia é reconhecida como país independente na Declaração de Alma Ata, de 21 de dezembro de 1991, que marca o fim da Unión Soviética, assinada por 11 das 15 antigas repúblicas – isso porque os três Estados bálticos ficaram a margem de tais procedimentos, e a Georgia a estes somente aderiu em 9 de dezembro de 1993 –, na qual se menciona a Ucrânia como "país independente", ao lado da Rússia e dos demais Estados contratantes.

Menção especial merece o Memorando de Budapeste, firmado em 5 de dezembro de 1994 pela Rússia, pela Ucrânia, pelo Reino Unido e pelos Estados Unidos, no qual se estipularam garantias de segurança dadas à Ucrânia, como país que então aderiu ao Tratado de não proliferação de armas nucleares. Mas, apesar de ter a Ucrânia eliminado todas as armas nucleares de seu território, dentro do prazo acordado – frise-se, uma vez mais, condição cumprida, plena e tempestivamente, pela Ucrânia, que voluntariamente se desnuclearizou, é preciso dizer –, em contrapartida a Rússia, o Reino Unido e os Estados Unidos reafirmaram seu compromisso com a Ucrânia, no tocante a assegurar a integridade territorial, a soberania e a independência da Ucrânia – e, somos obrigados a indagar, teria isso servido para alguma coisa?

Podem ser traçados paralelos ... sem esquecer incidentes igualmente ilegais e injustificados, como vários crimes cometidos pelos Estados Unidos da América, contra Cuba, contra a Nicarágua – como decidiu a CIJ, em 1986 –,[49] contra o Panamá e contra vários outros países das Américas.

Também configuram violações do Direito internacional vigente as invasões e ocupações, em grande escala e durante longos períodos de tempo, contra o Afeganistão e contra o Iraque: tais 'operações militares especiais' foram igualmente ilegais e abusivas, com consequências catastróficas, incluídos muitos milhares de vítimas civis, destruição de infraestrutura e de patrimônio, bem como graves danos ambientais.

Essa enumeração poderia ser estendida. Mas, as violações precedentes não podem servir para proporcionar qualquer justificação ao que a Rússia está fazendo desde fevereiro de 2022, e prossegue até agora com a destruição na Ucrânia; ou o que Israel, desde 7 de outubro de 2023, tem feito e continua fazendo com a destruição em Gaza.

Que os eventos da guerra são imprevisíveis, já nos advertiu TUCÍDIDES,[50] faz mais de dois mil e quatrocentos anos. Em resumo, tais operações de uso unilateral de força armada não somente são ilegais e abusivas, e mesmo quando, ao menos do ponto de vista militar, sejam bem executadas – o que raramente parece ser o caso – a violência e o uso unilateral da força estão destinados a fracassar e causar prejuízos, muito além de possíveis vantagens que poderiam ser imaginadas: e isso não somente para as vítimas de tais agressões, como também para seus autores.

No direito internacional vigente, o uso unilateral da força não cria título jurídico para ocupar territórios, como afirmou a CIJ, no Parecer Consultivo sobre as consequências jurídicas da construção do muro em território palestino ocupado, em 2004,[51] "território é considerado ocupado quando se encontra

---

49 CIJ – ICJ, **Military and Paramilitary activities in and against Nicaragua** (Nicaragua v. United States of America) – Jurisdiction and Admissibility of the Application (Judgment of 26 November 1984); Merits (Judgment of 27 June 1986, ICJ Reports 1986, p. 14).

50 TUCÍDIDES, **História da guerra do Peloponeso** (trad. do grego, introdução e notas Mário da Gama KURY, Brasília: Ed. UnB, 3ª ed., 1987), tb. a ed. THUCYDIDE, **Histoire de la guerre entre les Péloponésiens et les Athéniens** (texte présenté, traduit et annoté par D. ROUSSEL, in HÉRODOTE – THUCYDIDE, **Œuvres complètes**, intr. J. de ROMILLY, Paris: Gallimard – Pléiade, 1964, impr. 1982, p. 655-1337 e 1531-1666).

51 Parecer da CIJ sobre a construção do muro no território palestino ocupado. ICJ, **Legal consequences of the construction of a Wall in the Occupied Palestinian Territory** (Advisory Opinion, 9 July 2004, ICJ Reports 2004, p. 136); a respeito: René BACKMANN, **Un mur en Palestine** (orig. publ. 2006, Paris: Gallimard – Folio actuel, vol. 139, éd. augmentée et mise à jour, 2009) indaga se "o muro é uma barreira contra o terrorismo ou uma barreira contra a paz?"; P. B. CASELLA, **Tratado** – tomo 2 – **Direito internacional dos espaços** (2022, 2a. ed., item 31.4 – consequências da construção do muro no território palestino ocupado, p. 685-703); J. M. SOREL

de fato colocado sob a autoridade de exército inimigo, e a ocupação se estende somente aos territórios nos quais essa autoridade está estabelecida e em condições de exercer o seu controle".

Dessa forma, observou a Corte estar o conjunto dos territórios situados entre a linha verde e "a antiga fronteira oriental da Palestina, sob mandato britânico ocupados por Israel desde 1967". Esse estado conservou a condição de "potência ocupante" e, nessas condições, a sua responsabilidade não pode ser eximida.

E mais ainda, em 19 de julho de 2024, no Parecer consultivo sobre a ilegalidade e o caráter abusivo da ocupação territorial[52] na Cisjordânia, e em Jerusalém, que se prolongam desde 1967.

Voltando o foco para a situação em Gaza, cabe declarar que Israel tem direito de existir: poucos países tiveram sua criação 'aprovada' por votação na ONU, como no caso de Israel, dentro de fronteiras que deveriam garantir igualmente a existência de um Estado palestino, lado a lado, entre 'o mar e o rio Jordão'.

A solução determinada pela votação na ONU, a respeito da criação de dois estados na região, nunca foi plenamente implementada. E não se simplifica a implantação definitiva diante do avanço e da permanência da ocupação israelense de território palestino ocupado. E da denegação do direito de existência de estado Palestino pelo parlamento de Israel, reiterada em julho de 2024.

Injusta e abusivamente, em julho de 2024, o parlamento israelense acaba de renegar mais uma vez esse compromisso internacionalmente assumido,

---

(dir.), **Les murs et le droit international** (Paris: Pedone – Univ. Paris I Panthéon – Sorbonne, Cahier n. 24, 2010).

52 CIJ – ICJ, **Legal consequences arising from the Policies and Practices of Israel in the Occupied Palestinian Territory, including Jerusalem – Advisory Opinion of 19 July 2024** (Case 186, number 2024/8). Sobre os elementos de um 'direito de ocupação' como modo de criar título sobre território a análise desenvolvida por Max HUBER, no **Laudo arbitral sobre a ilha de Palmas**, de 1928. A respeito CASELLA, **Tratado** – tomo 2 – **Direito internacional dos espaços** (2022, 2a. ed., item 31.5 – Laudo arbitral sobre a ilha de Palmas, p. 703-707); tb. CASELLA, **Tratado de direito internacional** – tomo 1 – **Direito internacional dos espaços** (2ª ed. 2022, cap. 6 – modos de aquisição e de perda do domínio do estado sobre o território, esp. item 6.1 – ocupação, p. 287-378); Vaios KOUTROULIS, **Le début et la fin de l'application du droit de l'occupation** (Paris: Pedone, 2010); Antony LOEWENSTEIN, **Laboratório Palestina** – como Israel exporta tecnologia de ocupação para o mundo (orig. publ. **The Palestine Laboratory** – how Israel exports the Technology of occupation around the world, 2004, trad. Gabriel Rocha GASPAR, São Paulo: Elefante, 2024); Viviane FORRESTER, **O crime ocidental** (orig. publ. **Le crime occidental**, 2004, trad. Maria José CATAGNETTI e Tieko YAMAGUCHI, São Paulo: Ed. Unesp, 2006); Asa WINSTANLEY and Frank BARAT (ed. by), **Corporate complicity in Israel's occupation** – evidence from the London session of the Russell Tribunal on Palestine (foreword by Alice WALKER, London: Pluto Press, 2011).

ao rejeitar a aceitação da existência de estado palestino. Sob a alegação de que este estado palestino seria uma ameaça para a segurança de Israel. Argumento que peca pela circularidade, porquanto, como afirmou a CIJ, no Parecer de 2004, não pode um estado invocar em seu benefício, uma situação que o próprio estado deu causa: ou seja, se não houvesse ocupação, não haveria resistência e não haveria necessidade de garantias a essa almejada 'segurança'. O caráter abusivo e ilegal da ocupação israelense foi reafirmado pela CIJ no Parecer de 2024.[53]

A CIJ, no Parecer de 2004, sobre as consequências jurídicas da construção do muro no território palestino ocupado, se reporta ao caso das atividades militares e paramilitares na Nicarágua e contra esta, cujo mérito foi julgado em 27 de junho de 1986, no sentido de que os princípios enunciados, com relação ao uso da força são afirmados como integrantes e refletindo o direito internacional consuetudinário.[54] E acrescenta valer isso, igualmente, em relação ao corolário consistente na ilicitude de qualquer aquisição territorial resultante de ameaça ou de uso da força, no direito internacional vigente. O que há de ser lembrado – e rejeitado – também em relação à agressão russa contra a Ucrânia, com pretensão de anexações territoriais.

Também é preciso ressaltar que Israel tem direito de se defender, mas mesmo em uma guerra há limites quanto ao que se pode fazer; e o que não se pode fazer. Mesmo em casos de legítima defesa (art. 51, capítulo VII da Carta da ONU) deve haver proporcionalidade entre um ataque sofrido e a reação: todo excesso deve ser condenado, e todas essas práticas, ilegais e abusivas, devem ser investigadas e punidas.

Todo ataque terrorista tem de ser condenado; todo ataque contra a população civil tem de ser condenado, seja essa população civil israelense ou palestina, sobretudo quando ataques indiscriminados vitimam milhares de crianças, mulheres e não combatentes.

Atacar a população civil faz muito tempo constitui crime internacional; e isso também é estipulado no artigo 8(2)(b) do Estatuto de Roma do TPI. É igualmente abusivo e criminoso atacar o pessoal de organizações internacionais, trabalhadores engajados em prestar ajuda humanitária. É ainda abusivo e criminoso alvejar jornalistas e fotógrafos civis, devidamente

---

53 CIJ – ICJ, **Legal consequences arising from the Policies and Practices of Israel in the Occupied Palestinian Territory, including Jerusalem – Advisory Opinion of 19 July 2024** (Case 186, number 2024/8).

54 CIJ – ICJ, **Military and paramilitary activities in and against Nicaragua** (Nicaragua v. United States of America) Jurisdiction of the Court and Admissibility of the Application (Judgment of 26 November 1984) e Merits (Judgment of 27 June 1986) ICJ Reports 1986, p. 14, pars. 98-101 e 187-190.

identificados – como muitos tem sido vitimados, ao longo desses numerosos meses de confrontação armada.

Impedir a prestação de socorro humanitário como estratégia de guerra, impedir o acesso da população civil a comida e a água potável são crimes internacionais, e o alto número de vítimas é evidente prova de estarem sendo cometidos tais abusos e delitos.

Cabe recapitular os principais aspectos do Parecer consultivo da CIJ sobre a construção do muro no território palestino ocupado, de 9 de julho de 2004:

- declarou a Corte, Israel não pode invocar a necessidade de legítima defesa – adotando medidas como a construção do muro – porque essa necessidade não existiria sem a ocupação prévia de território palestino;
- ressaltou a Corte, que no direito internacional vigente, a ocupação e a conquista militar não criam título legal sobre território; e
- desse modo, o território ocupado (pelas forças israelenses) continua sendo território ocupado (palestino): as 'conquistas' territoriais são ilegais e abusivas – e agora, exatos vinte anos depois, uma vez mais, a CIJ, em 19 de julho de 2024, reafirmou essas mesmas premissas e reforçou a condenação pela abusividade da conduta em relação à Cisjordânia e Jerusalém.[55]

Ao Parecer consultivo sobre as consequências jurídicas da construção do muro (2004) cabe, reiterando o posicionamento da CIJ, lembrar alguns elementos do Parecer consultivo sobre o caráter abusivo da ocupação da Cisjordânia e de Jerusalém (2024)[56] reafirmam que uma potência ocupante não pode pretender legitimidade e não pode exercer soberania sobre esse território ocupado. Existe coerência e continuidade entre as duas manifestações; e, com exatas duas décadas entre ambas, constata-se não somente não ter ocorrido mudança na situação da ocupação, como houve substancial deterioração na condição do conjunto da população palestina, quer em Gaza, como na Cisjordânia e em Jerusalém oriental.

A Corte também ressalta que o muro avança sobre território palestino e cria obstáculos para a vida normal e a circulação da população palestina,

55 CIJ – ICJ, **Legal consequences arising from the Policies and Practices of Israel in the Occupied Palestinian Territory, including Jerusalem – Advisory Opinion of 19 July 2024** (Case 186, number 2024/8).

56 CIJ – ICJ, **Legal consequences arising from the Policies and Practices of Israel in the Occupied Palestinian Territory, including Jerusalem – Advisory Opinion of 19 July 2024** (Case 186, number 2024/8).

configurando violação continuada dos direitos fundamentais dessa população civil. Violando os direitos de referida população civil, garantidos por diversas Convenções internacionais.[57]

A Corte Internacional de Justiça acompanhou o Conselho de Segurança e a Assembleia geral da ONU, no sentido da aplicabilidade *de jure* da IV Convenção de Genebra, relativa à proteção de civis em tempo de guerra, de 12 de agosto de 1949, aos territórios ocupados desde 1967.[58] A Corte lembra que "a IV Convenção de Genebra foi ratificada por Israel, em julho de 1951 e Israel é parte desta, da mesma forma que a Jordânia e a Palestina".[59]

Nos termos do art. 2º das quatro Convenções de Genebra, estas se aplicam "igualmente em todos os casos de ocupação no todo ou em parte, de território de uma Alta parte contratante, mesmo quando tal ocupação não encontre qualquer resistência militar". Oportunamente a CIJ o afirma, no Parecer de 2004.[60]

O Parecer de 2004 da CIJ considera outros tratados aplicáveis ao caso, aos quais constantemente faz menção: o art. 2º, par. 4º da Carta da ONU, no tocante à obrigação para todos os estados membros da Organização se absterem, nas suas relações internacionais, de recorrerem à ameaça ou ao uso da força. É importante reafirmar o Direito internacional vigente na matéria.[61] Para deste deduzir o corolário da impossibilidade de aceitação do resultado, decorrente de ação de força, ilegal no Direito internacional vigente – *ex iniuria jus non oritur* – seja contra a integridade territorial, seja contra a independência

57 CIJ – ICJ, **Legal consequences of the construction of a Wall in the Occupied Palestinian Territory** (Advisory Opinion, 9 July 2004, ICJ Reports 2004, p. 136); comentários CASELLA, **Tratado** – tomo 2 – **Direito internacional dos espaços** (2022, 2a. ed., item 31.4 – consequências da construção do muro no território palestino ocupado, p. 685-703, cit. p. 691): o Parecer consultivo de CIJ declarou que sua competência para julgar o caso estava fundamentada e declarou o muro incompatível com a legalidade internacional, pediu que se ponha fim à 'situação ilegal', provocada pela construção do muro, exigiu o desmantelamento das partes do muro, que se desviam da linha de armistício, bem como a compensação e reparação dos danos causados (terras agrícolas devastadas, redes de estradas destruídas, campos de oliveiras milenares arrancados, etc.). A Corte conferiu caráter *erga omnes* ao parecer, obrigando a comunidade internacional a garantir seu cumprimento.

58 CIJ – ICJ, **Legal consequences of the construction of a Wall in the Occupied Palestinian Territory** (Advisory Opinion, 9 July 2004, ICJ Reports 2004, parágrafos 98 a 101).

59 CIJ – ICJ, **Legal consequences of the construction of a Wall in the Occupied Palestinian Territory** (Advisory Opinion, 9 July 2004, ICJ Reports 2004, parágrafo 91).

60 CIJ – ICJ, **Legal consequences of the construction of a Wall in the Occupied Palestinian Territory** (Advisory Opinion, 9 July 2004, ICJ Reports 2004, parágrafo 92).

61 Ver, por exemplo, C. H. M. WALDOCK, **The regulation of the use of force by individual states in international law** (RCADI, 1952, t. 81, p. 451-518); H. WEHBERG, **L'interdiction du recours à la force: le principe et les problèmes qui se posent** (RCADI, 1951, t. 78, p. 1-122).

política de qualquer estado, ou qualquer outra ação incompatível com os propósitos das Nações Unidas.[62]

Em relação ao artigo 51 da Carta da ONU, a Corte entendeu que Israel não pode invocar tal dispositivo, como fundamento jurídico, porquanto "a ameaça que invoca, para justificar a construção do muro tem origem no interior desse território ocupado e não fora dele".[63]

As Convenções gerais de armistício, concluídas em 1949, sob a égide e graças à mediação da ONU, entre Israel e os países vizinhos, dentre as quais a Convenção de Rodes, entre Israel e a Jordânia, nos seus artigos V e VI, fixava a linha verde de demarcação entre as forças israelenses e árabes, e o art. III, par. 2º, da mesma, por sua vez precisava: "nenhum elemento das forças militares ou paramilitares de uma ou de outra parte" poderia ultrapassar "por qualquer ordem de motivo, a linha de demarcação".[64]

A Corte constata ter Israel ratificado, em 3 de outubro de 1991, os dois Pactos internacionais relativos aos direitos econômicos, sociais e culturais, bem como aos direitos civis e políticos, ambos de 19 de dezembro de 1966, bem como a Convenção sobre os direitos da criança, de 20 de novembro de 1989. A Corte rejeita a tese que instauraria a distinção entre o Direito internacional dos direitos humanos e o Direito internacional humanitário, e reconhece a aplicabilidade dessas três Convenções aos territórios palestinos ocupados. Os problemas suscitados pela construção do muro, com relação aos dispositivos pertinentes desses três tratados são analisados pela Corte, que chega à seguinte conclusão: "a construção desse muro constitui violação, por parte de Israel, de diversas obrigações a este imputáveis, decorrentes dos instrumentos aplicáveis de Direito internacional humanitário e dos direitos humanos".[65]

Em relação ao Direito internacional consuetudinário, a Corte identifica as normas relativas ao *direito de autodeterminação dos povos* e a *inadmissibilidade de aquisição de território, por meio da guerra.* A Resolução 242 (1967) do Conselho de Segurança da ONU já tinha declarado a inadmissibilidade de aquisição de território por meio da guerra.[66]

---

62 CIJ – ICJ, **Legal consequences of the construction of a Wall in the Occupied Palestinian Territory** (Advisory Opinion, 9 July 2004, ICJ Reports 2004, parágrafo 87).

63 CIJ – ICJ, **Legal consequences of the construction of a Wall in the Occupied Palestinian Territory** (Advisory Opinion, 9 July 2004, ICJ Reports 2004, parágrafo 139).

64 Convenção de Rodes de 1949, entre Israel e a Jordânia, art. III, par. 2º.

65 CIJ – ICJ, **Legal consequences of the construction of a Wall in the Occupied Palestinian Territory** (Advisory Opinion, 9 July 2004, ICJ Reports 2004, parágrafos 123 ss. e conclusão par. 137).

66 CIJ – ICJ, **Legal consequences of the construction of a Wall in the Occupied Palestinian Territory** (Advisory Opinion, 9 July 2004, ICJ Reports 2004, parágrafos 115, 117 e a menção à Res. 242 (1967) do CSNU, par. 74).

No tocante ao direito de autodeterminação dos povos, além das fontes de Direito internacional consuetudinário, conta também menção na Carta da ONU, art. 1º, par. 2º, bem como no art. 55, "com o fim de criar condições de estabilidade e bem estar, necessárias às relações pacíficas e amistosas entre as nações, baseadas no respeito de igualdade de direitos e da autodeterminação dos povos". Ademais, a CIJ, no parecer sobre a legalidade perante o direito internacional da declaração unilateral de independência do Kosovo, prolatado em 2010, aponta o princípio da autodeterminação dos povos como um dos principais conteúdos do Direito internacional, que se consolidou nas últimas décadas.[67]

Acrescentem-se a esse quadro, que perdura faz décadas as recentes violações substanciais adicionais, de vários direitos para toda a população civil palestina – são mais de 2.300.000 pessoas, amontoadas no extremo sul desse estreito território de Gaza – submetidas a deslocamentos forcados, bombardeios sistemáticos, revoltante uso da fome como estratégia de guerra, bem como privação de água potável e falta de água, para higiene (o que desencadeia epidemias como a pólio, em curso) e tudo isso durante mais de onze meses... e muitos outros crimes internacionais como o apartheid – como apresentado à CIJ, no caso da África do Sul contra Israel sobre possíveis violações da Convenção sobre o Genocídio, este iniciado em dezembro de 2023.[68]

Ademais, configura catástrofe humanitária de grandes dimensões, a situação da população civil palestina, em sua totalidade, colocada em condições as mais precárias de sobrevivência e de vulnerabilidade a ataques e bombardeios, à falta de abrigo, à fome, à falta de água, de remédios e mesmo de assistência humanitária, cujo fornecimento tem sido restringido como crimes de guerra.

Supostamente, são feitas advertências prévias aos bombardeios, com ordens de deslocamento, mas há uma pergunta que fica sem resposta: para onde podem ir essas vítimas dos bombardeios? Não há saída possível, dado que todo o território de Gaza está completamente isolado pelas forças armadas israelenses, seja por terra, como por mar e por via aérea; a fronteira com o Egito permanece bloqueada, salvo para o ingresso de escassa ajuda humanitária, em niveles substancialmente inferiores às necessidades de referida população, e

67 CIJ – ICJ, **Accordance with International Law of the Unilateral Declaration of Independence in respect of Kosovo** (Advisory Opinion, ICJ Reports 2010, p. 403); P. B. CASELLA, Secessão no Direito internacional e o Parecer consultivo da Corte Internacional de Justiça sobre o Kosovo de 22 de julho de 2010 (Boletim SBDI, ano XCVIII, ago.-dez. 2013, nos. 119-124, p. 111-126).

68 CIJ – ICJ, **Application of the Convention on the Prevention and Punishment of the crime of Genocide in the Gaza Strip** (South Africa v. Israel), started 29 December 2023; Spain intervening.

somente permitindo a saída de pouquíssimas pessoas, cuidadosamente triadas, sob estrito controle militar israelense.

Há evidências – ou, ao menos, indícios – de crimes de guerra, crimes contra a humanidade, apartheid, genocídio e crimes ambientais...[69]

Todas e cada uma das provas devem ser coletadas, em vista de virem a ser examinadas, em conformidade com as Convenções de direito internacional aplicáveis a tais assuntos, tais como, notadamente: a Convenção das Nações Unidas para a prevenção e a repressão ao crime de Genocídio (1948, em vigor desde 1952), e o Estatuto de Roma do Tribunal Penal Internacional (1998, em vigor desde 2002), dentre outras, já referidas.

É demasiado fácil dizer que não se pode avaliar o quadro, não estando *in loco*; mas, parece estar claramente colocada a intenção de cometer delitos tipificados por essas Convenções internacionais, na medida em que o presidente de Israel declara que "não existem civis inocentes em toda a população de Gaza", o primer ministro declara o objetivo de "converter Gaza em uma ilha deserta"; enquanto outro membro do gabinete menciona a ideia do lançamento de uma bomba atômica sobre Gaza, reconhecendo assim que, na realidade, o estado de Israel é detentor de arsenal nuclear e este está disponível, fato até agora persistentemente negado...

... e, por sua vez, o então ministro da Defesa declarar que Israel luta contra "animais humanos, e os mesmos devem ser tratados como tais" – declaração não somente contraditória em seus próprios termos, como também implica em perigosa desumanização dos oponentes – trazendo más recordações, como ocorreu no Genocídio de Ruanda de 1994, com os famigerados discursos sobre "matar as baratas" ... cujas nefastas consequências são sobejamente conhecidas.

Desde a apresentação, perante a CIJ, em 29 de dezembro de 2023 e as complementações posteriores, por parte da África do Sul, com o objetivo de determinar as provas do Genocídio em curso em Gaza, se fizeram várias tentativas de dizer que tais declarações das autoridades israelenses foram "tiradas de contexto". Numerosas declarações de dirigentes israelenses foram juntadas aos autos deste caso e servem de comprovação das alegações e das intenções colimadas.

Todos os possíveis genocídios, crimes de guerra, crimes contra a humanidade, crime de apartheid devem ser cuidadosamente investigados – e é relevante assinalar que a CIJ não descartou liminarmente o caso, como poderia ter feito, caso o considerasse destituído de qualquer fundamento, *a priori*. A apresentação deste caso foi aceita – e, desse modo, prosseguirá a instrução do caso,

---

69 No mesmo sentido, Enzo TRAVERSO, **Gaza ante la historia** (trad. Valentina OLALLA SALVADOR, Buenos Aires: Akal, 2024).

e o seu exame, com coleta de provas, e não somente em relação a Gaza – como também o outro caso, referente à Cisjordânia e as ocupações ilegais e abusivas, que são mantidas desde 1967.

Não há razão para condenar, *a priori*, o caso apresentado pela África do Sul, devido às provas reunidas, que demonstram a necessidade de que o caso seja examinado e venha a ser julgado pela CIJ.

A apresentação da África do Sul perante a CIJ, diante da situação atual em Gaza e Cisjordânia mostra não ser o caso, *a priori*, injustificado, dado que a CIJ decidiu seguir adiante com o exame da matéria, visando a instrução do caso e seu posterior julgamento. Numerosos países, oportunamente, apoiaram a apresentação.

Buscar a decisão da Corte a respeito da matéria não pode ser apodado de antissemitismo ou de ameaça à existência do estado de Israel. Nem tampouco deveria motivar retaliações contra representantes diplomáticos dos países que assim se tenham manifestado. Se tais crimes alegadamente não foram cometidos, não deveria haver tantas vociferações e ameaças contra o fato de serem tais práticas investigadas.

Independentemente do caso instaurado junto à CIJ, a pedido da África do Sul, a partir de dezembro de 2023, é igualmente relevante o pedido feito pelo Promotor geral ALI KHAN, de indiciamento, pelo Tribunal Penal Internacional, do primeiro ministro Benjamin NETANYAHU e do ministro da defesa de Israel, Yoav GALLANT, bem como de três dirigentes do Hamas, um dos quais, Ismail HANIYEH, acaba de ser morto, em Teerã, em 31 de julho de 2024, por ataque feito, porém não oficialmente assumido, pelo governo de Israel.

É importante que, além e ao lado da investigação e possível condenação e apuração de responsabilidade do atual governo do estado de Israel pelas operações militares em curso em Gaza, desde 7 de outubro de 2023, se faça também o indiciamento pelo TPI, tendo como foco a responsabilidade criminal dos indivíduos responsáveis por determinar e conduzir a prática de crimes internacionalmente tipificados, como apontado, comportando violações de diversas relevantes Convenções internacionais.

Não podemos esquecer o que está em curso contra toda a população civil de Gaza: trata-se de privar de condições mínimas de vida ou mesmo inviabilizar a sobrevivência mais de dois milhões e trezentas mil pessoas – repita-se trata-se de população civil –, e esta não pode ser tratadas como meros objetivos de guerra, e alvo indiscriminado de todas as medidas que lhe sido impostas.

Parece haver na atuação das forças militares israelenses – em Gaza, na Cisjordânia, como no Líbano – elementos de crimes de guerra, tais como bombardeio de objetivos civis e destruição deliberada de infraestrutura, bombardeio de hospitais, bloqueio intencional e sistemático de todo acesso a alimentos e água, para beber e para lavar-se – como estratégias de guerra – retenção de suprimentos médicos e hospitalares, cortes de energia e de acesso a combustíveis, necessários não somente para fazer funcionar os equipamentos de dessalinização de água, para permitir consumo humano, como também para poder movimentar ambulâncias;

Parece evidente que essa estratégia de imposição de fome como estratégia de guerra, infligida a toda a população civil palestina, caracteriza por tratamento cruel, desumano e degradante (segundo as definições e tipificação de delitos na Convenção contra a Tortura, de 1984, em vigor desde 1989).

A estes crimes se podem acrescentar a discriminação racial (segundo as definições e tipificação da Convenção das Nações Unidas sobre a Eliminação de todas as Formas de Discriminação Racial, 1969),[70] e a prática do apartheid (segundo as definições e tipificação da Convenção das Nações Unidas sobre o crime de apartheid, de 1973), como crime contra a humanidade, sendo a tipificação do crime confirmada pelo Estatuto de Roma do Tribunal Penal Internacional (1998, em vigor desde 2002).

Ao se falar em Genocídio e outros crimes, não se trata de apresentar a acusação de prática de genocídio para discutir controvérsias jurídicas relativas à aplicação do Direito Internacional Humanitário,[71] não se trata de instrumentalizar o Direito Internacional. Não é defensável nem se sustenta a infundada alegação de que genocídio não pode ser cometido em contexto de guerra! Ou de que a intenção de cometer tal crime não esteja caracterizada! Não se trata, tampouco, de encetar discussão teórica, deixando de lado a gravidade desses dois casos recentes – Ucrânia e Gaza – de enorme gravidade para o conjunto da sociedade internacional.

---

70 A **Convenção internacional sobre a eliminação de todas as formas de discriminação racial**, foi assinada em New York, aos 7 de março de 1966; entrada em vigor aos 4 de janeiro de 1969. A respeito, v. tb. G. TÉNÉKIDÈS, **L'action des Nations Unies contre la discrimination raciale** (RCADI, 1980, t. 169, p. 269-487). No Brasil, foi criada em 2003, nos termos da lei 10.678, de 23 de maio de 2003, a *Secretaria Especial de Políticas de Promoção da Igualdade Racial da Presidência da República*. Passo relevante, mas todavia existe longo percurso a ser feito na luta contra o racismo e a discriminação racial no país e no mundo.

71 Dentre imensa literatura a respeito, ver: da internacionalista iraniana Djamchid MOMTAZ, **Le droit international humanitaire applicable aux conflits armés non internationaux** (RCADI, 2001, t. 292, p. 9-145), b/c Christophe SWINARSKI, *Acerca de la contribuicón del jurista al orden internacional (Apuntes sobre F. F. MARTENS)* (in **Novas perspectivas do direito internacional contemporâneo** – homenagem Celso D. de A. MELLO, org. C. A. M. DIREITO, A. A. CANÇADO TRINDADE e A. C. A. PEREIRA, Rio de Janeiro: Renovar, 2008, p. 859-866), e ___, **Direito internacional humanitário**: como sistema de proteção internacional da pessoa humana (principais noções e institutos) (São Paulo: RT/USP–Núcleo de estudos sobre a violência, 1990); Michael BARNETT, **Empire of Humanity** – a History of Humanitarianism (orig. publ. 2011, Ithaca e Londres: Cornell Univ. Press, 2013).

Os problemas humanitários substanciais em Gaza – onde estamos falando em mais de dois milhões de pessoas, em sua imensa maioria população civil, incluindo grande número de crianças – como na Cisjordânia e no Líbano, vão muito além de qualquer medida o estratégia de guerra: não somente não é aceitável, como também são condutas criminosas. E, como tais, tem de ser investigadas, julgadas e punidas.

Duas relevantes iniciativas foram tomadas: no Tribunal Penal Internacional, pelo Procurador geral do TPI, pedindo mandados de prisão contra dois dirigentes israelenses e três do Hamas, em 20 de maio de 2024; bem como junto à Corte Internacional de Justiça, o pedido de instauração de procedimento para averiguar a prática do crime de genocídio por Israel em Gaza, pela África do Sul, em 29 de dezembro de 2023, com aditamentos subsequentes.

O Procurador geral do Tribunal Penal Internacional Karim A. A. KHAN K. C., solicitou à Corte a emissão de mandados de prisão[72] contra o primeiro ministro de Israel, Benjamin NETANYAHU e o ministro da defesa de Israel, Yoav GALLANT, bem como de três líderes do Movimento de resistência islâmica Hamas, Yahya SINWAR, em Gaza, bem como do comandante-em-chefe da Brigada militar Al-Qassam, Mohammed Diab Ibrahim AL MASRI (conhecido como Deif) e o chefe do Bureau Político do Hamas, Ismaiel HANIYEH. Este último foi morto, no final de julho, em Teerã, pelos israelenses.

O pedido de mandados de prisão se refere à averiguação da responsabilidade penal pelos seguintes crimes de guerra e crimes contra a humanidade, cometidos no território de Israel e no estado da Palestina (faixa de Gaza), ao menos desde 7 de outubro de 2023, pelos líderes do Hamas, Yahya SINWAR, Mohammed Diah Ibrahim AL-MASRI e Ismail HANIYEH, acima nomeados, e este último já falecido:

- extermínio (*extermination*) como crime contra a humanidade, contrariamente ao art. 7º, inc. 1º, letra 'b' do Estatuto de Roma;
- homicídio (*murder*) como crime contra a humanidade, contrariamente ao art. 7º, inc. 1, letra 'a' e como crime de guerra, contrariamente ao art. 8º, inc. 2º, letra 'c', no. I, do Estatuto de Roma;
- tomada de reféns (*taking hostages*) como crime de guerra, contrariamente ao art. 8º, inc. 2º, letra 'c', no. III, do Estatuto de Roma;
- estupro e outros atos de violência sexual (*rape and other acts of sexual violence*) como crime contra a humanidade,

72 Cour Pénale Internationale – International Criminal Court, Statement of ICC Prosecutor Karim A. A. KHAN K. C., *Applications for arrest warrants in the situation in the State of Palestine* (statement 20 May 2024). Source: Office of the Prosecutor – OTPNewsDesk@icc-cpi.int.

contrariamente ao art. 7º, inc. 1º, letra 'g' e também como crime de guerra, contrariamente art. 8º, inc. 2º, letra 'e', no. VI, do Estatuto de Roma;

- tortura (*torture*) como crime contra a humanidade, contrariamente ao art. 7º, inc. 1º, letra 'f', e também como crime de guerra, no contexto de captividade, contrariamente ao art. 8º, inc. 2º, letra 'c', no. I, do Estatuto de Roma;
- outros atos desumanos (*other inhumane acts*) como crime contra a humanidade, no contexto de captividade, contrariamente ao art. 7º, inc. 1º, letra 'k' do Estatuto de Roma;
- ataques à dignidade pessoal (*outrages upon personal dignity*) como crime de guerra, no contexto de captividade, contrariamente ao art. 8º, inc. 2º, letra 'c', no II, do Estatuto de Roma.

Ao lado destes, outros pedidos de mandados de prisão se referem à averiguação da responsabilidade penal pelos seguintes crimes de guerra e crimes contra a humanidade, cometidos no território do estado da Palestina (na faixa de Gaza), ao menos desde 7 de outubro de 2023, por Benjamin NETANYAHU, primeiro ministro de Israel e Yoav GALLANT, então ministro da defesa de Israel. acima nomeados:

- submeter civis à fome como método de guerra (*starvation of civilians as a method of warfare*) como crime de guerra, contrariamente ao art. 8º, inc. 2º, letra 'b', no. XXV, do Estatuto de Roma;
- deliberadamente causar grande sofrimento ou graves danos corporais ou à saúde (*wilfully causing great suffering or serious injury to body or health*) contrariamente ao art. 8º, inc. 2º, letra 'c', no. 1;
- intencionalmente direcionar ataques contra a população civil (*intentionally directing attacks against a civilian population*) como crime de guerra contrariamente ao art. 8º, inc. 2º, letra 'b', no. I ou art. 8º, inc. 2º, letra 'e', no. 1;
- extermínio e/ou homicídios (*extermination and/or murder*), inclusive no contexto de mortes causadas por fome, como crime contra a humanidade, contrariamente ao art. 7º, inc. 1º, letra 'b' e art. 7º, inc. 1º, letra 'a' do Estatuto de Roma;
- perseguição (*persecution*) como crime contra a humanidade, contrariamente ao art. 7º, inc. 1, letra 'h', do Estatuto de Roma;
- outros atos desumanos (*other inhumane acts*) como crimes contra a humanidade, contrariamente ao art. 7º, inc. 1º, letra 'k' do Estatuto de Roma.

Considera o pedido do Procurador geral do TPI que esses crimes estariam sendo reiterada e continuadamente cometidos no contexto de conflito armado internacional, entre Israel e Palestina, bem como em conflito armado não internacional entre Israel e Hamas (juntamente com outros grupos armados palestinos), ocorrendo paralelamente. Considera que os crimes contra a humanidade imputados foram cometidos como parte de amplo e sistemático ataque contra a população civil palestina, como política de estado (*a widespread and systematic attack against the the Palestinian civilian population pursuant to state policy*).

Aponta, igualmente o Procurador geral, que as provas coletadas, incluindo entrevistas com sobreviventes e testemunhas oculares, vídeos autenticados, material fotográfico e de áudio, imagens de satélite e declarações dos supostos grupos perpetradores, mostram que Israel intencional e sistematicamente privou a população civil em todas as partes de Gaza de objetos indispensáveis à sobrevivência humana. Isso ocorreu mediante a imposição de estado de sítio total (*total siege*) em Gaza, incluindo o fechamento completo dos três postos de passagem de fronteira (*completely closing the three border crossing points*) Rafah, Kerem Shalom e Erez, a partir de 8 de outubro de 2023, por extensos períodos e, a seguir, arbitrariamente restringindo a transferência de suprimentos essenciais – inclusive comida e medicamentos – pelos referidos postos de passagem de fronteira, quando estes foram reabertos.

O estado de sítio também incluiu o corte de dutos transfronteiriços de fornecimento de água de Israel para Gaza – que são a principal fonte de água potável para a população de Gaza – por períodos prolongados, a partir de 9 de outubro de 2023, cortando e impedindo o fornecimento de eletricidade, ao menos a partir de 8 de outubro de 2023, até a presente data. Tudo isso teve lugar em meio a outros ataques contra civis, incluindo os que estavam fazendo fila para receber comida (*queuing for food*); obstruindo a entrega de ajuda por instituições humanitárias; com ataques contra e homicídio de funcionários humanitários (*aid workers*), que forçaram muitas instituições a cessar ou limitar suas operações em Gaza.

Os tremendos e desumanos efeitos do uso da fome como método de guerra (*use of starvation as a method of warfare*), conjugados com outros ataques e punição coletiva contra a população civil de Gaza são agudos, visíveis e amplamente conhecidos, e foram confirmados por múltiplas testemunhas que prestaram depoimento aos integrantes da Procuradoria do TPI, incluindo médicos locais e internacionais. Ai se incluem desnutrição, desidratação, profundo sofrimento e crescente número de óbitos, entre a população civil palestina, incluindo bebês, crianças e mulheres.

A fome generalizada está presente em Gaza e é iminente em outras áreas. Como advertiu o Secretário-geral da ONU, António GUTERRES, desde março de 2024, "mais de 1 milhão e 100 mil pessoas em Gaza estão enfrentando fome catastrófica - o maior número de pessoas já registrado - mais do que em qualquer outro lugar, em qualquer outro momento". Por isso, a Procuradoria do TPI pleiteia a imputação de tais crimes aos dois maiores responsáveis, NETANYAHU e GALLANT, como coautores e dirigentes, nos termos dos artigos 25 e 28 do Estatuto de Roma.

Israel, como qualquer estado, tem o direito de tomar medidas para defender a sua população – prossegue o Procurador geral do TPI – mas, esse direito, contudo, não absolve Israel ou qualquer estado da obrigação de cumprimento do direito internacional humanitário. Sejam quais forem os objetivos militares, são criminosos os meios que Israel escolheu para os alcançar em Gaza – nomeadamente causando intencionalmente morte, fome, grande sofrimento e graves danos ao corpo e à saúde da população civil. Segundo o direito internacional humanitário exige-se que Israel tome medidas urgentes para permitir imediatamente o acesso de ajuda humanitária em Gaza, em escala adequada.

Não se pode expor mais claramente: a imposição de fome como estratégia de guerra e a denegação de ajuda humanitária são criminosas, nos termos do Estatuto de Roma, como reiteradamente exposto em manifestações do Procurador geral do Tribunal Penal Internacional.

Em 5 de fevereiro de 2021, nos termos de Juízo de admissibilidade da Primeira Câmara (*Pretrial chamber 1*) foi decidido que o Tribunal pode exercer a sua jurisdição penal sobre a situação no estado da Palestina, e que o âmbito territorial dessa jurisdição abrange Gaza e a Cisjordânia, incluindo Jerusalém oriental. Está em curso esse mandato, e inclui a escalada de hostilidades e violência desde 7 de outubro de 2023. O Tribunal tem jurisdição sobre crimes cometidos por nacionais de estados-parte e por nacionais de não-estados parte no território de um estado-parte.

É oportuno e relevante que responsabilidades criminais individuais sejam investigadas, julgadas e punidas. Contra agentes de ambos os lados nesse conflito armado. Sem prejuízo da investigação e julgamento da responsabilidade do estado de Israel pela prática de crime de genocídio, perante a Corte Internacional de Justiça.

Apresentar pedido de instauração de caso perante a CIJ, como principal órgão judiciário da ONU, para avaliar se se estão cometendo tais crimes e prolatar julgamento a respeito não somente é procedimento legalmente estipulado na Carta da ONU, como mecanismo útil e relevante para a solução pacífica de controvérsias internacionais, como também é interesse legítimo e muito importante para toda a comunidade internacional: nenhum estado pode pretender estar acima do Direito Internacional, nem tampouco pode pretender bloquear as investigações relativas a práticas de estados – a preocupação coletiva deve ser situada acima e deve prevalecer sobre qualquer pretensão unilateral dessa ordem.

O direito internacional e o direito dos conflitos armados se aplicam a todos. Nenhum soldado, nenhum comandante, nenhum dirigente civil – ninguém – pode agir com impunidade. Nada pode justificar a intencional privação de seres humanos, incluindo tantas mulheres e crianças, das necessidades básicas para a vida. Reitera o Procurador geral do TPI que "nada pode justificar a tomada de reféns e usar a população civil como alvo".

São preocupantes os relatos de continuidade de tais práticas, ilegais, desumanas e degradantes, em Israel, em Gaza e na Cisjordânia. Esclarece, ainda o Procurador geral do TPI, que as investigações prosseguem, em múltiplas linhas de investigação e de coleta de dados, interrelacionadas. E que a Procuradoria do Tribunal não hesitará em emitir outros pedidos de mandados de prisão, se e quando considerarem que se alcançou perspectiva realista de punição (*a realistic prospect of conviction has been met*).[73]

Como estipular um regime jurídico internacional para a guerra?[74] É algo tão necessário quanto difícil de ser alcançado.

A guerra está presente na História da humanidade desde seu início – ou, ao menos, desde quando existam registros escritos – como foram conservados em inscrições e monumentos antigos. É uma grande ilusão acreditar que a guerra possa contribuir para o progresso da humanidade.[75]

---

73 Cour Pénale Internationale – International Criminal Court, Statement of ICC Prosecutor Karim A. A. KHAN K. C., *Applications for arrest warrants in the situation in the State of Palestine* (statement 20 May 2024). Source: Office of the Prosecutor – OTPNewsDesk@icc-cpi.int.

74 É vastíssima a literatura especializada a respeito dessa temática, como mostram todos os clássicos do Direito internacional, desde os tratadistas da guerra como AYALA e BELLI, de VITÓRIA a SUAREZ, de GENTILI a ZOUCH, de GRÓCIO a VATTEL, como se examina no **Tratado de direito internacional** (tomos 4 a 10), e tb. desde o estudo de A. ROLIN, **Le droit moderne de la guerre. Les principes, les conventions, les usages, les abus** (Bruxelles: Albert Dewit, 1920), publicado há mais de um século, até estudos mais recentes sobre a matéria, tais como: A. PHILONENKO, **Essai sur la philosophie de la guerre** (orig. publ. 1976, Paris: Vrin, 2e éd., 2003); B. V. A. RÖLING, **The law of war and the national jurisdiction since 1945** (RCADI, 1960, t. 100, p. 323-456); A. VANDERPOL, **La doctrine scolastique du droit de guerre** (Paris: Pedone, 1919); b/c ___, **Le droit de guerre d'après les théologiens et les canonistes du Moyen Âge** (Paris/Bruxelles: Tralin, 1911); K. N. WALTZ, **O homem, o estado e a guerra**: uma análise teórica (orig. publ. **Man, the state and war**: a theoretical analysis, 1954, trad. Adail U. SOBRAL, rev. Marina APPENZELLER, São Paulo: Martins Fontes, 2004).

75 Norman ANGELL, **A grande ilusão** (orig. publ. **The great illusion**, 1910, rev. 1933, trad. Sérgio BATH, Brasília: UnB – IPRI / São Paulo: IOE, 2002).

Muitas vezes, a guerra foi uma estratégia de poder, como mencionado, faz séculos mostrava KAUTILYA, no **Arthashastra**[76] até os documentos mais recentes e as notícias da semana. Nesse sentido, podemos falar em mais de cinco mil anos de conflitos e de negociações, por vezes superpondo-se a guerra e as negociações, na medida em que em lugar de se impor, mediante o uso da força, se adota a negociação para buscar a solução pacífica de controvérsias.[77]

Durante todos esses milênios da História humana, colocar limites para o uso da força tem sido parte considerável dos objetivos do Direito internacional,[78] nos esforços para frear o lado mais primitivo e brutal da natureza humana, tanto individual como coletivamente considerada, com repetidas aparições ao longo de todo o caminho da civilização humana.

Quantas obras, desde os clássicos da Antiguidade, até os fundadores do direito internacional moderno, clássico e presente, se voltaram a tais candentes questões – relações entre a força e a lei, entre a guerra e o direito internacional. Com resultados mitigados, como assistimos, diante do recrudescimento do uso unilateral da força, sem freios humanos, nem limites legais, em situações da atualidade.

A questão central é determinar se e em que medida podem ser colocados limites para a guerra. E aos crimes cometidos, durante o curso de um conflito armado.

Mesmo durante um conflito armado, há normas legais e parâmetros humanitários que têm de ser obedecidos –[79] existe longa e relevante tradição

76 KAUTILYA, **The Arthashastra** (ed., arranged and translated by L. N. RANGAJARAN, New Delhi: Penguin Books India, 1992). A respeito, CASELLA, **Tratado de direito internacional** – vol. 3 B – **Gregos, romanos, chineses indianos** (São Paulo: Almedina, 2ª ed., 2023, item 7.1 – a Índia e Direito internacional na Índia antiga e medieval, p. 203-289).

77 P. B. CASELLA, *Negociação e conflito no direito internacional: cinco mil anos de registro da história* (Revista da Fac. de Direito da USP, 2019, vol. 114, p. 185-230); A. PHILONENKO, **Essai sur la philosophie de la guerre** (orig. publ. 1976, Paris: Vrin, 2e éd., 2003).

78 CIJ – ICJ, **Military and paramilitary activities in and against Nicaragua** (Nicaragua v. United States of America) Jurisdiction of the Court and Admissibility of the Application (Judgment of 26 November 1984), Merits (Judgment of 27 June 1986), ICJ Reports 1986, p. 14.

79 H. ACCIOLY, G. E. do NASCIMENTO E SILVA, P. B. CASELLA, **Manual de direito internacional público** (São Paulo: Saraiva, 26ª ed., 2023, esp. Parte 9 – Uso da força e guerra no direito internacional, p. 841-924, cit. p. 922-923): "Dentre as sanções menciona-se a opinião pública mundial, que pouco pesa. A rigor, não se pode considerar a condenação pelo consenso internacional como uma sanção legal, isto é, de direito internacional. Novamente, aqui ingressamos na seara da política internacional. / A opinião pública é uma corrente de opiniões privadas com tal volume, intensidade e continuidade que se torna juízo coletivo adotado e exteriorizado pelo grupo em que elas se integram. A influência da opinião pública externa é relativa. Além do mais, a pressão externa tende a provocar uma reação interna favorável aos governantes".

sobre a guerra justa – *bellum iustum* – e os elementos que devem ser observados, com o fim de justificar e tratar de legitimar o uso da força armada.[80]

Não data de nossos conturbados tempos pós-modernos a contraposição entre instinto e direito internacional. Esta faz parte da natureza humana. É contudo necessário colocar limites aos instintos. Sob pena de fazer soçobrar a civilização.

Há quem declare a necessidade de defender o estado e a estatalidade – obviamente, ninguém nega que sejam os estados necessários para operar o direito internacional – mas há que defende-los? Mais que tudo, há que se defender a vida e a dignidade humana e, por isso, a proteção internacional dos direitos humanos desencadeou mutação importante do direito internacional em nossos tempos.

Parece-me oportuno lembrar a reflexão de J. M. Ferreira de Castro: "Entre o algoz e a vítima é sempre a vítima que adquire autoridade moral. Eu conheço a dificuldade que temos em subjugar o instinto de conservação, que é o instinto supremo do homem, sobretudo quando há grande risco de morte. O movimento de legítima defesa só pode ser dominado pela força de uma ideia, que será tanto mais poderosa quanto mais nobre for".[81]

Impor limites à guerra sempre foi considerado como desejável, ao mesmo tempo em que se reconheceu ser difícil de alcançar, em dilema vivido desde os mais antigos registros históricos, que foram conservados, até nossos dias.

---

80 P. B. CASELLA, **Tratado** – tomo 4 – **Direito internacional no tempo medieval** (2ª ed., 2022, item 11.2 – guerra justa e guerra santa: entre *jihad* e as cruzadas, p. 541-558, cit. p. 558): "Apesar do estabelecimento de relações diplomáticas e da celebração de tratados, não é fácil se desvencilhar do peso do legado do passado, que leva cristãos e islâmicos a visões exclusivistas do direito internacional – cada lado convicto de que suas tradições são superiores e mais adequadas, tanto do lado islâmico quanto do não-islâmico – e se acentuaria com o prevalente eurocentrismo do direito internacional clássico"; Francisco GARCÍA-FITZ, **La edad média** – guerra y ideologia, justificaciones religiosas y jurídicas (Madrid: Sílex, 2003, segunda parte – La justificación religiosa de la guerra – el concepto de guerra santa, esp. La guerra sacralizada, p. 119-164, e Guerras justas y santas: Cruzada y Reconquista, p. 165-217); C. NADEAU e J. SAADA, **Guerre juste, guerre injuste** – Histoire, théories et critiques (Paris: PUF, 2009, Conclusion, p. 149-151, cit. p. 149) sobre as formulações doutrinais a respeito da guerra justa e o Direito internacional, tb. P. P. de A. VELOSO, *Guerra justa* (in **Enciclopédia luso-brasileira de direito internacional**, 2023, p. 586-589). V. tb. P. BÜTTGEN, A. de LIBERA, M. RASHED e I. ROSIER-CATACH, **Les Grecs, les arabes et nous** – Enquête sur l'islamophobie savante (Paris: Fayard – ouvertures, 2009); Philippe SÉNAC, **L'Occident médiéval face à l'Islam** – l'image de l'autre (orig. publ. 1983, Paris: Flammarion, 2e éd., 2000).

81 J. M. FERREIRA de CASTRO (1898-1974), **O Instinto supremo** (orig. publ. 1968, Amadora: Cavalo de Ferro, 8ª. ed., 2019, cit. p. 34).

Por um lado, há avanços relevantes nesse âmbito, ao longo dos últimos 150 anos, tal como se consolida no Direito Internacional Humanitário; enquanto, por outro lado, os avanços tecnológicos tornaram as armas mais destrutivas, a extremos nunca antes imaginados, e continuam a ser agregados aperfeiçoamentos, tornando cada vez mais eficaz a arte de matar e destruir infraestrutura, patrimônio histórico e natural. Esse caminho de progresso tecnológico, sem freios humanos, nem morais, nem legais aumenta sem limites os riscos de catástrofes, humanas e ambientais.

Como já estipulado no Direito internacional vigente – na Convenção de 1948, como no Estatuto de Roma do TPI, de 1998 e na jurisprudência internacional – o Genocídio é o mais grave de todos os crimes internacionais: por isso, chamado o crime dos crimes, na medida em que é relevante para o conjunto da humanidade, e não pode ser tolerado em nenhum conflito armado, seja este internacional ou não-internacional, como em guerras civis ou equivalentes conflitos ditos 'irregulares'.[82]

O caráter evolutivo do Direito internacional e o desenvolvimento progressivo deste, se mostram em relação à caracterização de ilícitos internacionais da maior gravidade, por meio dos quais se exprime a existência de obrigações internacionais essenciais para a salvaguarda dos interesses fundamentais da comunidade internacional.[83] Têm caráter de obrigação 'frente à comunidade internacional' como um todo, cujas violações tipificam crimes internacionais.

---

82 Cabe enfatizar as mutações ocorridas na conflitualidade armada, a partir da segunda metade do século XX, com considerável diminuição dos conflitos armados 'clássicos' entre dois ou mais estados, mas considerável aumento dos conflitos opondo estados a grupos não estatais, tais como movimentos de libertação 'nacional' opondo-se à opressão ou colonização, bem como movimentos de resistência, muitas vezes denominados 'terroristas', e o correspondente engajamento dos estados em novas modalidades de conflitualidade e novas tecnologias de defesa, por vezes atropelando garantias de direitos individuais e coletivos, suscitando numerosos desafios, também para o enquadramento jurídico e político de tais operações armadas. Nessa linha, ver CASELLA, **Tratado** – tomos 14 a 17 – **Direito internacional no tempo do colonialismo** (cap. 14 – crise do sistema e emergência da autodeterminação dos povos como princípio basilar do direito internacional pós-moderno); Jean BELIN, Sébastien-Yves LAURENT e Anne-Marie TOURNEPICHE (dir. de), **La conflictualité armée** – approches interdisciplinaires (Paris: Pedone, 2021) e demais autores. Como aponta Samah JABR, **Sumud em tempos de genocídio** (org. e trad. Rima Awada ZAHRA, Rio de Janeiro: Tabla, 2024, cit. p. 147): "Onde há opressão, há resistência".

83 Logicamente se coloca a dificuldade de aferição do consenso internacional de todos os estados, em relação à qualificação de crimes internacionais, como, desde a época da respectiva adoção, o crime de genocídio, em 1948, e o crime de apartheid, em 1973. Ver P. B. CASELLA, **Tratado de direito internacional** – vol. 2 – **Direito internacional dos espaços** (São Paulo: Almedina, 2ª ed., 2022, item 29.3 – dimensão humana do território como expressão da relação entre espacialidade e direitos fundamentais, cit. p. 696-697); V. STARACE, **La responsabilité résultant de la violation des obligations à l'égard de la communauté internationale** (RCADI, 1976, t. 153, p. 263-317, cit. p. 272 e 282): "avait rapporté aux états en général l'interdiction refermée dans

Dentre as fontes de tais obrigações de todos os estados cabe apontar o art. 2º, par. 4º da Carta da ONU: "todos os membros deverão evitar em suas relações internacionais a ameaça ou o uso da força contra a integridade territorial e a independência política de qualquer estado, ou qualquer outra ação incompatível com os propósitos das Nações Unidas". Igualmente as Resoluções 1815 (XVII) de 18 de dezembro de 1962, 1966 (XVIII) de 16 de dezembro de 1963, 2103 (XX) de 20 de dezembro de 1965, 2181 (XXI) de 12 de dezembro de 1966, 2327 (XXII) de 18 de dezembro de 1967, 2463 (XXIII) de 20 de dezembro de 1968 e 2533 (XXIV) de 8 de dezembro de 1969, nas quais a Organização das Nações Unidas afirmou a importância do desenvolvimento progressivo e da codificação dos princípios do direito internacional sobre relações amistosas e cooperação entre os estados.

Convém reiterar a relevância da Declaração de princípios de Direito internacional sobre relações amistosas e cooperação entre estados em conformidade com a Carta das Nações Unidas – Resolução 2625 (XXV) AGNU, reafirmando serem a paz e a segurança internacionais e o desenvolvimento de relações amistosas e cooperação entre as nações se contarem entre os propósitos fundamentais das Nações Unidas,[84] como antes, a Resolução 2160 (XXI) AGNU, de 30 de novembro de 1966, sobre a "estrita observância da proibição de recorrer à ameaça ou ao uso da força nas relações internacionais e do direito dos povos à autodeterminação".

Todos os estados devem envidar esforços para capacitar os integrantes de suas forças armadas, quer sejam contingentes regulares, de forças de terra, ar e mar, como também forças especiais ou quaisquer outros contingentes, militares ou paramilitares, sob sua responsabilidade, direta ou indireta, de modo a assegurar a observância e estrita aplicação das Convenções de Genebra, de 1949, de seus Protocolos Adicionais de 1977, bem como do Estatuto de Roma, de 1998, de modo a eliminar a prática de tais crimes – nomeadamente Genocídio, crimes de guerra, crimes contra a humanidade, apartheid, e crimes ambientais – sejam estes cometidos por agentes estatais ou não estatais, bem como evitar sejam cometidos atos de agressão.

Todos os estados devem, igualmente coibir e lutar contra a impunidade de qualquer agente, em seu território, seja este nacional ou não daquele estado,

---

l'article 2, par. 4 de la Charte et avait affirmé qu'une attaque armée d'un état contre un autre ou l'emploi de la force sous toute autre forme contraire à la Charte des Nations Unies constitue une violation du droit international qui engage la responsabilité internationale."

84 UNGA Resolution 2625 (XXV), *Declaration on Principles of International Law concerning friendly relations and cooperation among states in accordance with the Charter of the United Nations* (UNO – General Assembly – Twenty-fifth session, adopted 24 October 1970, 1883rd Plenary meeting).

que possa ter cometido qualquer de tais crimes, ou de qualquer maneira contribuído para a prática de qualquer desses crimes.

O regime jurídico internacional para determinar a ocorrência de qualquer desses crimes, bem como os mecanismos legais e judiciais, visando assegurar a devida e rápida punição de tais delitos são conquistas relevantes da civilização humana, cuja aplicação efetiva não deve sofrer quaisquer óbices externos, acarretando limitações ou impedindo a observância do regime jurídico aplicável e da punição dos agentes responsáveis, direta e indiretamente, pelo cometimento de tais delitos.

Crimes ambientais cometidos em contexto de conflito armado devem ser abrangidos no âmbito de atuação do TPI – nos termos do art. 8(2)(b) iv do Estatuto de Roma, de 1998 – embora até aqui tanto a doutrina, quanto a prática, em matéria de prossecução de crimes ambientais durante operações militares ainda esteja em vias de ser desenvolvida.

A atuação de grupos de especialistas e a divulgação dos resultados de trabalho colegiado, destes emanados, pode contribuir para a conscientização da opinião pública e a mobilização de agentes governamentais, no sentido de reforçar a observância das normas internacionais existentes e ampliar a demanda por ulteriores desenvolvimentos destas, visando a paz internacional e a observância das normas do Direito internacional, gerais como do Direito Internacional Humanitário.

Mais uma vez, agradeço ao meu colega, professor Clodoaldo Silva da ANUNCIAÇÃO, bem como a toda a sua equipe organizadora do I Congresso Internacional – Diálogos Humanistas, pelo convite e pela oportunidade de apresentar estas considerações como palestra magna de abertura deste evento. Bem como por todo o trabalho de organização e de apoio aos trabalhos, antes, durante e depois da realização do Congresso em Salvador.

De São Paulo para Salvador, em 17 de novembro de 2024

REFERÊNCIAS BIBLIOGRÁFICAS

ALAMINO, Felipe N. P., **Anexação da Crimeia** – o conceito de agressão no Direito internacional (prefácio P. B. CASELLA, Curitiba: Instituto memória ed., 2021)

AMBOS, Kai; MALARINO, Ezequiel (eds.), **Persecución penal nacional de crímenes internacionales en América Latina y España** (Bonn / Montevideo: Fund. K. Adenauer, 2003)

AMBOS, Kai; CHOUKR, Fauzi Hassan (orgs.), **Tribunal penal internacional** (São Paulo: Ed. RT, 2000)

ANDRIEUX, Jean-Yves; CHEVALLIER, Fabienne; KERVANTO-NEVANLINNA, Anja (dir. de), **Idée nationale et architecture en Europe** 1860-1919 – Finlande, Hongrie, Roumanie, Catalogne / **Architeture and National Identities in Europe** 1860-1919 – Finland, Hungary, Romania, Catalonia (Rennes: Presses univ. de Rennes / Institut national d'histoire de l'art, 2006)

ANGELL, Norman, **A grande ilusão** (orig. publ. **The great illusion**, 1910, rev. 1933, trad. Sérgio René BATH, Brasília: UnB – IPRI / São Paulo: IOE, 2002)

ASCENSIO, Hervé; DECAUX, Emmanuel; PELLET, Alain (dir. de), **Droit international pénal** (2e éd. revisée, Paris: Pedone, 2012)

BACKMANN, René, **Un mur en Palestine** (orig. publ. 2006, Paris: Gallimard – Folio actuel, vol. 139, éd. augmentée et mise à jour, 2009)

BADINTER, Robert; COTTE, Bruno; PELLET, A., **Vladimir Poutine – l'accusation** (Paris: Fayard, 2023)

BARNETT, Michael, **Empire of Humanity** – a History of Humanitarianism (orig. publ. 2011, Ithaca e Londres: Cornell Univ. Press, 2013)

BELIN, Jean; LAURENT, Sébastien-Yves; TOURNEPICHE, Anne-Marie (dir. de), **La conflictualité armée** – approches interdisciplinaires (Paris: Pedone, 2021)

BENDELAC, Jacques, **Les arabes d'Israël** – entre intégration et rupture (Paris: Autrement – coll. Frontières, 2008)

BETTATI, Mario, **Droit humanitaire** (textes introduits et commentés, Paris: Seuil, 2000)

BILLINGTON James H., **The Icon and the Axe** – an interpretation of Russian culture (orig. publ. 1966, New York: Vintage Books, 1970)

BLOOM, Harold, **O cânone ocidental** – os livros e a escola do tempo (orig. publ. **The Western Canon**, 1994, trad. Marcos SANTARRITA, Rio de Janeiro: Objetiva, 2001)

BOURDON; William; DUVERGER, Emmanuelle, **La Cour pénale internationale** – Le Statut de Rome – introduit et commenté (préf. Robert BADINTER, Paris: Seuil – essais, 2000)

BOZARSLAN, Hamit, **Crise, violence, dé-civilisation** – essai sur les angles morts de la cité (Paris: CNRS Éd., 2019)

___, **Sociologie politique du Moyen-Orient** (Paris: La découverte, 2011)

BOZARSLAN, Hamit; DUCLERC, Vincent; KÉVORKIAN, Raymond A., **Comprendre le génocide des arméniens** – 1915 à nos jours (Paris: Tallandier, 2015)

BRADOL, Jean-Hervé; LE PAPE, Marc, **Génocide et crimes de masse** – L'expérience rwandaise de MSF 1982-1997 (orig. publ. **Humanitarian aid, Genocide and Mass killings**, 2016, Paris: CNRS Éd., 2017)

BRUNETEAU, Bernard **O século dos genocídios** – violências, massacres e processos genocidários da Arménia ao Ruanda (orig. publ. **Le siècle des génocides**, 2004, trad. Isabel ANDRADE, Lisboa: Instituto Piaget, 2008);

BÜTTGEN, Philippe; LIBERA, Alain de; RASHED, Marwan; ROSIER-CATACH, Irène (dir. de), **Les Grecs, les arabes et nous** – Enquête sur l'islamophobie savante (Paris: Fayard – ouvertures, 2009)

CASELLA, Paulo B., **International Law, History and Culture** (Leiden / Boston: Brill / Nijhoff, 2024, esp. chap. V, item B – Limitations on war and the use of force, p. 450-495)

___, **Droit international, histoire et culture** (La Haye: RCADI, 2023, vol. 430, p. 9-610)

___, **Tratado de Direito Internacional** (Coimbra e São Paulo: Almedina, 2ª ed., 2022-2024, 10 vols. publicados; volumes seguintes no prelo, 2024-2025)

___, ___ – tomo 1 – **Direito Internacional dos espaços – conceitos basilares, domínio terrestre, fluvial e marítimo** (2ª ed., 2022)

___, ___ – tomo 2 – **Direito Internacional dos espaços – domínio aéreo, navios e aeronaves, espaços internacionais e recorrências da espacialidade** (2ª ed., 2022)

___, ___ – tomo 3 A – **Direito Internacional no tempo antigo** (2ª ed., 2022)

___, ___ – tomo 3 B – **Direito internacional no tempo antigo – Gregos, romanos, chineses, indianos** (2ª ed., 2023)

___, ___ – tomo 4 – **Direito Internacional no tempo medieval** (São Paulo: Almedina, 2ª ed., 2023, esp. cap. 11 – tratadistas da guerra: Baltazar AYALA e Pierino BELLI, p. 491-687)

___, ___ – tomo 5 – **Direito internacional no tempo de Francisco de Vitória** (2ª ed., 2023)

___, ___ – tomo 6 – **Direito internacional no tempo de Suarez, Gentili e Zouch** (2ª ed., 2023)

___, ___ tomo 7 – **Direito Internacional no tempo de Hugo Grócio** (São Paulo: Almedina, 2ª ed., 2023, item 18.8 – GRÓCIO e os limites do direito da guerra, p. 302-378)

___, ___ – tomo 8 – **Direito internacional além do paradigma vestfaliano** (2ª ed., 2024)

___, ___ – tomo 9 – **Direito internacional no tempo de Samuel Pufendorf** (2ª ed., 2024)

___, ___ – tomo 10 – **Direito internacional no tempo de C. Van Bynkershoek e Christian Wolff** (2ª ed., 2024, no prelo)

___, ___ – tomo 11 – **Direito internacional no tempo do iluminismo** (2ª ed., 2024, no prelo)

___, ___ – tomo 12 – **Direito Internacional no tempo de Vattel e von Martens** (2ª ed., 2024, no prelo, item – mutações do direito internacional no século XVIII, ilustradas pelo tema da guerra e item 24.1 – a concepção de VATTEL sobre o tema da guerra)

___, ___ – tomo 13 – **Direito internacional no tempo do concerto europeu** (2025, no prelo)

___, ___ – tomos 14 a 17 – **Direito internacional no tempo do colonialismo** (2025, no prelo)

___, Genocídio, crimes de guerra, tratamento desumano e degradante, e apartheid (São Paulo: Faculdade de direito da USP – Opinião, 15 de janeiro de 2024 – https://direito.usp.br > notícia > 7 cb)

___, Genocídio e outros crimes (Belo Horizonte: Dois Pontos, Hoje em dia, p. 7, 17 de janeiro de 2024)

___, Genocídio e outros crimes (Campo Grande: Estado Mato Grosso do Sul, p. A 2, 19 de janeiro de 2024)

___, Genocídio e outros crimes (Fortaleza: Jornal do comércio do Ceará, 20 jan. 2024)

___, Genocídio e outros crimes (Boa Vista: Folha Boa Vista, 22 jan. 2024)

___ e FERNANDES, Guilherme A. A. L., Genocídio, crimes de guerra, tratamento desumano e degradante, e apartheid (São Paulo: Conjur.com.br, 23 de janeiro de 2024)

___ e OLIVEIRA, Alex S., A guerra de agressão russa na Ucrânia e o direito internacional (in **Temas de direito internacional, direito do trabalho e direito internacional do trabalho** – estudos em homenagem a C. A. HUSEK, coord. F. ZAVANELLA, F. FELAMINGO, H. A. T. de MATTOS e L. M. de SOUZA, São Paulo: LTr, 2023, p. 242-252)

___, Negociação e conflito no direito internacional: cinco mil anos de registro da história (Revista da Fac. de Direito da USP, 2019, vol. 114, p. 185-230)

___, Genocídio armênio (in **Cem anos do genocídio armênio** – negacionismo, silêncio e direitos humanos, org. M. L. T. CARNEIRO, C. A. A. BOUCAULT e H. A. C. LOUREIRO, São Paulo: Humanitas, 2019, p. 51-112)

___, O genocídio armênio (in **Direito internacional na Constituição** – estudos em homenagem a F. REZEK, org. A. J. CICCO Fo., A. F. P. VELLOSO, M. E. G. T. ROCHA, São Paulo: Saraiva, 2014, p. 565-604)

___, Secessão no Direito internacional e o Parecer consultivo da Corte Internacional de Justiça sobre o Kosovo de 22 de julho de 2010 (Boletim SBDI, ano XCVIII, ago.-dez. 2013, nos. 119-124, p. 111-126)

___, Reconhecimento de estado e de governo no direito internacional contemporâneo (in O direito internacional no terceiro milênio – estudos em homenagem ao prof. V. Marotta Rangel, org. L. O. BAPTISTA e J. R. F. da FONSECA, São Paulo: LTr, 1998, p. 287-318)

CASSESE, Antonio; DELMAS-MARTY, Mireille (ed.), **Crímenes internacionales y jurisdicciones internacionales** (orig. publ. **Crimes internationaux et juridictions internationales**, 2002, trad. Horacio PONS, Bogotá: Grupo ed. Norma, 2004)

CHEVTCHENKO, Tarás – o poeta da Ucrânia (edição bilingue português e ucraniano, redator Mariano CZAIKOWSKI et al., Curitiba, Paraná: Representação central ucraniano-brasileira, 2014)

CICR, **Comentario del Protocolo del 8 de junio de 1977 adicional a los Convenios de Ginebra del 12 de agosto de 1949** relativo a la protección de las víctimas de los conflictos armados internacionales (Protocolo I) (Yves SANDOZ et al., orig. publ. 1986 em francês; 1987 em inglês; trad. Mauricio DUQUE Ortiz, refs. Mercè FERRÉS Hernández, superv. edtrl. José CHOCOMELI Lera, Bogotá: CICR / Plaza y Janés, 2000, tomos I e II)

___, **Comentario del Protocolo del 8 de junio de 1977 adicional a los Convenios de Ginebra del 12 de agosto de 1949** relativo a la protección de las víctimas de los conflictos armados sin carácter internacional (Protocolo II) y del artículo 3 de estos Convenios (Sylvie-Stoyanka JUNOD et al., orig. publ. 1986 em francês; 1987 em inglês; trad. José CHOCOMELI Lera con colab. de Mauricio DUQUE Ortiz, refs. Margarita SERRANO Garcia y Maria ECUYER, Bogotá: CICR / Plaza y Janés, 1998)

CLEMESHA, Arlene, *Al-Nakba e os percursos historiográficos de uma tragédia sem fim* (in **Gaza no coração**, org. R. D. OLIVEIRA, São Paulo: Elefante, 2024, p. 67-93)

CONTE, Francis, **Les slaves** – aux origines des civilisations d'Europe centrale et orientale (VIe-XIIIe siècles) (orig. publ. 1986, Paris: Albin Michel, 1996)

CORTE INTERNACIONAL DE JUSTIÇA – CIJ – ICJ, **Legal consequences arising from the Policies and Practices of Israel in the Occupied Palestinian Territory, including Jerusalem – Advisory Opinion of 19 July 2024** (Case 186, number 2024/8)

___, **Application of the Convention on the Prevention and Punishment of the crime of Genocide in the Gaza Strip** (South Africa v. Israel), started 29 December 2023; Spain intervening

___, **Legal consequences of the construction of a Wall in the Occupied Palestinian Territory** (Advisory Opinion, 9 July 2004, ICJ Reports 2004, p. 136)

___, **Military and Paramilitary activities in and against Nicaragua** (Nicaragua v. United States of America) – Jurisdiction and Admissibility of the Application (Judgment of 26 November 1984); Merits (Judgment of 27 June 1986, ICJ Reports 1986, p. 14)

___, **Reservations to the Convention on the Prevention and Punishment of the Crime of Genocide** (Advisory Opinion of 28 May 1951, ICJ Reports 1951, p. 15)

CHARNAY, Jean-Paul, **Traumatismes musulmans** – entre *chârî'â* et géopolitique (Paris: Afkar, 1993)

DAKHLI, Leyla (dir. de), **Le Moyen-Orient** – fin XIXe–XXe siècle (Paris: Seuil – histoire, 2016)

DAILLIER, Patrick, **Les opérations multinationales consécutives à des conflits armés en vue du rétablissement de la paix** (RCADI, 2005, t. 314, p. 233-431)

D'ANIERI, Paul, **A Ucrânia e a Rússia** – do divórcio civilizado à guerra incivil (orig. publ. **Ukraine and Russia** – from civilized divorce to uncivil war, 2023, trad. J. P. MOREIRA e M. J. B. MARQUES, Lisboa: Relógio d'água, 2023)

DENOIX, Sylvie; RENEL, Hélène (dir. de), **Atlas des mondes musulmans médiévaux** (Paris: CNRS Éds., 2022)

DESCAMPS, E.-E.-F., **Le droit international nouveau: l'influence de la condamnation de la guerre sur l'évolution juridique internationale** (RCADI, 1930, t. 31, p. 393-559)

DESCOLA, Philippe, **La composition des mondes** (entretiens avec Pierre CHARBONNIER, orig. publ. 2014, Paris: Flammarion – champs – essais, 2017)

DOVIC, Marijan; HELGASON, Jón Karl, **National poets, cultural saints** – Canonization and Commemorative Cults of Writers in Europe (Leiden: Brill – National Cultivation of Culture, vol. 12, 2017)

DUPUIS, Charles, **Règles générales du droit de la paix** (RCADI, 1930, t. 32, p. 1-290)

FAWCETT, Louise (ed.), **International relations of the Middle East** (orig. publ. 2005, Oxford: Univ. Press, 2nd ed., 2009)

FÉDOROVSKI, Vladimir, **Poutine, l'Ukraine, les faces cachées** (Paris: Balland, 2022)

FEIERSTEIN, Daniel, **Introducción a los estudios sobre genocidio** (Buenos Aires: FCE / Eduntref, 2016)

FERNANDEZ, Julian; PACREAU, Xavier (dir. de), **Statut de Rome de la Cour pénale internationale** – commentaire article par article (avant-propos Robert BADINTER, ouverture Philippe KIRSCH, Paris: Pedone, 2012, 2 tomos)

FERNÁNDEZ SÁNCHEZ, Pablo Antonio (coord.), **La situación de Ucrania ante el derecho internacional** – perspectiva iberoamericana (Sevilha: EUS – Edtrl. Univ. de Sevilla, 2023)

FERREIRA de CASTRO, J. M., **O Instinto supremo** (orig. publ. 1968, Amadora: Cavalo de Ferro, 8ª. ed., 2019)

FORRESTER, Viviane, **O crime ocidental** (orig, publ. **Le crime occidental**, 2004, trad. M. J. CATAGNETTI e T. YAMAGUCHI, São Paulo: Ed. Unesp, 2006)

FRANÇOIS, J.-P.-A., **Règles générales du droit de la paix** (RCADI, 1938, t. 66, p. 1-294)

FROUVILLE, Olivier de; CHAUMETTE, Anne-Laure, **Droit international pénal** – sources, incriminations, responsabilité (Paris: Pedone, 2012)

GARCÍA-FITZ, Francisco, **La edad média** – guerra y ideología, justificaciones religiosas y jurídicas (Madrid: Sílex, 2003, segunda parte – La justificación religiosa de la guerra – el concepto de guerra santa, esp. La guerra sacralizada, p. 119-164, e Guerras justas y santas: Cruzada y Reconquista, p. 165-217)

GLUBB, John Bagot, **A short history of the Arab peoples** (orig. publ. 1969, London: Quartet Books, 1980)

GOLDSCHMIDT Jr., Arthur; AL-MARASHI, Ibrahim, **Uma história concisa do Oriente Médio** (orig. publ. **A concise history of the Middle East**, 2019, trad. Caesar SOUZA, Petrópolis: Vozes, 2021)

GOUJON, Alexandra, **L'Ukraine** – de l'indépendance à la guerre (Paris: Le cavalier bleu – Les idées reçues, 2022)

GUTMAN, Roy; RIEFF, David; DWORKIN, Anthony (ed. by), **Crimes of war** (orig. publ. 1999, New York: W. W. Norton, 2nd revised and updated ed., 2007)

HINNEBUSCH, Raymond, **The international politics of the Middle East** (orig. publ. 2003, Manchester: Univ. Press, 2004)

HOURANI, Albert, **Uma história dos povos árabes** (orig. publ. **A history of the Arab peoples**, 1991, trad. Marcos SANTARRITA, São Paulo: Companhia das letras, 2006)

HUET, André; KOERING-JOULIN, Renée, Droit pénal international (orig. publ. 1994, Paris: PUF – Thémis - droit, 3e éd., 2005)

JABR, Samah, **Sumud em tempos de genocídio** (org. e trad. Rima Awada ZAHRA, Rio de Janeiro: Tabla, 2024)

KAN, J. van, **Règles générales du droit de la paix: l'idée de l'organisation internationale dans ses grandes phases** (RCADI, 1938, t. 66, p. 295-601)

KAPLAN, Robert D., **The revenge of geography** (New York: Random House, 2012)

KAUFMANN, Erich, **Règles générales du droit de la paix** (RCADI, 1935, t. 54, p. 309-620)

KAUTILYA, **The Arthashastra** (edited, arranged and translated by L. N. RANGAJARAN, New Delhi: Penguin Books India, 1992)

KHALIDI, Rashid, **Palestina** – um século de guerra e resistência (1917-2017) (orig. publ. **The hundred years' war on Palestine**, 2020, trad. R. W. GALINDO, São Paulo: Todavia, 2024)

KOUTROULIS, Vaios, **Le début et la fin de l'application du droit de l'occupation** (Paris: Pedone, 2010)

LEROY-BEAULIEU, Anatole, **L'empire des tsars et les russes** (4e éd. 1897-1898, Paris: Robert Laffont, 1990)

LOBACHEV, Valeri; PRAVOTORV, Vladimir, **A millennium of Russian orthodoxy** (orig. publ. **Ticialetnie russkovo pravoslavia**, transl. by Mikhail NIKOLSKY, transl. ed. by Juliette SHAPLAND, Moscou: Novosti, 1988)

LOEWENSTEIN, Antony, **Laboratório Palestina** – como Israel exporta tecnologia de ocupação para o mundo (orig. publ. **The Palestine Laboratory** – how Israel exports the Technology of occupation around the world, 2004, trad. Gabriel Rocha GASPAR, São Paulo: Elefante, 2024)

LOMBARD, Maurice, **L'Islam dans sa première grandeur** – VIIIe–XIe siècle (orig. publ. 1971, préf. Hichem DJAÏT, Paris: Flammarion, 1987)

LÓPEZ GOLDARACENA, Oscar, **Genocidio, crímenes de guerra, crímenes de lesa humanidad** – cooperación con la Corte Penal Internacional – Ley no. 18.026 de 25 de setiembre de 2006 anotada (Montevideo: Fundación de cultura universitaria, 2008)

LORRAIN, Pierre, **L'Ukraine** – une histoire entre deux destins (orig. publ. 2019, Paris: Bartillat, 2e éd., 2021)

LOUREIRO, Felipe (org.), **Linha vermelha – a guerra da Ucrânia e as relações internacionais no século XXI** (Campinas: Ed. Unicamp, 2022)

LOWE, Keith, **Savage continent: Europe in the aftermath of World war II** (Londres: Viking – Penguin, 2012)

___, **L'Europe barbare** 1945-1950 (trad. Johan F. H. GUEDJ, Paris: Perrin – histoire, 2015)

LUKOWSKI, Jerzy; ZAWADZKI, Hubert, **Histoire de la Pologne** (orig. publ. **A concise history of Poland**, 2001, trad. Eric CHEDAILLÉ, Paris: Perrin, 2010)

MALM, Andreas, **A destruição da Palestina é a destruição do planeta** (orig. publ. **The destruction of Palestine is the destruction of the Earth**, 2024, trad. Natália ENGLER, São Paulo: Elefante, 2024)

MANSFIELD, Peter, **A history of the Middle East** (orig. publ. 1991, Londres: Penguin, 4th ed., rev. and updated by Nicolas PELHAM, 2013)

MANZANO MORENO, Eduardo, **Historia de las sociedades musulmanas en la Edad media** (Madrid: Síntesis, 1992)

MASSIS, Henri, **Découverte de la Russie** (Paris: H. Lardanchet, 1944)

MAY, Larry, **Genocide** – a normative account (Cambridge: Univ. Press, 2010)

MAZOWER, Mark, **Dark Continent: Europe's Twentieth Century** (1998, New York: A. Knopf, 1999)

MÉRAD, Ali, **L'Islam contemporain** (orig. publ. 1984, Paris: PUF, 7e éd., 2005)

MEYER, Philippe, **Baltiques** – Histoire d'une mer d'ambre (Paris: Perrin – histoire, 2013)

MICKIEWICZ, Adam, **Les Slaves** – Cours du Collège de France 1842 (éd. dir. par Philippe-J. SALAZAR, avec une présentation de Jerzy AXER, Paris: Klincksieck [cadratin], 2005)

___, **Monsieur Thadée** de 'Sopliça' – ou le dernier procès en Lithuanie – sui generis – récit historique en douze chants / **Les poètes illustres de la Pologne au XIXe siècle** (traduit par Charles de NOIRE-ISLE, Paris: Typographie de E. Plon & Cie., 1876, 2 tomos – ed. facsimilar, Paris: BnF / Hachette Livre, 2 tomos)

___, **Conrad Wallenrod** – légende historique d'après les chroniques de Lithuanie et de Prusse (éd. 1866, trad. Ladislas MICKIEWICZ, Paris: BnF – Gallica / Hachette livre http://gallica.bnf.fr/ark:/12148/bpt6k58360189)

MILHAUD, Edgar, **L'organisation économique de la paix** (RCADI, 1926, t. 15, p. 277-431)

MOMTAZ, Djamchid, **Le droit international humanitaire applicable aux conflits armés non internationaux** (RCADI, 2001, t. 292, p. 9-145)

MONCAUBEIG. Francis, **L'Ukraine** – de l'Antiquité à 2015 (Tours: Ed. Sutton, 2019)

MULLER, Joseph, **L'œuvre de toutes les confessions chrétiennes (églises) pour la paix internationale** (RCADI, 1930, t. 31, p. 293-392)

MURASE, Shinya, **Perspectives from international economic law on transnational environmental issues** (RCADI, 1995, t. 253, p. 283-432)

NADEAU, Christian; SAADA, Julie, **Guerre juste, guerre injuste** – Histoire, théories et critiques (Paris: PUF, 2009)

NOLTE, Hans-Heinrich, **Geschichte Russlands** (orig. publ. 1998, Stuttgart: Ph. Reclam, 3a. ed., 2012)

OLIVEIRA, Rafael Domingos (org.), **Gaza no coração** – História, resistência e solidariedade na Palestina (São Paulo: Elefante, 2024)

PAPPE, Ilan, **The ethnic cleansing of Palestine** (orig. publ. 2006, Oxford: Oneworld, reprinted 2008)

PATTERSON, Ernest Minor, **Les bases économiques de la paix** (RCADI, 1931, t. 37, p. 413-525)

PEREIRA, Rosalie Helena de Souza (org.), **O Islã clássico** – itinerários de uma cultura (São Paulo: Perspectiva, 2007)

PHILIP-GAY, Mathilde, **Peut-on juger Poutine?** (Paris: Albin Michel, 2023)

PHILONENKO, Alexis, **Essai sur la philosophie de la guerre** (orig. publ. 1976, Paris: Vrin, 2e éd., 2003)

PINTO, Càndida; ARAÚJO, David, **Ucrânia insubmissa** (Alfragide: Dom Quixote – Leya, 2023)

RABBATH, Edmond, **L'Orient chrétien à la veille de l'Islam** – les chrétiens dans l'Islam des premiers temps (Beirute: Publications de l'Université Libanaise – Section des études historiques, vol. XXIII, 1980)

Jean RADVANYI, **Russie, un vertige de puissance** – une analyse critique et cartographique 1986-2023 (Paris: La découverte, 2023)

RAHMAN, Fazlur, **O islamismo** (orig. publ. **Islam**, 1966, trad. J. Teixeira de AGUIAR, Lisboa: Arcádia, 1970)

RAUCHBERG, H., **Les obligations juridiques des membres de la Société des Nations pour le maintien de la paix** (RCADI, 1931, t. 37, p. 83-204)

RIBEIRO, Manuel Almeida, Guerra (in **Enciclopédia luso-brasileira de direito internacional**, 2023, p. 582-584)

___, Reconhecimento de estados (in **Enciclopédia luso-brasileira de direito internacional**, 2023, p. 986-987)

ROGAN, Eugene, **Os árabes** – uma história (orig. publ. **The Arabs**, 2009, trad. Marlene SUANO, Rio de Janeiro: Zahar, 2021)

ROLIN, Albéric, **Le droit moderne de la guerre. Les principes, les conventions, les usages, les abus** (Bruxelles: Albert Dewit, 1920)

RÖLING, Bert V. A., **The law of war and the national jurisdiction since 1945** (RCADI, 1960, t. 100, p. 323-456)

RUTGERS, V.H., **La mise en harmonie du pacte de la Société des Nations avec le pacte de Paris** (RCADI, 1931, t. 38, p. 1-123)

RYBAKOV, B. A., **Early centuries of Russian History** (orig. publ. **Pervie veka russkoi istorii**, transl. by John WEIR, Moscou: Progress, 1965)

SABORIDO, Jorge, **Ucrania** – passado, presente, futuro? (Buenos Aires: Biblos, 2022)

SAID, Edward, **From Oslo to Iraq and the Road Map** – essays (foreword by Tony JUDT, afterword by Wadie E. SAID, New York: Vintage Books, 2004)

___, **A questão da Palestina** (orig. publ. **The question of Palestine**, 1992, trad. Sonia MIDORI, São Paulo: Ed. Unesp, 2012)

___, **Cultures and Imperialism** (Londres: Chatto & Windus, 1993)

SAIF, Atef Abu, **Quero estar acordado quando morrer** – Diário do genocídio em Gaza (orig. publ. **Don't look left: A Diary of Genocide**, 2023, trad. Gisele EBERSPÄCHER, São Paulo: Elefante, 2024)

SALVIOLI, Gabriele, **Les règles générales de la paix** (RCADI, 1933, t. 46, p. 1-164)

SANTOS, Marco Aurélio Moura dos, **Genocídio no direito internacional** – procedimentos retóricos (pref. P. B. CASELLA, São Paulo: Dialética, 2023)

SCELLE, Georges, **Règles génerales du droit de la paix** (RCADI, 1933, t. 46, p. 327-703)

SCHABAS William A., **Genocide in International Law** – the crime of crimes (orig. publ. 1999, Cambridge: Univ. Press, 2nd ed., 2009)

SÉFÉRIADES, Stélio, **Principes généraux du droit international de la paix** (RCADI, 1930, t. 34, p. 177-492)

SÉNAC, Philippe, **L'Occident médiéval face à l'Islam** – l'image de l'autre (orig. publ. 1983, Paris: Flammarion, 2e éd., 2000)

SERHIYCHUK, Volodymyr, **Holodomor 1932-1933** – genocídio do povo ucraniano (orig. publ. Golodomor 1932-1933 – Rokiv iak guenocid ukrainstva, trad. Emílio GAUDELA, Curitiba: RCUB – Representação central ucraniano brasileira, 2022)

SHLAIM, Avi, *The Rise and Fall of the Oslo peace process* (in L. FAWCETT, **International relations of the Middle East**, op. cit., 2009, p. 254-271)

SILVERSTEIN, Adam J., **Islamic history** (Oxford: Univ. Press – a very short introduction, 2010)

SMITH, Charles, *The Arab-Israeli conflict* (in L. FAWCETT, **International relations of the Middle East**, op. cit., 2009, p. 231-253)

SNYDER, Timothy, **La reconstruction des nations – Pologne, Ukraine, Lituanie, Bélarus** 1569-1999 (orig. publ. **The reconstruction of nations**, 2003, trad. Olivier SALVATORI, Paris: Gallimard – bibliothèque des histoires, 2017)

SEMENOFF, Marc, **Histoire de Russie** – Étude comparée entre l'Orient et l'Occident (préface de Louis RÉAU, Paris: La Renaissance du Livre, 1924)

SOKOLOFF, Georges, **Le retard russe** – Histoire et développement 882-2014 (Paris: Fayard, 2014)

SOREL, Jean-Marc (dir.), **Les murs et le droit international** (Paris: Pedone – Univ. Paris I Panthéon – Sorbonne, Cahier n. 24, 2010)

SOURDEL, Dominique, **L'Islam** (orig. publ. 1949, Paris: PUF, 22é éd. 2009)

STARACE, Vincenzo, **La responsabilité résultant de la violation des obligations à l'égard de la communauté internationale** (RCADI, 1976, t. 153, p. 263-317)

STRUPP, Karl, **Les règles générales du droit de la paix** (RCADI, 1934, t. 47, p. 259-595)

SWINARSKI, Christophe, *Acerca de la contribuicón del jurista al orden internacional (Apuntes sobre F. F. MARTENS)* (in **Novas perspectivas do direito internacional contemporâneo** – homenagem Celso D. de A. MELLO, org. C. A. M. DIREITO, A. A. CANÇADO TRINDADE e A. C. A. PEREIRA, Rio de Janeiro: Renovar, 2008, p. 859-866)

___, **Direito internacional humanitário**: como sistema de proteção internacional da pessoa humana (principais noções e institutos) (São Paulo: RT/USP–Núcleo de estudos sobre a violência, 1990)

TARLÉ, Evguéni, **La guerre du Nord** et l'invasion suédoise en Russie (orig. publ. **Severnaiá voiná** – i schwedskoe naxestvie na Rossiio, trad. Jean CHAMPENOIS, Moscou: Ed. Progresso, 1966, 2 vols.)

TEIXEIRA, Larissa Kröner Bresciani, **O instituto da prisão perpétua à luz do direito internacional penal nos julgamentos do Tribunal Penal Internacional *ad hoc* para Ruanda** (São Paulo: Fac. de Direito da USP – Dissertação de mestrado em Direito Internacional com P. B. CASELLA, 2024)

TÉNÉKIDÈS, G., **L'action des Nations Unies contre la discrimination raciale** (RCADI, 1980, t. 169, p. 269-487)

THIESSE, Anne-Marie, **La création des identités nationales** – Europe XVIIIe-XIXe siècle (orig. publ. 1999, Paris: Seuil – histoire, 2001)

THOMAZ, Luís Filipe F. R., **Ucrânia – as lições da história** – e outros estudos sobre o Oriente cristão (Lisboa: Gradiva, 2022)

TRAVERSO, Enzo, **Gaza ante la historia** (trad. Valentina OLALLA SALVADOR, Buenos Aires: Akal – Reverso – historia crítica, 2024)

TUCÍDIDES, **História da guerra do Peloponeso** (trad. do grego, introdução e notas Mário da Gama KURY, Brasília: Ed. UnB, 3ª ed., 1987)

___, **Histoire de la guerre entre les Péloponésiens et les Athéniens** (texte présenté, traduit et annoté par D. ROUSSEL, in HÉRODOTE – THUCYDIDE, Œuvres complètes, intr. J. de ROMILLY, Paris: Gallimard – Pléiade, 1964, impr. 1982, p. 655-1337 e 1531-1666)

VANDERPOL, Alfred, **La doctrine scolastique du droit de guerre** (Paris: Pedone, 1919)

___, **Le droit de guerre d'après les théologiens et les canonistes du Moyen Âge** (Paris/Bruxelles: Tralin, 1911)

VELOSO, Paulo Potiara de Alcântara, *Guerra justa* (in **Enciclopédia luso-brasileira de direito internacional**, 2023, p. 586-589)

VERDROSS, A., **Règles générales du droit international de la paix** (RCADI, 1929, t. 30, p. 271-517)

VICENTE, Dario Moura; BASTOS, Fernando Loureiro; RIBEIRO, Manuel Almeida; SALIBA, Aziz Tuffi; FRANCA Filho, Marcílio Toscano; CASELLA, Paulo Borba (coord.), **Enciclopédia luso-brasileira de direito internacional** (Alfragide: Dom Quixote – Leya, 2023)

VILLANI, Ugo, **Les rapports entre l'ONU et les organisations régionales dans le domaine du maintien de la paix** (RCADI, 2001, t. 290, p. 225-436)

WALDOCK, C. H. M., **The regulation of the use of force by individual states in international law** (RCADI, 1952, t. 81, p. 451-518)

WALTZ, Kenneth N., **O homem, o estado e a guerra**: uma análise teórica (orig. publ. **Man, the state and war**: a theoretical analysis, 1954, trad. Adail U. SOBRAL, rev. Marina APPENZELLER, São Paulo: Martins Fontes, 2004)

WEHBERG, H., **L'interdiction du recours à la force: le principe et les problèmes qui se posent** (RCADI, 1951, t. 78, p. 1-122).

WINSTANLEY, Asa; BARAT, Frank (ed. by), **Corporate complicity in Israel's occupation** – evidence from the London Session of the Russell Tribunal on Palestine (foreword Alice WALKER, Londres: Pluto Press, 2011)

WOLFF, Larry, **Inventing Eastern Europe** – the Map of Civilization in the Mind of the Enlightenment (Stanford: Univ. Press, 1994)

YEGHIAZARYAN, Lusine; CARNEIRO, M. L. T. (orgs.), **Genocídio armênio** – protótipo dos genocídios modernos (São Paulo: Edusp, 2021)

YEKELTCHYK, Serguei, **Istoria Ukraini** – Stanovlenie sovremennoi natcii (orig. publ. **Ukraine** – the birth of a modern Nation, 2007, trad. Nikolai KLIMTCHUKA, Kiev: Ed. K. I. S., 2010)

2. A ESTRUTURA EM REDE PARA CONSTRUÇÃO DA ROTA BIOCEÂNICA E A PROMOÇÃO À INTRODUÇÃO DE NOVAS TECNOLOGIAS

Rodolfo Ignácio Aliceda
Professor de Sociologia Juridica do Curso de Direito da Universidade Estadual de Mato Grosso do Sul (UEMS), Unidade de Bataguassu, Mestre em Direito Negocial (UEL) e Doutorando em Direito das Relações Sociais (UFPR).

Lucio Flavio J. Sunakozawa
Professor Adjunto e Coordenador do Curso de Direito da Universidade Estadual de Mato Grosso do Sul (UEMS). Pesquisador do Projeto UEMS NA ROTA BIOCEANICA e da Rede Universitária da Rota de Integração Latino-Americana (UniRILA). Doutor em Direito (USP). Estágio Pós-Doutoral em Direito (UNJu).

1. INTRODUÇÃO

A construção de uma estrada que interliga parte do continente Sul-Americano, permitindo acesso rápido à ambos os oceanos que cercam o espaço têm em si uma finalidade de promoção às economias locais e fomento ao ato de empreender, em que se pode destacar os aspectos sociais, econômicos e normativos que se evidenciam de sua feitura.

A Rota Bioceânica, também é conhecida como "Corredor Rodoviário Bioceânico" (MERCOSUL, 2015) que está sendo construído para ligar os portos do Norte do Chile, passando por Argentina e Paraguai até alcançar os portos de Santos/SP e Paranaguá/PR, utilizando-se de regiões fronteiriças, que tem em seu aspecto nacional a efetiva ligação de vários estados brasileiros, municípios e territórios internacionais que serão beneficiadas com um acesso de leste a oeste no continente, em que poderão escoar produtos, receber cargas e fomentar a abertura de empreendimentos que irão usufruir dessa via para engrandecer o seus negócios, tanto virtuais quanto físicos, favorecendo a globalização do continente e, em consequência, a sociedade local, denotando-se um acerto estrutural com a tese sociológica da sociedade informacional e em rede, observada em estudos de contemporâneos que atrelam sociologia e os aspectos advindos da introdução de tecnologias para apontar a realidade do conjunto de seres, juntamente à efetividade de princípios e fundamentos de legislações nacionais que necessitam de estrutura física e ações ativas para que seja eficiente o mandamento normativo.

Neste sentido o presente trabalho tem como objetivo a análise social e de efetividade normativa à promoção da livre iniciativa e desenvolvimento tecnológico regional através da construção da Rota Bioceânica, cuja pavimentação jurídica é porosa, sistêmica e com um campo aberto e repleto para inovações territoriais (SUNAKOZAWA, REYNALDO, 2019), observando-se sua convergência com a estrutura em rede e informatizada notada na sociedade contemporânea, precisamente naquilo que envolve a forma de trabalhar que atrela interesses públicos e privados para maior eficiência ante uma coletivo conectado e global, observando, em um segundo momento, se os princípios e fundamentos de legislações infraconstitucionais nacionais, que versam sobre o ato de empreender adentro da sociedade informatizada, terão probabilidade de eficácia com a sua construção.

Utilizou-se de pesquisa bibliográfica, com ponderação em relação as informações constantes em obras de pesquisadores que enfrentaram a temática atinente a sociedade e economia contemporânea e virtualizada, juntamente ao uso de pesquisa normativa sobre leis que versam sobre tecnologias e livre iniciativa, dentre elas a Declaração de Liberdade Econômica – Lei nº 13.874/19, Marco Civil da Internet – Lei nº 12.965/14.; LGPD – Lei nº 13.709/18, e Marco Legal da Startup – Lei Complementar nº 182/21, aplicando o método dedutivo para o alcance do resultado.

Referida pesquisa, em caráter inicial, encontra coerência com a temática social e do direito.

2. O FORTALECIMENTO SOCIAL E A ECONOMIA EM REDE NOTADOS NA "ROTA BIOCEÂNICA"

Em sede de análise da forma de criação e finalidade da Rota Bioceânica, pode-se apontar convergência com a estrutura de trabalho e economia em rede, advinda, dentre outras razões, da união de interesses entre Estados, instituições e grupos privados que, atentos a estrutura capitalista contemporânea, utilizam da junção de esforços e cooperação de gestão, ao lado da informação, para produzir e maximizar seus recursos, expandindo a capacidade produtiva para além de seus territórios no anseio de aumentar riquezas e ligar as pessoas, as instituições e os entes públicos com outras localidades e mercados do globo, tendo, a informatização, o papel de controle e estruturamento desse projeto interestatal.

O termo "rede" atrelado à gestão empresarial, ao longo da história, teve diversos significados mas, a partir da década de 90, é observado que tende a referir sobre a crítica à produção e coordenação burocrática negocial, elevando-se a possibilidade de banimento da hierarquia de dominação para uma libertação de aliança entre instituições e profissionais que se especializam para que tenham parte na produção, à respeito das liberdades individuais e suposta igualdade formal, sendo ela a união de diversos profissionais que possuem projetos que visam a satisfação de seus alvos para a sobrevivência ante a grande concorrência de mercado, como expõem Luc Boltanski e Eve Chiapello (2009, p. 98-116), que chegam a melhor expressão da especialização que essas redes fomentam ao referir que:

> Em virtude desses novos dispositivos, o princípio hierárquico é desmontado, e as organizações se tornam flexíveis, inovadoras e muito compete, se considera que a rede de organizações (graças à qual foi possível livrar-se de uma hierarquia custosa, que funcionava apenas como "intermediária" para a direção e não contribuía com nenhum "valor agregado ao cliente") é capaz de oferecer, em relação à organização hierárquica integrada, a vantagem econômica associada à especialização (BOLTANSKI; CHIAPELLO, 2009, p. 105)

Embora os citados autores apresentem fortes críticas à realidade social emanada da "rede" utilizada pela gestão empresarial e a ideia de "cidade por projetos", sua explicação acerca da rede parece ser coerente com a finalidade que se almeja com a construção da "Rota" e a capacidade de desenvolver os locais, atento a forma de funcionamento do mercado e tecnologias.

Ao observar outros pesquisadores que ponderam acerca da atualidade econômica da sociedade são notadas visões da "revolução" que a tecnologia da informação proporcionou ao coletivo, sendo possível notar o reconhecimento de reestruturação do sistema capitalista, a partir da década de 80, naquilo que alguns sociólogos denominam de "informacionismo" e que pode ser compreendido como modo de desenvolvimento em que a fonte de produção está na "tecnologia de informação" e que, pelo grau de penetrabilidade, difundem-se nas instituições, relações e estruturas sociais, modelando a esfera do comportamento, confluindo em auxiliar na flexibilidade e adaptabilidade necessária ao modelo de produção de capital que precisou se reinventar ao final da década de 70, em decorrência da crise do petróleo daquele período (CASTELLS, 2020, p. 50-57).

Aliás, em breve análise histórica sobre alguns dos elementos que auxiliaram na configuração da sociedade globalizada e informatizada atual, de forma sintética, pode-se referir que os interesses perpassam pela necessidade coletiva, do século XVII e XVIII, em organizar a sociedade através da aplicação da matemática, com o viés de igualizar a linguagem para que seja universal e que todos possam a utilizar, aplicando signos reconhecidos pela generalidade e que evolui em um segundo período, com a Revolução Industrial, para a criação e uso de tecnologias que captam dados para melhora na produção, reconhecendo que a junção de dados e conhecimento entre instituições é rentável no sentido de melhora na produção e resultados, elevando-se a um terceiro período em que formam-se redes de troca de conhecimento, concretizada pelo pluralismo de indivíduos, dentre eles setor público e privado, de estrutura descentralizada, globalizando os resultados e proporcionando maior convergência de participação de entes naquilo que se denomina de "sociedade informacional" (METELLART, 2006, p. 11-103).

Apesar de haver inúmeros outros elementos e qualificadores dessa sociedade em junção à economia, é de seu caráter de trabalho e produção descentralizado e em rede, com produtos e mercadorias sendo exercidos e efetivados através das cooperação de sujeitos e instituições, formando ligação de comunicação e trabalho, em que se foca a presente escrita, posto que as empresas e os Estados estão adentro dessa estrutura, reorganizando sua forma de agir para que os resultados sejam coerentes com a realidade social, formando-se, assim, as atuações conjuntas e dependentes dos sistemas de comunicação que garantam a gestão, controle e escoamento de produtos e bens, e que é observado na construção de estradas que coligam o continente sul-americano, como a Rota Bioceânica. A propósito, sobre o tema destaca-se a escrita de Manuel Castells (2020, p. 178) quando afirma que "a informática foi essencial para o funcionamento de uma teia mundial de transporte rápido e de alta capacidade de bens e pessoas, estabelecida por transportes aéreos, linhas de navegação transoceânicas, estradas de ferro e autoestradas" sendo a internet, como meio de comunicação, a estrutura que inspira e de certa forma mantêm esse funcionamento de economia aberta e integrada.

Quanto ao formato econômico, nas pesquisas de sociólogos que estudam a mudança da sociedade proporcionada pela estrutura da internet é visível o apontamento do fenômeno da virtualização desta, causando uma dependência do conhecimento para que haja produção, configurando-a como fonte de riqueza, que é produzida de maneira cooperativa por uma grande massa de pessoas e instituições conectadas que agregam dados para que os atores econômicos se mantenham competitivos em um mercado sem distância geográfica, aproximando compradores, aumentando ofertas, beneficiando os pequenos e médios produtores e fornecedores que têm maior igualdade de competição por estarem se auxiliando (LÉVY, 2011, p. 54-56), estando, neste sentido, a criação de meios que facilitam esse comércio de forma prática, como estradas que interligam o continente para rápido escoamento de produtos, adentro do contexto dessa realidade virtualizada, em que aquilo que se produz e/ou oferta em um local do globo deve, se for bem físico, ser entregue com maior facilidade possível em qualquer outro ponto geográfico do planeta, visto que não há barreiras geográficas nesse mercado, servindo a estrada como forma rápida de coligação.

Quanto a estrutura, naquilo que diz respeito especialmente à Rota Bioceânica, há, para sua construção, o interesse coletivo do continente sul-americano em interligar oceânico Pacífico ao Atlântico através de estradas que promoverão o escoamento de produtos em um encurtamento de mais de 9,7 mil quilômetros de rota marítima entre Brasil e Ásia, conforme dados exposto pela Secretaria do Meio Ambiente, Desenvolvimento, Ciência, Tecnologia e Inovação do Estado do mato Grosso do Sul (SEMADESC, 2023), havendo a participação e cooperação de vários países na sua construção, o que denota, em caráter de reflexão, uma elaboração adentro daquilo que o economista e sociólogo Jeremi Rifkin (2012, p. 185) visualiza como futuro para os Estados Nacionais, denominando de "continentalização", que julga ser a união, embora futura, entre os Estados dos continentes em prol da maximização de resultados, com a divisão da governança entre diversos entes, de forma descentralizada, em nível continental e global, a fim de que haja efetivo aproveitamento das riquezas do espaço físico compartilhado.

Acrescendo, pode-se refletir que a união do continente para facilitação de escoamento de produtos e tecnologias por todo o local tem vínculo direto com a redefinição da combinação dos interesses privados com o público, através de pensamento e execução de novos modelos operacionais que misturam virtual, físico e biológico permitindo-se mais facilidade de perpetuação da economia que combina bens virtuais com os físicos, mais facilmente observadas em formas de serviço como transporte, turismo, finanças, saúde e diversos outros, forçando o desenvolvimento de infraestrutura básica para a criação de oportunidade econômica e prosperidade compartilhada pelos governos, como descreve Klaus Schwab (2016, p. 63-82).

O desenvolvimento que se busca através da Rota Bioceanica busca, sobretudo, a "a integração econômica, política, social e cultural dos povos da América Latina" (BRASIL, 1988), o que reforça a rede informacional que será necessária para efetividade das políticas públicas que serão clamadas pelos governos das nações participativas do referido projeto.

Em junção do exposto, é possível notar que muitos dos resultados destacados sobre o trabalho em rede, informacionalismo e da necessidade de maiores aberturas de mercado para o desenvolvimento social e econômico dos países, perpassa pela realidade de criação de instrumentos que facilitem a mobilidade de negócios, escoamento de mercadorias e facilidade de movimentação de pessoas pelo continente, exercendo-se através da união entre entes diversos para sua execução, posto que é da estrutura compartilhada e de fácil acesso a bens e produtos que se estrai um dos contextos da sociedade e economia contemporânea, podendo-se, em caráter de expectativa, com a "Rota Bioceânica", obter grandes vantagens financeiras e sociais com sua criação, que é o que se espera quando, uma vez pronta, que fomente e promova eficácia à livre iniciativa junto a introdução e desenvolvimento de tecnologias no continente, que esta cada vez mais adaptado à sociedade informatizada e em rede.

3. LIVRE INICIATIVA E INTEGRAÇÃO DE NOVAS TECNOLOGIAS PREVISTAS NAS LEGISLAÇÕES E A ROTA BIOCEÂNICA

Uma vez que se tem estabelecido que a abertura da Rota permitirá o exercício da livre iniciativa juntamente ao fomento para aquisição e desenvolvimento de novas tecnologias à nível continental, é importante observar sua coerência com a normatividade nacional.

De início, destaca-se que a livre iniciativa é fundamento da República Federativa do Brasil, expressa na Constituição Federal (1988), no artigo 1º, inciso IV, e pode ser entendida como liberdade de entrar, permanecer e/ou sair de segmento empresarial em que se atue, sendo de importância aos entes privados na medida em que possibilita aos agentes econômicos agirem de forma livre, ante o papel de fomento à economia, com o Estado fiscalizando e regulando as práticas e promovendo áreas essenciais, naquilo que se comungou denominar de neoliberalismo (TEIXEIRA, 2019, p. 556-557).

Referido fundamento existe ante o ideal de liberdade de empresa, de investimento ou acesso à empresa, liberdade de organização e contratação que a empresa possui, devendo ser observada sob a conjugação de outros dispositivos da Constituição, como propriedade privada, função social da propriedade, defesa do consumidor, livre exercício da profissão e proteção do trabalho, não sendo um direito absoluto (ARAÚJO; NUNES, 2012, p. 505). Trata-se de base de conteúdo principiológico, na medida em que reconhece o caráter dignificador do trabalho e da estrutura de empreendimento que permite ter labor, o que, em consequência, desenvolve não só a economia, mas o social, a cultura e tecnologia (BARCELOS; BARROSO, 2018, p. 136- 137).

A proteção e promoção é expressa também no artigo 170 da Constituição/88, que aborda a ordem econômica, e não se reduz somente ao ato de empresariar, mas todas as outras maneiras de produção, como cooperativas, produções individuais e coletivas, a iniciativa autogestionária e a iniciativa pública (GRAU, 2012, p. 1.884-1.885), observa-se, no artigo constitucional, que a liberdade em empreender deve respeitar a soberania nacional, propriedade privada e sua função social, livre concorrência, defesa do consumido, defesa do meio ambiente, busca pelo pleno emprego, tratamento favorecido para empresas de pequeno porte, mas, o que destaca-se aqui quando se aborda a construção da "Rota Bioceânica" é a redução das desigualdades regionais e sociais, que é não só um limitante, mas um objetivo fundamental da República (MOTTA, 2018, p.1.104).

Aliás, ainda no que toca ao desenvolvimento regional e social, é importante que se entenda tratar-se de um "princípio fim", como elenca Ana Paula de Barcellos, correspondendo a realidade material que o constituinte deseja ser alcançado, usufruindo o Ente de métodos de incentivo e fomento para atrair o seu resultado:

> Também ali se pode ler, nos incs. III e IV, que erradicar a pobreza e a marginalização, reduzir as desigualdades sociais e regionais, e promover o bem de todos, sem preconceitos de origem, raça, sexo, cor, idade e quaisquer outras formas de discriminação, são objetivos fundamentais do Estado brasileiro como um todo. Como a própria expressão sugere, os princípios-fins são finalidades pretendidas pelo Estado na ordem econômica, já que, ao lado dos particulares, o Poder Público também é um agente econômico. Vale dizer, representam os objetivos sociais do Estado dentro dessa mesma ordem, informando a política econômica do Governo no sentido da plena realização dos preceitos constitucionais (BARCELLOS, 2018, p. 509)

Assim, é possível vislumbrar que a criação, em rede, de uma via continental para ligação comercial entre os países da América do Sul poderá obter o resultado da desigualdade regional, parecendo, ainda em caráter prévio à sua conclusão, ser uma obra que materializa o papel do Estado ao respeito e eficácia a livre iniciativa, agindo, neste sentido, conforme preceitua o artigo 174 da "Lei Maior", como agente normativo e regulador da atividade econômica, incentivando e planejando, sendo este determinante para o setor público e indicativo para o setor privado, nos termos expressos da norma.

Admitindo-se esse caminho, há de se ponderar coerência com legislações infraconstitucionais que versam sobre o fomento a tecnologias.

3.1. DAS LEGISLAÇÕES INFRACONSTITUCIONAIS E O FOMENTO A TECNOLOGIAS

No que toca a leis infraconstitucionais com foco no desenvolvimento de tecnologias, destaca-se a Declaração de Liberdade Econômica – Lei n° 13.874/19, Marco Civil da Internet – Lei n° 12.965/14.; LGPD – Lei n° 13.709/18, e Marco Legal da Startup – Lei Complementar n° 182/21.

Em primeiro, seguindo a ordem cronológica das legislações analisadas, é importante destacar o Marco Civil da Internet, Lei n° 12.965/14, que estabelece princípios, garantias, direitos e deveres para o uso da Internet no Brasil e que, naquilo que toca ao fomento da livre iniciativa e desenvolvimento tecnológico aponta-se ser fundamento da Lei (art. 2°, inciso V), princípio, quando expressa sobre a liberdade dos modelos de negócios promovidos na internet (art. 3°, inciso VIII) e objetivo, destacando-se a promoção da inovação e fomento das novas tecnologias (art. 4°, inciso III).

Nota-se que a estrutura legal apresentada se volta ao desenvolvimento daquilo que se reconhece como "cultura empreendedora", para facilitar a abertura, vinda e desenvolvimento de negócios inovadores, e que, no contexto da internet, há especial importância em virtude da concorrência e facilidade de acesso, onde tipos regulatórios que são principiológicos, abertos a aplicação ante o tempo e rapidez das tecnologias, tende a facilitar a evolução e aplicação das inovações (LEONARDI, 2019, p. 69-71). Neste caminho, o Marco Civil, embora expresse diretamente sobre internet e seus aspectos, indiretamente aplica-se às estruturas que promovam eficácia à sua promoção, servindo, a construção de conexão física continental como meio de promover o escoamento daquilo que os atores da internet ofertam e produzem, cabendo, assim, à "Rota", a um dos propósitos da lei.

Ao analisar a Lei n° 13.874/19 – Declaração de Liberdade Econômica – que foi criada com a intenção de promover eficácia à liberdade de empreender como fator preponderante para desenvolvimento e crescimento econômico do país. Trata-se de uma tentativa de desburocratização para facilitação do ato de empreender, sem que o Estado intervenha sem necessidade, para uma melhora econômica e social atrelada ao resultado que se espera da liberdade, pensando-se, também, no desenvolvimento tecnológico (TEIXEIRA; ALICEDA, 2021, p. 219-220).

Da lei destaca-se o direito de desenvolver, executar, operar ou comercializar novas modalidades de produtos e de serviços quando as normas infralegais se tornarem desatualizadas por força de desenvolvimento tecnológico consolidado internacionalmente (art. 3°, inciso VI). Nesse caminho, quando o Estado se atrela a outros para a construção de meios que facilitem a comercialização e operacionalização de produtos e serviços, há efetivação de que a comercialização e operacionalização dos produtos e serviços inovadores possam ser facilmente transferidos pelos territórios, tanto no âmbito virtual quanto no físico, a partir da existência de uma estrada que interliga o continente, parecendo a "Rota Bioceânica" estar sendo meio de efetividade desse direito, tendo em vista sua estrutura e finalidade.

Em sequência, destaca-se LGPD, Lei n° 13.709/18, que apesar de prever proteção e regramento para uso de dados de pessoas físicas, tem em si, enquanto legislação, o reconhecimento de que os dados pessoais são "fontes de riqueza" na sociedade conectada e informatizada, referindo sobre a livre iniciativa como fundamento (art. 2, inciso VI). No que toca efetivamente às tecnologias, há expressa disposição de que deverão estar adequadas a estrutura do regramento imposto, respeitando e adotando medidas de segurança, técnicas e administrativas aptas a proteger os dados pessoais de acessos não autorizados e de situações acidentais ou ilícitas (art. 46).

É conexo ao tema notar que a captação de dados é mobilizada em prol do lucro, em que há interesse, naquilo que Shoshana Zuboff (2020, p. 309-322) denomina de "renderização do eu", motivo que eleva a necessidade de que as novas tecnologias e negócios estejam de acordo com o que prevê a norma, promovendo o desenvolvimento econômico ao mesmo tempo em que se almeja a preservação do ser. Assim, espera-se que aquilo que esteja posto no mercado tenha a realmente controle de acesso somente pelas pessoas autorizadas e no intento da lei, com autenticação, autorização e auditoria (ANPD, 2021, p. 10-11).

Levando em consideração que a livre iniciativa tem como limitadora a proteção ao consumidor e dignidade da pessoa humana (art. 170 Constituição Federal /88), a LGDP mostra-se pertinente para que se cumpra com o que foi programado em termos de ordem econômica pelo texto constitucional (BIONI, 2018, p. 133) e, no que toca a "Rota Bioceânica", deve-se observar que a facilitação de acesso de pessoas em territórios de países diferentes, promovendo serviços diversos, obriga que as empresas, em suas aplicações, e os Estados, nas aduanas e tratamentos consequentes, promovam meios técnicos e administrativos aptos para que a preservação de dados almejada pela lei seja cumprida, servindo, à "Rota", como meio de incentivar e fomentar esse direito e uniformizar meios de ação efetivo entre os Estados unidos para sua construção.

Outra legislação é o Marco Legal das Startups, Lei Complementar n° 182 de 2021, que com a "Rota' obterá especial eficácia aos seus princípios, precisamente no que toca a construção de ecossistema de empreendimento inovador (art. 3°, inciso VII), entendido esse como um espaço que propicie o desenvolvimento da empresa, em que atrela-se diferentes atores, instituições e formas de relacionamento e que beneficiem a introdução de novos negócios, com multiplicidade de clientes, fornecedores, concorrentes, distribuidores e outros que engradecem as relações, facilitando o fomento negocial (NABARRETO, et al., 2022, p. 73-101)

Vê-se que a construção da "Rota" configura plena materialização da disposição legal, evidenciada com a construção da estrada que interliga o continente, tendo em vista que o Estado está promovendo aquilo que se denomina "ecossistema inovador", eu tenderá a promover a criação de empresas que irão usufruir dessa ligação para ceder seus serviços e produtos, com maiores chances de troca de informações, uma possibilidade de sucesso, tendo em vista que será mais fácil àquele que almeja iniciar uma estrutura de negócios ter meios de expandir e enviar seus produtos e serviços para ambos os lados do continente.

De todo o exposto, resta evidente que a construção do objeto em análise tem em si atrelado a eficiência a normas nacionais que versam sobre tecnologia e inovação, servindo-se, assim, de fomento à livre iniciativa e desenvolvimento negocial.

CONSIDERAÇÕES FINAIS

Em conclusão ao desenvolvimento estabelecido, em que se apontou a natureza, estrutura e elementos para criação da "Rota Bioceânica", juntamente à convergência em relação ao estabelecido pela sociedade e economia em rede contemporânea, passando, ao final, pelas normas que a amparam e obtém eficácia com sua construção, percebe-se que a ligação continental advinda de sua construção está de acordo com a base teórica e legal exposta.

Em primeiro, ao descrever teorias e observações de sociólogos e economistas que estudam a estrutura de funcionamento negocial em rede, entendida essa como a forma de coligação especializada entre entes públicos e privados que atentos a globalização e informatização tendem a unir esforços para obterem maiores vantagens econômicas naquilo que se propõe, vê-se que a Rota Bioceânica esta de acordo com o proposto.

Em segundo, quando se analisou as normas infraconstitucionais nacionais e que objetivam a promoção e desenvolvimento de tecnologias, observou-se que sempre a livre iniciativa é tratada como fundamento e/ou princípio e, por assim ser, necessita de movimentos ativos dos Estados e entes privados para que tenha eficácia naquilo que se encontra em valor, servindo, a construção da Rota, como meio de propiciar investimento, desenvolvimento e crescimento para empresas e empreendedores que atuem no contexto da internet, da aplicação de produtos ou serviços inovadores, na padronização de meios técnicos de proteção de dados pessoais, sem prejuízo da consecução de um ecossistema de inovação, capacitando a abertura de novos negócios e manutenção dos já existentes.

Do todo, a rota continental eleva a expectativa de eficiência, em última análise, de um dos fundamentos da República Federativa do Brasil, que é a livre iniciativa e valorização do trabalho, servindo para manter o país, os estados e municípios envolvidos no contexto da globalização e facilitação para o desenvolvimento e recebimento de tecnologias.

REFERÊNCIAS

ALICEDA, Rodolfo Ignácio; TEIXEIRA, Tarcisio. A Declaração de Direitos de Liberdade Econômica e a Lei Geralde Proteção de Dados: A Ponderação Entre Proteção e Liberdade. Tarcisio (coord). ALICEDA, Rodolfo Ignácio; KASEMIRSKI, Andre Pedroso (oorg). **Empresas e Implementação da Lei Geral de Proteção de Dados**. Salvador: Juspodium, 2021, ISBN: 978-65-5680-161-2, p. 205 a 240.

ARAÚJO, Luiz Alberto David; JÚNIOR, Vidal Serrano Nunes. **Curso de direito constitucional. 16ª ed.** São Paulo: Verbatim, 2012.

BIONI, Bruno Ricardo. **Proteção de dados pessoais a função e os limites do consentimento**. Rio de Janeiro: Forense, 2018.

BRASIL. **Constituição Federal, de 05 de outubro de 1988.** Brasília: Senado Federal, 1988.

BRASIL. **Lei n° 12.965 de 23 de abril de 2014**. Marco Civil da Internet. Brasília: Congresso Nacional, 2014. Disponível em: http://www.planalto.gov.br/ccivil_03/_ato2011-2014/2014/lei/l12965.htm. Acesso em: 10 set. 2024.

BRASIL. **Lei nº 13.709, de 14 de agosto de 2018**. Lei Geral de Proteção de Dados Pessoais (LGPD). Disponível em: https://www.planalto.gov.br/ccivil_03/_ato2015-2018/2018/lei/l13709.htm. Acesso em: 10 set. 2024.

BRASIL. **Lei n° 13.874 de 20 de setembro de 2019.** Institui a Declaração de Direitos de Liberdade Econômica; estabelece garantias de livre mercado; altera as Leis nos 10.406, de 10 de janeiro de 2002 (Código Civil), 6.404, de 15 de dezembro de 1976, 11.598, de 3 de dezembro de 2007, 12.682, de 9 de julho de 2012, 6.015, de 31 de dezembro de 1973, 10.522, de 19 de julho de 2002, 8.934, de 18 de novembro 1994, o Decreto-Lei nº 9.760, de 5 de setembro de 1946 e a Consolidação das Leis do Trabalho, aprovada pelo Decreto-Lei nº 5.452, de 1º de maio de 1943; revoga a Lei Delegada nº 4, de 26 de setembro de 1962, a Lei nº 11.887, de 24 de dezembro de 2008, e dispositivos do Decreto-Lei nº 73, de 21 de novembro de 1966; e dá outras providências. Brasília: Congresso Nacional, 2019. Disponível em: http://www.planalto.gov.br/ccivil_03/_ato2019-2022/2019/lei/L13874.htm#:~:text=1%C2%BA%20Fica%20instituída%20a%20Declara%C3%A7%C3%A3o,IV%20do%20caput%20do%20art. Acesso em: 13 set. 2024.

BRASIL. **Lei Complementar nº 182, de 1º de junho de 2021.** Institui o marco legal das startups e do empreendedorismo inovador; e altera a Lei nº 6.404, de 15 de dezembro de 1976, e a Lei Complementar nº 123, de 14 de dezembro de 2006. Disponível em: https://www.planalto.gov.br/ccivil_03/leis/lcp/lcp182.htm. Acesso em 10 set. 2024

BRASIL. Autoridade Nacional de Proteção de Dados. **Segurança Da Informação Para Agentes De Tratamento De Pequeno Porte.** Disponível em: https://www.gov.br/anpd/pt-br/documentos-e-publicacoes/guia_seguranca_da_informacao_para_atpps___defeso_eleitoral.pdf. Acesso em 10 set. 2024

CASTELLS, Manuel. A Sociedade em Rede. **A Era da Informação: Economia Sociedade e Cultura**. Vol. 1. Tradução de Roneide Venâncio Majer. 21. ed. rev. ampl. São Paulo: Paz e Terra, 2020.

BARCELLOS, Ana Paula de; BARROSO, Luiz Roberto. O valor social da livre iniciativa; In: CANOTILHO, José Joaquim Gomes; MENDES, Gilmar Ferreira; SARLET, Ingo Wolfgang; STRECK, Lenio Luiz; **Comentários à Constituição do Brasil**. 2ªed. São Paulo: Saraiva, 2018.

BARCELOS, Ana Paula de. **Curso de Direito Constitucional.** Rio de Janeiro: Forense, 2018.

BOLTASKI, Luc; CHIAPELLO, Ève. **O novo espírito do capitalismo.** Tradução Ivone C. Benedetti. São Paulo: Martins Fontes, 2009.

ESTADO DO MATO GROSSO DO SUL. Secretaria do Meio Ambiente, Desenvolvimento, Ciência, Tecnologia e Inovação. **Site oficial do Governo do Mato Grosso do Sul**. Disponível em: https://www.semadesc.ms.gov.br/rota-bioceanica-revela-mundo-de-possibilidades-para-o-comercio-industria-e-turismo-da-america-latina/. Acesso em: 26 ago. 2024

GRAU, Eros Roberto. Da ordem econômica e financeira. In: CANOTILHO, José Joaquim Gomes; MENDES, Gilmar Ferreira; SARLET, Ingo Wolfgang; STRECK, Lenio Luiz; **Comentários à Constituição do Brasil**. 2ªed. São Paulo: Saraiva, 2018

LEONARDI, Marcel. **Fundamentos de Direito Digital**. São Paulo: Thomson Reuters Brasil, 2019.

LÉVY, Pierre. **O que é virtual?** Tradução de Paulo Neves. 2. edição. São Paulo: Editora 34, 2011.

MATTELART, Armand. **História da Sociedade da Informação**. Tradução Nicolas Nyimi Campanário. 2. ed. ver. e atual. São Paulo: Edições Loyola, 2006.

MERCOSUL. Carta de Assunção sobre os Corredores Bioceânicos. Assunção: Mercosul, 2015.

MOTTA, Sylvio. **Direito Constitucional**: Teoria, Jurisprudência e Questões 27. ed. rev. e atual. – Rio de Janeiro: Forense; São Paulo: MÉTODO, 2018.

NABARRETO, R. L., CIRIANI, C. B. S., & COSTA, P. R. da. (2022). O ecossistema inovador das startups em economias emergentes. ***Revista Gestão & Tecnologia,*** *22*(3), 268–284. https://doi.org/10.20397/2177-6652/2022.v22i3.2140

RIFKIN, Jeremy. **A Terceira Revolução Industrial**: Como o poder lateral está transformando a energia, a economia e o Mundo. São Paulo: Mbook, 2012.

SCHWAB, Klaus. **A Quarta Revolução Industrial.** Tradução Daniel Moreira Miranda. São Paulo: Edipro, 2016.

SHOSHANA, Zubof. **A era do capitalismo de vigilância.** 1ª ed. Rio de Janeiro: Intrínseca, 2020.

SUNAKOZAWA, Lúcio Flávio Joichi; REYNALDO, Gabriela Oshiro. A Rota de Integração Latino-americana (RILA) Diante da Globalização: a Necessidade Urgente da Pavimentação Jurídica Transnacional e Territorial. FEITOSA, Anny; FRANCESCHINI, Bruna; SILVA, Rogério Borba da; BRITO, Rose Dayanne de. (Orgs.). Perspectivas de Direito Contemporâneo. Rio de Janeiro: Grupo FGB- Pembroke Collins, 2019. p. 706-721.

TEIXEIRA, Tarcísio. **Direito Empresarial Sistematizado**: Doutrina, Jurisprudência e Prática. 8ª ed. São Paulo: Saraiva: Educação, 2019.

3. OBSCURANTISMO TECNOLÓGICO E OPACIDADE INFORMACIONAL: A INTELIGÊNCIA ARTIFICIAL NA ADMINISTRAÇÃO PÚBLICA DIGITAL E AS VIOLAÇÕES AOS DIREITOS E GARANTIAS FUNDAMENTAIS

Bruno Mello Corrêa de Barros Beuron
Doutorando em Direito pelo Programa de Pós-Graduação em Direito - PPGD da Universidade Federal de Santa Catarina - UFSC. Mestre em Direito pelo Programa de Pós-Graduação em Direito - PPGD da Universidade Federal de Santa Maria - UFSM. Pesquisador do Observatório de Gestão Universitária para Inclusão e Desenvolvimento Social do Pampa, da Universidade Federal do Pampa - UNIPAMPA.

José Sérgio da Silva Cristóvam
Docente do Curso de Direito e do Programa de Pós-Graduação em Direito - PPGD da Universidade Federal de Santa Catarina - UFSC. Coordenador do Grupo de Estudos em Direito Público - GEDIP da UFSC. Doutor e Mestre em Direito pelo Programa de Pós-Graduação em Direito da Universidade Federal de Santa Catarina - UFSC.

1. INTRODUÇÃO

A sociedade sempre esteve subordinada a todos os vieses de interferência em suas dinâmicas, perfazendo, desta forma, uma miríade de transformações e consequências. Nesse sentido, segmentos sociais como a política, cultura, economia e arcabouço jurídico também se modificaram ao longo da evolução humana, do Estado e da técnica. Assim, percorrendo esta evolução diversas revoluções se operaram, tais como a Agrícola, que proporcionou uma transição demográfica em larga escala, a Revolução Industrial que se deu entre o século XVI e XVIII, transformou a forma de produção e estruturação da sociedade. Por sua vez, na contemporaneidade, impera a revolução Tecnológica, a qual acontece com amplitude e profundidade.

Logo, é possível prescrever o processo evolutivo tecnológico que chega ao Estado, revolucionando processos e procedimentos, criando arranjos de serviços públicos, consolidando o exercício da cidadania e controle social. Desta forma, se estabelece novos canais entre a sociedade o aparelho estatal, por meio do Governo Digital ou Administração Pública Digital, a qual reverbera, submissa ao império da legalidade e constitucionalismo, dinâmicas céleres e que possibilitam a efetivação de direitos esculpidos na Constituição Federal de 1988.

Paralelamente, a ideia de era da informação é ressaltada pela emergência de novas tecnologias da informação. Estas tecnologias, socialmente difundidas e crescentemente utilizadas nas Administrações Públicas, produzem novos paradigmas de organização, processo decisório, poder central e local r acesso à informação pelo cidadão. Todavia, é na contradição em que se desvelam as nuances que consolidam a urgência em investigação e controle, vez que a utilização de tecnologias na Administração Pública pode, de algum modo, em caráter direto ou reflexo, proporcionar violações e contingências, principalmente aos Direitos Fundamentais. A pronta integração de Inteligência Artificial – IA, por exemplo, nas múltiplas áreas da Administração Pública tem sido louvada por muitos, mas carece de observância irrestrita e cautela.

Nesse sentido, o objetivo central deste artigo é destacar, a partir de um esforço teórico e um olhar crítico-reflexivo suscitar acerca das possíveis contingências ou violações decorrentes da opacidade informacional, em especial dos algoritmos de IA, aplicada à Administração Pública Digital. A velocidade em que esse instrumental se infiltra, não apenas no plano administrativo-tecnológico, mas em meandros da vida cotidiana, torna urgente esta pauta investigativa, seja por meio da academia, sociedade civil, meio político e operadores jurídicos.

Sendo assim, para a feitura do presente artigo, emprega-se o método de abordagem hipotético-dedutivo, ancorado na premissa de possíveis violações e contingências aos direitos fundamentais, no âmbito da administração Pública Digital. Do mesmo modo, consubstancia a pesquisa ora tratada, o método de procedimento fenomenológico, que pressupõem uma verificação dos componentes da realidade a partir dos vértices de influência, sejam eles de ordem econômica, cultural, social, tecnológica, política e jurídica, e, desta forma, tendo alicerçada a perspectiva de entendimento do direito enquanto fenômeno social, se justifica tal propositura. Por fim, enquanto técnica de pesquisa o trabalho adota a técnica baseada na pesquisa bibliográfica e documental, a partir de escritos, legislação, documentos, doutrina jurídica atinente e outras modalidades de consulta.

2. SOCIEDADE INFORMACIONAL E ALTA MODERNIDADE: A INFRAESTRUTURA DIGITAL COMO CATALISADORA DO DESENVOLVIMENTO

O desenvolvimento da humanidade sempre ocorreu em consonância com as mudanças e alterações no tecido social. Nesse sentido, o advento das tecnologias digitais promoveu uma revolução em diversos aspectos e segmentos da sociedade. Campos outrora pautados pela prática procedimental e técnica de atividades passaram a esculpir-se sob uma nova égide, marcada por recursos informáticos e eletrônicos. Assim, economia, sociedade, família, meio jurídico, política, empresas e indústrias, Estado e cultura foram amplamente impactados pelo novo arranjo informacional proporcionado pelos artífices dessa nova era, quais sejam, os computadores e seus softwares altamente resolutivos, céleres e ágeis.

Nesse seguimento, é possível prescrever que a alavanca principal e motora de toda e qualquer revolução, seja de caráter científico, tecnológico, político e social se dá, em grande maioria, pela necessidade de reestruturação do coletivo a partir de nuances de ordem econômica, de modo a absorver todas as mudanças que afloram no tecido social e que, necessariamente, carecem de adaptação. Foi nesse parâmetro que se traduzem as revoluções industriais e econômicas observadas na história social.

Conforme descreve Perelmuter (Perelmuter, 2019, p. 15) "pouco depois da metade do século XVIII, o mundo passou pela Primeira Revolução Industrial, na qual a produção de bens deixou de ser artesanal para ser realizada por máquinas em fábricas com extenso uso de energia a vapor". Cerca de cem anos depois, em 1870, foi a vez da Segunda Revolução Industrial, com a popularização da eletricidade e a criação das linhas de montagem e divisão de tarefas. Novamente, cerca de um século se passou e a Terceira Revolução Industrial, também chamada de Revolução Digital, varreu o planeta.

Desta feita, é possível prescrever que todos esses movimentos influxos trouxeram implicações fundamentais para as formas de interação entre os indivíduos, da mesma maneira entre os elementos das cadeias produtivas, impactando não apenas a economia, mas também a sociedade, a política, a filosofia, a cultura e a ciência. Perelmuter[1] aponta que "essas revoluções, e suas

1

consequências, em leque ampliado, moldaram a maneira como o mundo está estruturado e criaram questões e desafios únicos para as gerações futuras".

Hoje vivenciam-se transformações substanciais, exercendo influência sobre todo o tecido social, em um processo que Castells (1999) denomina passagem de um modo de desenvolvimento industrial para um modo de desenvolvimento informacional. Neste sentido, Castells propõe caracterizar as sociedades contemporâneas, não como de informação, mas sim como informacionais, o que indica o atributo central de uma nova forma de organização social na qual a produção da informação, o seu processamento e transmissão se torna as fontes principais de produtividade e poder em virtude das novas condições tecnológicas emergentes no atual período da história.

É preciso compreender que a incorporação e o crescente emprego das tecnologias ocorrem dentro de um marco de transformação e de confrontação da própria sociedade, que é produtora e ao mesmo tempo se vê desafiada pelos efeitos da tecnologia. Segundo os auspícios de Giddens (1991, p. 14), "percebe-se que as mudanças experimentadas caracterizam pela sua profundidade e extensão, abrangendo tanto aspectos públicos, que dizem respeito à atuação dos Estados, quanto alterando a existência cotidiana, vez que atingem padrões de comportamento e de convívio diário das pessoas". Esse conjunto de transformações, segundo disciplina Giddens (1991), configura a alta modernidade, período atual que se caracteriza pela confluência do tempo e do espaço e pela radicalização dos efeitos do intenso desenvolvimento tecnológico, com destaque, para fins desse estudo, as tecnologias da informação e comunicação.

Nessa órbita, carece em um primeiro plano, indispensável tecer o panorama a respeito da modernidade simples e a alta modernidade, a fim de cristalizar-se as diferenças existentes entre as estruturas conceituais e teóricas. A modernidade simples se destaca pelas grandes conquistas territoriais, nos quais o Estado exercia poderio na abrangência e articulação geográfica, mas também esculpia papel enquanto instituidor social. Conforme Santos (1997, p. 117), o Estado moderno, como realidade construída, caracterizava-se por sua organização formal, unidade interna e soberania absoluta.

Já Dallari (1991, p. 63), o conceito teórico de soberania afirmou-se claramente a partir do século XVI, impulsionado pelos estudos de Jean Bodin, especialmente a partir de obra escrita em 1576. Neste momento, o teórico conceituou a soberania como "[...] poder absoluto e perpétuo de uma República, palavra que se usa tanto em relação aos participantes quanto em relação aos que manipulam todos os negócios de Estado de uma República".

Posteriormente, a soberania passou a ser considerada uma característica fundamental do Estado Moderno, definida por alguns autores como Poder de Estado e por outros, a exemplo de Kelsen, como expressão da unidade de uma ordem. Dallari (1991, p. 63), ao proceder à síntese das ideias apresentadas, culmina por conceituar soberania como poder, o mesmo concebido como o centro unificador de uma ordem, capaz de decidir sobre qual a ordem jurídica aplicável em cada caso, podendo, inclusive, negar legitimidade e aplicabilidade a alguma norma.

Nesta configuração destaca-se a liberdade, vez que os indivíduos sociais tinham plena autonomia para gerenciar suas atividades, de forma livre e sem a interferência do Estado. Nesse sentido, questões de ordem econômica pertenciam ao âmbito da sociedade civil, ao passo que questões de caráter político e jurídico ficavam com exclusividade sob o domínio do Estado. Na alta modernidade, o desenvolvimento científico impulsionado pelo capital é potencializado em favor do mercado. A ciência, de livre investigação, é convertida e aprisionada pela tecnologia, retornando a sociedade transformada nos mais variados produtos.

Nesse aspecto, Silva (2009) destaca que é na alta modernidade que vão se revelar de forma latente as ambivalências produzidas pelo desenvolvimento posto em marcha na modernidade simples, quer dizer, a euforia da industrialização vai descortinando sua face oculta, mostrando que o progresso tecnocientífico, ao lado dos benefícios, também oferece riscos. Conforme Sustentado por Giddens (2002), o dinamismo das instituições atuais provoca descontinuidades, pois tanto as mudanças são mais velozes, quanto se diferenciam em amplitude e profundidade. Beck (2011), na mesma linha de Giddens (1991), salienta o impacto que esse período produz sobre a instituições e o Estado, afirmando que nesse período entra em erosão o tecido institucional e administrativo do Estado.

Deste modo, desloca-se um olhar necessário acerca do processo de transformação do Estado, a partir das inovações tecnológicas postas à disposição do cidadão, por meio da Administração Pública Digital, é sobre tal tema que se passa a tratar a seguir.

3. TECNOLOGIAS E ADMINISTRAÇÃO PÚBLICA DIGITAL

Na contemporaneidade, novas dinâmicas passam a ser observadas, uma vez que a realidade tecnológica e informacional se torna um imperativo, tanto nas atividades públicas quanto nas privadas. Segundo Schwab (2016, p.06), estar-se-á diante da quarta Revolução Industrial, ne medida em que as tecnologias digitais, fundamentadas no computador, *software* e redes, não são novas, mas estão causando rupturas à terceira revolução industrial, estão se tornando mais sofisticadas e integradas e, consequentemente, transformando a sociedade e a economia global.

O incremento desenvolvido pelas novas mídias e tecnologias de cunho digital impulsionadas pela globalização, promoveram um extenso rol de impacto e a administração pública não ficou à mercê dessa nova configuração, uma vez que os agentes hegemônicos, detentores dos meios técnicos de produção e que possuem ingerência econômica, política, cultural e social ampliaram suas forças na construção de um meio técnico-científico-informacional pautado pelo paradigma da aceleração contemporânea, conforme destaca Santos (2013), os quais adentraram o escopo administrativo do Estado.

No Brasil, há aproximadamente duas décadas, iniciou-se o processo do governo eletrônico, o qual impulsionou, após dez anos, em 2012, a regulamentação da digitalização. Assim, o Sistema Nacional para Transformação Digital (E-Digital) foi instituído, mais recentemente, pelo Decreto nº 9.319/18. A política de Governança Digital, que trata propriamente das estratégias para a real implementação no âmbito dos órgãos e das entidades da administração pública federal direta, autárquica e fundacional havia sido, primeiramente, contemplada pelo Decreto nº 8.638/2016, e, atualmente, está disciplinado pelo Decreto nº 10.332/2020. Trata-se de mudanças profundas que exigem esforço coordenado e envolvimento de diversos atores institucionais, revelam Iocken e Garcia (2022).

Nesse paradigma, no setor público, a transformação digital torna-se uma estratégia para modernização e melhoria dos serviços oferecidos ao cidadão, visando à redução da burocracia, à eliminação de controles inoportunos e ao aumento da eficiência nas operações, profere Luciano (2021). Abaixo destaca-se um quadro, onde se revela a trajetória de evolução de aplicação da tecnologia no âmbito da Administração Pública.

QUADRO 1 - EVOLUÇÃO DA TECNOLOGIA E DO E-GOV

WEB 1.0 > E-Gov 1.0	WEB 2.0 > E-Gov 2.0	WEB 3.0 > E-Gov 3.0
Orientado para o Governo	Orientado para o Cidadão	Serviços para indivíduos
Interatividade restrita	Interativo	Colaborativo
Serviço restrito no tempo e no espaço	Serviço móvel	Serviço integrado, acessível em qualquer local e qualquer momento
Informações baseadas na oferta	Serviços baseados na participação	Serviços inteligentes
Organizações publicam conteúdo	Pessoas publicam conteúdo	Pessoas e organizações interagem e publicam/criam conteúdo
Web Page com informações em Híper Texto	Portais de serviços com tecnologias associadas a Blog, Wiki, RSS feeds, podcasts e redes sociais	Plataforma multisserviços integrados, com base em Web Semântica, IA, Blockchain

Fonte: Dias; Gomes, (2021).

Desta forma, o governo eletrônico, atualmente designado como Governo Digital, tem como principal foco o cidadão e está orientado para criação de um valor público (Criado; Gil-Garcia, 2019) e transformação do ecossistema que envolve a Administração Pública, a sociedade civil e as empresas, em que está no centro o cidadão, aponta Maia (2021). Assim, a transformação do Estado para uma governança digital é um canal ampliado de democratização, estimulando o maior envolvimento e protagonismo do cidadão, apto, portanto, a agregar as preferências coletivas com a utilização das tecnologias digitais.

Sobre a temática da prestação digital dos serviços públicos no âmbito jurídico, Cristóvam, Saikali e Sousa (2020, p. 231) estabelecem como diretrizes principiológicas para e-Serviços Públicos: I – eficiência, almejando a máxima satisfação do usuário; II – universalidade, maximizando a abrangência da disponibilidade de tais serviços; e III – atualidade, garantindo que os avanços tecnológicos, na comunicação e informação, sejam instrumentais para as ações públicas de corporificação dos direitos sociais. Tais diretrizes possuem seu entendimento facilitado pelo uso das TICs.

A transição de governo eletrônico para o conceito de Governo Digital adota metas estratégicas, visando promover a simplificação de processos, maior acessibilidade e eficiência nos serviços oferecidos ao cidadão por meio de tecnologias digitais (Brasil, 2019). Há de se referenciar que o ápice de estruturação do Governo Digital deu-se com a promulgação da Lei nº 14.129/2021 não tratou apenas de robustecer os mecanismos de digitalização como um facilitador da estruturação de dados e informações no setor público, mas foi além. A prestação digital de serviços públicos significa avançar em relação ao nível de maturidade digital. De acordo com o TCU, o e-Gov vai além da oferta de informações e serviços online, podendo ser utilizado como um poderoso instrumento para transformar estruturas, processos e cultura do governo, tornando-o mais eficiente, transparente e com foco no cidadão (Brasil, 2017).

Há de se ressaltar que segundos dados disponibilizados pelo Governo Federal (Brasil, 2023), atualmente mais de 90% de serviços públicos encontram-se em formato digital. A plataforma Gov.Br apresenta 4.181 serviços públicos em formato *online*, de modo que 147 milhões de usuários estão cadastrados. O Governo Federal encontra-se no ápice da estruturação do Governo Digital, nesse aspecto os demais entes da federação carecem de maior envergadura na disponibilização dos serviços em estrutura informacional. A maturidade digital entre os diversos entes da federação apresenta desníveis e problemas estruturantes em estágios distintos, o que reforça a importância da matéria e insere na agenda pública o incentivo da inovação como uma política pública do Estado.

A transformação do Governo Digital, porém, deve observar cautelas e limites impostos pela Constituição e pela ordem jurídica, sobretudo a inviolabilidade do núcleo essencial dos direitos fundamentais e da defesa do genuinamente humano. Nesse sentido, que desloca-se um olhar necessário acerca das possíveis violações e contingências aos princípios e direitos fundamentais, violações estas que podem ser operacionalizadas pelos algoritmos de Inteligência Artificial – IA, aplicados por ferramentas tecnológicas utilizadas pelo setor público e ofertadas ao cidadão por instrumentos *online*. É sobre tais temas que se passa a discorrer no eixo temático a seguir.

4. INTELIGÊNCIA ARTIFICIAL E OPACIDADE INFORMACIONAL: DESAFIOS AOS DIREITOS FUNDAMENTAIS

Diante da crescente demanda pela atuação do Estado, a tendência mundial – à qual o Brasil tem se atentado – é implementar atividades e serviços públicos alicerçados por sistemas de inteligência artificial[2]. Estudos recentes indicam que os benefícios mais óbvios no uso da inteligência artificial pela gestão pública são àqueles que possam reduzir encargos administrativos, ajudar a resolver os problemas de alocação de recursos e assumir tarefas significativamente complexas, e indicam que hoje os serviços estão concentrados em cinco categorias, quais sejam, responder questões, preencher e assinar documentos, gerenciamento de pedidos, tradução e elaboração de documentos (Mehr, 2017).

A história da inteligência artificial (IA) é caracterizada por uma expansão constante dos aspectos da expertise e cognição humanas para modelos computacionais. As suas aplicações mais antigas se davam em domínios formais tal como a demonstração de teoremas, relativamente distantes da complexidade da experiência humana. Progressos no processamento natural de linguagens, sistemas especialistas, planejamento, robótica e raciocínio qualitativo estenderam o leque das experiências humanas e comportamentos endereçados pela IA (Wypych; Kfouri Neto, 2019). Segundo Rover (2001) a inteligência artificial "consiste na ciência de construção de máquinas que fazem coisas que requeiram inteligência". Por sua vez, Legg e Hutter (2007, p. 09) definem inicialmente inteligência artificial como a medida da habilidade do agente para atingir resultados em um amplo espectro de ambientes.

Já Stuart Russel (2016) traz a definição de inteligência artificial (IA) como o estudo dos métodos para fazer computadores se comportar de forma inteligente. Sustenta que a IA inclui tarefas como aprendizagem, raciocínio, planejamento,

2 O limiar da inteligência artificial (IA) remonta ao final da década de 1940. Naquela ocasião John Neumann, com o auxílio da matemática desenvolveu a arquitetura binária (arquitetura de John Neumann), a qual ainda hoje é utilizada nos programas de computadores.

percepção, compreensão de linguagem e robótica. Para uma melhor compreensão do potencial da IA e suas inúmeras aplicações é que pode ser definida, simplificativamente, como sendo, máquinas dotadas de sistemas inteligentes que possuem habilidades necessárias para a realização de tarefas que normalmente requerem a utilização de inteligência humana, a exemplo das funções cognitivas.

Nesta sequência, destaca-se ainda, que a inteligência artificial, especialmente as implementadas na gestão pública, objeto de análise do presente estudo, tem por base os algoritmos, os quais podem ser definidos como rotinas logicamente encadeadas. Segundo Introna (2013) também podem ser compreendidos como conjunto de instruções introduzidas em uma máquina para resolver um problema bem definido. Em geral os algoritmos expressam uma solução computacional (*machine learning*[3]) em termos de suas condições lógicas (conhecimento sobre o problema) a partir de estruturas de controle, ou seja, estratégias para resolver o problema.

Nesse escopo, como pondera Serbena (2013), de forma virtual e automatizada, um computador dá uma resposta a um problema proposto a partir de dados a que tem acesso. Nesta miríade de circunstâncias, é indispensável e relevante destacar acerca dos vieses e direcionamentos que tais algoritmos podem desempenhar e guiar a uma determinada decisão ou outra. Nem softwares, nem os algoritmos nele contidos são neutros. Eles geram efeitos e foram criados e desenvolvidos para determinadas finalidades, refere Silveira (2017).

Apesar de serem imateriais e invisíveis, os algoritmos têm um ponto de partida e uma finalidade original que pode ter sido alterada pelos seus usuários ou pelo próprio algoritmo, caso tenha embutido em seu código rotinas de autocorreção e aprendizagem. Silveira (2017) refere que algoritmos são invenções, e, como toda invenção, guarda as intenções dos seus criadores. Isso é muito importante, pois os algoritmos não são desenvolvidos pelo setor público, em geral, nascem dentro de empresas e corporações que os vendem ao Estado (2017).

Nessa lógica que se implementa a iminente discussão do presente tema, qual seja, os algoritmos implementados via inteligência artificial nos instrumentos de gestão pública administrativa do Estado podem constituir-se ferramentas de controle e manipulação, do mesmo modo, podem orientar a decisões

3 O aprendizado da máquina (machine learning) é um dos processos envolvidos na criação de inteligência artificial. É um ramo da inteligência artificial que envolve a criação de algoritmos que podem aprender automaticamente a partir de dados. Ao invés de os desenvolvedores de software elaborarem enormes códigos e rotinas com instruções específicas para que a máquina possa realizar determinadas tarefas e conseguir resultados (e com isso eliminar drasticamente o seu campo de atuação e resultados), no aprendizado de máquina treina-se o algoritmo para que ele possa aprender por conta própria, e até mesmo conseguir resultados que os desenvolvedores de algoritmos nem mesmo poderiam imaginar (Wypych; Kfouri Neto, 2019).

que gerem nocividade a grupos vulneráveis, bem como ferimento aos direitos fundamentais, vez que desde a criação de sua base de dados até a forma de processamento dos mesmos há uma total falta de informação e transparência, o que faz emergir raciocínios que colocam os algoritmos a serviços de agentes e grupos econômicos determinados.

A evolução desses sistemas chegou no que se concebeu por *machine learning* e *deep learning* em que os algoritmos conseguem construir hipóteses com base em determinado conjunto de dados, sendo supervisionados ou não, em resultados desconhecidos até pelos desenvolvedores, constituindo uma verdadeira caixa preta. Essas grandes bases de dados são utilizadas para as decisões automatizadas, com programações que podem incluir cargas valorativas, a partir de análises qualitativas e subjetivas cada vez mais precisas.

Esta ótica deflagra um verdadeiro obscurantismo, ou ainda, uma opacidade informacional, na medida em que não se há transparência e publicidade na forma de consecução e produção dos algoritmos que irão definir e orientar os sistemas de IA em todo o seu encaminhamento e trajetória. Nesse aspecto, Jardim (2008, p. 81-92) esclarece que "a transparência informacional do Estado, expressa no discurso da lei, é superada pela opacidade informacional da administração pública, fenômeno historicamente associado ao projeto de Estado sustentado no Brasil e demais países latino-americanos", e potencializados pelas novas dinâmicas tecnológicas.

Segundo Frazão (2021), ocorre que, com os sistemas algorítmicos, alterou-se o alcance, a precisão e a repetitividade com que são oferecidas mensagens subliminares, preconceitos e vieses, ou mensagens não tão subliminares, mas diretas, que veiculam notícias falsas, replicadas como verdadeiras nas redes sociais. Tal quadro fomenta a máquina e potencializa interferência na máquina e influencia sua decisão. A discriminação algorítmica, desta forma, seria a obtenção, pela máquina, de informações pessoais, ou informações de grupo, para a formação de um perfil de pessoas, diferenciando-as das demais, impedindo-as ao acesso a oportunidade de serviços, ou mesmo gerando situações de restrições à liberdade e exclusão social.

No âmbito dos direitos fundamentais, o âmbito de violação ocorre a partir dos direitos sociais, obstaculizando o pleno emprego, o direito à saúde, às liberdades individuais ou coletivas. No rol do espectro público, destaca-se uma contingência quanto ao direito à informação, à transparência administrativa e, sobretudo, na publicidade e eficiência, princípios constitucionais (Brasil, 2016) que formam o corolário da estrutura administrativa do Estado.

A legitimidade do emprego de instrumentos digitais está condicionada à promoção da dignidade da pessoa humana e dos direitos fundamentais, bem como das oportunidades reais das pessoas - além da mera disponibilidade de meios de vida (Sen, 2012, p. 288). O novo e o tecnológico não se justificam se redundarem em agressão a esses valores ou em perturbação, redução e eliminação da autonomia e das capacidades humanas.

O Governo Digital necessitar estar amparado e estruturado em determinados limites, a nova expertise tecnológica alcançada ao cidadão deve, necessariamente, servir para promover direitos humanos e demover situações inconstitucionais, discriminatórias e, mais ainda, decisões conduzidas por vieses cognitivos prejudiciais. É necessário pensar em uma transformação digital, especialmente no âmbito da Administração Pública, não como fim em si mesmo, mas, ao invés, conforme destaca Freitas (2020), "como um instrumento em defesa do genuinamente humano". É dizer, a tecnologia tem que se submeter ao princípio da finalidade, ou seja, a finalidade essencial é promover a dignidade da pessoa humana, tendo como centralidade excessiva os direitos e garantias fundamentais.

CONSIDERAÇÕES FINAIS

O artigo em tela destinou-se a tratar de forma crítica, reflexiva e propositiva o tema de extrema centralidade na sociedade contemporânea, qual seja o uso de Inteligência Artificial. As discussões atuais ocorrem de forma exponencial, vez que os usos e aplicações da IA ocorrem em diferentes setores e segmentos, atingindo de forma direta ou reflexa a cultura, economia, política, tecido social e, consequente, buscando dos operadores jurídicos e, especificamente, do Direito, regulação do tema e controle dos seus efeitos, sejam deletérios ou não.

Nesse sentido, o primeiro ponto traçado no trabalho destinou-se a promover uma ampla visualização acerca do panorama de constituição da sociedade informacional, a qual, sob os auspícios de Castells, diferencia-se no atributo do "informacional", o qual ganha amplitude e poder na atualidade, haja vista estar revestido de aspectos econômicos no âmbito de desenvolvimento das Tecnologias da Informação e Comunicação – TIC. No mesmo eixo, se verificou um olhar sobre a Alta Modernidade, conceito cunhado por Giddens ao descrever os vértices de confluência na sociedade moderna.

Já a segunda seção do artigo científico propôs a observância de impacto flagrante das tecnologias, mais recentemente, das tecnologias de espectro digital na Administração Pública. Nesse segmento, a Administração do Estado que antes possuía no seu âmago a burocracia e lentidão passa a operar sob os desígnios da celeridade e eficiência, ordenados por princípios constitucionais. Com a estruturação da sociedade informacional, o Governo Eletrônico formulado e aplicado nos anos 2000 passa a ser contrastado com a técnica e novos meios, consolidando, mais recentemente, a Administração Pública Digital ou Governo Digital.

Nesta lógica, que o terceiro capítulo desvela-se, proporcionando uma visão sobre a utilização da Inteligência Artificial na Administração Pública. Os ganhos, a economicidade e eficiência são enormes, todavia, destaca-se a necessidade imperiosa de um olhar sobre os possíveis impactos negativos, quer dizer, a violação de direitos humanos, de garantias e direitos fundamentais, o ataque à grupos minoritários e vulneráveis. Além do direito à informação, autodeterminação informativa, direito à liberdade, honra e imagem, a opacidade e obscurantismo informacional podem por em cheque princípios administrativo-constitucionais, vez que a publicidade e transparência podem ser violados por algoritmos, que na busca pela eficiência, decidem de forma algoritmizada e com viés direcionado.

Não há que se olvidar dos flagrantes benefícios que a aplicação de IA pode proporcionar, sobretudo na Administração Pública Digital, garantindo rapidez, acesso, cidadania inclusiva, porquanto adota-se uma postura de entusiasmo crítico. Reconhecer os potenciais de ganho de visibilidade, impessoalidade, qualidade na decisão é inevitável, todavia deve-se também atentar e reconhecer os riscos iminentes. A utilização específica de IA no setor público exige, necessariamente, uma estratégia de colaboração interdisciplinar e multissetorial, que tem na academia um relevante ator no processo de construção do específico capital social que esta nova realidade pretende construir.

REFERÊNCIAS

BRASIL. [Constituição (1988)]. **Constituição da República Federativa do Brasil de 1988**. Brasília, DF: Presidente da República, [2016]. Disponível em: http://www.planalto.gov.br/ccivil_03/constituicao/constituicao.htm. Acesso em: 10 jul. 2024.

BRASIL, Ministério da Economia. **Do Eletrônico ao Digital**. 25 nov. 2019. Disponível em: http://www.gov.br/governodigital/pt-br/estrategia-de-governanca-digital/do-eletronico-ao-digital. Acesso em: 10 jul. 2024.

BRASIL, **Tribunal de Contas da União**. Acórdão nº 1.469/17. Plenário. Relator: Ministro Benjamim Zylmer. Sessão de 12.07.2017. Disponível em:http://pesquisa.apps.tcu.gov.br/#/documento/acordao-completo/1.469/%2520/DTRELEVANCIA%2520DESC%252C%2520NUMACORDAOINT%2520desc/26/%2520. Acesso em: 10 jul. 2024.

BRASIL. **Ministério da Gestão e da Inovação em Serviços Públicos**. Gov.Br alcança 90% dos serviços públicos digitalizados, 08/05/2023. Disponível em: https://www.gov.br/governodigital/pt-br/noticias/gov-br-alcanca-90-dos-servicos-publicos-digitalizados. Acesso em: 10 jul. 2024.

CASTELLS, M. **A era da informação:** economia, sociedade e cultura. São Paulo: Paz e Terra v. 1, 2 e 3, 1999.

CRIADO, J. I., GIL-GARCIA, J. R. Creating public value through star technologies and strategies: from digital services to artificial intelligence and beyond. **International Journal of Public Sector Management**, v. 32, n. 5, p. 438-450, 2019.

CRISTÓVAM, José Sérgio da Silva; SAIKALI, Lucas Bossoni; SOUSA, Thanderson Pereira de. Governo Digital na Implementação de Serviços Públicos para a Concretização de Direitos Sociais no Brasil. **Sequência**, Florianópolis, n. 84, p. 209-242, 2020, p. 231.

DALLARI, Dalmo. **Elementos de Teoria Geral do Estado**. 16. ed. Atual. São Paulo: Saraiva, 1991.

DIAS, R; GOMES, M. Do governo eletrônico à governança digital: modelos e Estratégias de Governo. **Transformacional Public Sciences & Policies – Ciências e Políticas Públicas**, v. VII, n.1, p. 93-117, 2021. P.97. Disponível em: http://capp.iscsp.ulisboa.pt/images/CPP/V7N1/3_V7_N1_PT.pdf. Acesso em: 10 jul. 2024.

FRAZÃO, Ana. **Discriminação algorítmica:** o hiato entre quem programa e quem usa – A terceirização de processos decisórios por agentes públicos e privados. Parte IV. Jota, 2021. Disponível em: https://www.jota.info/opiniao-e-analise/colunas/constituicao-empresa-e-mercado/discriminacao-algoritmica-o-hiato-entre-quem-programa-e-quem-usa-07072021. Acesso em: 10 jul. 2024.

FREITAS, Juarez; FREITAS, Thomas Bellini. **Direito e Inteligência Artificial:** em defesa do genuinamente humano. Belo Horizonte: Fórum, 2020.

GIDDENS, Anthony. **Modernidade e Identidade**. Traduzido por Plínio Dentzien. Rio de Janeiro: Jorge Zahar, 2002.

GIDDENS, Anthony. **O que é globalização?** Equívocos do globalismo: respostas à globalização. Traduzido por André Carone. São Paulo: Paz e Terra, 1991.

INTRONA, L. D. Algorithms, performativity and governability (early draft). In: **GOVERNING ALGORITHMS:** a conference on computation, automation, and control, 2013, New York. Anais. New York, 2013. Disponível: http://governingalgorithms.org/wp-content/uploads/2013/05/3-paper-introna.pdf. Acesso: 10 jul. 2024.

IOCKEN, Sabrina Nunes; GARCIA, Rodrigo Guerra. A Lei nº 14.129/21 como Facilitadora Normativa para Transformação Digital e Gestão do Conhecimento nas Organizações Públicas. In: MOTTA, Fabrício; VALLE, Vanice Regina Lírio do. [Coords]. **Governo Digital e a busca por inovação na Administração Pública:** a Lei nº 14.129, de 29 de março de 2021. Belo Horizonte: Fórum, 2022.

JARDIM, José Maria. A face oculta do Leviatã: gestão da informação e transparência administrativa. **Revista do Serviço Público Brasília 59** (1): 81-92 – Jan/Mar 2008.

LEGG, S.; HUTTER, M. **A collection of definitions of intelligence.** Frontiers in Artificial Intelligence and applications, Lausanne, Switzerland, v. 157, p. 17, 2007.

LUCIANO et all. Capacidades para a Transformação digital: um Diagnóstico nos Estados Brasileiros e no Distrito Federal. 2021. Disponível em: http://gtdgov.org.br/uploads/publications/ZMXqRXx6xqOHtfAdxSStkxwWw1A84OAFtG5N.PDF. Acesso em: 10 jul. 2024.

MAIA, G. **Governo Digital e sua Transformação Global**. Cidades Inteligentes, Humanas e Sustentáveis. 2021. Disponível em: http://portal.connectedsmartcities.com.br/2021/04/16/governo-digital-e-sua-transformacao-global/. Acesso em: 10 jul. 2024.

MINSKY, M. **The society of mind**. New York: Touchstone, 1985.

MEHR, H. **Artificial Intellience for citzen services and government**. [S.1], 2017. Disponível em: http://ash.harvard.edu/files/files/artificial_intelligence_for_citizen_services.pdf. Acesso em: 10 jul. 2024.

MOREIRA NETO, Diogo de Figueiredo. **O direito administrativo no século XXI.** (Posfácio José Torres Pereira e Flávio Amaral Garcia). Belo Horizonte: Editora Fórum, 2018.

PERELMUTER, Guy. **Futuro Presente:** o mundo movido à Tecnologia. Jaguaré, SP: Companhia Editora Nacional, 2019.

ROVER, Aires José. *Machine Learning* no Poder Judiciário: uma biblioteca temática, ano 2020. In: HARTMANN PEIXOTO, Fabiano (Org.). **Inteligência Artificial:** estudos de inteligência artificial. 1. ed. Curitiba [PR]: Alteridade, 2021.

ROVER, Aires José. **Informática no Direito:** inteligência artificial. Curitiba: Juruá, 2001.

RUSSEL, Stuart J. Q&A: The Future of Artificial Inteligence. **University of Berkley**, 2016. Disponível em: http://people.eecs.berkley.ed/russel//temp/q-and-a.html Acesso em: 10 jul. 2024.

SANTOS, Boaventura de Sousa. **Pela mão de Alice:** o social e o político na pós-modernidade. 4.ed. São Paulo: Cortez, 1997.

SANTOS, Milton. **Técnica, Espaço e Tempo:** Globalização e Meio Técnico-científico-informacional. 5. ed. 1. reimpr. – São Paulo: Editora da Universidade de São Paulo: 2013.

SCHWAB, Klaus. **A Quarta Revolução Industrial**. Tradução Daniel Moreira Miranda. São Paulo: Edipro, 2016.

SERBENA, César Antônio. Perspectivas de aplicação da inteligência artificial no direito. In: SERBENA, César Antônio (Coord.). **E-Justiça da UFPR**. Curitiba: Juruá, 2013.

SEN, Amartya. **A Ideia de Justiça**. Trad. Denise Bottmann e Ricardo Doninelli Mendes. São Paulo: Companhia das Letras, 2012.

SILVEIRA, Sérgio Amadeu. Governo dos Algoritmos. In: **Revista de Políticas Públicas**, vol. 21, num 1., 2017.

SILVA, Rosane Leal da. **A Proteção Integral dos Adolescentes Internautas:** limites e possibilidades em face dos riscos no ciberespaço. 2009. 512 f. Tese (Doutorado em Direito). Programa de Pós-Graduação em Direito, Universidade Federal de Santa Catarina – UFSC, 2009. Disponível em: https://repositorio.ufsc.br/bitstream/handle/123456789/93433/271103.pdf?sequence=1. Acesso em: 10 jul. 2024.

STF. **Notícias.** Disponível em: http://www.stf.jus.br/portal/cms/verNoticiaDetalhe.asp?idConteudo=388443. Acesso em: 10 jun. 2024.

WYPYCH, Ricardo; KFOURI NETO, Miguel. Inteligência Artificial no Judiciário Brasileiro: a construção de um modelo para efetivação de direitos e garantias individuais: In: **Anais do XXVIII Encontro Nacional do CONPEDI**, Goiânia, Brasil, 2019.

4. A PROVA DIGITAL NA LEI GERAL DE PROTEÇÃO DE DADOS E A INTELIGÊNCIA ARTIFICIAL

Gabriela Wadhy Rebehy
Pós-graduada em Direito do Trabalho pela FDRP-USP. Pós-graduada em Direito Processual Civil pela Faculdade CERS. Advogada.

Rodolfo Ignácio Aliceda
Doutorando em Direito das Relações Sociais pela UFPR. Mestre em Direito Negocial pela UFPR. Professor no curso de direito da UEMS-Bataguassu. Advogado.

1. INTRODUÇÃO

O estudo sobre provas é afeto a todos os ramos do direito, sendo objeto de estudo pela doutrina há anos. Em um certo número de oportunidades o legislador optou por garantir o direito material, enrijecendo e excepcionando o dever de prova de uma das partes. Tal situação é recorrente na esfera das responsabilidades civis, em especial quando a relação é composta por partes que, por experiência ou estatística, ocupam uma posição probatória desfavorável em relação à outra parte litigante, como ocorre nas relações de controle e uso de dados pessoais por terceiros.

Diante da atualidade tecnológica, houve um aumento exponencial na disponibilização, acesso e uso da inteligência artificial (I.A.) pela sociedade como um todo, que utilizam desde sistemas simples presentes nos smartphones até os mais complexos como os veículos autônomos que têm feito muito sucesso nos últimos anos e despertam a curiosidade da população. Como ramo da ciência da computação a I.A. se concentra em criar sistemas que capazes de executar tarefas sem intervenção ou interação humana.

Dentre os mais diversos usos da I.A., ganha destaque nessa pesquisa aquelas que se alimentam de dados pessoais dos usuários e de terceiros *(inputs)* para gerarem resultados *(outputs)* de consumo, por meio da análise do comportamento do usuário que, por muitas vezes, sequer tem conhecimento disso ou, ao menos, desconhece a profundidade e extensão do tratamento realizado com seus dados.

Com a introdução massiva da tecnologia na sociedade e a complexidade de sua regulação (de modo efetivo e eficaz) a temática da proteção de dados atrelada ao uso de inteligência artificial demonstra-se contemporânea e urgente.

Esse encontro tem efeito amplo, recaindo, inclusive, sobre o processo administrativo e judicial, em especial naquilo que toca ao direito à prova por previsão expressa na Lei Geral de Proteção de Dados Pessoais (LGPD - Lei 13.709/2018).

A LGPD tem como norte a segurança e o sigilo das informações pessoais que serão tratados por terceiros, impondo aos agentes – incluídos aqueles que criam e alimentam as I.As – a adoção de práticas administrativas e de métodos técnicos eficazes em suas máquinas como meio de permitir a coleta, armazenamento e uso dos dados pessoais em acordo com a ordem jurídica, sem violar direitos e causar prejuízos (ato ilícito). Como consequência lógica, essas condutas administrativas e de arquiteturas mínimas devem ser aplicadas às I.As, fato que determina a indispensabilidade do conhecimento técnico do ambiente digital.

Para dar efeito a almejada preservação humana, a LGPD estabeleceu regra específica de instrução para demandas envolvendo violação à legislação de proteção de dados pessoais com consequência danosa (material ou moral, individual ou coletiva) a outrem, permitindo a inversão do ônus da prova em favor do titular dos dados (art. 42, §2º) e atribuindo ao controlador o ônus quanto ao consentimento do usuário para o tratamento dos seus dados pessoais (art. 8, §2º c.c 7º, I).

Notável, portanto, a presunção de que o agente de tratamento (controlador ou operador) está em condições mais favoráveis de produzir determinada prova, além de utilizar desses dados para obter lucro atraindo essa responsabilidade como um risco do seu negócio. Tal previsão nos leva ao seguinte questionamento: como poderá o agente de tratamento de dados, que utiliza de I.A. para coletar, armazenar e tratar os dados pessoais de seus usuários, cumprir satisfatoriamente com seu encargo probatório em eventual processo civil que tenha movido contra si, com alegação de violação à lei especifica?

A fim de tentar responder a questão acima descrita, o presente trabalho tem por objetivo demonstrar, através de pesquisa bibliográfica e normativa, utilizando do método dedutivo, reconhecendo a teoria mista de regulação do ciberespaço juntamente a responsabilidade civil ativa aplicada à LGPD, que as práticas de segurança prevista na legislação de proteção de dados impõe ao controlador o dever de uso de meios técnicos e aptos para a finalidade da norma, impondo, em consequência, que quando do uso da I.A., crie-se uma "máquina" e/ou aplicação que seja estruturada através de meios técnicos e eficazes para que a proteção exista, na tentativa de condicionar o controlador e o gestor da I.A. ao uso de uma arquitetura condizente com o previsto na norma, para que, inclusive, possa provar em eventual processo judicial o respeito à lei, no intuito de desincumbir o controlador ou operador dos dados quanto ao ônus a eles imposto pela Lei Geral de Proteção de Dados Pessoais, a LGPD.

2. LGPD E ESTRUTURAS PARA CUMPRIMENTO DO ÔNUS DA PROVA

A Lei Geral de Proteção de Dados Pessoais foi criada para prover proteção ao direito de personalidade inerente aos dados pessoais dos indivíduos. Embora não vise apenas a proteção ao tratamento de dados realizados de maneira digital, possui maior importância no contexto da internet, considerando a massificação de práticas de captação de dados de usuários para galgar maior número de vendas para clientes que tenham pessoal interesse em produtos específicos, convergindo informação em lucro. Segundo Ricardo Bioni (2020, p. 12) "[...]criou-se um (novo) mercado cuja base de sustentação é a sua extração e comodificação. Há uma 'economia de vigilância' que tende a posicionar o cidadão como um mero expectador das suas informações".

No contexto da internet, a busca pela eficácia à proteção dos direitos subjetivos e resposta eficaz aos ilícitos cometidos sempre foi um problema de difícil solução, diante do caráter imaterial, digital, sem fronteiras, com tempo diverso do físico, de difícil identificação do sujeito que são implícitas a natureza da internet (LORENZETTI, 2004, p. 24-37). Motivado por essas dificuldades, ao longo da evolução da tecnologia foram propostas diversas teorias de regulação que buscavam solucionar os conflitos oriundos do ciberespaço, dentre elas, a da "abordagem mista" endossada por Lawrence Lessing (2006, p. 122-123) parece a mais adequada e promissora, pois sugere a junção da lei (que prevê atos e os pune apenas após a ação ser cometida), das normas sociais (que pune condutas socialmente inaceitáveis após o ato ser cometido), das normas de mercado (que limitam o objetivo pautado na capacidade financeira) e do uso de arquiteturas de controle que são "mecanismos tecnológicos sobrepostos às características originais da Rede que intencionalmente restringem o comportamento de seus usuários" (LEONARDI, 2019, p. 38-39) e que, diferente de todos os outros métodos, molda o comportamento sem o ato ilícito prévio e sem a participação de outros entes, bastando que se crie uma estrutura para a finalidade que seu desenhista almeja galgar.

Tendo como norte essa teoria, é possível observa que a Lei Geral de Proteção de Dados Pessoais traz, em seus artigos 46, 47 e 49, a ideia apresentada sobre as arquiteturas, no intento de obrigar os agentes a criarem estruturas tecnologias para o cumprimento do dever legal, obrigando expressamente que os controladores adotem medidas de segurança, técnicas e administrativas aptas a proteger os dados pessoais, podendo a ANPD – Autoridade Nacional de Proteção de Dados dispor sobre padrões técnicos para tornar possível a aplicação do artigo, juntamente com a garantia de que todo aquele que intervenha na fase de tratamento garanta a segurança, usufruindo de sistemas que atendam aos requisitos, destaque:

> Art. 46. Os agentes de tratamento **devem adotar medidas de segurança, técnicas e administrativas aptas a proteger os dados pessoais** de acessos não autorizados e de situações acidentais ou ilícitas de destruição, perda, alteração, comunicação ou qualquer forma de tratamento inadequado ou ilícito.
> § 1º **A autoridade nacional poderá dispor sobre padrões técnicos mínimos para tornar aplicável o disposto no caput deste artigo**, considerados a natureza das informações tratadas, as características específicas do tratamento estado atual da tecnologia, especialmente no caso de dados pessoais sensíveis, assim como os princípios previstos no caput do art. 6º desta Lei.
> § 2º As medidas de que trata o caput deste artigo deverão ser observadas desde a fase de concepção do produto ou do serviço até a sua execução.
> Art. 47. Os agentes de tratamento ou qualquer outra pessoa que intervenha em uma das fases do tratamento obriga-se a **garantir a segurança da informação prevista nesta Lei** em relação aos dados pessoais, mesmo após o seu término.
> Art. 49. **Os sistemas utilizados para o tratamento de dados pessoais devem ser estruturados de forma a atender aos requisitos de segurança**, aos padrões de boas práticas e de governança e aos princípios gerais previstos nesta Lei e às demais normas regulamentares. (Grifo nosso)

A lei confere aos agentes de tratamento o dever e a obrigação de intervirem em qualquer fase de captação ou uso de dados alheios, por meio do uso de sistemas com estrutura apta, eficaz e direta, com tecnologia compatível e proporcional ao risco de lesão ao qual o usuário é exposto, visando assegurar um ambiente seguro como almejado pela lei.

Integra esses dispositivos legais os fundamentos e princípios descritos na mesma norma em estudo, precisamente as apontadas nos artigos 2°, inciso V e 6°, inciso X, que versam sobre o reconhecimento do desenvolvimento econômico e inovação como fundamento da lei que, no caso, presa pelo uso de técnicas novas não só em prol da livre iniciativa, mas para o uso em prol da proteção, ao mesmo tempo que cabe aos agentes, quanto as suas responsabilidades, demonstrarem que adotam medidas eficaz e capazes à norma. Destaque normativo:

> Art. 6º As atividades de tratamento de dados pessoais deverão observar a boa-fé e os seguintes princípios:
> [...]
> X - Responsabilização e prestação de contas: demonstração, pelo agente, da adoção de medidas eficazes e capazes de comprovar a observância e o cumprimento das normas de proteção de dados pessoais e, inclusive, da **eficácia dessas medidas.** (Grifo nosso).

Como defendem Maria Celina Bodin de Moraes e João Quinelato de Queiroz (2019, p. 116-133), há uma tendência de responsabilidade de cunho ativo ou proativo, que obriga os agentes de tratamento a agirem em busca de êxito nesse resultado através do uso de tecnologias. Ou seja, segundo a interpretação dada pelos referidos autores a lei não limita ao agente uma atuação conforme (não agir de modo contrário a ela), mas o condiciona a prática de "atos ativos" direcionados a sua efetivação.

A partir dessas considerações podemos estabelecer duas premissas: **1)** há uma finalidade "eficacial" para a responsabilização do agente, na medida em que se mede o que ele fez ativamente para preservar os direitos do titular; **2)** dos deveres e obrigações impostas aos agentes de tratamento, decorre o seu ônus (estabelecido na própria LGPD) de provar que utilizou tecnologias aptas à finalidade da norma, nessas inclusas as I.As eventualmente implementadas durantes o procedimento de coleta, tratamento e uso dos dados.

Ainda que a norma não individualize uma arquitetura e/ou tecnologia específica a ser seguida, com ressalva a possibilidade da ANPD de dispor sobre padrões técnicos mínimos (artigo 46, §1° da LGPD), o agente de tratamento poderá demonstrar que dentro da tecnologia atual (cumprindo o mínimo eventualmente estabelecido pela ANPD ou pautado nos usos e costumes) ofertou toda a segurança existente ou obteve o consentimento do titular atendendo a forma prescrita na lei, devendo, para tanto, provar que assim o fez.

Dentre outros materiais elaborados e divulgados pela ANPD, deve ser destacado o guia orientativo nomeado de segurança da informação para agentes de tratamento de pequeno porte, editada com a finalidade de "...de disseminar boas práticas e medidas básicas de segurança da informação para apoiar os agentes de tratamento de pequeno porte no desenvolvimento de suas atividades organizacionais em um ambiente institucional mais seguro no que se refere ao tratamento de dados pessoais." (ANPD, 2021, p. 18-20). Embora direcionada aos tratadores de pequeno porte, o guia traz boas práticas para o setor e deve servir de norte para todos os agentes, inclusive podendo auxiliar na elaboração do RIPD (Relatório de Impacto a Proteção de Dados Pessoais).

No documento são listadas diversas medidas de segurança de ordem administrativa, técnica, de uso de dispositivos móveis, a serviços em nuvem, que podem ser implementadas na rotina dos agentes de tratamento na tentativa de permitir um ambiente mais seguros e fomentar a confiança dos titulares dos dados.

Das inúmeras medidas sugeridas, com maior ou menor grau de dificuldade de implementação, sugere-se que a captação e armazenamento dos dados do usuário seja limitada aos extremamente imprescindíveis e que haja controle de acesso individualizado, com uso de senhas fortes não compartilháveis e sujeito a auditoria para verificação do que foi feito e por quem. Além disso, o acesso deve ser restrito, permitindo o menor nível possível de funcionalidade e de compartilhamento, com autenticação em multifatores (biometrias, tokens, SMS e outros), tudo para limitar o acesso àqueles que verdadeiramente necessitem e para quando necessário ser possível identificar o autor (ANPD, 2021, p. 10-17).

As orientações contidas no guia convergem para o estabelecimento de um mapeamento de dados, que é um reconhecido processo que identifica riscos, vulnerabilidade, e problemas em relação ao que está sendo coletado, efetivando-se por etapas de processamento, analise, armazenamento, reutilização e eliminação que, ainda que de forma simplista, na medida em que dirige o agente de tratamento à adoção de um "ecossistema" com estruturas mínimas e adequadas ao ambiente, registrando os passos do dado dentro da empresa (LNCC, 2024). Essa prática permite predizer riscos e vantagens dos processos e procedimentos adotados durante o tratamento de um determinado dado, desde a coleta até a eliminação com o uso de I.A. inseridas para essa finalidade, para que medidas de adequação possam ser adotadas, seja para mitigar ou eliminar riscos, seja para aproveitar vantagens. O mapeamento pode ser anotado com o uso de sistemas de informática, como o *blockchain*, que garante o registro em tempo real e com imutabilidade, integrado com o uso de I.A.

Com o exponencial crescimento do uso de dados como ferramenta de informação e os meios tecnológicos e de informática utilizados para executar os processos e procedimentos, convergindo-os em lucro, em dado momento esses sistemas e estruturas de controle serão levadas ao processo judicial para corroborar algum fato alegado no processo.

Observando as regras probatórias estabelecidas na LGPD, como abordado em linhas anteriores, o controlador e/ou operador dos dados terá o encargo (por ser capaz de acessar e produzir a prova) de demonstrar que o tratamento dos dados atende a segurança e proteção dispostos e objetivados pela LGPD, o que deverá ser feito por meio das estruturas (artigos 369 e 371 do Código de Processo Civil).

O problema do uso dessas arquiteturas para fins probatórios está na escassez legislativa sobre o tema, o que gera forte insegurança e afeta diretamente sua força probatória, colocando o agente de tratamento, em posição desfavorável, pois apesar de ser hipersuficiente quanto ao acesso as fontes (dados que compõe a estrutura) poderá enfrentar uma valoração afamada da prova digital, impossibilitando que as hipóteses alegadas sejam tidas como provadas.

A tecnologia, como um todo, evolui e é inserida dentro do cotidiano de forma muito mais ágil e dinâmica do que o operador do direito tem condições de compreender e disciplinar, resultando em receio no seu uso na seara processual, ocasionando uma ideia de insegurança, mutabilidade, inexatidão e precariedade da prova digital. Pensamento que é reforçado, sobretudo, pela frequente comparação com a prova documental (física) há muito conhecida e sobre qual se deposita - muitas vezes de forma quase irracional - exacerbada confiança, considerando que "[...] embora inerentemente mais segura em comparação com outros meios, a prova documental sabidamente se expõe ao erro, à falsificação, ao perecimento e a toda ordem de utilização inescrupulosa" (PASTORI, 2020, p. 63-79).

Para atribuir valor probatório aos documentos digitais é essencial garantir segurança e certeza sobre sua autenticidade e integridade, que indicam sua autoria e inalterabilidade de conteúdo, respectivamente (TARUFFO, 2017, p. 83-87). Por conta dessa demanda, diversas técnicas sugiram, com destaque para a criptografia e a mencionada *blockchain* [base de dados e tecnologia, sem intermediários, com possibilidade de uso diretamente entre pessoas (*peer-to-peer*)]. Essa seria mais segura, pois toda nova informação (*block*) inserida fica registrada e ligada a uma anterior, formando uma cadeia (*chain*) que é sempre reverificada a cada nova validação e esses sucessivos atos resultam na fidúcia da informação (DIDIER; CUNHA; BRAGA; OLIVEIRA, 2020, p. 261-272), atingindo muita confiabilidade a imutabilidade da informação ali registrada, apesar de não ser imune a fraudes.

Atualmente existem regramento internacionais publicado pela ISO e IEC, em especial as ISO/IEC 27035:2011, 27037:2012, 2741:2015, 27042/2015 e 27050 que se observadas podem otimizar o pleno exercício do direito à prova, por meio de produção e valoração adequada dessas provas digitais, sem prejuízos.

Com a integração da Inteligência Artificial e da tecnologia *blockchain*, como exemplo, permite-se ao agente de tratamento atingir a finalidade protecionista da LGPD, garantindo eficiência, transparência e segurança no uso dos dados, bem como aperfeiçoar o tratamento possibilitando melhores resultados e mitigando riscos internos, refletindo no exercício do seu direito à prova, se necessário.

As estruturas de controle inseridas no projeto e na implementação da IA que será responsável pela coleta e/ou tratamento, armazenamento e uso dos dados e as tecnologias utilizadas para o registro do "percurso" do dado dentro de uma companhia, tornar-se-ão meios indispensáveis de prova e devem ser admitidas no processo e valoradas adequadamente para que se atinja a pacificação social da forma mais justa possível. Do contrário, as demandas fundadas em violações aos interesses resguardados pela LGPD, dificilmente poderão atingir certo grau de certeza para considerar um fato provado, o que poderá impor ao agente de tratamento de dados um ônus excessivo, do qual não pode se desvencilhar, considerando que os atos que refletem o tratamento de dados são inerentes ao meio digital e essencialmente constituídos na Rede.

3. INTELIGÊNCIA ARTIFICIAL E ÔNUS DA PROVA CONFORME A LGPD

No capítulo anterior foi destacada a necessidade de os agentes de tratamento fazerem uso de meios tecnológicos aptos e eficazes, e adotarem comportamentos ativos direcionados ao propósito de proteger os dados dos titulares e evitar lesões. Também foi abordado as implicações processuais do uso desses meios para fins probatórios.

O tratamento dos dados pessoais pode ser executado por Inteligências Artificiais criadas para essa finalidade. Primeiramente, é importante que se tenha como norte que quando se trata de inteligência artificial está a tratar sobre o resultado obtido pela busca histórica de profissionais e pesquisadores do tema, que entendem ser coerente o uso de elementos não orgânicos e que sejam capazes de estabelecer ações inteligentes e autônomas para a resolução de diversos problemas enfrentados pela sociedade (BRIGHTON; SELINA, 2014, p. 3-4).

No âmbito de interesse atual acerca dessas inteligências destaca-se a I.A. generativa, entendida como aquela capaz de criar conteúdo e ideias, incluindo conversas, histórias, imagens, vídeos e músicas, na finalidade de imitar a inteligência humana como o uso de linguagem humana, linguagens de programação, arte, química, biologia ou qualquer assunto complexo utilizando dados de treinamento para resolver novos problemas (AMAZON, 2023).

É no foco de criação de novos conteúdos que essa se destaca, necessitando de métodos de aprendizagem para esse resultado, funcionando através de treinamento exercido pela *deep learning* com a inserção de grandes volumes de dados brutos e que pode ser retirado da internet ou de outra localidade até que consiga fomentar uma rede de parâmetros de respostas que, após, devem ser ajustadas para as tarefas específicas que se almeja com seu uso, usando-se de ajuste fino (alimento com dados específicos) e através de feedback humano que, uma vez em funcionamento, terá seu reajuste efetivado periodicamente com a inclusão de dados fora da base inicial e treinamento para resultados mais relevantes (IBM, 2024).

Dentro desse pequeno esposo de seu funcionamento, é possível observar que os dados são a essência do trabalho inicial da máquina para alcançar o resultado autônomo de criação que, por vezes, podem conter, a depender do banco inicial ou alocado durante o reajuste, dados pessoais de terceiros, elevando ao risco de desrespeito à norma, principalmente quando composto de informações sensíveis. Rememora-se que decorre da obrigação legal, com efeito processual (ônus), o dever de o agente de tratamento coordenar e controlar todo o processo de tratamento de dados, se valendo de meios técnicos adequados e eficazes instituídos conscientemente para dar cumprimento a norma legal, por meio de arquiteturas implementadas na criação e treinamento da I.A.

O PL 2338/2023 que dispõe sobre o uso da Inteligência Artificial, caminhando nesse sentido, impõe ao agente que usufruiu de uma inteligência não considerada de alto risco o ônus de provar que não causou danos às vítimas de lesões ocasionadas pela máquina (art. 27, §2°), de forma semelhante ao exposto na LGPD. A ANPD emitiu a nota técnica nº 16/2023/CGTP/ANPD abordando sobre sugestões de incidência legislativa em projetos de lei sobre a regulação da Inteligência Artificial no Brasil, com foco no PL nº 2338/2023, expressa que "A LGPD, ao estabelecer padrões rigorosos para o tratamento de dados sensíveis, fornece um arcabouço que pode ser utilizado como referência para identificar e classificar tais sistemas, especialmente aqueles que tratam dados pessoais sensíveis" (ANPD, 2023, p. 2). Entende-se, assim, que o uso de dados sensíveis, através do exposto na LGPD, pode ser um dos parâmetros para medir o risco da I.A. e que o ônus de provar que as normas legais foram adotadas e observadas é do agente, sejam eles de tratamento ou de operação da inteligência.

Para tanto, focando no cumprimento do ônus, pode ser apontado que a estrutura de dados utilizada pela inteligência, seja em seu treinamento, ajuste ou reajuste, deve ser coerente com o que o sistema da LGPD impõe, devendo ser utilizado meios aptos para provar qual tipo de banco de dados alimenta a I.A. e de quais estruturas (eficazes) os responsáveis introduziram e mantém para evitar ou impedir o vazamento dos dados coletados e armazenado ou qualquer outro ilícito em relação as informações das pessoas. Outro ponto de relevo é o ônus imputado ao agente quanto ao consentimento manifestado pelo titular ou se há base legal que permite o tratamento, mesmo sem consentimento (art. 7 da LGPD).

Com o uso de procedimentos simplificados é possível dar transparência ao tratamento de dados, informando ao usuário quais dados serão coletados e para qual finalidade, permitindo ainda que o consentimento seja revogado. Embora o consentimento dado pelo titular dos dados não se confunda integralmente com as estruturas devem ser implementadas pelos agentes, integra a arquitetura e denota o comportamento direcionado a garantir um ecossistema na Rede com maior publicidade, segurança e conhecimento ao usuário.

A título de exemplo pode ser apresentado ao titular/usuário Termo de Uso com layout e linguagem clara e acessível, informando que os dados ofertados e coletados serão utilizados para treinamento daquela determinada máquina. Recentemente a empresa "Meta" alterou os Termo de Uso de seus provedores para incluir a permissão de uso dos dados dos usuários para treinamento de Inteligência Artificial generativa no Instagram, Facebook e Messenger, mas em atuação preventiva, a ANPD suspendeu o tratamento para essa finalidade, determinando, entre outras, que a empresa implementasse medidas com vistas à adequação de suas práticas, argumentando o potencial risco de ocorrência de danos graves e irreparáveis ou de difícil reparação aos titulares. Com a adoção das determinações e com restrições, a empresa foi autorizada a prosseguir com o tratamento (Processo Administrativo Fiscalizatório nº 00261.004509/2024-36).

Para além da informação ao usuário, é recomendado, como dito no capítulo anterior, incluir na rotina do tratamento estruturas que permitam o controle de acesso, em sentido amplo, e o registro da rota do dado. Nesse caminho, o uso da IA para otimizar rotinas, predizer resultados e comportamentos, potencializar lucros, gerenciar riscos etc., é parte da sociedade contemporânea e deve ser compreendida dentro da sua realidade para possibilitar o uso com todo o seu potencial, mas atendendo as premissas constitucionais e legais que também devem ser estabelecidas de forma compatível com as características da Rede, de forma a impedir que outros direitos sejam violados direta ou indiretamente.

CONSIDERAÇÕES FINAIS

A Lei Geral de Proteção de Dados Pessoais pode ser incluída em legislações que utilizam da teoria da abordagem mista para prover eficácia a situações jurídicas ocorridas na internet. Mesmo não sendo exclusiva para prática de captação de dados pessoais na internet, a LGPD possui especial importância nesta área, pois além de prever sanções legais ao desrespeito à norma, prevê arquiteturas de controle para que os direitos de segurança ao tratamento de dados sejam eficientes.

Com a criação de uma medida técnica, sobreposta à Rede, a empresa poderá ter confiança de que não haverá vazamento, destruição, perda, alteração ou qualquer outra forma de tratamento inadequado ou ilícito. Assim, a arquitetura, promovendo segurança, a lei, sancionando o ilícito, o mercado, provendo maior confiança a quem possui meios técnicos de segurança e a moral, onde clientes sentem satisfeitos com a proteção aos seus dados, é que a LGPD se insere na fase de abordagem mista.

Embora as arquiteturas sejam meios eficientes de controle do uso da Internet e poderem ser implementadas por meio de aplicativos ligados a Rede, sem alterar sua estrutura básica, ao serem levadas ao processo como prova podem enfrentar problemas de admissão, produção e valoração, devido a falta regramento específico sobre o tema e de desconhecimento pelos operadores do direito. A própria LGPD trata timidamente sobre arquiteturas, em apenas dois artigos, e no âmbito processual, o CPC trata genericamente do tema, sem aprofundamento, situação que gera incerteza e insegurança ao agente de dados e ao operador do direito.

Mesmo com o uso de normas internacionais e edição de guias, notas e orientações pelos órgãos competentes ainda há muito caminho a ser percorrido sobre o tema, em especial pela necessidade de aprofundamento técnico sobre os assuntos relacionados a Internet e a sua constante evolução, que exigem esforço e atualização constante. Nessa toada, acredita-se que nos próximos muitas questões básicas sobre o tema serão estabilizadas, permitindo que seja estabelecido um ponto de partido comum para que outras dúvidas e perguntas relacionadas passem a ser discutidas.

O ciberespaço é um tema inesgotável, que sempre exigirá cautela e atenção.

REFERÊNCIAS

ALICEDA, Rodolfo Ignácio. Arquiteturas de controle previstas na LGPD e sua aplicação às inteligências artificiais. *In* TEIXEIRA, Tarcísio (cord.); ALICEDA, Rodolfo Ignácio;

KASEMIRSKI, André Pedroso (org.). **Empresas e implementação da lei geral de proteção de dados.** Salvador: Editora JusPodivm, 2021.

AMAZON. Amazon Web Services (AWS). O que é IA generativa? **Site oficial AWS.** Disponível em: https://aws.amazon.com/pt/what-is/generative-ai/. Acesso em: 19 set. 2024

BIONI, Bruno Ricardo. **Proteção de dado pessoais**: a função e os limites do consentimento. 2ª ed. Rio de Janeiro: Forense, 2020

BRASIL. Autoridade Nacional de Proteção de Dados. **Guia de Boas Práticas - Lei Geral de Proteção de Dados Pessoais (LGPD).** Disponível em: https://www.gov.br/governodigital/pt-br/seguranca-e-protecao-de-dados/guia-boas-praticas-lgpd. Acesso em: 20 de ago. 2024.

BRASIL. Autoridade Nacional de Proteção de Dados. **Guia orientativo sobre segurança da informação para Agentes de tratamento de pequeno porte.** Disponível em: https://www.gov.br/anpd/pt-br/documentos-e-publicacoes/guia_seguranca_da_informacao_para_atpps___defeso_eleitoral.pdf. Acesso em: 18 set. 2024

BRASIL. Autoridade Nacional de Proteção de Dados. **Nota Técnica nº 16/2023/CGTP/ ANPD** Assunto: Sugestões de incidência legislativa em projetos de lei sobre a regulação da Inteligência Artificial no Brasil, com foco no PL nº 2338/2023. Disponível em: https://www.gov.br/anpd/pt-br/assuntos/noticias/Nota_Tecnica_16ANPDIA.pdf. Acesso em 25 ago. 2024

BRASIL. Laboratório Nacional de Computação Científica – LNCC. **O que é mapeamento de dados pessoais?** Disponível em: https://www.gov.br/lncc/pt-br/centrais-de-conteudo/campanhas-de-conscientizacao/gestao-de-seguranca-da-informacao/o-que-e-mapeamento-de-dados-pessoais#:~:text=O%20processo%20de%20mapeamento%20dos,dos%20fornecedores%20quanto%20dos%20colaboradores. Acesso em: 15 set. 2024

BRASIL. Senado Federal. **Projeto de lei nº 2338, de 2023.** Disponível em: https://legis.senado.leg.br/sdleg-getter/documento?dm=9347622&ts=1726246471835&disposition=inline. Acesso em 25 ago. 2024

BRIGHTON, Henry; SELINA, Howard. **Entendendo: Inteligência Artificial.** Um guia ilustrado. São Paulo: Leya, 2014.

DIDIER JR. Fredie; CUNHA, Leonardo Carneiro da; BRAGA, Paula Sarno; OLIVEIRA, Rafael Alexandria de. **Curso de direito processual civil**: teoria da prova, direito probatório, decisão, precedente, coisa julgada e tutela provisória. 15ª ed. Salvador: Ed. Jus Podivm, 2020.

IBM. STRYKER, Cole; SCAPICCHIO; Mark. O que é IA generativa? **Site oficial IBM.** Disponível em: https://www.ibm.com/br-pt/topics/generative-ai. Acesso em 19 set. 2024.

LEONARDI. Marcel. **Fundamentos de direito digital**. São Paulo: Thomson Reuters Brasil, 2019.

LESSING, Lawrence. **Code version 2.0.** Nova Iorque: Basic Books, 2006.

LORENZETTI, Ricardo Luiz. **Comércio Eletrônico.** Tradução de Fabiano Menke; com notas de Cláudia Lima Marques. São Paulo: Editora Revista dos Tribunais, 2004.

MORAES, Maria Celina Bodin de; QUEIROZ, João Quinelato de; Autodeterminação informativa e responsabilização proativa: novos instrumentos da tutela da pessoa humana na LGPD. **Cadernos Adenauer, n° 3**. Proteção de Dados Pessoais: privacidade versus avanço tecnológico. Rio de Janeiro: Fundação Konrad Adenauer, out/2019. Disponível em: https://www.kas.de/pt/web/brasilien/einzeltitel/-/content/protecao-de-dados-pessoais. Acesso em: 13 set. 2024

PASTORI, Guilherme de Siqueira. Considerações sobre a autenticidade e a integridade da prova digital. Escola Paulista da Magistratura. **Cadernos Jurídicos, São Paulo, ano 21, nº 53**, p. 63-79, Janeiro-Março/2020. Disponível em: https://www.tjsp.jus.br/download/EPM/Publicacoes/CadernosJuridicos/i_5_considera%C3%A7%C3%B5es_autenticidade.pdf?d=637250343071305756. Acesso em: 24 jun. 2021

TARUFFO, Michele. **A prova**. 1ª ed. Marcial Pons, 2014.

5. A IMPLEMENTAÇÃO DA INTELIGÊNCIA ARTIFICIAL NOS PROCESSOS DE DEVIDA DILIGÊNCIA EM DIREITOS HUMANOS NAS CADEIAS PRODUTIVAS

Leonardo Bortolozzo Rossi
Doutorando e Mestre em Direito pela Faculdade de Ciências Humanas e Sociais da Universidade Estadual Paulista "Júlio de Mesquita Filho" (UNESP). Especialista em Ciências Criminais pela FDRP/USP. Bacharel em Direito pela Faculdade de Direito de Franca (FDF). O presente trabalho foi realizado com apoio da Coordenação de Aperfeiçoamento de Pessoal de Nível Superior - Brasil (CAPES).

Julia Jacob Alonso
Mestranda em Direito pela Faculdade de Ciências Humanas e Sociais da Universidade Estadual Paulista "Júlio de Mesquita Filho" (UNESP). O presente trabalho foi realizado com apoio da Coordenação de Aperfeiçoamento de Pessoal de Nível Superior - Brasil (CAPES).

1. INTRODUÇÃO

Desde a adoção dos Princípios Orientadores sobre empresas e direitos humanos, conhecidos como Princípios Ruggie, pelo Conselho de Direitos Humanos da Organização das Nações Unidas (ONU), em 2011, há tentativas de legalização das normas para a regulação do comportamento corporativo, tanto na esfera internacional quanto nacional (Nolan, 2018).

No seu Princípio de número 17, o documento estabelece que as empresas devem conduzir processos de devida diligência (due diligence) na sua cadeia de produção com a finalidade de avaliar o impacto real e potencial das suas atividades sobre os direitos humanos. A necessidade da performance de tais processos também está prevista em outros documentos internacionais de diversas organizações internacionais, como as Diretrizes para Empresas Multinacionais da Organização para Cooperação e Desenvolvimento Econômico (OCDE).

Entretanto, por se tratar de documento de natureza voluntária (soft law), há um crescente movimento das legislações internas dos países para o fortalecimento das medidas de devida diligência. Apenas como exemplo temos a legislação sobre escravidão moderna do Reino Unido (Modern Slavery Act), de 2015 e da Austrália (2017), além de diplomas específicos sobre trabalho infantil (Dutch Child Labour Act), e a mais recente legislação adotada no âmbito regional europeu, a Corporate Sustainability Due Diligence, que entrou em vigor em 2024.

Já no plano internacional, por iniciativa de alguns estados, desde 2014, há a atuação de um grupo intergovernamental aberto com o mandato para discutir a elaboração de um tratado vinculante sobre empresas e direitos humanos.

Para além das discussões sobre os efeitos negativos da utilização da inteligência artificial (IA), tais como, a maior automação dos postos de trabalho e mecanismos de vigilância de pessoas em locais públicos, essa tecnologia disruptiva impacta diversos assuntos sensíveis relacionados aos direitos humanos.

Entretanto, o objetivo deste trabalho é o inverso, pois busca analisar os benefícios e desafios para a implementação da inteligência artificial nos processos de devida diligência em direitos humanos nas cadeias de produção empresariais. Assim, a pesquisa pretende responder à pergunta se a tecnologia pode ser útil para o incremento da fiscalização das cadeias de produção.

Nesse sentido, o trabalho se segue em outras duas seções adicionais, somadas à presente introdução e considerações finais. Na parte 2, discute-se as diversas tentativas de legalização dos processos de devida diligência a partir do arcabouço regulatório internacional, para, na parte 3, analisar os possíveis impactos da adoção da tecnologia inteligência artificial nesses processos.

A pesquisa, portanto, adota como método primário a revisão bibliográfica, baseada no referencial teórico das empresas e direitos humanos e das novas tecnologias, especificamente a inteligência artificial. A respeito das legislações nacionais e documentos internacionais citados, mostrou-se necessária a revisão documental. Houve a consulta a diversos materiais, entre os quais artigos científicos, relatórios, capítulos de livros, legislações, entre outros, escritos em português e inglês.

2. A LEGALIZAÇÃO DAS NORMAS DE CONDUTA EMPRESARIAL EM TEMAS DE DIREITOS HUMANOS

Da esfera internacional, a regulação das empresas em temas de direitos humanos baseia-se nos pilares independentes, mas complementares de "proteger, respeitar e remediar". Assim, o dever de proteger todos os direitos humanos internacionalmente reconhecidos incumbe aos Estados nacionais, o dever de respeitar direciona-se às empresas, sem, contudo, criar obrigações jurídicas. Por fim, há a necessidade de buscar os meios mais efetivos de remediar eventuais danos causados às vítimas, seja por mecanismos judiciais ou extrajudiciais.

A estrutura foi fruto do trabalho do professor de Relações Internacionais de Harvard, John Gerard Ruggie, enquanto Representante-Especial para o tema de empresas e direitos humanos, pela ONU (Ruggie, 2008). Os seis anos de sua atuação culminaram com a adoção dos princípios orientadores (Ruggie, 2011).

Bonnitcha e McCorquodale (2017) invocam a existência de dois conceitos de devida diligência, sendo que ambos se apresentam nos Princípios Orientadores. O primeiro se relaciona com o processo corporativo de investigação de riscos, geralmente comerciais. Por sua vez, tem-se a devida diligência como padrão de conduta, admitida há séculos no Direito Internacional, como a possibilidade de se verificar a responsabilidade de um ente estatal ou, ainda, eventual responsabilidade estatal por atos de terceiros privados.

Trata-se de um dever estatal o desenvolvimento do marco regulatório adequado para o monitoramento do comportamento corporativo. Entre as medidas adotadas, há a previsão de que o Estado implemente medidas de fiscalização da devida diligência, as quais têm como objetivo avaliar potenciais riscos e danos aos direitos humanos na cadeia de produção de determinado bem ou serviço. A centralidade das medidas mostra-se nos Princípios Orientadores, já que cinco de seus trinta e um princípios detalham o funcionamento desse padrão internacional de conduta.

Os artigos 17 a 21 dos Princípios Orientadores indicam a confluência dessas duas características dos processos. No artigo 17, frisa-se a importância da realização de auditorias em temas de direitos humanos de forma contínua. O artigo seguinte dispõe acerca da diferenciação do processo na cadeia de produção e aquela própria de suas atividades. Isso impacta na aferição da responsabilidade, conforme se comprova pela interpretação do artigo 19, pois considera um processo eficaz aquele que: a) seja capaz de influenciar o comportamento dos seus parceiros comerciais; b) a responsabilidade recaia de forma nivelada à organização interna da empresa; c) que a conjunção de fatores organizacionais, como a receita orçamentária, possibilite a eficiência da resposta.

Os últimos artigos, 20 e 21, respectivamente, afirmam sobre a necessidade de acompanhamento posterior da realização da devida diligência, com base em indicadores qualitativos e quantitativos, além da publicidade das informações ao público, em especial às comunidades afetadas pelos abusos em temas de direitos humanos.

Do mesmo modo, as "Diretrizes da Organização para Cooperação e Desenvolvimento Econômico para Empresas sobre Conduta Empresarial Responsável" (OCDE, 2023) se trata de outro conjunto de extrema importância para a implementação dos processos de devida diligência.

As Diretrizes foram o primeiro conjunto de normas editadas no plano internacional sobre empresas e direitos humanos, em 1976. Nos últimos anos, houve a sua revisão para uma maior convergência regulatória com os Princípios Orientadores (Mende, 2023). O Brasil, embora não seja membro da OCDE, aderiu às Diretrizes, com a criação de seu mecanismo de fiscalização próprio, o Ponto de Contato Nacional.

A política geral de número 13 é expressa pelo dever da empresa de "procurar prevenir ou mitigar um impacto adverso, mesmo nos casos em que não tenham contribuído para tal impacto se este estiver, de algum modo, diretamente ligado às suas operações, produtos ou serviços por uma relação comercial" (OECD, 2023).

Há um guia prático para a implementação das diretrizes ("Guia da OCDE de devida diligência para uma conduta empresarial responsável"), cuja última revisão foi feita em 2018. De acordo com o guia, a devida diligência "é o processo que as empresas devem realizar para identificar, prevenir, mitigar e prestar contas de como lidam com esses impactos adversos reais e potenciais em suas próprias operações, sua cadeia de fornecimento e outras relações comerciais, conforme recomendado nas Diretrizes da OCDE para EMNs (empresas multinacionais)" (OCDE, 2018, p. 15).

Os elementos da devida diligência são: a) a incorporação das medidas de responsabilidade corporativa nos processos empresariais internos; b) a identificação dos reais e potenciais impactos adversos aos direitos humanos, com o objetivo preventivo e de cessação desses; c) monitoração contínua; d) comunicação dos impactos ao público externo.

Para além da busca da coerência e uniformização na esfera internacional das normas de devida diligência dentro das organizações internacionais, um dos efeitos da adoção dos Princípios Orientadores foi a ressurgência de normas obrigatórias e vinculantes sobre a própria devida diligência no nível estatal1 e regional2, com a participação, portanto, do Poder Legislativo (Deva, 2021)

---

1 Destaca-se, apenas a título ilustrativo, a *UK Modern Slavery Act*, legislação britânica sobre escravidão moderna, editada em 2015; a *Australian Modern Slavery Act* (2018); *Dutch Child Labour Due Diligence Act*, legislação neerlandesa específica sobre trabalho infantil nas cadeias de produção, de 2019.

2 O impacto ocorre principalmente a nível europeu. Por exemplo, Diretiva 2014/95/UE e as diretrizes emitidas pela Comissão Europeia em relação à divulgação de informações não financeiras, particularmente no que diz respeito a questões de direitos humanos. As empresas obrigadas a

Outro impacto a se destacar é o desenvolvimento, tanto em países industrializados quanto desenvolvidos3 dos Planos Nacionais de Ação sobre Empresas e Direitos Humanos. Humberto Cantú-Rivera (2019) os conceitua como políticas públicas vinculadas ao Poder Executivo que possuem o objetivo de aumentar a consciência e buscar a coerência política horizontal bem como vertical. A primeira refere-se à coerência entre agências e ministérios intergovernamentais, enquanto a última, diz respeito ao relacionamento entre os Planos e a legislação nacional, em respeito à separação dos poderes.

Portanto, a discussão entre a natureza das normas no plano internacional, se são de natureza voluntária ou obrigatória perde a relevância prática com a retomada dos modos mais tradicionais da regulação estatal, baseada em normas que criam deveres jurídicos de devida diligência às empresas, em especial às transnacionais.

Do mesmo modo, a dicotomia entre a tradicional distinção da força normativa do Direito Internacional, conforme demonstrado por Barnali Choudhury (2018), não possui contornos bem definidos na contemporaneidade. Os próprios Princípios Orientadores possuem normas com caráter de maior voluntariedade, enquanto as sobre devida diligência têm características de uma quase obrigatoriedade.

A legalização das normas de empresas e direitos humanos em diversas esferas regulatórias justifica-se pela dificuldade em responsabilizar efetivamente os entes corporativos por abusos aos direitos humanos e das falhas apresentadas pela adoção de modelos de normas voluntárias, conhecidas como a responsabilidade social corporativa.

2.1. A CARACTERÍSTICA NORMATIVA DA ISO 26000

Embora as certificações conferidas pela Organização Internacional para Padronização (sigla ISO - referente à International Organization for Standardization) façam parte da responsabilidade social corporativa, a ISO 26000

---

divulgar essas informações são entidades de interesse público com uma média de mais de 500 funcionários. Elas devem incluir uma descrição das políticas que implementaram, seus resultados e os riscos associados às suas atividades. Mais recentemente, a UE chegou a um acordo sobre uma nova legislação referente à Devida Diligência de Sustentabilidade Corporativa (CSDD), uma proposta de 2022 da Comissão Europeia (Amnesty International, 2023).

3 O Brasil ainda não possui um Plano de Ação Nacional, o qual está sendo discutido por um grupo de trabalho interministerial, criado mediante decreto presidencial em 2023 (Decreto 11.772/2023). Destaca-se, apenas a título ilustrativo, a existência de um plano de ação chileno e sul-coreano.

(2017a), referente ao relacionamento entre empresas e direitos humanos possui algumas características e funções importantes.

Editada em 2010, trata-se de mais uma diretriz direcionada ao comportamento empresarial socialmente responsável, mesmo que o seu texto mencione apenas o termo "responsabilidade social". Embora a função da ISO seja a criação de padrões de conduta voluntários, a ISO 26000 assemelha-se a diversos documentos internacionais sobre o tema.

Dessa forma, deveres e obrigações que são direcionadas primeiramente aos Estados, com a ISO 26000, tais conceitos são aplicados diretamente às empresas multinacionais (Webb, 2012). Kernaghan Webb (2012) afirma ser a ISO 26000 um reflexo do surgimento de um costume global sobre responsabilidade social, isto é, traduz o que a comunidade global espera de um comportamento corporativo aceitável. Por conseguinte, os termos da ISO 26000 podem ser utilizados como argumentação para a responsabilização das empresas nos tribunais nacionais e internacionais.

Em particular, sobre os processos de devida diligência, percebe-se a adoção de um conceito semelhante ao das Diretrizes da OCDE (ISO, 2017b). Em uma tradução livre:

> Processo abrangente e proativo para identificar os impactos negativos reais e potenciais sociais, ambientais e econômicos das decisões e atividades de uma organização ao longo de todo o ciclo de vida de um projeto ou atividade organizacional, com o objetivo de evitar e mitigar impactos negativos (ISO, 2017a)4

A particularidade de a ISO 26000 poder ser aplicada diretamente às empresas têm o condão de fortalecer a implementação dos processos de devida diligência. Ward (2011) aponta pela perspectiva transformadora do padrão ao unificar, de forma democrática, formas privadas de governança e formas de controle público no nível estatal e internacional.

3. A IMPLEMENTAÇÃO DA INTELIGÊNCIA ARTIFICIAL NOS PROCESSOS DE DEVIDA DILIGÊNCIA EM DIREITOS HUMANOS

A primeira legislação compreensiva sobre a IA foi editada pela União Europeia. O Artificial Intelligence Act, aprovado em maio de 2024 pelo Conselho da

---

4 No original: "*comprehensive, proactive process to identify the actual and potential negative social, environmental and economic impacts of an organization's decisions and activities over the entire life cycle of a project or organizational activity, with the aim of avoiding and mitigating negative impacts*".

Europa deve entrar em vigor vinte e quatro meses após a sua adoção. A Lei adota o conceito de IA como:

> software que é desenvolvido com uma ou mais das técnicas e abordagens (...) e, pode, para um dado conjunto de objetivos definidos por seres humanos, gerar resultados, como conteúdo, previsões, recomendações ou decisões que influenciam os ambientes com os quais interagem (European Comission, 2021)5

Desse modo, em uma primeira aproximação teórica, se mostra possível a implementação da inteligência artificial em todos os elementos dos processos de devida diligência, especialmente a tecnologia na sua forma generativa6.

Pela capacidade da tecnologia de gerar previsões, processar e analisar dados, se encaixa de forma adequada com um dos principais elementos do processo de devida diligência. Nas palavras de Samuel Brobby (2021, tradução nossa):

> Parece que a aplicação mais natural da IA com relação ao processo de devida diligência está no uso direto das capacidades preditivas da IA para identificar impactos negativos em temas de direitos humanos. As capacidades preditivas de certos algoritmos de IA estão em sintonia com a essência desse aspecto da devida diligência em direitos humanos (HRDD). A IA já encontrou aplicações na avaliação de riscos em uma variedade de setores. Com dados de qualidade suficientes, a IA poderia permitir que potenciais temas de Direitos Humanos fossem identificados muito antes de ocorrerem, através da implementação análoga de tecnologia que já existe nos processos de devida diligência. As capacidades preditivas da IA superam as capacidades preditivas humanas e, naturalmente, isso ocorre devido à largura de banda em que a IA pode potencialmente operar, permitindo que ela processe grandes quantidades de dados em velocidade relâmpago7

---

5 No original: "*artificial intelligence system' (AI system) means software that is developed with one or more of the techniques and approaches listed in Annex I and can, for a given set of human-defined objectives, generate outputs such as content, predictions, recommendations, or decisions influencing the environments they interact with*".

6 A inteligência artificial generativa caracteriza-se por sua habilidade de aprender comportamentos complexos, permitindo que seu desenvolvimento ocorra de forma autônoma, sem a necessidade de intervenção humana.

7 No original: "*It seems that the most natural application of AI with regards to the due diligence process falls within the direct use of AI's predictive capabilities to identify adverse impacts on HR. The predictive capabilities of certain AI algorithms fall hand in hand with the essence of this aspect of HRDD. AI has already found applications in risk evaluation in a whole host of different sectors. With sufficient quality data, AI could allow for potential Human Rights issues to be identified long*

Para além do uso positivo, frisa-se que os Princípios Orientadores também se aplicam ao uso da inteligência artificial, assim, os riscos colocados pela tecnologia devem ser mitigados e prevenidos. Raso et al (2018) verificam três motivos principais para os desafios do uso da IA nos processos de devida diligência: a) a questão da consciência das médias e pequenas empresas, as quais já têm dificuldade no dever de respeitar os direitos humanos. Assim, podemos ter um cenário de uso da IA de forma descoordenada; b) a dificuldade em determinar prospectivamente os impactos do mundo real de qualquer aplicação de IA. Essa dificuldade surge da natureza inescrutável de muitos sistemas de IA e das interações complexas que esses sistemas estabelecem quando começam a operar no mundo real; c) especificamente sobre o dano causado pela IA, ainda não se vislumbra o que constitui um remédio efeito àquele (terceiro pilar).

3.1. A APLICAÇÃO DE IA NO AMBIENTE DE TRABALHO E SEUS IMPACTOS NAS CADEIAS PRODUTIVAS

Para além dos desafios operacionais, a implementação de IA em cadeias produtivas quando analisada na perspectiva da concretização de direitos humanos no processo da devida diligência suscita questionamentos sobre os direitos dos trabalhadores e sua integração com as novas práticas tecnológicas.

Se, por um lado, a utilização de IA no ambiente laboral e corporativo incita preocupações sobre a adoção de vieses injustos na tomada de decisão automatizada, tema amplamente discutido pelo conceito de justiça algorítmica; bem como intensifica a exposição de dados pessoais e o monitoramento abusivo das atividades humanas em uma era de ultra vigilância (fonte). Por outro, o uso consciente e estratégico de IA pode ser benéfico tanto aos empregados quanto aos empregadores.

Nesse sentido tem-se o posicionamento dos trabalhadores e empregadores da Índia, da África Subsaariana e dos Estados Unidos envolvidos nas pesquisas do relatório "AI and Job Quality" elaborado em 2022 pela organização civil não lucrativa Partnership on AI (PAI). O documento revela que muitos trabalhadores se sentem beneficiados pelos auxílios promovidos com a utilização de IA para facilitar, agilizar e automatizar trabalhos manuais e cansativos.

---

before they take place with an analogous implementation of technology, that already exists, into HRDD. AI's predictive capabilities exceed human predictive capabilities and naturally so given the bandwidth at which AI can potentially operate, allowing it to sort through excessively large amounts of data at lightning-fast speed"

Ademais, a referida pesquisa revela que a tomada de decisão colaborativa e participativa entre os trabalhadores envolvidos nas cadeias produtivas afetadas pela implementação de IA possibilitam benefícios desde o recrutamento personalizado para novas ofertas de emprego até a melhoria de condições de trabalho e qualificação profissional (Bell, 2022).

Ilustra positivamente o debate sobre IA o caso da utilização da tecnologia blockchain para rastrear e identificar a origem do cobalto extraído para composição de aparelhos eletrônicos, como celulares e computadores. A proposta foi motivada pelas investigações da Anistia Internacional sobre a utilização de trabalho infantil para mineração de cobalto em 2016 no Congo (Kriebitz; Lütge; Wimmer, 2023).

Notadamente, são observados resultados positivos no que diz respeito ao uso de IA para monitoramento e possível forma de prevenção ao trabalho infantil, prática que, infelizmente, ainda é recorrente em cadeias de produção de grandes empresas, como na cadeia produtiva das multinacionais do chocolate e do setor de vestuário (Casara, 2020).

Em resposta, a comunidade acadêmica não ignora procedimentos de governança digital migratória a partir da identificação biométrica e da coleta de dados sensíveis dos mais jovens via ferramentas operadas por IA em postos de migração e territórios vulneráveis a captação de crianças para trabalho forçado e atividades informais e ilegais (Hayes, 2017), problemática observada, por exemplo, nos fluxos migratórios relacionados ao trabalho infantil entre países do Mercosul (Arakaki; Batista; Félix, 2022).

Não se pode olvidar da complexidade e multidisciplinaridade dos estudos sobre os desafios da erradicação do trabalho infantil nas cadeias de produção e a utilização de IA para monitoramento da migração internacional das crianças e adolescentes para trabalhos forçados. E, ainda que não seja tal o escopo do presente trabalho, é necessário mencionar ainda a existência da Declaração Tripartite de Princípios sobre Empresas Multinacionais e Política Social da OIT elaborada em 1977, cujo texto menciona expressamente os esforços para a abolição do trabalho infantil a partir do respeito da idade mínima de contratação empregatícia por empresas nacionais e multinacionais (OIT, 2002).

Outra iniciativa interessante foi a formulação da Comissão Global sobre o Futuro do Trabalho a partir de 2016 pela OIT. Nesse contexto foi produzido o "Relatório da Comissão Global sobre o Futuro do Trabalho 2019", que aborda o aproveitamento e gerenciamento das novas tecnologias para a promoção de condições decentes de trabalho:

> Nós também adotamos uma abordagem de "humano no comando" para a inteligência artificial, garantindo que as decisões finais que afetam o trabalho

> sejam tomadas por humanos, e não algoritmos. O uso de gestão algorítmica, vigilância e controle, através de sensores, dispositivos vestíveis e outras formas de monitoramento, precisa ser regulado para proteger a dignidade dos trabalhadores. O trabalho não é uma commodity; tampouco é um robô8.

Todavia, o relatório também elenca diversos benefícios da adoção de IA, robótica e automação aos trabalhadores e, consequentemente, nas cadeias produtivas. Especificamente são elucidadas a coleta de dados administrativos para identificação de setores de alto risco e incremento de sistemas de inspeção das condições laborais; o uso de blockchain para verificação do pagamento de salários-mínimos para trabalhadores migrantes e auxiliando na transparência e confirmação do pagamento de seguridade social para trabalhadores de plataformas digitais. Para tanto, a Comissão considera importante a participação dos setores público e privado no investimento e incubação dessas ferramentas.

Assim, a despeito dos posicionamentos temerários sobre a implementação de IA em cadeias produtivas e seus impactos na fruição de direitos dos trabalhadores, tema incluso aos processos de devida diligência, é possível identificar possíveis benefícios futuros como os mencionados nos parágrafos anteriores.

3.2. DESAFIOS ÉTICOS NA TOMADA DE DECISÃO POR IA NOS PROCESSOS DE DEVIDA DILIGÊNCIA

Além dos desafios operacionais das estruturas internas das empresas e as questões vividas pela implementação de IA no cotidiano dos trabalhadores, é necessária consciência sobre a eticidade das decisões tomadas por meio do uso de IA nos processos de devida diligência em direitos humanos.

Inicialmente, a eticidade dos processos automatizados e, ou, processados por IA no ambiente corporativo pressupõe a supervisão humana e pública da tomada de decisões, principalmente quando passíveis de afetação aos direitos humanos. É esse o entendimento, inclusive, da "Recomendação sobre a Ética da Inteligência Artificial" formulada na Conferência Geral da Unesco em 2021, cujas propostas reafirmam a importância da transparência pública, accountability, e da supervisão humana nos processos envolvendo IA nos mais diversos

8 No original: "*We also subscribe to a "human-in-command" approach to artificial intelligence that ensures that the final decisions affecting work are taken by human beings, not algorithms. The exercise of algorithmic management, surveillance and control, through sensors, wearables and other forms of monitoring, needs to be regulated to protect the dignity of workers. Labour is not a commodity; nor is it a robot.*"

setores da atividade humana, seja no ambiente laboral, educacional, cultural e ambiental.

O documento menciona, ainda, que um dos princípios de responsabilidade e accountability seria, justamente, a observância de auditorias e procedimentos de devida diligência durante todo o ciclo de vida dos sistemas de IA para rastrear o trabalho feito por ela e possíveis conflitos com normas de direitos humanos. Além disso, são conclamados os Estados Membros e o setor privado para o desenvolvimento de sistemas de devida diligência que considerem os impactos sociais e psicológicos da utilização da IA em procedimentos de tomada de decisão:

> Os Estados-Membros e as empresas do setor privado devem desenvolver mecanismos de devida diligência e supervisão para identificar, prevenir, mitigar e contabilizar abordagens sobre o impacto dos sistemas de IA no respeito pelos direitos humanos, no Estado de direito e nas sociedades inclusivas.(...) Os Estados Membros, as empresas do setor privado e a sociedade civil devem investigar os efeitos sociológicos e psicológicos das recomendações baseadas na IA sobre os seres humanos na sua autonomia de tomada de decisão9.

Diante disso, nota-se a criação, ainda incipiente, de modelos de análise de comportamentos éticos cometidos por sistemas de IA, como por exemplo o padrão de referência MACHIAVELLI, que busca categorizar comportamentos de modelos de IA relacionados à imoralidade, insatisfação e empoderamento a partir de confrontos na tomada de decisões a partir de parâmetros éticos ou de maximização de resultados (Maslej et al, 2024). Essas tentativas de mapeamento e controle na atuação e tomada de decisão efetuadas por IA propõe soluções ainda mais benéficas para os desafios éticos de sua implementação em concordância com processos de devida diligência a favor dos direitos humanos em cadeias produtivas.

Ainda, a percepção da IA como uma novidade incerta para as empresas pode impactar nos debates éticos sobre sua utilização, especialmente ao ser vista como uma barreira tecnológica de alto investimento. Mas tais posicionamentos não apagam os benefícios operacionais de sua utilização, cujas menções em trabalhos científicos podem ser resumidas em: melhor coleta de dados

---

9 No original: *"Member States and private sector companies should develop due diligence and oversight mechanisms to identify, prevent, mitigate and account for how they address the impact of AI systems on the respect for human rights, rule of law and inclusive societies. (...) Member States, private sector companies and civil society should investigate the sociological and psychological effects of AI-based recommendations on humans in their decision-making autonomy."*

em tempo real, compartilhamento e centralização de informações, agilidade e produtividade na gestão de informações e monitoramento e, por fim, redução de despesas (Maréchal; MacKinnon; Dheere, 2020).

Percebe-se que a mudança de mentalidade das pessoas em relação à implementação de IA nos ambientes empresariais e nas relações de trabalho é, portanto, importante para maiores avanços no que diz respeito à regulação e consenso do que seriam atitudes éticas ou não durante o ciclo de vida de um sistema de IA. E, para tanto, além do poder público e do setor privado, a sociedade civil pode exercer considerável influência no desenvolvimento de mecanismos de accountability e de garantia dos direitos humanos em seu sentido amplo, sejam direitos trabalhistas, liberdades individuais ou proteção de dados (Maréchal; MacKinnon; Dheere, 2020).

O programa de pesquisa da fundação holandesa World Benchmarking Alliance intitulado Ranking Digital Rights (RDR) demonstra como organizações da sociedade civil podem aproximar e tornar mais nítidas as preocupações e necessidades enfrentadas diante da implementação da IA para desenvolvedores de tecnologia e empregadores conscientes das normas de devida diligência. A partir do RDR Corporate Accountability Index, o grupo RDR busca avaliar anualmente as mais preponderantes plataformas digitais e companhias de telecomunicações, abordando Big Techs como Apple, Microsoft e Meta por exemplo, e examinando o comportamento dessas empresas na garantia de direitos humanos, como privacidade e liberdade de expressão, bem assim sua conformidade e comprometimento com standards de direitos humanos10.

Percebe-se, portanto, que para conhecer os riscos da implementação de IA no ambiente corporativo e suas possíveis infrações aos compromissos de devida diligência no cumprimento de direitos humanos, é imprescindível delinear como ocorre a violação de direitos e quais os mecanismos de transparência e monitoramento ético dos sistemas de IA.

Dada a incerteza regulatória da temática, com leis setoriais como as já mencionadas na introdução do presente trabalho e recordando das tensões entre soft law e as normas dos ordenamentos jurídicos internos dos Estados, a prévia reconfiguração das empresas respeitando os processos de devida diligência em direitos humanos diante da implementação da IA pode auxiliar na conformidade com futuros regulamentos internacionais e nacionais.

Em termos mais práticos, a necessidade de realizar avaliações de impacto de privacidade (Privacy Impact Assessment ou PIA), por exemplo, é uma maneira de transformar a organização interna das empresas para que sejam

10 Mais informações sobre a fundação e o programa RDR foram coletadas em seu endereço eletrônico oficial: https://rankingdigitalrights.org/who-we-are/.

mais rapidamente adequadas às atuais e futuras regulamentações; nota-se, ainda, que nos Estados Unidos a realização da PIA é obrigação amparada por lei (Maréchal; MacKinnon; Dheere, 2020).

À vista dos parágrafos anteriores, intentou-se demonstrar como as diversas utilidades dos mecanismos de IA nas cadeias produtivas podem decorrer em diferentes dilemas éticos, desde os vieses do banco de dados de IA utilizadas para recrutamento legal e ilegal de trabalhadores até as dificuldades operacionais e inseguranças advindas da utilização de IA em processos de trabalho diversos, tanto no setor administrativo, logístico e operacional. Não obstante, o artigo elucida também as soluções e benefícios da implementação da IA de forma a assegurar e fiscalizar o respeito aos direitos humanos nos ambientes laborais das cadeias produtivas, priorizando questionamentos a respostas simplistas positivas ou negativas.

CONSIDERAÇÕES FINAIS

O tema de empresas e direitos humanos é mais um dos quais merece a atenção acadêmica e prática dos impactos da inteligência artificial no seu uso socialmente consciente e favorável. Assim, a pesquisa almejou demonstrar os lados positivos e desafios postos pela nova tecnologia especificamente nos processos de devida diligência em direitos humanos, em uma contribuição marcadamente teórica.

Assim, na seção após a introdução, verificou-se que, embora discuta-se a força normativa das normas de empresas e direitos humanos na esfera internacional, essa se torna de menor importância com o crescente movimento de legalização normativa, a qual ocorre a nível estatal e regional. A retomada de modos tradicionais regulatórios se dá em duas principais frentes: nos planos nacionais de ação, desenvolvido como política pública pelo Poder Executivo e em legislações nacionais e regionais sobre a obrigatoriedade dos processos de devida diligência.

Importante menção foi conferida à ISO 26000, que por sua peculiar característica, trata-se de costume global que se aplica diretamente às empresas. Portanto, conclui-se pelo surgimento de um verdadeiro costume global em que se espera das empresas multinacionais organizadas em cadeias de produção a realização de processos de devida diligência, fato ratificado também pelos documentos de soft law mencionados ao longo do trabalho.

Diante desses movimentos, os entes estatais e as próprias empresas devem buscar os melhores mecanismos para a implementação de tais processos. Nesse cenário, se mostra possível a utilização da inteligência artificial, cuja própria natureza, especialmente em prever resultados e analisar quantidade imensa de dados, encontra-se de acordo com as recomendações de processos de devida diligência eficazes.

À vista disso, ainda que muitas vezes seja relacionada com a violação de direitos humanos, pontualmente na seara trabalhista, a inteligência artificial pode, ao contrário, beneficiar o ambiente laboral e colaborar em diversas etapas de trabalho do ambiente corporativo, desde o recrutamento até o processamento interno das empresas.

Especificamente, a inteligência artificial pode ser utilizada para a fiscalização das cadeias de produção para verificar o respeito aos padrões internacionais trabalhistas. Entretanto, a sua implementação não ocorre sem desafios éticos, como a violação de dados pessoais quando do recrutamento ou, ainda, padrões éticos que preveem conceitos amplos, como o da imoralidade. Assim, para o seu uso mais consciente, é necessária a supervisão pública, estatal e da sociedade civil como um todo.

Recomendamos, por fim, para além das pesquisas teóricas que, em raciocínios lógicos sustentam o uso da tecnologia nos processos de devida diligência, o seu teste em pesquisas empíricas de cunho interdisciplinar.

REFERÊNCIAS

AMNESTY INTERNATIONAL. **EU: Agreement on new EU legislation governing big business is an important step but fails to fully advance human rights**. December 2023. Disponível em: https://www.amnesty.org/en/latest/news/2023/12/eu-agrees-new-human-rights-due-diligence- law-governing-big-business. Acesso em: 15 set. 2024.

ARAKAKI, Bonadiman; BATISTA, Luciana da Silva Vilela; FÉLIX, Ynes da Silva. Erradicação do trabalho infantil nos fluxos migratórios do Mercosul: desafios e perspectivas", **Revista Videre**, v. 14, n. 29, p. 95–112.

BELL, Stephanie A. AI and Job Quality: Insights from frontline workers. **Partnership on AI**, 2022. Disponível em: https://partnershiponai.org/wp-content/uploads/dlm_uploads/2022/09/PAI_paper_ai-job-quality-1.pdf. Acesso em: 15 set. 2024.

BONNITCHA, Jonathan; MCCORQUODALE, Robert. The Concept of 'Due Diligence' in the UN Guiding Principles on Business and Human Rights. **European Journal of International Law**, vol. 28, issue 3, 2017.

BROBBY, Samuel. Artificial Intelligence and Human Rights Due Diligence – Part 1. Integrating AI into the HRDD process. Doing Business Right. **Asser Institute**, 2021. Disponível em: https://www.asser.nl/DoingBusinessRight/Blog/post/artificial-intelligence-and-human-rights-due-diligence-part-1-integrating-ai-into-the-hrdd-process--by-samuel-brobby. Acesso em: 15 set. 2024.

CANTÚ RIVERA, Humberto. National Action Plans on Business and Human Rights: Progress or Mirage? **Business and Human Rights Journal**, [s. l.], v. 4, n. 02, p. 213–237, 2019.

CASARA, Marques. O trabalho infantil na cadeia produtiva de grandes empresas. **Ministério Público do Trabalho de Minas Gerais**. 2020. Disponível em: https://www.prt3.mpt.mp.br/informe-se/61-informe-se/publicacoes/artigos/1490-artigo-o-trabalho-infantil-na-cadeia-produtiva-de-grandes-empresas.

CHOUDHURY, Barnali. Balancing Soft and Hard Law for Business and Human Rights. **International and Comparative Law Quarterly**, [s. l.], v. 67, n. 4, p. 961–986, 2018.

DEVA, Surya. Business and Human Rights: Alternative Approaches to Transnational Regulation. **Annual Review of Law and Social Science**, [s. l.], v. 17, n. 1, p. 139–158, 2021.

EUROPEAN COMMISSION. **Proposal for a regulation of the european parliament and of the council laying down harmonised rules on artificial intelligence and amending certain union legislative acts** (artificial intelligence act). European Commission, Brussels, Belgium, 2021

HAYES, B. Migration and data protection: Doing no harm in an age of mass displacement, mass surveillance and "big data". **International Review of the Red Cross**, v. 99, p. 179-209, março de 2018. Disponível em: https://doi.org/10.1017/S1816383117000637. Acesso em: 15 set. 2024.

ISO. **ISO 26000: Social Responsibility**, 2017a Disponível em: https://www.iso.org/iso-26000-social-responsibility.html. Acesso em: 15 set. 2024.

ISO. **ISO 26000 and OECD Guidelines—Practical Overview of the Linkages**; ISO: Geneva, Switzerland, 2017b.

KRIEBITZ, Alexandra; LÜTGE, Christoph; WIMMER, Miriam. Inteligência Artificial e direitos humanos: uma avaliação ética nos negócios. **Revista de Direito Público**, Brasília, v. 20, n. 106, 2023, p. 351-384.

MARÉCHAL, Nathalie; MACKINNON, Rebecca; DHEERE, Jessica. Getting to the Source of Infodemics: It's the Business Model. **New America**, 2020. Disponível em: https://www.jstor.org/stable/resrep25417.10. Acesso em 18 set. 2024.

MASLEJ, N. et al. The AI Index 2024 Annual Report. **AI Index Steering Committee**, Institute for Human-Centered AI, Stanford University, Stanford, CA, 2024. Disponível em: https://aiindex.stanford.edu/wp-content/uploads/2024/05/HAI_AI-Index-Report-2024.pdf.

MENDE, Janne. Business authority in global governance: Companies beyond public and private roles. **Journal of International Political Theory**, [s. l.], v. 19, n. 2, p. 200–220, 2023.

NOLAN, Justine. Hardening soft law: are the emerging corporate social disclosure laws capable of generating substantive compliance with human rights? **Revista de Direito Internacional**, Brasília, v. 15, n.2, 2018, p. 64-83.

OCDE. **Guia da OCDE de Devida Diligência para uma Conduta Empresarial Responsável**. OECD, 2018. Disponível em: https://mneguidelines.oecd.org/guia-da-ocde-de-devida-diligencia-para-uma-conduta-empresarial-responsavel-2.pdf. Acesso em: 15 set. 2024.

OECD – ORGANISATION FOR ECONOMIC CO-OPERATION AND DEVELOPMENT. **Guidelines for Multinational Enterprises on Responsible Business Conduct**. Paris: OECD, 2023.

OIT. **Declaração Tripartite de Princípios sobre Empresas Multinacionais e Política Social**, Brasília, 1ª ed., 2002.

OIT - GLOBAL COMMISSION ON THE FUTURE OF WORK. **Work for a brighter future.** Geneva, 2019.

RASO, F. et al. Artificial Intelligence and Human Rights: Opportunities and risks. Harvard University, [s. l.], **The Berkman Klein Center for Internet & Society Research Publication Series**, 2018. Disponível em: https://www.ssrn.com/abstract=3259344. Acesso em: 17 set. 2024.

RUGGIE, John. **Protect, Respect and Remedy: A Framework for Business and Human Rights**. 2008. Disponível em: https://www.researchgate.net/publication/24090059_Protect_Respect_Remedy_A_Framework_for_Business_and_Human_Rights/. Acesso em 15 set. 2024.

RUGGIE, John. **UN Guiding Principles on Business and Human Rights**, 2011. Disponível em https://www.shiftproject.org/un-guiding-principles/. Acesso em 15 set. 2024.

UNESCO. **Recommendation on the Ethics of Artificial Intelligence,** Paris, 2022.

WARD, Halina The ISO 26000 International Guidance Standard on Social Responsibility: Implications for Public Policy and Transnational Democracy. **Theoretical Inquiries in Law**, [s. l.], v. 12, n. 2, 2011. Disponível em: https://www.degruyter.com/document/doi/10.2202/1565-3404.1282/html. Acesso em: 19 set. 2024.

WEBB, Kernaghan. ISO 26000: Bridging the Public/Private Divide in Transnational Business Governance Interactions. **Osgoode CLPE Research Paper Series**, vol. 08, 2012.

6. A INTELIGÊNCIA ARTIFICIAL NO LICENCIAMENTO AMBIENTAL E ARQUEOLÓGICO: POTENCIALIDADES E DESAFIOS ÉTICOS E JURÍDICOS NA PRESERVAÇÃO DO PATRIMÔNIO NATURAL E CULTURAL

Rhadson Rezende Monteiro
Doutor em Desenvolvimento e Meio Ambiente pela Universidade Estadual de Santa Cruz. Doutorando em Direito pela Universidade Federal de Santa Catarina. Professor Adjunto da Universidade Federal do Recôncavo da Bahia.

Jane Hilda Mendonça Badaró
Doutorando em Direito pela Universidade Federal de Santa Catarina. Professora Adjunta da Universidade Estadual de Santa Cruz- UESC.

1. INTRODUÇÃO

A preservação do patrimônio cultural e natural, em um cenário de mudanças climáticas e pressão pelo desenvolvimento econômico, tornou-se um foco central de discussões globais. Os Objetivos de Desenvolvimento Sustentável (ODS), em especial o ODS 13, que trata da ação contra a mudança global do clima, e o ODS 15, que visa à proteção da vida terrestre, enfatizam a necessidade de políticas que garantam a conservação de bens naturais e culturais, enquanto promovem o crescimento econômico sustentável. A incorporação de novas tecnologias, como a Inteligência Artificial (IA), tem se mostrado uma ferramenta relevante para o alcance dessas metas, ao oferecer novas formas de monitoramento e análise que podem otimizar processos como o licenciamento ambiental e arqueológico (Leal e Silva, 2016; Fornasier e Knebel, 2020).

A aplicação de IA no licenciamento arqueológico pode ser justificada por seu potencial em lidar com grandes volumes de dados de maneira mais rápida e precisa, o que poderia possibilitar a identificação mais ágil de sítios arqueológicos e contribuir para reduzir a burocracia nos processos. No entanto, o licenciamento ambiental ainda enfrenta desafios significativos devido à complexidade e à demora nos estudos técnicos necessários para assegurar que os empreendimentos não prejudiquem bens culturais e naturais. A IA é vista como uma possível solução para otimizar esse processo, integrando tecnologias como georreferenciamento, análise preditiva de dados e ferramentas de processamento, com o objetivo de melhorar a tomada de decisões (Bonfim et al., 2019). Ainda assim, a implementação dessa tecnologia levanta importantes desafios éticos e legais, particularmente em relação à sua capacidade de lidar com questões culturais e históricas, o que demanda uma análise cuidadosa de suas limitações e potenciais riscos.

A pergunta central que orienta este estudo é: Como a Inteligência Artificial pode ser integrada ao licenciamento ambiental e arqueológico no Brasil, visando otimizar a identificação e a preservação do patrimônio arqueológico e natural, respeitando as questões éticas e legais? Esse questionamento visa explorar as oportunidades oferecidas por essa tecnologia para equilibrar a proteção patrimonial com as demandas econômicas, considerando também os desafios éticos e legais que acompanham sua implementação.

O objetivo geral deste estudo é discutir o potencial da IA como ferramenta para aprimorar os processos de licenciamento ambiental e arqueológico no Brasil, assegurando a preservação do patrimônio cultural. Para atingir esse objetivo, são delineados três objetivos específicos: primeiro, descrever o quadro teórico e legal que regulamenta o licenciamento ambiental e arqueológico no Brasil, com ênfase nas interseções entre o patrimônio cultural e natural; segundo, analisar as implicações das mudanças regulatórias propostas pelo PL 2.159/2021, avaliando os riscos que a flexibilização das normas pode trazer para a preservação do patrimônio arqueológico; e, finalmente, explorar as potencialidades e os desafios éticos da aplicação da IA no licenciamento arqueológico, propondo diretrizes para uma implementação responsável e sustentável dessa tecnologia.

No Brasil, o licenciamento ambiental e arqueológico está diretamente ligado à avaliação de empreendimentos que possam impactar áreas sensíveis, exigindo estudos técnicos detalhados para identificar e proteger bens culturais e arqueológicos. A legislação vigente, especialmente a Lei Federal nº 3.924/61 e a Instrução Normativa 001/15, estabelece que atividades de grande impacto ambiental devem ser submetidas à análise prévia de órgãos como o Instituto do Patrimônio Histórico e Artístico Nacional (IPHAN), com o objetivo de garantir a proteção dos sítios arqueológicos e monumentos históricos (Bonfim et al., 2019; Leal e Silva, 2016).

A IA, como ferramenta de suporte ao licenciamento ambiental, oferece um grande potencial para otimizar a análise de dados ao integrar tecnologias de big data, aprendizado de máquina e georreferenciamento. Entretanto, a sua aplicação precisa ser examinada de forma crítica para assegurar que respeite o contexto cultural e legal brasileiro, uma vez que os algoritmos podem não captar integralmente os significados simbólicos e históricos associados aos sítios arqueológicos (Salib & Garcia, 2021; Leal e Silva, 2016).

A ética aplicada ao uso de IA no licenciamento arqueológico exige uma análise cuidadosa das limitações dessas tecnologias, especialmente no que se refere à substituição ou complementação da análise realizada por especialistas humanos. A IA deve ser utilizada como uma ferramenta auxiliar, e não como um substituto, dado que a interpretação dos dados continua dependendo do conhecimento contextual dos especialistas (Otoni, 2018). Além disso, as implicações legais das decisões tomadas por meio de tecnologias automatizadas devem ser consideradas à luz das normativas atuais que regulam o patrimônio arqueológico no Brasil.

Este artigo está organizado da seguinte forma: inicialmente, são apresentados os marcos teóricos e legais que fundamentam o licenciamento ambiental e arqueológico no Brasil, destacando a relação entre a preservação do patrimônio cultural e natural. Em seguida, é analisado o impacto das mudanças regulatórias propostas pelo PL 2.159/2021, discutindo como a flexibilização dessas normas pode comprometer a proteção arqueológica. Por fim, o estudo explora as potencialidades da Inteligência Artificial no licenciamento ambiental e arqueológico, abordando seus desafios éticos e propondo diretrizes para sua implementação responsável e sustentável no Brasil.

2. METODOLOGIA

A metodologia deste artigo é de caráter exploratório, com abordagem teórica e qualitativa, baseada na análise bibliográfica de produções recentes sobre o uso de Inteligência Artificial (IA) no licenciamento ambiental e arqueológico. O estudo utiliza o quadro de referência da hermenêutica jurídica, conforme orientações de Severino (2014), para interpretar e discutir as implicações legais e éticas da adoção de IA nesses processos, considerando o contexto normativo brasileiro.

O levantamento bibliográfico foi realizado com foco em publicações recentes, dada a natureza emergente do tema, com ênfase em artigos, legislações e relatórios técnicos. A análise visa integrar perspectivas jurídicas e éticas, conforme sugerido por Gil (2010), discutindo os potenciais e as limitações das tecnologias de IA, especialmente no que tange à substituição de análises humanas e aos dilemas éticos decorrentes.

Essa abordagem permite uma reflexão crítica e fundamentada sobre o impacto das tecnologias de IA no licenciamento, sem a necessidade de coleta empírica de dados, focando na interpretação jurídica e nos desafios éticos inerentes à aplicação dessas ferramentas no contexto arqueológico e ambiental.

3. DESENVOLVIMENTO

O desenvolvimento a seguir examinará a relação entre o licenciamento ambiental e a proteção dos patrimônios natural e cultural, conforme estabelecido na legislação brasileira. Serão apresentados os conceitos que englobam o meio ambiente, abrangendo tanto os elementos naturais quanto culturais, e a forma como esses componentes são protegidos no licenciamento. Serão também analisados os desafios éticos e técnicos da inclusão de ferramentas de inteligência artificial nesse processo. Por fim, serão discutidas as potencialidades da IA na identificação e preservação de áreas sensíveis, e os impactos éticos da automação nas decisões que afetam o patrimônio arqueológico e ambiental.

3.1. O LICENCIAMENTO AMBIENTAL E A INTEGRAÇÃO ENTRE PATRIMÔNIO NATURAL E CULTURAL

A preservação do meio ambiente e do patrimônio cultural no Brasil tem suas bases na Política Nacional do Meio Ambiente, instituída pela Lei nº 6.938/81, que estabeleceu um marco legal para a proteção das interações físicas, químicas e biológicas que sustentam a vida em suas diversas formas. Essa legislação foi inovadora ao reconhecer que a proteção ambiental não deve se limitar aos elementos naturais, integrando também o patrimônio cultural, arqueológico e histórico como parte essencial do meio ambiente. Esse entendimento foi ampliado pela Constituição de 1988, cujo artigo 225 estabelece que o meio ambiente, compreendido em suas dimensões natural e cultural, deve ser protegido para garantir um ecossistema equilibrado e uma qualidade de vida adequada para as presentes e futuras gerações (Leal e Silva, 2016).

Essa interseção entre meio ambiente e patrimônio cultural tornou-se crucial para a execução de empreendimentos no Brasil, já que qualquer obra de grande porte, como a construção de usinas e estradas, pode gerar impactos ambientais e culturais significativos. O Instituto do Patrimônio Histórico e Artístico Nacional (IPHAN) exerce um papel fundamental nesse processo, ao avaliar os riscos que atividades econômicas podem trazer para os sítios arqueológicos e bens culturais de importância histórica. Nesse contexto, o licenciamento ambiental surge como um instrumento não apenas técnico, mas também ético, que deve equilibrar as demandas por desenvolvimento econômico com a necessidade de preservar o patrimônio cultural (Leal, 2020).

A prática da arqueologia preventiva, inserida no escopo do licenciamento ambiental, é um dos pilares desse processo. Ela visa antecipar e mitigar os impactos que grandes obras podem causar sobre sítios arqueológicos. Dessa forma, os estudos arqueológicos se tornam obrigatórios antes da execução de empreendimentos de grande porte, permitindo a identificação e a preservação de vestígios materiais que testemunham a ocupação humana em diferentes períodos históricos. Nesse sentido, o IPHAN desempenha um papel vital na aprovação de estudos arqueológicos, garantindo que o patrimônio cultural seja preservado durante o processo de desenvolvimento (Leal e Silva, 2016).

O conceito de "arqueologia de contrato" surge como uma consequência natural dessa exigência legal. Grande parte das descobertas arqueológicas realizadas atualmente no Brasil ocorre dentro do contexto de estudos contratados, conduzidos no âmbito do licenciamento ambiental. Esse modelo tem contribuído para o aumento da demanda por arqueólogos e pela criação de uma indústria voltada para a arqueologia preventiva. No entanto, essa crescente demanda também traz desafios, como a pressão por resultados rápidos e a necessidade de conciliar a pesquisa arqueológica com os prazos e interesses dos empreendedores (Pugliese e Valle, 2015).

Do ponto de vista legal, a proteção do patrimônio arqueológico no Brasil está respaldada por um conjunto de marcos normativos fundamentais, como a Constituição Federal, a Lei Federal nº 3.924/61 e as normativas do IPHAN. Essas legislações e regulamentos têm como objetivo assegurar que os sítios arqueológicos e outros bens culturais sejam devidamente protegidos durante a execução de grandes empreendimentos. Procedimentos como os definidos pela Portaria IPHAN nº 230 e pela Instrução Normativa nº 001/2015 são essenciais para garantir que o desenvolvimento econômico não comprometa a integridade dos bens culturais (Leal e Silva, 2016).

A arqueologia, como disciplina, está inserida no campo das Ciências Sociais e tem suas raízes no colecionismo e no antiquarismo do século XVI. Contudo, foi apenas no século XIX que a arqueologia se consolidou como uma ciência, graças ao avanço das técnicas científicas. No Brasil, a legislação ambiental e a exigência de estudos arqueológicos associados ao licenciamento de grandes obras no século XX representaram um marco na consolidação da arqueologia preventiva. Desde então, todos os projetos de engenharia que requerem licenciamento ambiental devem passar por uma avaliação arqueológica, evitando a destruição de vestígios materiais importantes para a história e a identidade do país.

A interdisciplinaridade desempenha um papel essencial na prática arqueológica, envolvendo a colaboração de biólogos, engenheiros, historiadores e outros profissionais. Esse trabalho conjunto garante que as áreas de interesse arqueológico sejam adequadamente investigadas e protegidas. Os sítios arqueológicos variam desde arte rupestre e artefatos líticos até ruínas urbanas, e sua documentação é crucial para entender os processos de ocupação humana no Brasil. A diversidade desses sítios reflete a complexidade da ocupação humana ao longo da história, com vestígios que abrangem desde o período pré-colonial até o contexto urbano das cidades brasileiras.

O avanço das tecnologias, como a georreferência e a Inteligência Artificial (IA), tem transformado o processo de licenciamento ambiental e arqueológico. Ferramentas como o Cadastro Ambiental Rural (CAR), em conjunto com sistemas de IA, podem aprimorar a precisão na identificação de áreas sensíveis, permitindo análises preditivas sobre a localização de sítios arqueológicos. Essas tecnologias oferecem uma oportunidade para implementar medidas preventivas mais eficazes. No entanto, o uso dessas tecnologias também apresenta desafios éticos, especialmente no que se refere à interpretação de dados culturais complexos. A IA, apesar de seu potencial, não substitui a análise humana e deve ser vista como uma ferramenta complementar à expertise dos arqueólogos e ao saber tradicional das comunidades locais (Otoni, 2018).

Equilibrar o uso de tecnologias emergentes com a preservação do patrimônio arqueológico é o desafio central. Embora a IA possa otimizar o processo de licenciamento, ela não pode capturar as nuances culturais e históricas que são fundamentais para a proteção dos bens arqueológicos. Portanto, o uso de IA deve ser cuidadosamente integrado, de modo a apoiar, mas não substituir, o trabalho dos profissionais humanos. A preservação do patrimônio cultural no Brasil requer uma abordagem que combine inovação tecnológica com responsabilidade ética, garantindo que o progresso econômico não ocorra às custas da destruição da história e da identidade cultural do país.

Ao longo deste capítulo, discutiu-se a importância do licenciamento ambiental no Brasil como um instrumento essencial não apenas para a preservação do meio ambiente natural, mas também do patrimônio cultural e arqueológico. A legislação vigente, amparada pela Política Nacional do Meio

Ambiente e pela Constituição de 1988, estabelece um arcabouço robusto de proteção, exigindo que o desenvolvimento econômico ocorra de forma responsável. No entanto, as recentes propostas de simplificação presentes no PL 2.159/2021 trazem novos desafios para esse sistema, ao reduzir a eficácia das regulamentações de proteção, especialmente em áreas sensíveis. A introdução de ferramentas tecnológicas, como a Inteligência Artificial, pode trazer inovações para o processo de licenciamento, mas sua aplicação requer um equilíbrio cuidadoso entre eficiência e ética. A seguir, é fundamental aprofundar a análise sobre os impactos diretos dessas mudanças no licenciamento arqueológico, observando como o PL 2.159/2021 pode comprometer a preservação do patrimônio cultural.

3.2. LICENCIAMENTO ARQUEOLÓGICO E OS DESAFIOS REGULATÓRIOS NO CONTEXTO DO PL 2.159/2021

Com base nas conclusões apresentadas no capítulo anterior, é evidente que o licenciamento ambiental não pode ser desassociado da proteção do patrimônio arqueológico, uma vez que ambos compartilham a mesma relevância dentro da estrutura legal brasileira. O licenciamento arqueológico desempenha um papel central na preservação dos vestígios culturais, que são essenciais para a construção da identidade histórica do país. No entanto, as mudanças propostas pelo PL 2.159/2021 colocam em risco esse equilíbrio ao flexibilizar os processos de licenciamento, diminuindo o controle sobre áreas de interesse arqueológico. Neste capítulo, exploraremos como o licenciamento arqueológico tem sido uma ferramenta de preservação cultural e os potenciais impactos negativos que a simplificação do PL 2.159/2021 pode trazer para essa proteção.

O licenciamento arqueológico no Brasil é uma ferramenta essencial para a proteção do patrimônio cultural, especialmente em um cenário de crescimento econômico que muitas vezes pressiona áreas sensíveis do ponto de vista ambiental e arqueológico. O interesse pela preservação desses bens culturais foi intensificado nas últimas décadas, em parte devido à Constituição de 1988, que, em seu artigo 225, consagra o direito ao meio ambiente ecologicamente equilibrado, estendendo essa proteção também ao patrimônio arqueológico. Esse arcabouço legal tem como objetivo garantir que tanto o poder público quanto a sociedade civil assumam a responsabilidade pela preservação dos recursos naturais e culturais, que incluem vestígios materiais de civilizações antigas (Leal e Silva, 2016).

A Lei nº 6.938/81, que institui a Política Nacional do Meio Ambiente, consolidou o licenciamento ambiental como um processo necessário para que empreendimentos que possam causar impactos ao meio ambiente, incluindo sítios arqueológicos, obtenham as devidas autorizações. O licenciamento arqueológico surge nesse contexto como um desdobramento específico, buscando antecipar e mitigar os impactos que grandes obras possam ter sobre vestígios arqueológicos. A Lei Federal nº 3.924/61, que trata da proteção de monumentos arqueológicos e pré-históricos, complementa essa estrutura ao estabelecer que os sítios arqueológicos são bens da União e, portanto, devem ser preservados como parte do patrimônio coletivo da nação (Leal e Silva, 2016).

O Instituto do Patrimônio Histórico e Artístico Nacional (IPHAN) tem um papel central nesse processo, visto ser o responsável pela proteção dos bens culturais no Brasil. Normativas como a Portaria IPHAN nº 230 e a Instrução Normativa nº 001/2015 detalham os procedimentos administrativos que devem ser seguidos no licenciamento ambiental, especificando as etapas e requisitos para a condução de estudos arqueológicos que visam a proteger esses bens. Essas normativas estabelecem diretrizes claras para a atuação de arqueólogos e empreendedores, de modo a garantir que a execução de obras e atividades de grande impacto não comprometam o patrimônio arqueológico (Leal, 2020). A Portaria Interministerial nº 60/2015, por exemplo, estabelece uma coordenação entre diferentes órgãos federais para assegurar que empreendimentos que possam impactar sítios arqueológicos sejam devidamente analisados, e que as medidas de mitigação sejam adotadas conforme a necessidade.

O processo de licenciamento arqueológico, portanto, não se trata apenas de uma formalidade burocrática, mas de uma etapa essencial para assegurar que o desenvolvimento econômico ocorra de forma sustentável, sem sacrificar o patrimônio cultural. A importância desse processo torna-se ainda mais evidente quando se considera a pressão exercida por grandes empreendimentos de infraestrutura, como a construção de hidrelétricas, rodovias e obras de urbanização, que frequentemente impactam áreas de interesse arqueológico. É nesse cenário que surgem debates em torno da preservação do patrimônio, especialmente quando novas propostas legislativas, como o Projeto de Lei 2.159/2021, ameaçam desconfigurar as regras de proteção estabelecidas.

O PL 2.159/2021, que foi aprovado na Câmara dos Deputados em 2021 e atualmente está sob análise no Senado, propõe alterações substanciais nas regras de licenciamento ambiental no Brasil. A proposta pretende acelerar os processos de licenciamento ao flexibilizar as exigências para uma série de empreendimentos, com o objetivo de atrair investimentos e promover o desenvolvimento econômico. No entanto, as críticas ao projeto têm se intensificado, com especialistas alertando para os riscos que essa flexibilização pode trazer para o meio ambiente e, especialmente, para o patrimônio arqueológico.

Uma das principais críticas ao PL 2.159/2021 é a possibilidade de isenção de licenciamento para vários tipos de empreendimentos, inclusive obras de infraestrutura que podem causar impactos irreversíveis ao meio ambiente e ao patrimônio cultural. O projeto prevê que atividades consideradas de baixo impacto possam ser auto licenciadas, ou seja, o próprio empreendedor poderia declarar o cumprimento das exigências ambientais, sem a necessidade de uma análise técnica detalhada. Essa medida coloca em risco a proteção de áreas sensíveis, incluindo sítios arqueológicos que, muitas vezes, só são identificados durante a realização de estudos prévios. A ausência de uma fiscalização mais rigorosa compromete a integridade desses vestígios, que são fundamentais para a compreensão da história e da cultura brasileiras (Leal e Silva, 2016).

A falta de clareza sobre o que constitui "baixo impacto" é outro ponto que tem gerado controvérsias. O PL sugere que essa definição poderia ser feita de forma autônoma por estados e municípios, o que pode levar a uma fragmentação das normas de proteção ambiental e cultural em todo o país. Isso abre brechas para que atividades de impacto significativo sejam classificadas como de baixo risco, permitindo que empreendimentos em áreas arqueológicas ou ambientais sensíveis avancem sem a devida análise e mitigação. A diversidade de critérios pode resultar em decisões conflitantes e inconsistentes, o que cria um cenário de insegurança jurídica e compromete a efetividade do controle ambiental e arqueológico.

O autolicenciamento, uma das medidas mais polêmicas do PL 2.159/2021, levanta preocupações adicionais. Embora a ideia de simplificação administrativa seja atraente para setores produtivos, a possibilidade de que empreendimentos de médio e alto impacto sejam licenciados diretamente pelo próprio empreendedor, sem avaliação prévia pelos órgãos competentes, aumenta os riscos de danos irreversíveis ao patrimônio arqueológico. Além disso, a fiscalização posterior, prevista como o principal mecanismo de controle, pode não ser suficiente para evitar danos, especialmente em áreas de difícil acesso ou em grandes obras de infraestrutura (Leal e Silva, 2016).

Outro aspecto preocupante do PL 2.159/2021 é a restrição da atuação de órgãos como o IPHAN, a FUNAI e o ICMBio. De acordo com a proposta, esses órgãos só poderão intervir em processos de licenciamento quando o impacto atingir diretamente terras indígenas, quilombolas ou unidades de conservação, desconsiderando os impactos indiretos que podem se estender para além das áreas afetadas. Esse enfraquecimento das instituições responsáveis pela proteção do patrimônio cultural e ambiental representa um retrocesso, pois limita a capacidade de controle e proteção de áreas adjacentes a grandes empreendimentos, muitas das quais abrigam importantes vestígios arqueológicos.

A proposta do PL 2.159/2021, embora tenha como objetivo agilizar o licenciamento ambiental, pode na prática aumentar a judicialização de muitos empreendimentos, já que a falta de um controle mais rigoroso e de uma análise técnica adequada tende a gerar conflitos legais. A flexibilização excessiva das normas de licenciamento compromete a proteção do patrimônio cultural, resultando na possível destruição de sítios arqueológicos que ainda não foram documentados ou estudados.

Diante dos desafios impostos pela proposta do PL 2.159/2021, é relevante considerar novas abordagens que possam otimizar o processo de licenciamento sem sacrificar a proteção do patrimônio cultural. A Inteligência Artificial (IA), por exemplo, surge como uma ferramenta em potencial para agilizar a análise de dados e prever impactos ambientais e culturais de forma mais eficiente. No entanto, a implementação da IA no licenciamento ambiental e arqueológico traz consigo desafios éticos que precisam ser cuidadosamente considerados.

A utilização da IA requer transparência nos algoritmos e uma clara definição das responsabilidades dos atores envolvidos. Além disso, é fundamental garantir que as decisões tomadas por máquinas sejam complementadas pela análise humana, especialmente em casos complexos envolvendo o patrimônio arqueológico. A tecnologia não pode substituir a expertise de arqueólogos e especialistas, mas pode servir como uma ferramenta auxiliar para melhorar a precisão e a rapidez dos processos. No próximo capítulo, será discutido de forma mais detalhada o papel da Inteligência Artificial no licenciamento ambiental e arqueológico, bem como os dilemas éticos que acompanham essa inovação tecnológica.

3.3. O USO DE INTELIGÊNCIA ARTIFICIAL NO LICENCIAMENTO ARQUEOLÓGICO: POTENCIALIDADES E DESAFIOS ÉTICOS

A aplicação da Inteligência Artificial (IA) no licenciamento ambiental e arqueológico oferece uma série de oportunidades que podem revolucionar os processos tradicionais de análise e monitoramento. A IA é capaz de processar grandes volumes de dados de forma eficiente, auxiliando na identificação de áreas de risco e no cruzamento de informações georreferenciadas. Ferramentas como drones, sensores remotos e sistemas de modelagem preditiva permitem um mapeamento mais preciso de áreas sensíveis, o que pode ser extremamente útil para detectar e proteger sítios arqueológicos que, de outra forma, poderiam passar despercebidos durante os processos convencionais (Dutra et al., 2022).

Uma das principais vantagens do uso de IA no licenciamento arqueológico é a capacidade de automatizar tarefas repetitivas e analisar dados complexos em um curto espaço de tempo. Algoritmos de aprendizado de máquina podem ser treinados para identificar padrões em imagens de satélite, detectando alterações no solo que indicam a presença de sítios arqueológicos ou a degradação de áreas naturais. Essa agilidade não só acelera o processo de licenciamento, como também permite uma resposta mais rápida a potenciais ameaças ao patrimônio cultural e ambiental (Iglecias e Ferrari, 2023).

Além disso, a IA facilita a criação de bancos de dados integrados que catalogam e monitoram continuamente informações sobre áreas protegidas. O uso de IA para gerenciar e atualizar esses dados em tempo real permite que analistas ambientais e arqueólogos acompanhem o estado de conservação de sítios arqueológicos de maneira mais eficaz. Essa capacidade de atualização constante é crucial para a preservação de bens culturais em áreas sob constante pressão de empreendimentos econômicos (Dutra et al., 2022).

Contudo, o uso da IA no licenciamento ambiental e arqueológico também traz à tona questões éticas importantes. A automatização do processo de análise, embora eficiente, pode levar à desconsideração de nuances culturais e históricas que somente especialistas humanos podem interpretar adequadamente. As decisões baseadas exclusivamente em algoritmos podem falhar em capturar o valor simbólico e imaterial de certos patrimônios culturais, o que pode comprometer a integridade da preservação desses bens (Iglecias e Ferrari, 2023).

Outro desafio ético está relacionado ao impacto ambiental da própria IA. O treinamento e operação de sistemas de IA consomem uma quantidade substancial de energia e podem gerar emissões significativas de gases de efeito estufa. O uso intensivo de servidores e outros dispositivos eletrônicos necessários para o processamento de dados também envolve a exploração de recursos naturais, como o lítio, que tem implicações ambientais adversas. Portanto, é crucial que o uso de IA seja equilibrado com práticas sustentáveis que minimizem seus impactos negativos no meio ambiente (Martineau, 2020).

Diante desses desafios, é necessário que o uso da IA no licenciamento arqueológico seja regulamentado por diretrizes éticas claras que assegurem a transparência e a responsabilidade no processo. A recomendação da UNESCO sobre a ética da IA, aprovada em 2021, destaca a importância de avaliar os impactos ambientais e sociais dessas tecnologias, incentivando a adoção de práticas que priorizem a sustentabilidade e o respeito aos valores culturais (UNESCO, 2021). A aplicação de IA no licenciamento deve, portanto, ser cuidadosamente monitorada para garantir que seus benefícios não sejam ofuscados por seus potenciais efeitos adversos.

Como proposição, recomenda-se que a aplicação de IA no licenciamento arqueológico seja sempre complementada por uma análise humana especializada, garantindo que os aspectos intangíveis do patrimônio cultural não sejam negligenciados. Além disso, a adoção de tecnologias de IA deve ser acompanhada por uma avaliação rigorosa de seu impacto ambiental, promovendo o uso de sistemas mais eficientes em termos de consumo de energia e minimização de resíduos eletrônicos. Dessa forma, é possível combinar o avanço tecnológico com a preservação do meio ambiente e do patrimônio cultural de maneira equilibrada e sustentável.

CONSIDERAÇÕES FINAIS

A questão central deste artigo foi investigar como a Inteligência Artificial (IA) pode ser integrada ao processo de licenciamento ambiental e arqueológico no Brasil, visando otimizar a identificação e a preservação do patrimônio natural e cultural, enquanto respeita as questões éticas e legais. O tema reflete não apenas uma preocupação local, mas também uma necessidade global, alinhada com os Objetivos de Desenvolvimento Sustentável (ODS), que ressaltam a urgência de proteger o meio ambiente e o patrimônio cultural em face de pressões econômicas e ambientais crescentes.

No primeiro capítulo, abordou-se o quadro teórico e legal que sustenta o licenciamento ambiental e arqueológico no Brasil. Verificou-se que a legislação nacional, desde a Constituição de 1988 até as normativas do IPHAN, oferece um arcabouço robusto de proteção ao patrimônio cultural e natural, exigindo estudos técnicos detalhados para empreendimentos de grande impacto. No entanto, o processo de licenciamento enfrenta desafios relacionados à complexidade dos estudos e à demora para execução. Aqui, a interseção entre patrimônio natural e cultural foi vista como essencial para uma abordagem holística, que garanta a proteção desses bens diante das pressões econômicas.

No segundo capítulo, foi analisado o impacto das mudanças regulatórias propostas pelo PL 2.159/2021, o qual propõe flexibilizações que podem comprometer a proteção do patrimônio arqueológico. Constatou-se que o autolicenciamento e a indefinição de critérios sobre o que constitui baixo impacto apresentam riscos significativos para a preservação do patrimônio cultural. Essa flexibilização pode reduzir a fiscalização e a qualidade dos estudos arqueológicos, enfraquecendo a proteção que o licenciamento ambiental historicamente proporcionou ao patrimônio. Portanto, a proposta legislativa traz incertezas que precisam ser cuidadosamente discutidas e avaliadas.

No terceiro capítulo, exploraram-se as potencialidades e os desafios éticos do uso da IA no licenciamento arqueológico. Embora a IA ofereça um grande potencial para processar grandes volumes de dados e aumentar a precisão na identificação de áreas sensíveis, sua aplicação também levanta questões éticas, especialmente no que se refere à substituição de análises humanas. A automatização, se não for acompanhada por uma análise crítica e humana, pode desconsiderar nuances culturais e simbólicas essenciais para a proteção do patrimônio. Além disso, o impacto ambiental da própria IA, devido ao consumo de energia e à produção de resíduos eletrônicos, exige que seu uso seja equilibrado com práticas sustentáveis.

Logo, conclui-se que a aplicação da IA ao licenciamento ambiental e arqueológico no Brasil, embora promissora, deve ser implementada com cautela. O uso dessa tecnologia deve ser complementar, e não substitutivo, à expertise humana, especialmente em casos que envolvam interpretações culturais e históricas complexas. A análise humana permanece crucial para garantir que as decisões sejam sensíveis ao contexto cultural local e que os aspectos intangíveis do patrimônio não sejam negligenciados. Além disso, a regulamentação da IA deve incluir diretrizes claras para lidar com os desafios éticos e legais, assegurando que os benefícios oferecidos pela tecnologia não sejam ofuscados pelos seus impactos ambientais e sociais.

A preservação do patrimônio cultural, no contexto das demandas globais, exige uma combinação de inovação tecnológica com responsabilidade ética. O avanço tecnológico não pode ocorrer às custas da destruição da história e identidade de povos, e a implementação da IA no licenciamento deve respeitar essa premissa. O futuro da pesquisa deve se concentrar em desenvolver modelos mais eficientes de integração entre ferramentas digitais e práticas humanas, assim como em promover uma maior discussão sobre a ética aplicada à tecnologia no campo da preservação do patrimônio.

Perguntas emergentes para futuras pesquisas incluem: Como integrar a IA de forma mais profunda ao licenciamento arqueológico sem comprometer as análises culturais e históricas realizadas por especialistas? Quais seriam as melhores práticas para assegurar a sustentabilidade ambiental e ética no uso da IA? Estas questões são cruciais para o desenvolvimento de uma agenda de pesquisa que conecte o avanço tecnológico às necessidades globais de preservação ambiental e cultural. A articulação entre a proteção do patrimônio e o desenvolvimento sustentável continuará a ser um desafio, especialmente em um cenário de mudanças climáticas e transformações tecnológicas.

É imperativo que essa implementação seja realizada com uma abordagem crítica e responsável. A tecnologia, por si só, não é uma panaceia; ela deve ser vista como uma ferramenta que complementa, mas não substitui, a expertise humana. A análise e interpretação de contextos culturais e históricos complexos requerem um entendimento profundo que a IA, em sua forma atual, não pode replicar.

Além disso, a regulamentação do uso da IA deve ser robusta e abrangente, abordando não apenas os aspectos técnicos, mas também as implicações éticas e sociais. A transparência nos processos de decisão, a responsabilidade na utilização de dados e a consideração dos impactos ambientais associados ao uso intensivo de tecnologia serão fundamentais para garantir que os benefícios da IA não sejam ofuscados por suas consequências adversas.

Por fim, a preservação do patrimônio cultural e ambiental deve ser encarada como um compromisso coletivo, que envolve não apenas a aplicação de novas tecnologias, mas também a valorização e o respeito pelas tradições e saberes locais. O futuro do licenciamento ambiental e arqueológico no Brasil deve, portanto, ser guiado por princípios de justiça social, sustentabilidade e inovação responsável, assegurando que o progresso tecnológico caminhe lado a lado com a proteção do nosso patrimônio comum. Enfim, o artigo enfatiza a importância de uma abordagem equilibrada e responsável na aplicação da IA, destacando a necessidade de regulamentação e colaboração entre diferentes áreas do conhecimento.

REFERÊNCIAS

BONFIM, Paôla Manfredini Romão; HENKES, Jairo Afonso; GUIMARÃES, Geovan Martins. A cultura no licenciamento ambiental: a anuência do Instituto do Patrimônio Histórico e Artístico Nacional (IPHAN). *Revista de Gestão Sustentável Ambiental*, v. 8, n. 4, p. 3-29, out./dez. 2019.

BRASIL. Constituição da República Federativa do Brasil de 1988. Brasília: Senado Federal, 1988.

BRASIL. Lei n. 3.924, de 26 de julho de 1961. Dispõe sobre os monumentos arqueológicos e pré-históricos. Brasília, 1961. Disponível em: http://www.planalto.gov.br/ccivil_03/leis/l3924.htm.

BRASIL. Lei n. 6.938, de 31 de agosto de 1981. Dispõe sobre a Política Nacional do Meio Ambiente, seus fins e mecanismos de formulação e aplicação. Brasília: Planalto, 1981.

BRASIL. Instrução Normativa n. 001, de 25 de março de 2015. Estabelece procedimentos administrativos a serem observados pelo Instituto do Patrimônio Histórico e Artístico Nacional nos processos de licenciamento ambiental. Brasília: IPHAN, 2015.

LEAL, Claudia Feierabend Baeta. Preservação do patrimônio cultural no contexto do licenciamento ambiental: possibilidades sociais e produção de (des)conhecimento sobre ambiente, cultura e patrimônio. *Revista CPC*, n. 21, p. 8-35, 2016. DOI: http://dx.doi.org/10.11606/issn.1980-4466.v0i21p8-35.

LEAL, Claudia Feierabend Baeta. Democracia, patrimônio e direitos: a década de 1980 em perspectiva. *Anais do Museu Paulista*, v. 28, 2020. DOI: https://doi.org/10.1590/1982-02672020v28d2e43.

OTONI, Ricardo Benedito. O SISTEMA ELETRÔNICO DE INFORMAÇÕES (SEI / IBAMA): POSSIBILIDADES DO USO DE INTELIGÊNCIA ARTIFICIAL NA AVALIAÇÃO DE IMPACTOS AMBIENTAIS DO LICENCIAMENTO AMBIENTAL FEDERAL DE USINAS HIDRELÉTRICAS

Fornasier, Mateus de Oliveira; Knebel, Norberto . Inteligência Artificial: desafios éticos e implicações jurídicas. *Revista Brasileira de Direito Ambiental*, v. 13, p. 45-63, 2020.

PUGLIESE, Francisco Antonio; VALLE, Raoni Bernardo Maranhão. A gestão do patrimônio arqueológico em territórios indígenas: a resistência Munduruku e a preservação do patrimônio cultural frente ao licenciamento ambiental de empreendimentos em territórios tradicionalmente ocupados. *Revista de Arqueologia*, v. 28, n. 1, p. 30-51, 2015.

SALIB, Marta Luiza Leszczynski; GARCIA, Denise Schmitt Siqueira. O uso da Inteligência Artificial e dos algoritmos no licenciamento ambiental e o princípio da precaução. *CONPEDI Law Review*, v. 7, n. 1, p. 01-20, 2021.

SILVA, Nilton C. Inteligência Artificial no Direito Ambiental: inovação e desafios. *Revista de Direito Ambiental*, n. 54, p. 33-50, 2020.

7. CIDADES INTELIGENTES E DESMATAMENTO: UMA ANÁLISE DO DESMONTE AMBIENTAL ENQUANTO OBSTÁCULO À BUSCA PELO DESENVOLVIMENTO URBANO SUSTENTÁVEL NA AMAZÔNIA LEGAL

Guilherme Edson Merege de Mello Cruz Pinto
Doutorando e Mestre em Direito pelo Programa de Pós-Graduação em Direito da Universidade Federal de Santa Catarina. Coordenador do Grupo Permanente de Discussão (GPD) da OAB/PR sobre Litigância Climática. Advogado. Jornalista.

1. INTRODUÇÃO

Resultado dos esforços empreendidos conjuntamente pelos governos do Brasil e da Alemanha no âmbito do projeto de cooperação técnica intitulado Apoio à Agenda Nacional de Desenvolvimento Urbano Sustentável (Andus), a Carta Brasileira para Cidades Inteligentes representa uma "agenda pública para a transformação digital nas cidades brasileiras", que se atenta a temas atinentes ao desenvolvimento urbano, meio ambiente e de tecnologias, articulando-os com questões relativas à formulação e à implementação de políticas públicas e ações de desenvolvimento local (BRASIL, 2019, p. 2).

Nessa linha, a pesquisa ora em tela objetiva analisar o contraste entre a busca pelo desenvolvimento urbano sustentável propugnada pela Carta Brasileira para Cidades Inteligentes e o aumento exponencial do desmatamento na Amazônia Legal ao longo do desmonte ambiental praticado, entre 2019 e 2022, pelo Governo Federal em face do IBAMA e do ICMBio.

Para tanto, o desenvolvimento deste artigo se inicia pela conceituação de Cidades Inteligentes à luz da Carta Brasileira para Cidades Inteligentes, avançando, num segundo momento, para o exame do nexo causal entre aludido desmonte ambiental praticado pelo Governo Federal ao longo da gestão do ex-Presidente da República, Jair Bolsonaro, e a escalada do desmatamento na Amazônia Legal durante o mesmo período.

Ao final, identifica-se que a busca pelo desenvolvimento urbano sustentável propugnada pela Carta Brasileira para Cidades Inteligentes restou prejudicada em algumas das principais capitais de Estados localizados na Amazônia Legal, especialmente devido à postura assumida, entre 2019 e 2022, pelo Executivo, que provocou polêmicas em torno da pandemia da COVID-19 com o intuito de fazê-las servir de subterfúgio ao enfraquecimento do poder de polícia ambiental do IBAMA e do ICMBio, o que se refletiu diretamente no aumento exponencial do desmatamento na região.

Para a condução do estudo, optou-se pelo método dedutivo lastrado em procedimentos de pesquisa bibliográfica e documental.

2. CIDADES INTELIGENTES À LUZ DA CARTA BRASILEIRA PARA CIDADES INTELIGENTES: A IMPORTÂNCIA DA BUSCA PELO DESENVOLVIMENTO URBANO SUSTENTÁVEL

Também chamadas de *smart cities*, as Cidades Inteligentes são "aquelas que reconhecem a importância e se utilizam das tecnologias da informação e da comunicação para alavancar competitividade econômica, promover suporte às ações de gestão ambiental e proporcionar melhoria da qualidade de vida dos cidadãos" (WEISS; BERNARDES; CONSONI, 2017, p. 4).

Assim como a Cidade verde, cidade *eco-friendly*, cidade sustentável e cidade carbono-zero – seus predecessores –, as Cidades Inteligentes enfatizam a dimensão ecológica do caráter *smart* em detrimento da dimensão tecnológica (MOROZOV; BRIA, 2019).

Em que pese admita um viés inovador e propositivo, o conceito de Cidade Inteligente pode não representar, necessariamente, um novo paradigma, pelo contrário: a depender da perspectiva, perpetua relações de classes tradicionais sob uma nova roupagem, haja vista seu notório jaez neoliberal (GONZÁLEZ, 2016; MOROZOV; BRIA, 2019).

Todavia, não se almeja, aqui, adentrar aos meandros dessa discussão, mas, tão somente, se ater ao pressuposto de que as Cidades Inteligentes têm o condão de contribuir junto ao alcance do ideal de desenvolvimento sustentável.

De todo modo, é oportuno salientar que a "necessidade de corte das **emissões de poluentes** e dos custos de energia" foi o "principal motor a levar as cidades a experimentar tecnologias inteligentes" e continua a ser o "fator responsável por **humanizar** a pauta da *smart city* corporativa" (MOROZOV; BRIA, 2019, p. 27, grifo nosso).

Partindo da questão dos poluentes, vale frisar que as emissões antrópicas de Gases de Efeito Estuda (GEE), especialmente do dióxido de carbono (CO_2), potencializaram o Efeito Estufa negativamente desde o advento do carvão enquanto fonte de energia, um marco da Revolução Industrial. Isso porque a atmosfera acumulou diversos tipos de GEE num volume muito acima do normal e, conseguintemente, reteve excessivamente a radiação terrestre de onda longa (ou infravermelha), que deveria ter sido (e estar sendo) irradiada em direção ao espaço (ARTAXO; RODRIGUES, 2019; NOBRE, 2008).

Assim, o aquecimento global, enquanto consequência desse estado de coisas, hoje assume proporções catastróficas e sem precedentes. Segundo o *Intergovernmental Panel on Climate Change* (IPCC), o homem induziu o aumento da temperatura da Terra em 1,1°C desde 1750, valor este que, se chegar à casa de 1,5°C, ocasionará uma série de eventos climáticos extremos, que impactarão a humanidade diretamente (vitimando diversas pessoas ao redor do Planeta) e indiretamente (abalando profundamente a economia, inclusive das principais potências) (IPCC, 2023).

Em face dessa conjuntura, apresentaram-se respostas jurídicas variadas, sejam documentos *Hard Law* – a exemplo da Convenção Quadro das Nações Unidas sobre Mudança do Clima (CQNUMC) e do Protocolo de Quioto –, sejam documentos *Soft Law* – como a Agenda 2030 e os Objetivos do Desenvolvimento Sustentável (ODS) (PADILHA; POMPEU, 2019; PINTO, 2023).

Atualmente, destaca-se, inclusive, um tratado internacional de natureza jurídica híbrida (*Hard Law* e *Soft Law*, concomitantemente), qual seja o Acordo de Paris, que tem por escopo a contenção do aquecimento global abaixo de 1,5°C até 2030 (BODANSKY, 2016). Todavia, estima-se que, se sopesadas todas as Contribuições Nacionalmente Determinadas (abreviadas, em inglês, como NDC), o aquecimento global será de 1,8°C ao final desta década, haja vista a insipiência da maioria dos documentos apresentados pelos países signatários, cujas metas são irrisórias e as políticas públicas inexpressivas (UNEP, 2022).

Quer dizer, respostas jurídicas não faltam. Ante a crise climática, o que falta são a força e a vontade política de assumir o desafio de romper com o modelo de economia ainda vigente, inconsequentemente condicionado ao uso de combustíveis fósseis. Isso demanda o embate com oligarquias do ramo do petróleo e seus financiados, algo que requer tanto uma postura eminentemente combativa quanto (porque não) fôlego para sustentá-la (BECK, 1995, 2011, 2015, 2018).

Outra opção de alteração positiva do *status quo* pode ser, justamente, a ideia de Cidade Inteligente, com base na qual o uso de Tecnologias da Informação e da Comunicação (TICs) respaldaria a promoção do necessário suporte às ações de gestão ambiental (WEISS; BERNARDES; CONSONI, 2017).

Veja-se que, segundo estudo do Departamento de Saúde Ambiental, do curso de Saúde Pública da Universidade de São Paulo (USP), somente uma em cada três cidades brasileiras possui um Plano de Adaptação a eventos climáticos extremos e apenas 13% dos municípios contam com um Plano de Redução de Risco (GRECCHI; SOUTO, 2023).

Muito por isso, é salutar trazer à baila a Carta Brasileira para Cidades Inteligentes, fruto dos esforços empreendidos conjuntamente pelos governos do Brasil e da Alemanha no âmbito do projeto de cooperação técnica intitulado Andus. A saber, a Carta representa uma "agenda pública para a transformação digital nas cidades brasileiras", que se atenta a temas atinentes ao desenvolvimento urbano, meio ambiente e de tecnologias, articulando-os com questões relativas à formulação e à implementação de políticas públicas e ações de desenvolvimento local (BRASIL, 2019, p. 2).

Segundo a Carta, a sua finalidade central é a de "apoiar a promoção de padrões de desenvolvimento urbano sustentável, que levam em conta o contexto brasileiro da transformação digital nas cidades" (BRASIL, 2019, p. 19). Para tanto, o documento se propõe a integrar as agendas do desenvolvimento urbano e da transformação digital, fazendo-a atentamente às perspectivas da sustentabilidade ambiental, urbana, social, cultural, econômica, financeira e digital (BRASIL, 2019).

Aqui, neste artigo, o foco recai sobre a sustentabilidade ambiental. Muito por isso, a concretização da Carta é analisada sob a ótica da crise climática internacional. Desse modo, não se pode olvidar de uma das atividades econômicas brasileiras que mais contribuem para o aquecimento global, uma vez que representam a principal fonte de emissões de GEE (no caso, o CO_2) pelo Brasil: o desmatamento pelas mãos da indústria da agropecuária (OC, 2021). Nessa linha, há que se direcionar a discussão para a Amazônia, que se trata do maior bioma brasileiro em extensão territorial e, também, do mais vitimado por essa prática (MAPBIOMAS, 2020, 2021).

Partindo, então, desse ponto, em que restam conceituada a Cidade Inteligente e verificada a posição da Carta Brasileira para Cidades Inteligentes em prol da busca pelo desenvolvimento urbano sustentável, convém avançar ao próximo item, no qual será destacado o nexo causal entre o desmonte ambiental praticado, entre 2019 e 2022, pelo Governo Federal em face do IBAMA e do ICMBio e o aumento exponencial do desmatamento na Amazônia Legal ao longo do mesmo período.

3. O DESMONTE AMBIENTAL EM FACE DO IBAMA E DO ICMBIO E O AUMENTO EXPONENCIAL DO DESMATAMENTO NA AMAZÔNIA LEGAL: POSSÍVEIS CORRELAÇÕES

O processo de tutela judicial do meio ambiente nasceu em meados da década de 1970, fomentado, precipuamente, por duas importantes obras representativas dos movimentos ambientalistas que marcaram a segunda metade do século XX: a "Primavera Silenciosa" (1962), de Rachel Carson, e "Os Limites do Crescimento" (1972), do Clube de Roma (SARLET; FENSTERSEIFER, 2021).

Ato contínuo, a Organização das Nações Unidas (ONU) consubstanciou a necessidade da mobilização estatal internacional aventada por tais obras ao realizar, em 1972, na cidade de Estocolmo, na Suécia, a Conferência sobre o Meio Ambiente Humano, considerada um "despertar dos temas ambientais na agenda internacional" (MILARÉ, 2009, p. 1190).

Dentre os frutos da Conferência de Estocolmo, destacam-se: (I) a adoção de sua Declaração de princípios; (II) o advento do Programa das Nações Unidas para o Meio Ambiente (PNUMA); (III) a publicação do Relatório Nosso Futuro Comum (ou Relatório Brundtland), de autoria da Comissão Mundial sobre Meio Ambiente e Desenvolvimento (CMMAD), do PNUMA; e (IV) a instauração de um amplo processo de constitucionalização do meio ambiente, que ocorreu em diferentes fases e alcançou diversos países (PADILHA, 2010).

Atendo-se ao último deles, que Silva (2004, p. 69- 70) enxerga como o devido reconhecimento do meio ambiente ecologicamente equilibrado "como um direito fundamental entre os direitos sociais do Homem", vale frisar a contribuição tanto das Constituições de Portugal (1976) e da Espanha (1978) quanto da Lei n. 6.938/1981[1] para a Constituição da República Federativa do Brasil, no sentido de terem ensejado a positivação de um direito subjetivo ao meio ambiente, cuja interpretação deve se dar sob um viés eminentemente holístico (BENJAMIN, 2007; CANOTILHO, 2008).

Nessa linha, a Constituição de 1988, enquanto símbolo da abertura democrática brasileira, adotou como núcleo do direito ambiental pátrio o artigo 225 (MACHADO, 2013), que assim prevê em seu *caput*: "Todos têm direito ao meio ambiente ecologicamente equilibrado, bem de uso comum do povo e essencial à sadia qualidade de vida, impondo-se ao Poder Público e à coletividade o dever de defendê-lo e preservá-lo para as presentes e futuras gerações" (BRASIL, 1988).

---

1 Dispõe sobre a Política Nacional do Meio Ambiente (PNMA), seus fins e mecanismos de formulação e aplicação, e dá outras providências (BRASIL, 1981).

Mediante sua interpretação pela doutrina, o direito ao meio ambiente ecologicamente equilibrado pode ser categorizado como um direito difuso e, portanto, fundamental de terceira geração, em razão do que se caracteriza por ser transindividual e por estar intrinsecamente vinculado à solidariedade (LENZA, 2021; PADILHA, 2011).

Partindo desse ponto, Machado (2013) e Padilha (2010) explicam que o direito ora em tela se relaciona com o bem ambiental, isto é, com um terceiro gênero de bem, que não é nem público, nem privado. Além disso, aduzem que o direito ambiental possui estrutura finalística, o que significa, entre outros, que, pelo referido bem ser, mormente, essencial à sadia qualidade de vida, é imprescindível a atuação do Poder Público e da coletividade na defesa e preservação do meio ambiente ecologicamente equilibrado.

Veja-se, então, que, na esteira do *caput* do artigo 225, o constituinte elenca, ainda no bojo do parágrafo 1º, oito incisos contendo incumbências exclusivas do Poder Público visando assegurar a efetividade do direito ao meio ambiente ecologicamente equilibrado:

> § 1º Para assegurar a efetividade desse direito, incumbe ao Poder Público:
> I - preservar e restaurar os processos ecológicos essenciais e prover o manejo ecológico das espécies e ecossistemas;
> II - preservar a diversidade e a integridade do patrimônio genético do País e fiscalizar as entidades dedicadas à pesquisa e manipulação de material genético;
> III - definir, em todas as unidades da Federação, espaços territoriais e seus componentes a serem especialmente protegidos, sendo a alteração e a supressão permitidas somente através de lei, vedada qualquer utilização que comprometa a integridade dos atributos que justifiquem sua proteção;
> IV - exigir, na forma da lei, para instalação de obra ou atividade potencialmente causadora de significativa degradação do meio ambiente, estudo prévio de impacto ambiental, a que se dará publicidade;
> V - controlar a produção, a comercialização e o emprego de técnicas, métodos e substâncias que comportem risco para a vida, a qualidade de vida e o meio ambiente;
> VI - promover a educação ambiental em todos os níveis de ensino e a conscientização pública para a preservação do meio ambiente;
> VII - proteger a fauna e a flora, vedadas, na forma da lei, as práticas que coloquem em risco sua função ecológica, provoquem a extinção de espécies ou submetam os animais a crueldade;
> VIII - manter regime fiscal favorecido para os biocombustíveis destinados ao consumo final, na forma de lei complementar, a fim de assegurar-lhes tributação inferior à incidente sobre os combustíveis fósseis, capaz de garantir

> diferencial competitivo em relação a estes, especialmente em relação às contribuições de que tratam a alínea "b" do inciso I e o inciso IV do caput do art. 195 e o art. 239 e ao imposto a que se refere o inciso II do caput do art. 155 desta Constituição (BRASIL, 1988).

Na sequência, constam outras importantes disposições, que se estendem do parágrafo 2º ao 7º:

> § 2º Aquele que explorar recursos minerais fica obrigado a recuperar o meio ambiente degradado, de acordo com solução técnica exigida pelo órgão público competente, na forma da lei.
> § 3º As condutas e atividades consideradas lesivas ao meio ambiente sujeitarão os infratores, pessoas físicas ou jurídicas, a sanções penais e administrativas, independentemente da obrigação de reparar os danos causados.
> § 4º A Floresta Amazônica brasileira, a Mata Atlântica, a Serra do Mar, o Pantanal Mato-Grossense e a Zona Costeira são patrimônio nacional, e sua utilização far-se-á, na forma da lei, dentro de condições que assegurem a preservação do meio ambiente, inclusive quanto ao uso dos recursos naturais.
> § 5º São indisponíveis as terras devolutas ou arrecadadas pelos Estados, por ações discriminatórias, necessárias à proteção dos ecossistemas naturais.
> § 6º As usinas que operem com reator nuclear deverão ter sua localização definida em lei federal, sem o que não poderão ser instaladas.
> § 7º Para fins do disposto na parte final do inciso VII do § 1º deste artigo, não se consideram cruéis as práticas desportivas que utilizem animais, desde que sejam manifestações culturais, conforme o § 1º do art. 215 desta Constituição Federal, registradas como bem de natureza imaterial integrante do patrimônio cultural brasileiro, devendo ser regulamentadas por lei específica que assegure o bem-estar dos animais envolvidos (BRASIL, 1988).

Dito isso, mostra-se salutar o papel do poder de polícia ambiental, que não se trata de "um poder ou ato discricionário do Estado, executado pelos órgãos administrativos ambientais em todas as esferas federativas", mas, sim, de "um poder-dever, inclusive de modo a ensejar a responsabilidade estatal na hipótese de omissão ou atuação insuficiente em agir diante de prática de infração administrativa ambiental" (SARLET; FENSTERSEIFER, 2021, p. 1034-1035), podendo ser exercido: (I) enquanto representantes da estrutura administrativa ambiental em âmbito federal, pelo Instituto Brasileiro do Meio Ambiente e dos Recursos Naturais Renováveis (IBAMA) e pelo Instituto Chico Mendes de Conservação da Biodiversidade (ICMBio); e (II) em âmbito estadual, pelas Secretarias Estaduais de Meio Ambiente (SEMA) (SARLET; FENSTERSEIFER, 2021).

A saber, tanto o IBAMA quanto o ICMBio são autarquias federais dotadas de personalidade jurídica de direito público, autonomia administrativa e financeira, vinculadas ao Ministério do Meio Ambiente e Mudança do Clima (MMA), atualmente gerido pela Ministra Marina Silva (MMA, 2023; SARLET; FENSTERSEIFER, 2021).

Vale dizer, inclusive, que, muito embora o ICMBio tenha assumido a função que "antes era reservado ao IBAMA – fiscalização e exercício do poder de polícia ambiental – em matéria de conservação da biodiversidade, especialmente no tocante à Política Nacional de Unidades de Conservação da Natureza (Lei 9.985/2000)" (SARLET; FENSTERSEIFER, 2021, p. 855), o poder de polícia ambiental conferido ao ICMBio "não exclui o exercício supletivo do poder de polícia ambiental pelo [...] IBAMA" nas Unidades de Conservação instituídas pela União (SARLET; FENSTERSEIFER, 2021, p. 990).

Além dessas características, é oportuno mencionar a autoexecutoriedade no exercício do poder de polícia pelo IBAMA e pelo ICMBio, a exemplo da fiscalização e repressão de "práticas de garimpo em áreas especialmente protegidas", que são frequentemente coibidas (ou deveriam ser) pelo IBAMA em Parque Nacionais, principalmente por serem algo "comum na região amazônica" (SARLET; FENSTERSEIFER, 2021, p. 984).

Sendo certa, então, a importância do IBAMA e do ICMBio em prol da defesa e preservação do meio ambiente, resta cristalina a ofensa à Carta Magna pelo Governo Federal ao longo da gestão do ex-Presidente da República, Jair Bolsonaro (BARCELOS, 2020; BRZEZINSK, 2021; BUDÓ, 2021). Afinal, houve, como é cediço, um verdadeiro desmonte ambiental em face daquelas autarquias durante os anos de 2019 e 2022: "O desprezo pelas pautas ambientais pelo [...] governo, com um elevado teor de negacionismo científico" mostrou "os seus efeitos" e gerou "incontáveis vítimas: aumento do desmatamento da Amazônia, queimadas ilegais, desmonte das agências de fiscalização ambiental" (BUDÓ, 2021, p. 1-2).

Como bem coloca Barcelos (2020, p. 322), o desmonte ambiental pode ser aferido pelas "inúmeras simplificações, cortes e suspensões" mediante as quais "o Estado se relaciona como os (seus) interesses econômicos para pavimentar um caminho liberalizante na política ambiental". Isso porque os Poderes Executivo e Legislativo, "ao elaborarem ou revisarem leis e procedimentos legais para garantir "celeridade" aos projetos" os converte de "função extraeconômica em privilégio de classe" (BARCELOS, 2020, p. 322).

Nessa toada, Santos, Reis e Senra (2023, p. 5-6) chamam atenção para o desserviço prestado por Ricardo de Aquino Salles, que chefiou o MMA entre 2019 e 2021: "A desestabilização dos órgãos reguladores foi uma das primeiras ações do ex Ministro do Meio Ambiente [Salles], mediante as alterações nas leis, a imposição do silêncio e a submissão dos servidores das agências reguladoras, como o IBAMA e o ICMBIO".

Uma fala de Salles, proferida quando estava à frente da pasta[2], serve, inclusive, para sintetizar a postura do Governo Federal no sentido de provocar polêmicas em torno da pandemia da COVID-19 com o intuito de fazê-las servir de subterfúgio ao enfraquecimento do poder de polícia ambiental do IBAMA e do ICMBio:

> A oportunidade que nós temos, que a imprensa tá nos dando um pouco de alívio nos outros temas, é passar as reformas infralegais de desregulamentação, simplificação, todas as reformas, que o mundo inteiro... nessas viagens [a] que se referiu o Onyx [Lorenzoni] certamente cobrou dele, cobrou do Paulo [Guedes], cobrou da Teresa [Cristina], do Tarcísio [de Freitas], cobrou de todo mundo... da segurança jurídica, da previsibilidade, da simplificação, **GRANDE PARTE DESSA MATÉRIA SE DÁ EM PORTARIAS E NORMAS DOS MINISTÉRIOS QUE AQUI ESTÃO, INCLUSIVE O DE MEIO AMBIENTE.** E que são muito difíceis, e nesse aspecto eu acho que o Meio Ambiente é o mais difícil de passar qualquer mudança infralegal em termos de instrução normativa ou portaria, porque **TUDO QUE A GENTE FAZ É PAU NO JUDICIÁRIO NO DIA SEGUINTE.** Então **PRA ISSO PRECISA TER UM ESFORÇO NOSSO AQUI, ENQUANTO ESTAMOS NESSE MOMENTO DE TRANQUILIDADE NO ASPECTO DE COBERTURA DE IMPRENSA, PORQUE SÓ SE FALA DE COVID, E IR PASSANDO A BOIADA.** E ir mudando todo o regramento. E simplificando normas, de Iphan, de Ministério da Agricultura, de Ministério do Meio Ambiente, de ministério disso, de ministério daquilo. **AGORA É HORA DE UNIR ESFORÇOS PRA DAR DE BACIADA A SIMPLIFICAÇÃO REGULATÓRIA QUE NÓS PRECISAMOS EM TODOS OS ASPECTOS.** E deixar a AGU... o André (Mendonça) não tá aí, né? **E DEIXAR A AGU DE STAND-BY PRA CADA PAU QUE TIVER, PORQUE VAI TER**, essa semana mesmo nós assinamos uma medida a pedido do Ministério da Agricultura, que foi a simplificação da Lei da Mata Atlântica para usar o Código Florestal, hoje já tá nos jornais dizendo que vão entrar com ações judiciais e Ação Civil Pública no Brasil inteiro contra a medida. Então pra isso nós temos de estar com a artilharia da AGU preparada para cada linha que a gente avança ter uma coisa. Mas tem uma lista enorme em todos os ministérios que têm papel regulatório pra simplificar. **NÃO PRECISAMOS DE CONGRESSO.** Porque coisa que precisa de Congresso também, nesse fuzuê que tá aí, nós não vamos conseguir aprovar. **AGORA, TEM UM**

2 Reunião ministerial realizada em 22 de abril de 2020.

> **MONTE DE COISA QUE É SÓ PARECER, CANETA, PARECER, CANETA.** Sem parecer também não tem caneta, porque dar canetada sem parecer é cana. Isso aí vale muito a pena (OC, 2021, p. 3-4, grifo do autor).

Haja vista essa postura, era natural, como ressaltado por Budó (2021), que um dos reflexos mais evidentes se desse na região da Amazônia Legal, especialmente por meio do aumento exponencial do desmatamento. Dados comprovam essa ocorrência, a começar pela comparação entre 2019 e 2020: no segundo ano da gestão Bolsonaro, "o desflorestamento subiu 9,5% [...], dando sequência, então, a uma alta de 34% registrada" no ano anterior, o equivalente a "toda a extensão territorial da Jamaica, isto é, 11.088 km^2", tendo sido a maior parte "nos Estados do Pará (47%), Mato Grosso (16%), Amazonas (13,7%) e Rondônia (11,4%)" (PINTO, 2023, p. 105).

Já em 2021, os números saltaram ainda mais no bioma amazônico, fazendo com que o recorte 2019-2021 indicasse a elevação dessa prática em 56,6% em comparação com a amostragem 2016-2018 (IPAM, 2022).

Por fim, assinala-se que, em 2022, foi registrado o montante de 10.573 km^2 (praticamente 3 mil campos de futebol por dia de floresta desmatada): a maior taxa anual em 15 anos na Amazônia Legal (IMAZON, 2023).

CONSIDERAÇÕES FINAIS

Também chamadas de *smart cities*, as Cidades Inteligentes são aquelas que reconhecem a importância e se utilizam das tecnologias da informação e da comunicação para alavancar competitividade econômica, promover suporte às ações de gestão ambiental e proporcionar melhoria da qualidade de vida dos cidadãos.

Nesse sentido, é de suma importância o papel avocado pela Carta Brasileira para Cidades Inteligentes, que, fruto dos esforços empreendidos conjuntamente pelos governos do Brasil e da Alemanha no âmbito do projeto de cooperação técnica intitulado Andus, representa uma agenda pública para a transformação digital nas cidades brasileiras, que se atenta a temas atinentes ao desenvolvimento urbano, meio ambiente e de tecnologias, articulando-os com questões relativas à formulação e à implementação de políticas públicas e ações de desenvolvimento local.

Sob esse viés, a Carta objetiva prestar o devido apoio à promoção de padrões de desenvolvimento urbano sustentável, que levam em conta o contexto brasileiro da transformação digital nas cidades. Para tanto, o documento se propõe a integrar as agendas do desenvolvimento urbano e da transformação digital, fazendo-a atentamente às perspectivas da sustentabilidade ambiental, urbana, social, cultural, econômica, financeira e digital.

Aqui, neste artigo, o foco recaiu sobre a sustentabilidade ambiental. Muito por isso, a concretização da Carta foi analisada sob a ótica da crise climática internacional. Desse modo, não se pôde olvidar de uma das atividades econômicas brasileiras que mais contribuem para o aquecimento global, uma vez que representam a principal fonte de emissões de GEE (no caso, o CO_2) pelo Brasil: o desmatamento pelas mãos da indústria da agropecuária. Nessa linha, direcionou-se a discussão para a Amazônia, que se trata do maior bioma brasileiro em extensão territorial e, também, do mais vitimado por essa prática.

Partindo, então, desse ponto, em que restaram conceituada a Cidade Inteligente e verificada a posição da Carta Brasileira para Cidades Inteligentes em prol da busca pelo desenvolvimento urbano sustentável, avançou-se para o exame do nexo causal entre o desmonte ambiental praticado, entre 2019 e 2022, pelo Governo Federal em face do IBAMA e do ICMBio e o aumento exponencial do desmatamento na Amazônia Legal ao longo do mesmo período.

Percebeu-se, nessa etapa, que, ao promover aludido desmonte, o Executivo assumiu a postura de provocar polêmicas em torno da pandemia da COVID-19 com o intuito de fazê-las servir de subterfúgio ao enfraquecimento do poder de polícia ambiental do IBAMA e do ICMBio.

Assim, a gestão Bolsonaro "passou a boiada" ao ludibriar parte do eleitorado, da classe política e da opinião pública, que, em meio à cortina de fumaça, não enxergaram medidas (ou "canetadas", para usar outra expressão do ex-Ministro) notadamente inconstitucionais promovidas transfiguradamente como constitucionais.

Ocorreu, com isso, uma nítida afronta à Carta Marga, caracterizada não "só" pelo descumprimento das incumbências próprias do Poder Público quanto à defesa e preservação do bem ambiental, mas pela conseguinte violação do direito fundamental de terceira geração ao meio ambiente ecologicamente equilibrado, que a todos pertence, indistintamente.

O desmonte em questão corre na contramão do que a história recrudesceu: a luta dos movimentos ambientalistas nascidos na década de 1960; o despertar dos temas ambientais na agenda internacional pela Conferência de Estocolmo; e, por fim, o amplo processo de constitucionalização do meio ambiente, que se deu em diferentes fases e alcançou diversos países.

Em suma, identifica-se que a busca pelo desenvolvimento urbano sustentável propugnada pela Carta Brasileira para Cidades Inteligentes restou prejudicada em algumas das principais capitais de Estados localizados na Amazônia Legal, especialmente devido à postura assumida, entre 2019 e 2022, pelo Executivo, que provocou polêmicas em torno da pandemia da COVID-19 com o intuito de fazê-las servir de subterfúgio ao enfraquecimento do poder de polícia ambiental do IBAMA e do ICMBio, o que se refletiu diretamente no aumento exponencial do desmatamento na região.

REFERÊNCIAS

ARTAXO, Paulo; RODRIGUES, Délcio. As bases científicas das mudanças climáticas. *In*: SETZER, Joana; CUNHA, Kamyla; FABBRI, Amália S. Botter (coord.). **Litigância climática**: novas fronteiras para o direito ambiental no Brasil. 1. ed. São Paulo: Thomson Reuters Brasil, 2019. p. 43-55.

BARCELOS, Eduardo Álvares da Silva. Desregulação ambiental e disputas políticas: uma breve retrospectiva do desmonte do licenciamento ambiental no Brasil. **AMBIENTES: Revista de Geografia e Ecologia Política**, [*S.l.*], v. 2, n. 2, p. 278-329, 2020. Disponível em: https://doi.org/10.48075/amb.v2i2.26589. Acesso em: 23 nov. 2023.

BECK, Ulrich. **A metamorfose do mundo**: novos conceitos para uma nova realidade. 1. ed. Rio de Janeiro: Zahar, 2018.

BECK, Ulrich. **Ecological politics in an age of risk**. 1. ed. Cambridge: Polity, 1995.

BECK, Ulrich. **Sociedade de risco**: rumo a uma outra modernidade. Tradução de Sebastião Nascimento. 2. ed. São Paulo: Editora 34, 2011.

BECK, Ulrich. **Sociedade de risco mundial**: em busca da segurança perdida. 1. ed. Coimbra: Edições 70, 2015.

BENJAMIN, Antonio Herman de Vasconcellos e. Direito constitucional ambiental brasileiro. *In*: CANOTILHO, José Joaquim Gomes; LEITE, José Rubens Morato (org.). **Direito constitucional ambiental brasileiro**. 1. ed. São Paulo: Saraiva, 2007. p. 57-130.

BODANSKY, Daniel. The Paris Climate Change Agreement: a new hope? **The American Journal of International Law**, v. 110, n. 2, p. 288-319, abr. 2016. Disponível em: https://doi.org/10.5305/amerjintelaw.110.2.0288. Acesso em: 23 nov. 2023.

BRASIL. **Carta Brasileira para Cidades Inteligentes**. 2019. Disponível em: https://cartacidadesinteligentes.org.br/files/carta_brasileira_cidades_inteligentes.pdf. Acesso em: 23 nov. 2023.

BRASIL. Constituição (1988). **Constituição**: República Federativa do Brasil. Brasília, DF: Senado Federal, 1988. Disponível em: https://www.planalto.gov.br/ccivil_03/constituicao/constituicao.htm. Acesso em: 23 nov. 2023.

BRASIL. **Lei nº 6.938, de 31 de agosto de 1981**. Dispõe sobre a Política Nacional do Meio Ambiente, seus fins e mecanismos de formulação e aplicação, e dá outras providências. Brasília, DF: Presidência da República, 1981. Disponível em: https://www.planalto.gov.br/ccivil_03/leis/l6938.htm. Acesso em: 23 nov. 2023.

BRZEZINSK, Maria Lúcia Navarro Lins. Desmonte do patrimônio ambiental do Brasil: uma política pública do presidente Bolsonaro. *In*: NICOLÁS, María Alejandra; GAITÁN, Flavio. **Desmonte do Estado e retração da cidadania**: pensando alternativas de proteção social. 1. ed. Rio de Janeiro: Instituto Nacional de Ciência e Tecnologia em Políticas Públicas, Estratégias e Desenvolvimento, 2021. p. 96-151. Disponível em: https://www.

researchgate.net/profile/Maria-Nicolas-3/publication/356293963_Desmonte_do_Estado_e_Retracao_da_Cidadania_Pensando_alternativas_de_protecao_social/links/630cd68bacd814437fe6ec20/Desmonte-do-Estado-e-Retracao-da-Cidadania-Pensando-alternativas-de-protecao-social.pdf#page=97. Acesso em: 23 nov. 2023.

BUDÓ, Marília de Nardin. O aquecimento global no discurso parlamentar brasileiro: denúncia e negação de responsabilidade do agronegócio. **Revista Direito, Estado e Sociedade**, Ahead of print, 2021. Disponível em: https://doi.org/10.17808/des.0.1488. Acesso em: 23 nov. 2023.

CANOTILHO, José Joaquim Gomes. **Estudos sobre direitos fundamentais**. 1. ed. São Paulo: Revista dos Tribunais, 2008.

GONZÁLEZ, Manu Fernández. La construcción del discurso de la smart city: mitos implícitos y sus consecuencias socio-políticas. **URBS: Revista de estudios urbanos y ciencias sociales**, v. 6, n. 2, p. 83-99, 2016. Disponível em: https://dialnet.unirioja.es/servlet/articulo?codigo=5741820. Acesso em: 23 nov. 2023.

GRECCHI, Fabio; SOUTO, Mayara. **Estudo constata o despreparo das cidades para lidar com mudanças climáticas**. Brasília: Correio Braziliense, 2023. Disponível em: https://www.correiobraziliense.com.br/brasil/2023/11/6657203-estudo-constata-o-despreparo-das-cidades-para-lidar-com-mudancas-climaticas.html. Acesso em: 23 nov. 2023.

IMAZON. **Amazônia perdeu quase 3 mil campos de futebol por dia de floresta em 2022, maior desmatamento em 15 anos**. Belém: IMAZON, 2023. Disponível em: https://imazon.org.br/imprensa/amazonia-perdeu-quase-3-mil-campos-de-futebol-por-dia-de-floresta-em-2022-maior-desmatamento-em-15-anos/. Acesso em: 23 nov. 2023.

IPAM. **Amazônia em chamas**: o novo e alarmante patamar do desmatamento na Amazônia. Belém: IPAM, 2022. Disponível em: https://ipam.org.br/wp-content/uploads/2022/02/Amaz%C3%B4nia-em-Chamas-9-pt_vers%C3%A3o-final-2.pdf. Acesso em: 23 nov. 2023.

IPCC. **Climate change 2023**: synthesis report. Genebra: IPCC, 2023. Disponível em: https://report.ipcc.ch/ar6syr/pdf/IPCC_AR6_SYR_SPM.pdf. Acesso em: 23 nov. 2023.

LENZA, Pedro. **Direito constitucional**. 25. ed. São Paulo: Saraiva Educação, 2021.

MACHADO, Paulo Affonso Leme. **Direito ambiental brasileiro**. 21. ed. São Paulo: Malheiros Editores, 2013.

MAPBIOMAS. **MapBiomas Brasil**. São Paulo: MAPBIOMAS, 2020. Disponível em: https://plataforma.brasil.mapbiomas.org/. Acesso em: 23 nov. 2023.

MAPBIOMAS. **Relatório anual do desmatamento no Brasil**. São Paulo: MAPBIOMAS, 2021. Disponível em: https://s3.amazonaws.com/alerta.mapbiomas.org/rad2020/RAD2020_MapBiomasAlerta_FIN AL.pdf. Acesso em: 23 nov. 2023.

MILARÉ, Édis. **Direito do ambiente**: a gestão ambiental em foco. 6. ed. São Paulo: Revista dos Tribunais, 2009.

MMA. **Ministério do Meio Ambiente e Mudança do Clima**. Brasília: MMA, 2023. Disponível em: https://www.gov.br/mma/pt-br. Acesso em: 23 nov. 2023.

MOROZOV, Evgeny; BRIA, Francesca. **A cidade inteligente**: tecnologias urbanas e democracia. 1. ed. São Paulo: Ubu Editora, 2019.

NOBRE, Paulo. Aquecimento global, oceanos e sociedade. **Revista InterfacEHS**, São Paulo, v. 3, n. 1, p. 1-14, jan./abr. 2008. Disponível em: http://www3.sp.senac.br/hotsites/blogs/InterfacEHS/wp-content/uploads/2013/07/art-1-2008- 6.pdf. Acesso em: 23 nov. 2023.

OC. **"Passando a boiada"**: o segundo ano de desmonte ambiental sob Jair Bolsonaro. [*S.l.*]: OC, 2021. Disponível em: https://www.oc.eco.br/wp-content/uploads/2021/01/Passando-a-boiada-1.pdf. Acesso em: 23 nov. 2023.

PADILHA, Norma Sueli. Compromisso constitucional da sustentabilidade ambiental: desafios de sua concretização frente à necessidade de revisão do ensino jurídico e atualização dos implementadores judiciais da normatividade ambiental. **Pensar**, Fortaleza, v. 16, n. 2, p. 730-766, jul./dez. 2011. Disponível em: https://doi.org/10.5020/23172150.2012.730-766. Acesso em: 23 nov. 2023.

PADILHA, Norma Sueli. **Fundamentos constitucionais do direito ambiental brasileiro**. 1. ed. Rio de Janeiro: Elsevier, 2010.

PADILHA, Norma Sueli; POMPEU, Gina Vidal Marcilio. Retrocessos nas políticas ambientais brasileiras e as metas dos objetivos do desenvolvimento sustentável: estratégias e indicadores para implementação do estado de direito ambiental. **Revista de Direito Ambiental – RDA**, Brasília, v. 24, n. 96, p. 139-170, out./dez. 2019. Disponível em: https://www.tjdft.jus.br/institucional/biblioteca/conteudo-revistas-juridicas/revista-de-direitoambiental/2019-v-24-n-96-out-dez. Acesso em: 23 nov. 2023.

PINTO, Guilherme Edson Merege de Mello Cruz. **O desmatamento na Amazônia sob o contexto da metamorfose do mundo**: uma análise da Contribuição Nacionalmente Determinada do Brasil ao Acordo de Paris. 2023. Dissertação (Mestrado em Direito) – Programa de Pós-Graduação em Direito, Centro de Ciências Jurídicas, Universidade Federal de Santa Catarina, Florianópolis, 2023.

SANTOS, Jéssika Kristina dos; REIS, Kathy de Freitas Marinho dos; SENRA, Ronaldo Eustaquio Feitoza. Emergência climática e os retrocessos das políticas ambientais no governo de 2019 e 2020. **Revista Transmutare**, Curitiba, v. 8, e16941, p. 1-19, 2023. Disponível em: https://revistas.utfpr.edu.br/rtr/article/download/16941/9654. Acesso em: 23 nov. 2023.

SARLET, Ingo Wolfgang; FENSTERSEIFER, Tiago. **Curso de direito ambiental**. 2. ed. Rio de Janeiro: Forense, 2021.

SILVA, José Afonso da. **Direito ambiental constitucional**. 5. ed. São Paulo: Malheiros, 2004.

UNEP. **Emissions gap report 2022**: key messages. Nairóbi: UNEP, 2022. Disponível em: https://www.unep.org/resources/emissions-gap-report-2022. Acesso em: 23 nov. 2023.

WEISS, Marcos Cesar; BERNARDES, Roberto Carlos; CONSONI, Flavia Luciane. Cidades inteligentes: casos e perspectivas para as cidades brasileiras. **Revista Tecnológica da Fatec Americana**, Americana, v. 5, n. 1, p. 1-13, out./mar. 2017. Disponível em: https://www.fatec.edu.br/revista/index.php/RTecFatecAM/article/view/137. Acesso em: 23 nov. 2023.

8. DESAFIOS NO USO DE INTELIGÊNCIA ARTIFICIAL NA PROMOÇÃO DE CIDADES INTELIGENTES INCLUSIVAS

Tatiane Mendes Sanches
Doutoranda pela PUCSP.

1. INTRODUÇÃO

Com o crescimento das áreas urbanas e a revolução tecnológica, as cidades contemporâneas enfrentam o desafio de se tornarem mais inclusivas, resilientes e sustentáveis. Nesse contexto, as políticas públicas urbanas aliadas à inteligência artificial desempenham um papel fundamental na promoção de cidades que não apenas melhoram a qualidade de vida de seus cidadãos, mas também facilitam o empoderamento de grupos minoritários.

O conceito de cidades inteligentes (*smart cities*) surge como um novo paradigma de desenvolvimento urbano, utilizando inteligência artificial e outras tecnologias para aprimorar os serviços governamentais e garantir o bem-estar dos cidadãos.

Com o avanço das tecnologias digitais, as cidades do futuro estão sendo moldadas pela inteligência artificial e outras inovações tecnológicas. No entanto, o grande desafio: promover cidades inclusivas de modo que essas transformações não aprofundem as desigualdades sociais.

Muito embora a inteligência artificial tem o potencial de otimizar os serviços públicos, tornar os assentamentos humanos mais resilientes e sustentáveis e melhorar a qualidade de vida de seus cidadãos, mas para que isso aconteça, é essencial desenvolver políticas que incluam, de forma ativa, as populações vulneráveis no processo de digitalização das cidades.

Este artigo debate a relevância dessas políticas para tornar as cidades mais inclusivas e resilientes, com foco na promoção da equidade social, na melhoria da qualidade dos serviços e no fortalecimento da participação cidadã, explorando como a inteligência artificial pode ser utilizada de forma ética e inclusiva para criar cidades inteligentes que garantam a igualdade de oportunidades, evitando que grupos já marginalizados fiquem ainda mais à margem desse processo de transformação.

A pergunta que se propõe com o presente: como estruturar cidades inteligentes e inclusivas fundamentalmente diante de vieses algorítmicos?

Para tanto o presente artigo se divide em quatro partes: a primeira parte, introduz o tema, trazendo aspectos gerais, de modo a convidar o leitor a continuidade da leitura; a segunda apresenta os aspectos conceituais de cidades inteligentes, de modo que permita contextualizar o tema, despontando para os demais tópicos; a terceira parte traz uma análise sobre as questões que entornam o uso da inteligência artificial; a quarta e última parte apresenta os desafios a serem enfrentados pelo uso da inteligência artificial na construção de cidades inteligentes, apresentando soluções para que essas cidades não percam o foco no cidadão, de modo a se tornarem inclusivas.

O presente artigo é construído sob o método de abordagem dedutivo, à medida que se analisará uma proposição teórica e sua aplicação a um caso em particular e como método de procedimento adota-se a revisão bibliográfica, por meio de pesquisa em livros, artigos científicos, legislações que entornam a temática.

2. A CONSTRUÇÃO DO IDEÁRIO DE CIDADES INTELIGENTES

As cidades, entre suas várias acepções, podem ser entendidas como um lugar de manifestações culturais e artísticas, mas também como um palco de conflitos sociais (MARICATO, 2015, p. 19); um espaço com uma esfera importante de revolta política (HARVEY, 2014, 213) que se rebela diante das injustiças e pulsa pelo equilíbrio que se antagoniza pela exclusão urbana, de um lado, com concentração de pobreza e favelas, e, de outro, que se destacam como grandes centros globais de influência econômica mundial (LEITE; AWAD, 2012, p. 22).

Mesmo diante desse antagonismo, as cidades dispõem de um papel importante na vida de seus cidadãos: devem atender suas necessidades não somente de sobrevivência, mas também de felicidade (AIETA, 2016, p. 1626), portanto, direitos são construídos ao longo da história, cujos instrumentos normativos internacionais abrem caminho a regulamentação nacional em busca do bem estar do cidadão[1], muito além da preocupação com o crescimento populacional, passa a olhar para problemas de cunho ambiental e a necessidade de novas formas de ofertamento das políticas governamentais, primando por uma alteração de sua acepção clássica, portanto, olhando para sua expansão como um todo.

Diante desse contexto, a Nova Agenda Urbana inaugura a abordagem de cidades inteligentes, cuja conceituação não resta pacífica, mas que delineia uma visão para um futuro sustentável e resiliente, com redes conectadas, espaços públicos de qualidade, mas sem perder a inclusividade (NAÇÕES UNIDAS, 2016).

Dentre os possíveis conceitos de cidades inteligentes, são suas características que permeiam seu embasamento: sustentabilidade urbana, governança local, uso de altas tecnologias, delineiam a ideia de cidade sustentável, com objetivos sociais, políticos e culturais, balanceando os recursos de modo eficiente, tais como, melhor uso das águas, redução da poluição, planejamento urbano, mobilidade urbana, transporte e segurança pública (LEITE; AWAD, 2012, *passim* 133-134).

Para que esta cidade entregue a seus cidadãos essa presteza de serviço com qualidade, ter a tecnologia como sua aliada permitirá a criação de ecossistemas inteligentes, portanto, a digitalização dessas cidades se mostra um importante passo para torná-la inteligente e eficiente a seus cidadãos[2].

Ainda, há que se se destacar o papel da Quarta Revolução Industrial, a Internet das Coisas (IoT), que convergem dados e inteligência artificial, que permitem um monitoramento das cidades e gestão das cidades[3].

O Brasil, por meio da Carta Brasileira para Cidades Inteligentes conceitua cidades inteligentes como

> cidades comprometidas com o desenvolvimento urbano e a transformação digital sustentáveis, em seus aspectos econômico, ambiental e sociocultural, que atuam de forma planejada, inovadora, inclusiva e em rede, promovem o letramento digital, a governança e a gestão colaborativas e utilizam

---

1 Neste sentido tem-se a Nova Agenda Urbana, da Organização das Nações Unidas, que busca promover inclusão social, governança e gestão democrática; a Agenda 2030, que indica os 17 Objetivos do Desenvolvimento Sustentável, com destaque ao ODS 11. No âmbito nacional ao Estatuto das Cidades, em 2001 regulamentado o artigo 182 da Constituição Federal.

2 Não é objetivo do presente trazer o debate sobre o conceito histórico de cidades inteligentes, portanto, sobre as Tecnologias de Informação e Comunicação (TICS) dos anos 90.

3 "As inovações tecnológicas podem também conduzir à melhor formulação de políticas públicas, visto que através de grandes bases de dados, os algoritmos poderão identificar as demandas dos cidadãos de forma preditiva; portanto, contribuindo para uma gestão públicas mais eficiente (SANCHES, 2023, p. 69).

> tecnologias para solucionar problemas concretos, criar oportunidades, oferecer serviços com eficiência, reduzir desigualdades, aumentar a resiliência e melhorar a qualidade de vida de todas as pessoas, garantindo o uso seguro e responsável de dados e das tecnologias da informação e comunicação (MINISTÉRIO DO DESENVOLVIMENTO REGIONAL, 2019, p. 28).

Por certo que os aspectos positivos devem ser destacados: aumento de eficiência na utilização dos recursos; melhoria da qualidade de vida; menor custo de prestação de serviços; diminuição da criminalidade e aumento da mobilidade (WORD ECONOMIC FORUM, 2015, p. 18), mas deve-se ter um olhar para os riscos decorrentes, fundamentalmente pelo uso de tecnologias, e, portanto, a manutenção do direito à privacidade, a transparência e o comprometimento com os direitos humanos (NAÇÕES UNIDAS, 2016, p. 39).

Cidades inteligentes e o uso de tecnologias permitirá sua estruturação mais eficiente e assertiva, já que possível mecanismos de predição e, portanto, de conhecimento das demandas dos cidadãos.

Entretanto, não se pode perder de vista os riscos decorrentes dessas tecnologias, principalmente se analisada a realidade brasileira, cujos fatores sociais referentes a desigualdade de renda, educação, saúde e ainda, questões de gestão dos serviços públicos podem ser um complicador (CENTRO DE ESTUDOS E DEBATES ESTATÉGICOS, 2021, *passim).*

3. INTELIGÊNCIA ARTIFICIAL E OS ASPECTOS LEGAIS: UMA BREVE ANÁLISE

A inteligência artificial adentrou ao cotidiano das pessoas em diversas esferas, de modo que isso é algo tão onipresente quanto imperceptível.

Pondere-se que a inteligência artificial data dos anos 50 juntamente com a eletrônica e ciência da computação, tendo como seu precursor o matemático Alan Turing, cuja ideia deu origem a um artigo onde se relata que as máquinas poderiam pensar, muito embora tem se sentido mais recentemente a presença da inteligência artificial na vida das pessoas, haja vista a inúmeras tecnologias disruptivas tem se destacado nos últimos tempos[4], propiciadas pela Quarta Revolução Industrial, e que ficaram mais perceptíveis após a pandemia, já que o mundo forçosamente se digitalizou.

E essa característica de sua quase invisibilidade que a torna preocupante, pois o ser humano passou a aceitar passivamente as comodidades oferecidas

---

4 "Em algum ponto entre 2008 e 2015, mais ou menos, as habilidades linguísticas dos algoritmos passaram do prézinho ao ensino fundamental, e muito além no caso de certas aplicações" (O'NEIL, 2020, p. 122).

pela inteligência artificial e seus algoritmos, que nos leem num simples *click* em qualquer aplicativo.

O precursor do uso do termo inteligência artificial[5] é atribuído a John McCarthy que em 1959 traçou a primeira ideia do termo

> Inteligência artificial é a ciência e a engenharia de fazer máquinas inteligentes, especialmente programas informáticos inteligentes. Está relacionado com a tarefa semelhante de utilizar computadores para compreender a inteligência humana, mas a IA não tem de se limitar a métodos que são biologicamente observáveis [...] A inteligência é a parte computacional da capacidade de atingir objetivos no mundo. Diferentes tipos e graus de inteligência ocorrem em pessoas, muitos animais e algumas máquinas (MCCARTHY, 2007, p. 02).

Para Russel e Norvig (2010, p. 0), das inovações tecnológicas, disruptivas, a inteligência artificial pode ser compreendida como a busca na construção de programas para criar sistemas inteligentes, capazes de pensar. Entretanto uma das conceituações mais utilizadas é da própria OCDE (2019) que a elenca como um sistema baseado em máquinas, projetado para operar com autonomia e fazer previsões, recomendações ou decisões para um determinado conjunto de objetivos definidos pelo homem, que influenciam ambientes reais ou virtuais.

Por sua vez, importante compreender o conceito de algoritmo, cujo papel é fundamental na inteligência artificial, que nada mais são que um procedimento computacional, bem definido, que por meio de um valor agregado nos *inputs,* geram outro valor em seus *outputs,* para assim resolver um problema (CORMEN, 2009, p. 05), essenciais para grande volume de dados e otimizar as decisões.

Outro conceito que precisa ser compreendido é o de *machine learning,* ou aprendizado de máquina, que chega a um nível tão avançado de conhecimento, que a cognição humana não consegue alcançar e dão um *upgrade* a própria inteligência artificial, visto que ao passar do tempo vão se tornando mais eficientes.

Por suas próprias características, o aprendizado de máquina é capaz de reconhecer objetos sob todas as perspectivas, diversamente do ser humano, que devido a complexidade de evidências, por sua própria restrição, não dispõe dessa capacidade. O aprendizado de máquina diversamente, por meio de

---

5 Muito embora, como a própria ideia de cidades inteligentes, a IA também não dispõe de uma definição consensual (MINISTÉRIO DA CIÊNCIA, TECNOLOGIA E INOVAÇÕES, 2021, p. 08). E ainda que seja uma confusão conceitual ela deve ser destacada por ser fundamentalmente política, já que depende de recursos naturais e humanos, não sendo possível sua desvinculação do mundo que a molda, com suas forças sociais, políticas e econômicas (CRAWFORD, 2021).

exemplos pré-identificados, aprende os padrões para distinguir de maneira confiável objetos diferentes uns dos outros e seus ambientes. (BAROCAS; HARDT; NARAYANN, 2019, p. 01)

Uma das discussões que circundam o uso de inteligência artificial é no tocante a transparência dos processos, haja vista o risco de opacidade dos algoritmos, fundamentalmente quando se está diante de decisões tomadas pela mesma e os impactos que podem ter no mundo jurídico.

A falta de transparência está associada aquilo Frank Pasquale (2015, *passim* 03/10) denomina de *black box*, que se qualifica por um ambiente obscuro, que permite aos atores que mobilizam o dinheiro e a mídia ganhos próprios, atuando para si ou governos, manterem as técnicas utilizadas em segredo. Um sistema cujo funcionamento é misterioso, sendo possível observar suas entradas (*inputs)* e saídas (*outputs)*, mas não sendo possível dizer como um se torna o outro, e, portanto, sem clareza como essas informações são usadas e quais consequências, portanto, sua principal características, a opacidade[6].

De um lado, as facilidades da predição propiciada pelos algoritmos, que acabam conhecendo o ser humano, mais que ele próprio (HARARI, 2016, *passim* 332-333), de outro, não se pode fechar os olhos aos riscos dessa leitura do ser humano, e ainda ao fato de que mais uma vez o direito chega *a posteriori*[7].

Sob o aspecto da regulação no uso da inteligência artificial ainda está incipiente, tendo a Europa despontado em sua regulação, enquanto que no Brasil se discute a proposta legislativa de sua regulamentação[8], Projeto de Lei nº 2.338/2023, que dispõe sobre o uso da inteligência artificial, o que torna, fundamental fomentar seu debate.

Vale ponderar que a Lei Geral de Proteção de Dados Pessoais, Lei nº 13.709/2018, pode ser tida como um importante instrumento, já que regula o tratamento de dados pessoais, dados estes que são utilizados para o treinamento da inteligência artificial, mas não adentra a matéria, portanto, é apenas um dos pilares protetivos.

Entretanto, até o momento a inteligência artificial não está regulamenta por lei, em seu sentido estrito, mas encontra respaldo junto a Portaria MCTI nº

---

6 A opacidade de sistemas de aprendizado de máquina é uma das maiores fontes de preocupação, tanto pela dificuldade de contestação quanto pelos riscos de vieses, que resultam na construção de perfis discriminatórios. (MARANHÃO; FLORÊNCIO; ALMADA, 2021, p. 159).

7 O direito deve ser visto em sua dinâmica com a realidade, que está em perpétuo movimento, acompanhando as relações humanas e assim modificando-se e se adaptando as novas exigências e atitudes tanto dos legisladores, quanto dos aplicadores do direito (DINIZ, 2001).

8 A proposta brasileira, como a LGPD, dispõe de forte influência do AI ACT da União Europeia, que se preocupa com os potenciais riscos que pode gerar, mas do que com o aspecto do desenvolvimento tecnológico.

4.617, de 6 de abril de 2021, alterada pela Portaria MCTI nº 4.979, de 13 de julho de 2021 que institui a Estratégia Brasileira de Inteligência Artificial (EBIA)[9] cujo papel é de nortear o desenvolvimento das ações, em suas várias frentes, estimulando a pesquisa, inovação e desenvolvimento de soluções em Inteligência Artificial, bem como, seu uso consciente, ético e em prol de um futuro melhor (DIÁRIO OFICIAL DA UNIÃO, 2021).

Alinhada às diretrizes da OCDE, endossadas pelo Brasil, a Estratégia Brasileira de Inteligência Artificial está estabelecida em nove eixos temáticos, caracterizados como os "pilares do documento[10]; apresenta um diagnóstico da situação atual da IA no mundo e no Brasil; destaca os desafios a serem enfrentados; oferece uma visão de futuro; e apresenta um conjunto de ações estratégicas que nos aproximam dessa visão" (MINISTÉRIO DA CIÊNCIA, TECNOLOGIA E INOVAÇÕES, 2021, p. 04).

A EBIA tem como objetivos estratégicos: a contribuição para a elaboração de princípios éticos em inteligência artificial responsáveis; a promoção de investimentos em pesquisa e desenvolvimento; a remoção de barreiras à inovação; a capacitação de profissionais; o estímulo a inovação e o desenvolvimento da inteligência artificial brasileira em ambiente internacional e a promoção de um ambiente de cooperação entre os entes públicos e privados (MINISTÉRIO DA CIÊNCIA, TECNOLOGIA E INOVAÇÕES, 2021, p. 08).

Vale observar ainda, que a Estratégia Brasileira de Inteligência Artificial fundamenta-se em cinco princípios que buscam uma gestão responsável dos sistemas de inteligência artificial sendo eles: "crescimento inclusivo, o desenvolvimento sustentável e o bem-estar; valores centrados no ser humano e na equidade; transparência e explicabilidade; robustez, segurança e proteção e; a responsabilização ou a prestação de contas (*accountability*)" (MINISTÉRIO DA CIÊNCIA, TECNOLOGIA E INOVAÇÕES, 2021, p. 17).

Assim, é o próprio avanço da inteligência artificial que tem feito com que os países passem a desenvolver políticas e outros meios para lidar com o tema, dos quais pode-se destacar a criação de conselhos e comitês para estabelecer padrões éticos para uso de inteligência artificial; governança de dados e infraestrutura digital, com uso de dados abertos, com compromisso de criar ambientes de testes para proteção dos direitos dos cidadãos; estabelecimento de programas piloto para melhorar a eficiência do Governo na prestação de serviços (MINISTÉRIO DA CIÊNCIA, TECNOLOGIA E INOVAÇÕES, 2021, p. 16).

---

9 Outros instrumentos normativos sinalizaram a importância do debate sobre IA (Decreto nº 9.318/2018, Portaria MCTIC nº 1.556/2018, Portaria MCTIC nº 1.122/2020. Além dos instrumentos internacionais e outros que circundam o tema.

10 No tocante a legislação, trata-se inclusive do primeiro dos nove pilares, sendo que ainda tramita perante o Senado Federal o Projeto de Lei nº 2.338/2023.

4. A ALGORITMIZAÇÃO DAS CIDADES: TORNANDO-AS INTELIGENTE

Na formatação de cidades inteligentes é preciso antes de qualquer estrutura, ter um olhar para algumas situações chaves para que estas efetivamente possam se transformar em cidades inteligentes e inclusivas.

Uma cidade inteligente só pode ser verdadeiramente inclusiva se proporcionar acesso equitativo a todos os seus cidadãos e cidadãs, pois as cidades são construídas por eles e para eles.

Portanto, um projeto de uma cidade inclusiva precisa abordar disparidades e promover políticas que garantam acessibilidade, igualdade de oportunidades e participação política para todos os cidadãos.

Primeiramente é preciso compreender que algumas áreas podem ser priorizadas, tais como: saúde; habitação; transporte público, sempre olhando para as necessidades de cada realidade, muito embora as duas primeiras sejam sempre mais sensíveis, mas também a importância no delineamento de alguns grupos que demandam mais atenção, como pessoas com deficiência, comunidades de baixa renda, cujas barreiras estruturais e sociais podem levar a uma limitação de acesso a serviços, direitos e espaços urbanos[11].

A saúde, é uma das áreas em que se pode promover a otimização dos serviços. Ferramentas de inteligência artificial podem ajudar a mapear as necessidades em áreas vulneráveis e otimizar o atendimento médico, garantindo que cidadãos de todas as classes sociais recebam cuidados de qualidade. Ainda, algoritmos de inteligência artificial podem prever surtos de doenças e alertar as autoridades para que medidas preventivas sejam tomadas, garantindo o acesso rápido a cuidados essenciais.

Ainda na área da saúde, a inteligência artificial pode ser usada para aumentar a eficiência dos hospitais e sistemas de atendimento, promovendo um serviço mais ágil e acessível, como uso de aplicativos que podem agendar consultas médicas, otimizar o uso de recursos hospitalares e garantir que pacientes sejam atendidos em tempo hábil. Um exemplo é a própria telemedicina que tem otimizado o atendimento, ainda que de forma não presencial, mas para casos específicos, desafogam as unidades de atendimentos.

No tocante a habitação, é possível sua contribuição para o déficit habitacional, por meio da identificação de regiões mais afetadas pela falta de moradia

---

11 Inúmeras são áreas que o uso de inteligência artificial pode contribuir para formatação de cidades inteligentes, como: questões de desastres naturais, por meio de monitoramento climático; redução de consumo de energia; monitoramento de qualidade do ar; conhecidamente na área de segurança pública, com uso de sistemas inteligentes de vigilância, entre outros tantos, além de grupos específicos, mas aqui foram destacados alguns.

adequada e com isso ajudar na formulação de políticas habitacionais inclusivas, por meio do cruzamento de dados socioeconômicos para detectar onde as populações vulneráveis estão mais concentradas e quais são as suas necessidades habitacionais específicas.

Na habitação ainda é possível se pensar para fins de planejamento urbano, permitindo que as cidades se desenvolvam de forma mais inclusiva, no qual os algoritmos possam contribuir nos impactos sociais e ambientais de novas construções.

Outra área que sempre enseja debates é no tocante ao transporte público, onde a inteligência artificial pode ser usada para otimizar o transporte nas cidades, garantindo que todos os cidadãos, independentemente de sua localização geográfica ou condição social, tenham acesso ao transporte público de qualidade, por meio de ajuste de rotas de ônibus e metrô de acordo com a demanda.

Um exemplo interessante e que complementa muito bem o que foi visto, são os *chatbots*, ferramenta utilizada para apoio à tomada de decisões, que interagem diretamente com cidadãos, que serve para direcionar o usuário do serviço público, reduzindo o uso humano, com vistas a tornar mais eficiente os serviços prestados, porém que cujo risco é da própria exclusão digital, devido a incompletude e precariedade, de modo que torna-se excludente de pessoas analfabetas, imigrantes, deficientes ou até mesmo devido a falta de acesso à internet, já que o *chatbot* é a porta de acesso aos serviços públicos (TRANSPARÊNCIA BRASIL, 2020, p. 11).

A inteligência artificial pode assim ser uma ferramenta poderosa para identificar e mitigar desigualdades, por meio mapeamento mais eficientes e precisos, haja vista o uso de algoritmos, de modo a atender grupos mais vulneráveis, permitindo a formulação de políticas públicas que atendam às suas necessidades específicas.

Porém, tudo que foi visto gera margem para desafios éticos no uso de inteligência artificial em políticas urbanas, das quais se destaca a questão da transparência dos algoritmos utilizados e a responsabilização por decisões tomadas. Isso é especialmente crítico em questões como habitação, saúde[12], e segurança pública[13], onde erros podem ter consequências graves para os cidadãos, particularmente para grupos marginalizados.

12 "O próprio direito à saúde pode ser afetado, já que a ferramenta funciona a partir de uma sequência pré-definida de comandos automatizados que, com base em dados pessoais e não pessoais, chega a conclusões que podem impactar significativamente a vida do cidadão, que não consegue pedir explicações imediatas sobre como tais conclusões foram tomadas" (TRANSPARÊNCIA, 2020, p. 20).

13 Aqui o caso mais emblemático é do reconhecimento facial para fins de segurança pública. Ainda, que o avanço tecnológico propicie meios mais eficazes para uma gestão urbana por meio

4.1. DESAFIOS ÉTICOS E REGULATÓRIOS DA INTELIGÊNCA ARTIFICIAL E O FOCO NOS CIDADÃOS

De plano, é importante se ter uma situação em mente: para que a inteligência artificial seja eficaz, esta age por meio de predição e monitoramento, meios pelos quais permite a assertividade na prestação dos serviços[14], sem predizer, ela não é eficiente e sem monitorar, ela não pode predizer.

Diante do que foi visto, um dos desafios que se apresenta é a conhecida discriminação algorítmica. Sem um controle adequado, os algoritmos[15] podem reforçar preconceitos e estigmas existentes, como a discriminação racial ou socioeconômica. Sem regulação adequada, algoritmos podem ser programados ou treinados com dados enviesados que reproduzem as desigualdades existentes na sociedade[16].

Se de um lado, a inovação[17] é uma área chave para o desenvolvimento econômico de um país (MINISTÉRIO DA CIÊNCIA, TECNOLOGIA E INOVAÇÕES, 2021, p. 09), por outro não se pode perder de vistas que o uso de inteligência artificial, por meio de previsões e julgamentos feitos por algoritmos são basicamente baseados em estatísticas e não evidências (AISENBERG; HOVEN, 2020, p. 05) ensejando um risco de ocorrer um determinismo dos dados, uma situação em que os dados coletados sobre indivíduos e as inferências estatísticas extraídas desses dados são usadas para julgar as pessoas com base no que diz

---

da qual seja possível dar mais efetividade às diretrizes sobre políticas urbanas no intuito de tornar as cidades mais inteligentes, e, porque não, seguras, à medida que ocorre o acesso aos dados pessoais dos cidadãos para implementar tais políticas, referidos dados possam ser utilizados para aperfeiçoar o monitoramento dos cidadãos nos espaços urbanos (SANCHES, 2023, p. 11), e, portanto, violar à privacidade dos cidadãos, e o risco mais grave, que é impactar negativamente no princípio de presunção de inocência, subvertendo a lógica penal, além da própria discriminação (TRANSPARÊNCIA, 2020, p. 15).

14 Um dos problemas decorrentes é que todo este aparato tecnológico dispõe de custos elevados, que nem sempre o poder público dispõe de orçamento, demandando parcerias com a iniciativa privada, que podem ensejar a inúmeros problemas, onde no fim do dia quem paga é o próprio cidadão, que quando não paga tributo para ter os serviços, o faz por meio de seus dados pessoais, de modo de tratamentos secundários de dados.

15 "A questão não é se alguém se sairá beneficiado. É que fazem muitos sofrer. Esses modelos, movidos por algoritmos, fecham as portas na cara de milhões de pessoas, muitas vezes pelas mais frágeis das razões, e não oferecem recurso ou apelação. São injustos". (O'NEIL, 2020, p. 50).

16 Para minimamente tentar criar uma certa equivalência seria preciso compreender o algoritmo em ação, ou seja, a forma como ele opera os dados, porém, em tempos de *big data* e a quantidade quase imensurável de dados sendo analisados, a própria lógica do algoritmo é alterada, à medida que ele aprende com os dados de treinamento e lidar com essa heterogeneidade torna ainda mais complexo, o que aumenta a opacidade (BURRELL, 2016, p. 05) e o risco de ampliação das desigualdades sociais e econômicas.

17 Já defendia Schumpeter (1997) a inovação como uma colaboração no processo evolutivo.

o algoritmo, em vez do que a pessoa realmente tem feito, o que reforça uma estratificação social (BROEDERS, 2017, p. 15).

Portanto, para garantir cidades inclusivas, é essencial que a inteligência artificial seja desenvolvida e aplicada de forma ética, com mecanismos de responsabilização e revisão para evitar discriminação contra grupos minoritários. O cerne é como fazer isso?

A Estratégia Brasileira de Inteligência Artificial já em 2021 prevê que para fins de inteligência artificial espera-se que esta "possa trazer ganhos na promoção da competitividade e no aumento da produtividade brasileira, na prestação de serviços públicos, na melhoria da qualidade de vida das pessoas e na redução das desigualdades sociais" (DIÁRIO OFICIAL DA UNIÃO, 2021).

Por isso, é essencial que as políticas públicas urbanas assegurem que as tecnologias utilizadas sejam desenvolvidas e implementadas de maneira inclusiva e ética, com avaliações de impacto social e mecanismos de correção para evitar preconceitos, transparência nos processos é um dos principais atributos éticos e *accountability.*

O uso de relatórios de transparência é um modelo interessante de garantia dos direitos dos cidadãos, de modo a corrigir a opacidade, principalmente em casos que envolve algoritmos, sem adentrar nos segredos comerciais. Muito embora não seja a melhor solução, já que isoladas não solucionam todos os problemas, torna obrigatório a informação quanto aos dados usados e a justificativa ao esmo tempo que garantirá direitos aos cidadãos, emponderando este ao direito de ser informado, e, portanto, solicitar revisões das decisões (INSTITUTO DE TECNOLOGIA E SOCIEDADE, 2024, p. 16)

Além da transparência, mecanismos de *accountability*. Um destaque que se faz é que a intervenção regulatória deve ser proporcional ao grau de risco, tais como em casos de saúde, monitoramento de espaços públicos, que pode se dar por vários meios, como a formação de comitês, elaboração de relatório de impacto, inclusive a própria LGPD já dispõe deste, formas essas de equalizar implantação de tecnologias e direitos humanos (MINISTÉRIO DA CIÊNCIA, TECNOLOGIA E INOVAÇÕES, 2021, p. 25).

As cidades podem ainda estabelecer comitês de ética e regulamentações claras sobre o uso de inteligência artificial, garantindo que as decisões algorítmicas sejam sempre revisadas por humanos e que exista a possibilidade de recursos em caso de erros ou preconceitos, tornando mais transparente os processos.

Portanto, neste processo de promoção de cidades inteligentes, não se pode perder de vista que o que está em jogo são os próprios direitos da personalidade dos cidadãos, tão arduamente conquistados, irrenunciáveis por força de seu próprio fundamento que é a dignidade da pessoa humana (ZANINI; QUEIROZ, 2023, p. 25).

Assim, o uso de inteligência artificial nas cidades deve ser acompanhado por uma participação democrática. Cidadãos devem ter voz ativa nas decisões que envolvem o uso de tecnologias que afetam suas vidas, seja por meio de consultas públicas ou de plataformas digitais que incentivem o diálogo entre gestores e população.

De onde se extrai que outro fator preponderante para se construir cidades inclusivas através da inteligência artificial é a alfabetização digital deve ser promovida em escolas, universidades e centros comunitários, especialmente nas periferias urbanas, para garantir que as pessoas saibam como utilizar as novas ferramentas tecnológicas[18].

Ferramentas de governança participativa digital podem ser usadas para garantir que todos os cidadãos tenham uma voz ativa no processo de decisão das cidades inteligentes. Por exemplo, plataformas digitais que utilizam inteligência artificial podem coletar *feedback* dos cidadãos sobre serviços públicos e políticas urbanas, permitindo que governos adaptem suas ações de acordo com as necessidades reais da população.

Ao promover uma gestão mais eficiente e personalizada dos serviços, as cidades inteligentes tornam-se espaços mais habitáveis, melhorando o bem-estar geral da população e garantindo que todos tenham acesso a um ambiente urbano saudável e funcional.

Para garantir que a inteligência artificial seja usada de forma inclusiva, é essencial que as políticas sejam transparentes e que os cidadãos participem ativamente das decisões que afetam suas vidas.

CONSIDERAÇÕES FINAIS

As cidades do futuro, impulsionadas pela inteligência artificial, têm o potencial de se tornarem espaços mais inclusivos, seguros, resilientes e sustentáveis.

---

18 "De acordo com a Comissão Europeia para a promoção da literacia digital, é fundamental a aprendizagem de ferramentas de comunicação digital e o uso de redes de acesso: criar, manipular e avaliar informações de forma crítica. Em outras palavras, a literacia digital é uma habilidade para usar os computadores, incluindo o uso e a produção de mídias digitais, o processamento e a recuperação da informação, a participação em redes sociais para a criação e o compartilhamento do conhecimento e um conjunto de habilidades profissionais de computação. No contexto educativo brasileiro, sabe-se que estas capacidades raramente são ensinadas nas escolas ou avaliadas regularmente, por isso, os sistemas escolares enfrentam hoje o desafio de incluir a literacia digital em todos os níveis do sistema educativo e na formação contínua dos professores" (MINISTÉRIO DA CIÊNCIA, TECNOLOGIA E INOVAÇÕES, 2021, p. 30).

No entanto, a implementação de políticas públicas urbanas que envolvem inteligência artificial deve ser feita de maneira cuidadosa, com foco na equidade social, proteção de direitos e participação democrática.

Ao empregar a inteligência artificial de maneira responsável e ética, as cidades podem promover o empoderamento de grupos minoritários, melhorar a qualidade dos serviços públicos e garantir um futuro urbano mais justo e sustentável para todos.

As cidades inteligentes têm o potencial de transformar a vida urbana, tornando os serviços públicos mais eficientes, sustentáveis e inclusivos. No entanto, é essencial que a inteligência artificial seja usada de maneira a incluir, e não a excluir, os cidadãos, principalmente os mais vulneráveis. Isso significa investir em acesso universal à tecnologia, garantir a transparência nos processos decisórios e implementar mecanismos robustos de responsabilização para evitar discriminação algorítmica.

Ao promover a inclusão digital, o planejamento urbano inteligente e a participação democrática, as cidades podem garantir que todos os cidadãos, independentemente de sua condição social, possam se beneficiar das inovações tecnológicas e viver em um ambiente urbano mais justo e equitativo.

REFERÊNCIAS

AIETA, V. S. Cidades Inteligentes: uma proposta de inclusão dos cidadãos rumo à ideia de "Cidade Humana". **Revista de Direito da Cidade**, Rio de Janeiro, v. 8, n. 4, 2016, p. 1622-1643. Disponível em: <www.e-publicacoes.uerj.br/index.php/rdc/article/download/25427/19155>. Acesso em: 03 out. 2021.

AISENBERG, Evgeni; HOVEN, Jeroen van den. Design for human rights IA. **Big Data & Society,** v. 7, n. 2, July–December 2020, p. 1–14. Disponível em: <https://journals.sagepub.com/doi/epub/10.1177/2053951720949566>. Acesso em: 19 mar. 2023.

BAROCAS, Solon; HARDT, Moritz; NARAYANN. **Fairness and machine learning**: limitation and opportunities. 2019. E-book. Disponível em: <https://fairmlbook.org/>. Acesso em: 22 mar. 2023.

BARRAL, Welber. **Metodologia da Pesquisa Jurídica**. 5.ed. Belo Horizonte: Editora Del Rey, 2016.

BRASIL. **Constituição da República Federativa do Brasil.** Disponível em: <http://www.planalto.gov.br/ccivil_03/constituicao/constituicao.htm>. Acesso em: 05 set. 2024.

BRASIL. **Lei nº 10.257, de 10 de julho de 2001.** Regulamenta os arts. 182 e 183 da Constituição Federal, estabelece diretrizes gerais da política urbana e dá outras providências. Disponível em: <http://www.planalto.gov.br/ccivil_03/leis/leis_2001/l10257.htm>. Acesso em: 03 abr. 2021.

BRASIL. **Lei nº 10.406, de janeiro de 2002.** Institui o Código Civil. Disponível em: <http://www.planalto.gov.br/ccivil_03/leis/2002/l10406compilada.htm>. Acesso em: 05 set. 2024.

BRASIL. **Lei nº 13.709, de 14 de agosto de 2018.** Lei Geral de Proteção de Dados Pessoais (LGPD). Brasília: Presidência da República, [2019]. Disponível em: <https://www.planalto.gov.br/ccivil_03/_ato2015-2018/2018/lei/l13709.htm>. Acesso em: 26 mar. 2023.

BROEDERS, D., E. Schrijvers & E. Hirsch Ballin. **Big Data and Security Policies**: Serving Security, Protecting Freedom, wrr-Policy Brief n. 6, January 2017, p. 01-34. The Hague: wrr. Disponível em: <https://www.wrr.nl/publicaties/policy-briefs/2017/01/31/big-data--and-security-policies-serving-security-protecting-freedom>. Acesso em 23 mar. 2023.

BURRELL, Jenna. How the machine 'thinks': Understanding opacity in machine learning algorithms. **Big Data & Society**. January–June 2016, p. 1–12. Disponível em: <https://journals.sagepub.com/doi/epub/10.1177/2053951715622512>. Acesso em: 19 mar. 2023.

CENTRO DE ESTUDOS E DEBATES ESTRATÉGICOS. Consultoria legislativa. **Cidades Inteligentes**: uma abordagem humana e sustentável. JR, F. (coord.) *et al.* Edições Câmara. Brasília: Câmara dos Deputados, 2021.E-book.

CORMEN, Thomas H. *et al.* **Introduction to algorithms**. 3. ed. Cambridge: The MIT Press, 2009.

CRAWFORD, Kate. **Atlas of AI**: power, politics, and the planetary costs of artificial intelligence. New Haven: Yale University Press, 2021.

DIÁRIO OFICIAL DA UNIÃO. **Portaria MCTI nº 4.979, de 13 de julho de 2021.** Altera o Anexo da Portaria MCTI nº 4.617, de 6 abril de 2021, que Institui a Estratégia Brasileira de Inteligência Artificial e seus eixos temáticos. Disponpivel em: <https://www.gov.br/mcti/pt-br/acompanhe-o-mcti/transformacaodigital/arquivosinteligenciaartificial/ebia-portaria_mcti_4-979_2021_anexo1.pdf>. Acesso em: 13 set. 2024.

____. **Portaria GM nº 4.617, de 6 d abril de 2021.** Institui a Estratégia Brasileira de Inteligência Artificial e seus eixos temáticos. Disponível em: <https://www.gov.br/mcti/pt-br/acompanhe-o-mcti/transformacaodigital/arquivosinteligenciaartificial/ebia-portaria_mcti_4-617_2021.pdf>. Acesso em: 13 set. 2024.

DINIZ, Maria Helena. **Conflito de normas**. 4 ed. São Paulo: Saraiva, 2001.

EU AI ACT. Disponível em: <Regulamento IA da UE - Regulamento Inteligência Artificial da UE (euaiact.com)>. Acesso em: 15 set. 2024.

HARARI, Y. N. **Homo Deus:** uma breve história do amanhã. Tradução: [Paulo Geiger]. São Paulo: Companhia das Letras, 2016.

HARVEY, D. **Cidades Rebeldes**: do direito à cidade à revolução urbana. Tradução: [Jeferson Camargo]. São Paulo: Martins Fontes, 2014.

INSTITUTO DE TECNOLOGIA E SOCIEDADE (ITS Rio). **Como regular a Intelgência Artificial?** Expandindo os horizontes de análise para além da União Europeia. Abril 2024. Disponível em: https://itsrio.org/wp-content/uploads/2016/12/20240705_Relatorio_Microsoft_Como-Regular-IA.pdf. Acesso em: 22 jul. 2024.

LEITE, C.; AWAD, J. di C. M. **Cidades Sustentáveis. Cidades Inteligentes:** Desenvolvimento sustentável num planeta urbano. Porto Alegre: Editora Bookman, 2012.

MCCARTHY, J. **What is artificial intelligence?** Stanford, 12 nov. 2007 Disponível em: <http://www-formal.stanford.edu/jmc/whatisai.pdf>. Acesso em: 15 set. 2022.

MARANHÃO; FLORÊNCIO; ALMADA, Juliano Souza de Albuquerque; FLORÊNCIO, Juliana Abrusio; ALMADA, Marco. Inteligência artificial aplicada ao direito e o direito da inteligência artificial. **Revista de Estudos Constitucionais**, Brasília, v. 1, n. 1, jan./jun. 2021, p. 14-180. Disponível em: <https://suprema.stf.jus.br/index.php/suprema/article/view/20/18>. Acesso em: 19 mar. 2023.

MARICATO, E. **Para entender a crise urbana.** São Paulo: Expressão Popular, 2015.

MINISTÉRIO DA CIÊNCIA, TECNOLOGIA E INFORMAÇÃO. **Estratégia Brasileia de Inteligência Artificial.** 2021. Disponível em: <https://www.gov.br/mcti/pt-br/acompanhe-o-mcti/transformacaodigital/arquivosinteligenciaartificial/ebia-diagramacao_4-979_2021.pdf>. Acesso em: 13 set. 2024.

____. **Inteligência Artificial.** Disponível em: <https://www.gov.br/mcti/pt-br/acompanhe-o-mcti/transformacaodigital/inteligencia-artificial>. Acesso em: 13 set. 2024.

MINISTÉRIO DO DESENVOLVIMENTO REGIONAL. **Carta Brasileira para Cidades Inteligentes.** Brasília, Distrito Federal, Congresso Nacional. 23 ago. 2019. Disponível em: <https://www.gov.br/mdr/pt-br/assuntos/desenvolvimento-regional/projeto-andus/Carta_Bras_Cidades_Inteligentes_Final.pdf>. Acesso em: 21 nov. 2021.

NAÇÕES UNIDAS. **Nova Agenda Urbana**. Quito. 20 out. 2016. Disponível em: <https://habitat3.org/wp-content/uploads/NUA-Portuguese-Brazil.pdf>. Acesso em: 17 fev.2021.

OCDE. **Legal Instruments, Recommendation of the Council on Artificial Intelligence**, 2019. Disponível em: <https://legalinstruments.oecd.org/en/instruments/OECD-LEGAL-0449. Acesso em 26 mar. 2023.

O'NEIL, Cathy. **Algoritmos de destruição em massa**: como o big data aumenta a desigualdade e ameaça a democracia. Tradução: [Rafael Abraham]. São Paulo: Editora Rua do Sabão, 2020.

PASQUALE, Frank. *The black box society:* the secret algorithms that control money and information. Cambridge: Harvard University Press, 2015.

RUSSELL, Stuart J.; NORVIG, Peter. **Artificial intelligence***:* a modern approach. 3. ed. Upper Saddle River: Prentice Hall, 2010.

SANCHES, Tatiane Mendes. **Tratamento de dados pessoais para implantação de políticas públicas em cidades inteligentes.** Rio de Janeiro: Lumen Juris, 2023.

SCHWAB, K. **A Quarta Revolução Industrial**. Tradução: [Daniel Moreira Miranda]. São Paulo: Edipro, 2016.

SCHUMPETER, Joseph Alois. **Teoria do desenvolvimento econômico:** uma investigação sobre lucros, capital, crédito, juro e o ciclo econômico. Tradução: [Maria Sílvia Possas]. São Paulo: Nova Cultural, 1997.

SENADO FEDERAL. **Projeto de Lei nº 2338, de 2023.** Disponível em: <https://www25.senado.leg.br/web/atividade/materias/-/materia/15723>. Acesso em: 15 set. 2024.

SUTTI, A. A. **Smart Cities:** sociedade da informação – políticas públicas – tecnologia disruptiva. Rio de Janeiro: Lumen Juris, 2020.

9. A INTELIGÊNCIA ARTIFICIAL COMO FERRAMENTA NO COMBATE AO TRABALHO DOMÉSTICO ANÁLOGO À ESCRAVIDÃO DE MULHERES NEGRAS

Danilo Felix Macêdo
Mestre em Relações Étnicas e Contemporaneidade pela Universidade Estadual do Sudoeste da Bahia - UESB, Campus de Jequié - BA. Advogado.

Claudia de Faria Barbosa
Doutora em Humanidades, Professora do Programa de Pós-graduação em Relações Étnicas e Contemporaneidade, PPGREC da Universidade Estadual do Sudeste da Bahia, Vice-líder do Grupo de Estudos Hermenêuticos em Família, Território, Identidades e Memória (GEHFTIM) e.

1. INTRODUÇÃO

Em 2021, o caso de Madalena Giordano, uma mulher negra e pobre que viveu em condições análogas à escravidão por 38 anos, teve muita repercussão no país, evidenciando a persistência de práticas colonialistas e racistas na sociedade brasileira. Madalena foi forçada a trabalhar sem salário, descanso ou férias, e sua identidade foi abusivamente usada pela família a qual foi entregue, ainda criança, para realização de empréstimos bancários e até para constituição de um falso casamento (Gortázar, 2021).

A exposição desse caso oportunizou a realização de novas denúncias de trabalho doméstico em condições análogas à escravidão, levando às autoridades a investigarem, resgatarem e revelarem à sociedade, inúmeros outros casos de mulheres negras submetidas a condições e comportamentos escravagistas, remetendo a um Brasil ainda fadado à costumes e traços oriundos dos mais de 300 anos de escravidão da população negra.

A PNAD Contínua do IBGE (DIEESE, 2023) revela que, até o 4º trimestre de 2022, havia 5,8 milhões de trabalhadores domésticos no Brasil, dos quais 5,3 milhões eram mulheres, e 67% eram negras. Evidencia-se que, apesar das mudanças ocorridas nos últimos anos acerca dos direitos das trabalhadoras domésticas, a dimensão social e o lugar das mulheres, sobretudo as negras no pós-abolição, ainda é vivido como uma continuidade de costumes e resquícios de um país que, por séculos, teve como sua base o sistema escravocrata.

Por meio de uma entrevista semiestruturada com uma ex-empregada doméstica e atual dirigente de uma associação de empregadas domésticas será demonstrado que o cenário atual onde as mulheres que desenvolvem o trabalho de cuidado no Brasil estão inseridas, permanece sendo um ambiente com graves irregularidades trabalhistas, onde o preconceito racial, de gênero e classe ainda são costumeiramente empregados nas relações laborais.

Por conseguinte, através da análise de um processo judicial, oriundo de uma denúncia de trabalho doméstico em situações análogas à escravidão, restará comprovado que a ausência de conhecimento e aplicabilidade de Perspectivas de Gênero (Brasil, 2021b), e de outras diretrizes decoloniais nos julgamentos de todo o Poder Judiciário, bem como, a falta de ferramentas que auxiliem na identificação e julgamento de casos, por meio da análise de padrões e sinais que frequentemente passam despercebidos em investigações tradicionais, pode ocasionar a permissividade de costumes e heranças escravagistas e coloniais.

Apesar dos (tardios) avanços nas legislações e nas políticas públicas destinadas a combater as irregularidades trabalhistas no âmbito doméstico, bem como a diminuição da opressão e do preconceito, a identificação, investigação e julgamento de casos envolvendo trabalho doméstico em situação análoga à escravidão continuam representando processos complexos, longos e, por vezes, ineficazes, onde aspectos afetivos, familiares e interseccionais mascaram e dificultam o trabalho dos investigadores e até mesmo o reconhecimento da própria vítima, como uma pessoa submetida a uma situação análoga à escravidão.

Nesse contexto, a inteligência artificial (IA) surge como uma ferramenta inovadora, com potencial para transformar significativamente o modo como esses casos são investigados e abordados. Com suas avançadas capacidades de processamento e análise de grandes volumes de dados, pode desempenhar um papel crucial na melhoria das práticas investigativas, auxiliando na identificação de casos por meio da análise de padrões e sinais que frequentemente passam despercebidos em investigações tradicionais.

Dessa forma, o objetivo deste artigo é analisar o potencial da IA na investigação e otimização dos processos relacionados ao trabalho doméstico análogo à escravidão. A pesquisa visa explorar como a IA pode aprimorar a aplicabilidade das normas e sanções existentes e fornecer suporte analítico para a formulação de políticas públicas mais eficazes, bem como o fortalecimento das respostas institucionais e normativas a essa questão crítica.

2. OS DADOS RELACIONADOS AO TRABALHO DOMÉSTICO ANÁLOGO À ESCRAVIDÃO E AS LACUNAS EXISTENTES NAS INVESTIGAÇÕES

Uma pesquisa conduzida pela Repórter Brasil (2020) revela que, no período de 2003 a 2018, 94,8% dos trabalhadores resgatados, em situação análoga à escravidão, são do sexo masculino, enquanto apenas 5,2% são mulheres. Essa discrepância marcou o início de ações voltadas a identificar e investigar se as atividades desempenhadas pelas mulheres estão sendo devidamente fiscalizadas e, consequentemente, se os locais onde elas são submetidas à condições análogas à escravidão são identificados.

Em paralelo, entre 1995 e 2022, o Painel de Informações e Estatísticas da Inspeção do Trabalho no Brasil (Brasil, 2022) documentou a libertação de 58.166 trabalhadores em condições análogas à escravidão. Destes, apenas 47 estavam envolvidos em trabalhos domésticos, o que representa apenas 0,08% do total de casos resgatados.

O termo “trabalhador resgatado” refere-se a uma situação na qual a autoridade de fiscalização confirma, de maneira concreta, que o trabalhador está submetido às condições descritas no artigo 149 do Código Penal. Esta definição é delineada pela Instrução Normativa nº 2, emitida em 12 de novembro de 2021, pelo Ministério do Trabalho e Previdência, especificamente no artigo 32 (Brasil, 2021).

Esse baixo percentual de resgates no setor doméstico evidencia a grave subnotificação desse tipo de exploração, especialmente considerando que, ao final de 2023, o Brasil registrava mais de 6,08 milhões de trabalhadores domésticos (Brasil, 2024). A discrepância entre o número de trabalhadores e os casos registrados de exploração sugere que a realidade da exploração no setor doméstico está muito além dos números divulgados.

O trabalho doméstico no Brasil tem raízes profundas na era da escravidão e foi negligenciado tanto pela sociedade quanto pelos legisladores durante décadas. Apenas em 2013 a maioria dos direitos trabalhistas desta classe, foram formalmente reconhecidos. Essa demora na proteção legal contribui para a prevalência de violações de direitos básicos.

A evidência da subestimação dos casos de trabalho escravo doméstico é evidente, com apenas 47 mulheres registradas como resgatadas em uma área que necessita de mais atenção. A falta de dados específicos sobre o trabalho escravo no setor doméstico, conforme refletido nos números do Painel de Informações e Estatísticas da Inspeção do Trabalho (Brasil, 2022), é notavelmente baixa e subestima a verdadeira extensão do problema (Araújo, 2022, p. 40).

Essas estatísticas revelam que a política de fiscalização no Brasil tem se concentrado principalmente em trabalhadores rurais do sexo masculino, relegando a uma posição secundária as vítimas femininas do setor doméstico. A falta de dados específicos sobre a investigação e sobre as vítimas de trabalho escravo doméstico dificulta a formulação de políticas públicas eficazes para enfrentar essa questão. Portanto, é imperativo que se intensifique a coleta de dados detalhados para abordar de maneira mais eficaz o problema do trabalho escravo no setor doméstico, sendo a Inteligência Artificial uma opção eficaz no gerenciamento, fiscalização e armazenamento desses dados.

3. O CONTRASTE ENTRE OS DADOS E A REALIDADE LABORAL DAS DOMÉSTICAS

Por meio de uma entrevista semiestruturada realizada com L. S., uma mulher de 45 anos de Salvador - BA, que se identifica como parda, gestora e fundadora de uma agência de empregadas domésticas, foi evidenciado que fatores como a interseccionalidade, a falta de conhecimento sobre direitos, a ausência de uma educação decolonial e a histórica desvalorização da categoria, aliada a desafios investigativos, dificultam o acesso das trabalhadoras a melhores condições e respeito no trabalho doméstico.

A entrevistada revelou que, apesar de sua vasta experiência na área, nunca presenciou investigações ou resgates relacionados ao trabalho doméstico análogo à escravidão ao longo de quase uma década. Esta ausência de ação evidencia a subnotificação e a falta de visibilidade dos abusos enfrentados pelas trabalhadoras domésticas.

Ela observou que, embora existam muitos relatos de condições degradantes — como longas jornadas de trabalho, salários baixos, ausência de intervalos para repouso e alimentação e agressões físicas e verbais — esses casos raramente são judicializados ou classificados como trabalho análogo à escravidão. A situação descrita ilustra a discrepância entre os dados oficiais e a realidade das trabalhadoras, corroborando com um cenário onde as condições de trabalho degradantes e humilhantes ainda não são totalmente representadas.

A maioria das trabalhadoras afetadas são mulheres negras e pardas, que enfrentam preconceitos e são admitidas por suas características percebidas como mais "fáceis de lidar" pelos empregadores, que veem essas mulheres como mais suscetíveis à violação de direitos. As dificuldades financeiras, emocionais e a falta de outras oportunidades, fazem com que essas mulheres aceitem condições laborais indignas e permaneçam conformadas com abusos.

L. S. também abordou o impacto das questões afetivas, relatando casos em que trabalhadoras, por lealdade ou sentimento de dívida moral, continuam em condições de trabalho desfavoráveis mesmo após a morte de suas patroas. Elas temem denunciar abusos por receio de perder oportunidades de emprego e por estigmatização, o que reflete a falta de conhecimento sobre seus direitos e o legado colonial que ainda influencia a legislação e a prática.

A entrevistada criticou a legislação atual e a falta de fiscalização, afirmando que as condições degradantes muitas vezes são tratadas como normais dentro do trabalho doméstico. Ela destacou a necessidade urgente de mais valorização da categoria e de políticas públicas que tratem rigorosamente as práticas abusivas e garantam um ambiente de trabalho digno.

Para ela, a falta de medidas efetivas para abordar as irregularidades relatadas e o tratamento dessas condições como inerentes à profissão demonstram a necessidade de uma abordagem mais rigorosa e uma reformulação das políticas para proteger as trabalhadoras domésticas, garantindo que suas condições de trabalho sejam devidamente respeitadas.

4. OS DESAFIOS DA INVESTIGAÇÃO

Bete é o nome fictício atribuído aqui a uma mulher, natural de Itabuna - BA, que foi entregue pelos pais a uma família de Salvador, quando tinha apenas 7 anos de idade. Desde criança, ela fazia todas as tarefas relacionadas ao trabalho doméstico, como lavar, passar, cozinhar, arrumar e faxinar. Desde então, nunca recebeu salário e férias. Além disso, jamais saiu de casa sozinha, nem mesmo aos domingos e feriados. Até o momento não possui amigos e muitos desejos que têm vontade de realizar é impedida por não ter a liberdade de transitar fora de casa, a não ser na companhia da suposta "família".

Essa é a descrição inicial que compõe os autos da Ação Civil Pública Cível, distribuída sob o nº 0000373-27.2022.5.05.0024, na qual o juiz do trabalho, Dr. Juarez Dourado Wanderley da 13ª Vara do Trabalho da comarca de Salvado - / BA, julgou improcedente a demanda de investigação de trabalho doméstico análogo à escravidão, negando a indenização pleiteada pelo Ministério Público do Trabalho à Bete, sob a justificativa de que a vítima "nunca encarnou a condição essencial de trabalhadora, mas de integrante da família que ali vivia, donde se infere que, sob o ponto de vista do direito, jamais houve trabalho e muito menos vínculo de emprego" (0000373-27.2022.5.05.0024, 2022).

Esse julgamento tomou proporções elevadas entre juristas e na mídia, em razão do posicionamento do magistrado, que valida a prática agressora e invisibiliza o sofrimento da vítima, refletindo na sua fundamentação, heranças coloniais que ainda estão enraizadas no judiciário brasileiro.

O caso teve início em meados de 2021, quando o MPT, recebeu denúncia da Auditoria Fiscal do Trabalho noticiando grave violação a direitos fundamentais da trabalhadora em questão. A denúncia feita em sigilo, informava que a trabalhadora não podia se aproximar de outras pessoas que não fossem do seu "núcleo familiar", relatando ainda diversas situações que se assemelham a condições análogas à escravidão. A proprietária da casa onde Bete residia, uma professora branca, alega que Bete "era como se fosse da família".

O denunciante afirmou que durante os 18 anos que reside na vizinhança, a Bete nunca havia saído de casa, que já a convidou para o aniversário de seu filho e a professora não permitiu a ida da vítima. Que nunca viu a trabalhadora doméstica viajar e que, ao questionar se esta possuía família, informou que não sabia. Alegou que a vítima não tinha celular, não sabia ler e que não possuía acesso às origens dela.

Diante da gravidade dos fatos, o Ministério Público do Trabalho autuou uma Notícia de Fato, posteriormente convertida em Inquérito Civil. Por se tratar de trabalho em ambiente doméstico, o MPT ajuizou uma Tutela Cautelar Antecedente, que foi distribuída à 13ª Vara do Trabalho de Salvador requerendo autorização judicial para o Ministério Público do Trabalho e o Ministério do Trabalho e Emprego pudessem adentrar à residência em que a vítima residia e fiscalizar a ocorrência de trabalho em condições análogas à escravidão.

Após o deferimento da tutela cautelar, foi realizada diligência pela força tarefa composta pela Secretaria de Inspeção do Trabalho (SIT), Secretaria de Justiça e Direitos Humanos do Estado da Bahia e Polícia Militar, na qual verificou-se a veracidade da denúncia apresentada ao Parquet.

O relatório realizado pelo MPT, informava que o núcleo familiar em que a vítima estava inserida, era composto por 6 (seis) pessoas. Apesar de reconhecer o papel de Bete como responsável pela manutenção do lar e dos cuidados com seus membros, a família não a reconhece como empregada doméstica, razão pela qual não obteve o registro em carteira.

O parquet concluiu que a trabalhadora prestou serviço doméstico para a família, em condição análoga à escravidão por 44 anos - desde os 7 anos de idade, todos os dias, das 6h às 21h, com jornada de 15h por dia, sem intervalos para descanso. A vítima dividia o quarto com os netos da patroa, sendo a responsável por arrumar o cômodo e servi-los.

Além de trabalhar nos serviços domésticos para a família, ao longo de 44 anos, Bete também cuidava das crianças para quem a sua patroa prestava serviço de reforço escolar, sem qualquer tipo de remuneração. Ela dava banho e cuidava de algumas crianças até tarde, na espera dos respectivos pais, isso agravava ainda mais a exploração com a jornada de trabalho exaustiva pelos serviços domésticos.

Ante os fatos pontuados, ficou consignado já no relatório preliminar da ação fiscal que a Sra. Bete, de fato, foi submetida a condições análogas à escravidão, conforme previsto no tipo legal. A obreira aceitou ser acolhida pela assistência social e foi encaminhada à local seguro para receber atendimento psicossocial.

A partir da apuração desses fatos, no âmbito da Subsecretaria de Inspeção do Trabalho, por meio do Grupo Especial de Combate ao Trabalho Análogo ao Escravo na Bahia (GETRAE), a empregadora foi autuada por situação degradante, falta de registro, concessão de férias ou descansos, ausência de pagamento de salário e 13º, falta de recolhimento de FGTS, jornada exaustiva, sujeição da vítima a condição análoga à escravidão, pelo trabalho desempenhado no período de aproximadamente quarenta e quatro anos (dos 7 aos 51 anos).

O MPT finalizou o registro da ação, informando que atualmente, a trabalhadora havia sido acolhida por uma irmã, no Município de Aracaju/SE, e que estava em situação de extrema vulnerabilidade financeira, haja vista o fim do benefício de seguro-desemprego, recebido a partir do resgate. Pugnou então, pelo pedido de condenação da família empregadora ao pagamento de R$ 2.392.241,54 (dois milhões, trezentos e noventa e dois mil, duzentos e quarenta e um reais e cinquenta e quatro centavos) a título de danos morais e materiais.

Pela leitura dos fatos, restam evidentes as graves violações aos direitos humanos e a caracterização das condições em que a vítima estava submetida, como sendo análogas à escravidão. A fiscalização apontou a presença de três elementos para caracterizar o trabalho escravo: o expediente de 15 horas diárias, com intervalos curtos entre um dia e outro, e sem direito a repouso e férias; as condições degradantes, haja vista a ausência de liberdade, de privacidade e de gerir a própria vida e o trabalho forçado, com cárcere privado.

O parquet classificou o caso como uma "escravidão contemporânea", a qual não se identifica apenas com o trabalho forçado ou obrigatório, mas, principalmente, com as condições degradantes que ao trabalhador são impostas. Destaca ainda, que traços da chamada escravidão clássica, também foram identificados, a exemplo do trabalho forçado com o cerceamento da liberdade de ir e vir da trabalhadora.

> A obreira viveu impedida de usufruir folgas e descansos, foi cerceada no seu direito de ir e vir por pressão psicológica e terror imoral, jamais recebeu absolutamente nada pelos serviços prestados, foi impedida de conviver em sociedade, de estudar, de experenciar a infância, adolescência e juventude, de ser um SER HUMANO independente e lúcido quanto às suas potencias e direitos. (0000373-27.2022.5.05.0024, 2022).

Segundo extrai-se dos autos, o parquet alega em sua exordial, que a trabalhadora doméstica viveu sob tortura psicológica alimentada desde a infância, sobre as sombras do perigo da cidade grande e dos maus-tratos que recebia dos familiares consanguíneos. Assim, desde os seus 7 (sete) anos de idade, a vítima era aterrorizada pela narrativa de que o único ambiente seguro para viver era o da família que lhe abrigou, fazendo com que a própria trabalhadora sentisse vontade de permanecer na dinâmica de superexploração.

O Ministério Público do Trabalho aduziu que "os empregadores manipulam essa superexploração se intitulando heróis de crianças/meninas pobres, na tentativa de dissimular, assim, sua condição de verdadeiros escravocratas" (0000373-27.2022.5.05.0024, 2022). Uma prática profundamente enraizada em comportamentos oriundos de um Brasil colonial, mesmo após 136 anos da abolição da escravatura.

Concluiu-se, portanto, que a situação degradante e de submissão à condição análoga à escravidão restou comprovada, haja vista o terror psicológico causado para manutenção do cárcere, alimentando o perigo de sair sozinha e a constante vigilância; o aliciamento sedutor, criado a partir da conjuntura de que a vítima era da família, como uma irmã de criação, uma "pessoa nossa", bem como, pela naturalização da sujeição da vítima ao trabalho forçado com jornadas extremamente exaustivas, com dependência econômica e psicológica.

Ocorre que, mesmo diante de todos os fatos, provas, depoimentos e de toda a investigação prévia feita pelo Ministério Público do Trabalho, o Juiz responsável pelo julgamento do caso, considerou que "por nenhum ângulo que se analise a questão dos autos, pode-se aventar na existência de trabalho em condição análoga à escravidão" (0000373-27.2022.5.05.0024, 2022).

De igual forma, julgou improcedente os pedidos relacionados às verbas trabalhistas, por não considerar que existia trabalho, na relação travada por Bete e a família, ao alegar que ela: "[...] naquela casa, nunca encarnou a condição essencial de trabalhadora, mas de integrante da família que ali vivia, donde se infere que, sob o ponto de vista do direito, jamais houve trabalho e muito menos vínculo de emprego" (0000373-27.2022.5.05.0024, 2022).

Essa absurda decisão é o retrato da normalização de costumes e heranças escravagistas e coloniais, ainda vigentes e desapercebidas por muitos. Além disso, o magistrado não pautou a sua decisão em conformidade com a Resolução n. 492/2023 do Conselho Nacional de Justiça (Brasil, 2023), o qual estabelece, a adoção de Perspectiva de Gênero nos julgamentos de todo o Poder Judiciário, face as diretrizes do protocolo aprovado pelo Grupo de Trabalho constituído pela Portaria CNJ º 27/2021 (Brasil, 2021b), que institui a obrigatoriedade de capacitação de magistrados e magistradas, nos temas relacionados a direitos humanos, gênero, raça e etnia, em perspectiva interseccional.

O Protocolo possui a premissa de que o Brasil é caracterizado por desigualdades profundas e arraigadas. Isso significa que há elementos patriarcais, racistas e classistas que permeiam as partes da sociedade. É reconhecido que as mulheres e trabalhadoras são frequentemente designadas para desempenhar múltiplos papéis sociais. No entanto, esses papéis geralmente as colocam em situações de subordinação, às vezes resultando em desumanização e falta de reconhecimento do valor social do trabalho doméstico, seja ele remunerado ou não.

> A criação, a interpretação e a aplicação do direito não fogem a essa influência, que atravessa toda a sociedade. Nesse contexto, em termos históricos, o direito parte de uma visão de mundo androcêntrica. Sob o argumento de que a universalidade seria suficiente para gerar normas neutras, o direito foi forjado a partir da perspectiva de um "sujeito jurídico universal e abstrato", que tem como padrão o "homem médio", ou seja, homem branco, heterossexual, adulto e de posses (Brasil, 2021b).

O Conselho (Brasil, 2021b), nessa perspectiva, ignora as disparidades de gênero, raça e classe que moldam a vida cotidiana das pessoas e que devem ser consideradas ao estabelecer, interpretar e aplicar a lei. Assim, quando as diferenças econômicas, culturais, sociais e de gênero das partes envolvidas em processos jurídicos são negligenciadas promove uma abordagem formalista e uma compreensão limitada e distanciada da realidade social. Isso favorece o exercício do poder dominante em detrimento da justiça substancial.

Nesse contexto, o patriarcado e o racismo exercem influência na tomada de decisões judiciais. Assim, tanto juízas quanto juízes estão sujeitos, até mesmo de forma involuntária e inconsciente, a reproduzir os estereótipos de gênero e raça presentes na sociedade.

> Agir de forma supostamente neutra, nesse caso, acaba por desafiar o comando da imparcialidade. A aplicação de normas que perpetuam estereótipos e preconceitos, assim como a interpretação enviesada de normas supostamente neutras ou que geram impactos diferenciados entre os

> diversos segmentos da sociedade, acabam por reproduzir discriminação e violência, contrariando o princípio constitucional da igualdade e da não discriminação (Brasil, 2021b)

Assim, o protocolo afirma que um julgamento imparcial requer uma postura ativa de desconstrução e superação de preconceitos, buscando decisões que considerem as diferenças históricas e as desigualdades, essenciais para erradicar todas as formas de discriminação contra as mulheres. Reconhecer que os estereótipos estão enraizados na cultura, na sociedade, nas instituições e no próprio sistema jurídico, e procurar identificá-los para não ser influenciado por preconceitos inconscientes durante o exercício da função judicante é uma maneira de aprimorar a objetividade e, consequentemente, a imparcialidade no processo decisório.

Além disso, entender criticamente que o juiz ou a juíza ocupa uma posição social que molda sua visão de mundo, muitas vezes diferente das partes envolvidas, reduz a possibilidade de decisões que perpetuem a desigualdade e a discriminação. Enfrentar as múltiplas realidades presentes no processo, identificar estereótipos e evitar pré-julgamentos decorrentes de preconceitos inconscientes contribuem para uma compreensão mais ampla da situação e para a construção de uma racionalidade jurídica mais próxima do ideal de justiça.

No presente caso, apesar da caracterização de uma condição análoga à escravidão, conduzida pelo órgão responsável em identificar, investigar e combater situações que afrontam à dignidade humana e a saúde do(a) trabalhador(a), o magistrado pautou a sua decisão no fato de que a vítima se reconhecia como da família, uma realidade distorcida, fruto da superexploração vivida, das restrições de liberdade, pela ausência de estudos e outros fatores emocionais e psicológicos experimentados durante mais de 40 anos.

> O que se depreende, portanto, é que a autora se integrou àquele núcleo quando tinha apenas 7 anos de idade, portanto, era uma criança, aprendeu que aquele cotidiano faz parte de sua essência, o que torna a questão social ainda mais árdua de ser resolvida, muito embora não se possa dizer, de nenhuma forma, que ali existia uma situação análoga à escravidão, pelo menos das provas trazidas aos autos. Aliás, a redução de pessoa à condição análoga a de escravo é tipo penal, previsto no artigo 149 do Código Penal, que expressamente estabelece que a situação ocorre quando o autor do delito atua, em desfavor da vítima "quer submetendo-o a trabalhos forçados ou a jornada exaustiva, quer sujeitando-o a condições degradantes de trabalho, quer restringindo, por qualquer meio, sua locomoção em razão de dívida contraída com o empregador ou preposto". O caso dos autos,

> conforme verificado, passa longe de qualquer dessas situações. (0000373-27.2022.5.05.0024, 2022).

Na sentença vergastada, é observável o impacto da subjugação e da falta de conhecimento dos direitos de uma pessoa como Bete, que viveu décadas sob exploração e o exercício de atividades não remuneradas no trabalho doméstico. Sua liberdade estava restringida e sua dependência financeira da empregadora a mantinha presa em um ciclo de submissão. Desde a infância, foi instruída sobre suas responsabilidades e comportamento, o que a impedia de agir em seu próprio interesse. Como resultado, ela e outras vítimas semelhantes se sentem coagidas a permanecerem em situações abusivas, com medo de confrontar seus empregadores ou reivindicar seus direitos básicos.

Neste contexto, as vítimas muitas vezes não têm lembranças de uma vida antes da exploração, o que as mantém alienadas de outras realidades e de seus próprios direitos. Elas tendem a internalizar as narrativas dos empregadores e desenvolverem um sentimento de gratidão que as impedem de reconhecer sua própria exploração. Esse vínculo de gratidão, também as tornam receosas de prejudicar seus empregadores, podendo levar a momentos de hesitação no ato do resgate.

No entanto, quando as vítimas são acompanhadas e reintegradas na sociedade, começam a adquirir consciência de seus direitos e a perceberem a extensão de suas explorações. Essa conscientização marca o fim do ciclo de medo e submissão, permitindo-lhes reivindicar sua autonomia e dignidade.

Em sede de recurso, o Ministério Público do Trabalho pugnou pela aplicabilidade das diretrizes instituídas pelo Protocolo para julgamento com perspectiva de gênero, afirmando que o magistrado atuou sem se ater as assimetrias de gênero, raça, classe e suas interseccionalidades ao proferir a sentença.

No presente caso, a decisão proferida pelo Juízo de primeiro grau compromete a efetividade e a legitimidade dos princípios constitucionais, bem como contraria a jurisprudência atual que reconhece a importância dessas perspectivas na análise dos casos como dos autos. (0000373-27.2022.5.05.0024, 2022).

O caso analisado retrata a necessidade dos estudos interseccionais e decoloniais em todas as searas do direito, principalmente para juízes(as) desembargadores(as) e operadores jurídicos. A ausência de conhecimento dessas relações de raça, gênero e sexualidade fazem com que surjam decisões pautadas no machismo, patriarcado e nos institutos trazidos pela colonialidade do poder.

A implementação da recente Resolução n. 492/2023 do Conselho Nacional de Justiça (Brasil, 2023), e da Portaria CNJ º 27/2021 (Brasil, 2021b), que determinam a adoção de Perspectiva de Gênero nos julgamentos dos órgãos do

Poder Judiciário, através de cursos de formação inicial e formação continuada para magistrados, que incluam, obrigatoriamente, os conteúdos relativos aos direitos humanos, gênero, raça e etnia, é um avanço, que deve ser efetivamente aplicado e fiscalizado, para evitar a reprodução de sentenças que possam caracterizar um erro de julgamento, por não considerar as particularidades atinentes aos grupos vulnerabilizados, como no caso em análise.

A manutenção da sentença analisada representa um retrocesso no tocante às questões de gênero, raça e classe que envolvem a categoria das trabalhadoras domésticas, reforçando estereótipos de servidão e de manutenção desses comportamentos por milhares de outras famílias que possuem uma "Bete" em suas residências.

5. AS PERSPECTIVAS DE GÊNERO E O PAPEL DO MINISTÉRIO PÚBLICO DO TRABALHO

O lento progresso legislativo sobre o trabalho doméstico no Brasil, aliado à persistência do racismo e das práticas escravagistas históricas profundamente enraizadas na sociedade brasileira, que permitem e até normalizam situações de abuso e exploração, fazem com que o trabalho do Ministério Público do Trabalho, do judiciário e de outras entidades e movimentos representativos da categoria, sejam cruciais para combater e reduzir irregularidades nas relações entre empregadores e trabalhadores domésticos.

O Ministério Público do Trabalho (MPT) é um segmento do Ministério Público da União com a missão de proteger a legalidade, a democracia e os interesses sociais e individuais no âmbito laboral. Este órgão atua perante a Justiça do Trabalho para garantir os direitos fundamentais dos trabalhadores e manter a ordem legal e democrática nas relações de emprego. De acordo com Bonavides (2003), o MPT, tem a responsabilidade adicional de proteger direitos e interesses de grupos amplos e indivíduos nas questões trabalhistas, com foco na implementação dos chamados "direitos sociais", como a saúde e a integridade física dos trabalhadores, a igualdade nas relações de trabalho, o combate ao trabalho infantil e escravo, e a promoção da liberdade sindical.

Nesse contexto, é essencial compreender o papel atual do MPT no enfrentamento das situações de exploração e das denúncias relacionadas ao trabalho doméstico em condições análogas à escravidão, que ainda persistem em muitos lares brasileiros. Para isso, foi conduzida uma entrevista com a Procuradora do Trabalho Lys Sobral Cardoso, ex-coordenadora da Coordenadoria Nacional de Erradicação do Trabalho Escravo e Enfrentamento ao Tráfico de Pessoas (CONAETE). Segundo a procuradora, a CONAETE visa integrar as Procuradorias Regionais do Trabalho em um plano nacional coordenado para a erradicação do trabalho escravo, promovendo a troca de experiências e discussões sobre o tema, além de garantir uma atuação eficiente do MPT quando necessário.

Atualmente, a procuradora, que se identifica como mulher parda, coordena o grupo de estudos do MPT denominado "escravidão, gênero e raça", criado em 2021. O grupo se dedica a abordar a escravização de pessoas no Brasil sob uma perspectiva interseccional, tratando de temas como a exploração de mulheres e a necessidade de uma abordagem mais detalhada e sensível às especificidades dessas situações. O grupo busca estimular o debate sobre o tema, promover a educação interna e revisar estruturas e classificações dentro do MPT, como a inclusão de questões relacionadas à escravização de mulheres nos "temários" institucionais.

A procuradora mencionou que anteriormente o MPT não detalhava informações sobre pessoas resgatadas, limitando-se a dados genéricos. Isso dificultava a obtenção de informações específicas e quantitativas, como o número de mulheres negras resgatadas em situações análogas à escravidão. O grupo de estudos também propôs a criação de um ponto focal para a coleta de informações e a abertura de editais para a publicação de textos, com o objetivo de reunir dados e promover uma abordagem mais decolonial e interseccional das investigações.

O grupo surgiu após a Reporter Brasil, uma organização sem fins lucrativos dedicada à investigação e divulgação de violações dos direitos trabalhistas, conduzir um estudo sobre o perfil das mulheres resgatadas em condições de trabalho escravo contemporâneo. Fundada em 2001, a Reporter Brasil tornou-se uma das principais fontes de informação sobre trabalho escravo no Brasil e tem sido fundamental na coleta e divulgação de dados sobre esse problema.

De acordo com a procuradora, a Reporter Brasil foi pioneira na coleta de dados sobre o número de mulheres resgatadas desde o início das políticas públicas de resgate em 2003. A pesquisa revelou que, entre 2003 e 2018, 95% das pessoas resgatadas eram homens e apenas 5% eram mulheres, o que levantou questões sobre a eficácia das fiscalizações e a necessidade de garantir que todas as formas de exploração fossem adequadamente abordadas.

Como resultado desses estudos e da pressão para uma abordagem mais detalhada, foi criado o grupo de estudos "escravidão, gênero e raça", com o objetivo de entender o cenário e identificar melhores formas de fiscalização. A procuradora afirmou que a pandemia de Covid-19 agravou os casos de exploração no trabalho doméstico, com denúncias de mulheres sendo impedidas de deixar as casas dos empregadores devido ao risco de contaminação.

A partir de 2020, houve uma mudança na perspectiva do MPT e da sociedade em relação à classificação de situações de trabalho doméstico como escravidão. Até então, muitas dessas situações eram classificadas como irregularidades trabalhistas, mas agora começaram a ser vistas e investigadas como trabalho escravo. A ausência de mecanismos específicos e estudos interseccionais dentro do MPT dificultava a identificação e a classificação das situações de exploração, especialmente em relação a mulheres negras.

O MPT, junto com a Defensoria Pública da União, tem um papel crucial na garantia de indenizações e no encerramento dos contratos de trabalho, além de fornecer acolhimento temporário para as vítimas. As medidas incluem a oferta de apoio psicológico e a facilitação do acesso a moradia e reintegração ao mercado de trabalho.

A procuradora destacou que as famílias opressoras enfrentam inquéritos policiais e possíveis condenações, mas a dificuldade em localizar e garantir o patrimônio para indenização é um desafio. Além disso, é fundamental aumentar a conscientização pública e fortalecer as políticas de prevenção e assistência, com a colaboração dos órgãos judiciais, legislativos e executivos, bem como da sociedade civil.

A análise da entrevista indica que, apesar dos avanços recentes, o combate ao trabalho doméstico análogo à escravidão ainda precisa de uma abordagem mais eficaz e integrada. A mudança na percepção e atuação do MPT é um passo importante, mas a erradicação completa desse problema requer uma transformação mais ampla nas estruturas sociais e legislativas.

A utilização da Inteligência Artificial pode ser uma forte aliada no agrupamento de dados, mapeamento de casos e de indícios, filtragem de temas e abordagens sensíveis, relacionados a perspectiva de gênero, raça e classe social, bem como, na busca patrimonial e social dos agressores, podendo vir a agilizar e otimizar investigações, bem como propiciar uma maior assertividade nas condenações e restrições financeiras.

6. O USO DA INTELIGÊNCIA ARTIFICIAL

Com o intuito de avaliar as iniciativas e o desenvolvimento do uso da Inteligência Artificial no âmbito dos órgãos investigativos, bem como, para mapear e entender os atuais estágios e as perspectivas futuras de adoção das novas tecnologias dentro do contexto investigativo do Ministério Público foi realizado no ano de 2023, por meio da Comissão de Planejamento Estratégico, da Estratégia Nacional do MP Digital, um levantamento das iniciativas de IA no Ministério Público (BRASIL, 2023b).

Em outubro de 2023, a Comissão de Planejamento Estratégico do Conselho Nacional do Ministério Público começou uma consulta aos diferentes setores e unidades do Ministério Público. Por meio do ofício-circular nº 57/2023/CPE, a comissão solicitou que fosse preenchido um formulário para reunir informações detalhadas sobre as iniciativas de Inteligência Artificial (IA) já em andamento ou em desenvolvimento.

O formulário pedia a descrição das soluções de IA, bem como detalhes sobre as tecnologias e conjuntos de dados (datasets) utilizados para treinar os modelos de IA. Também foram solicitadas informações sobre os resultados esperados ou já alcançados, os desafios encontrados durante o desenvolvimento, implementação e/ou contratação das tecnologias, entre outros aspectos.

O Levantamento ainda levou em consideração o fato de que ainda não há um consenso sobre o conceito de Inteligência Artificial (IA), que pode variar de definições gerais envolvendo várias tecnologias para processamento e análise de dados a definições mais restritas, como a criação de modelos para previsão, recomendação e decisões automatizadas ou técnicas específicas. O levantamento, portanto, considerou uma abordagem ampla para essas tecnologias. Isso inclui iniciativas como o uso de *chatbots* ou assistentes virtuais, sistemas de reconhecimento facial ou de imagem, e ferramentas de previsão e análise de dados com base em aprendizado de máquina.

Análises rápidas e eficazes de processos judiciais, a elaboração de atas e sentenças, a criação de análises preditivas, com a identificação de áreas geográficas e demográficas de maior risco de incidência de casos, com base em dados históricos e tendências atuais, bem como diversas outras tecnologias podem agilizar todo processo investigativo.

Ferramentas de processamento de linguagem natural e análise de texto podem acelerar a revisão e a triagem de documentos legais e testemunhos, identificando rapidamente informações relevantes e reduzindo o tempo necessário para a construção de casos sólidos. Ademais, sistemas inteligentes podem melhorar a coordenação entre diferentes entidades envolvidas na investigação e no julgamento, proporcionando uma visão mais coesa e integrada dos casos. Após a análise dos programas que vem sendo desenvolvidos ou que implantados em unidades do MP no Brasil, algumas iniciativas merecem destaque, porque podem vir a auxiliar e agilizar a análise e a investigação de mulheres submetidas ao trabalho doméstico análogo à escravidão.

Dentro da seara do Ministério Público Federal está em desenvolvimento a "Internalização GPSMED", que visa extrair informações sobre medicamentos, doenças e tratamentos em processos judiciais em trâmites no MPF, organizando as informações em Painel de *Business Inteligence*. Assim, pode auxiliar nas análises e diagnósticos de demandas na área de saúde pública, de forma a subsidiar o desenvolvimento de políticas públicas voltadas à prevenção ou desjudicialização de litígios em matéria sanitária (Brasil, 2023b).

Este programa pode ser adaptado para analisar e administrar informações relacionadas às perspectivas de gênero, raça e classe social dos processos que já tramitaram ou estão em sede de investigação no Ministério Público do Trabalho, com a reunião de dados e diagnósticos para melhor tomada de decisões e fomento de políticas públicas.

O próprio Ministério Público do Trabalho está desenvolvendo o programa chamado SARA (Sistema Assistente de Redação e Análise), que utiliza as bases transacionais dos sistemas finalísticos do MPT, assim como outras bases de dados, externas, mantidas pela SPAI. Os resultados esperados vão desde a obtenção de resumos de processos a proposição de temas em processos finalísticos do MPT (Brasil, 2023b).

Uma iniciativa do MP do Ceará, é o desenvolvimento do Portal de Exploração de Evidencias Digitais (PEED), que possui as seguintes funcionalidades:

> Reconhecimento Facial: funcionalidade que analisa rostos em imagens para identificar relacionamentos entre pessoas ou mesmo indicar possível identidade. [...] Análise de Contexto de Conversas: algoritmo capaz de extrair significado por trás das interações verbais. [...] Elaboração de Trilhas de Pesquisa de Dados Estruturados: Auxílio na organização e análise de informações estruturadas. [...] Emissão de Relatórios Socioeconômicos e Histórico Processual: Apoio na tomada de decisões por meio de informações detalhadas sobre as partes investigadas (Brasil, 2023b).

Essas funcionalidades podem criar facilidades no curso da investigação. A elaboração de trilhas de pesquisas, em especial, irá criar trilhas de pesquisa para encontrar rapidamente informações específicas em diversas bases de dados, como datas, veículos, nomes de pessoas e empresas ou números de referência. Isso economiza tempo na análise de diversas bases de dados e auxilia o julgador na melhor tomada de decisão a respeito dos bens e do patrimônio encontrado.

O Ministério Público do Estado do Goiás está desenvolvendo um programa para análise da notícia de fato para informar outras similares (Brasil, 2023b) cujo intuito é trazer para o investigador outras noticias de fato semelhantes, que possam ajudar a caracterizar aquela denuncia como sendo de um grupo específico, onde ações pontuais precisam ser tomadas, ajudando na redução de casos de denúncias de trabalho doméstico análogo à escravidão, que são arquivadas ou que não possuam um correto direcionamento.

O Ministério Público do Estado do Mato Grosso do Sul, está desenvolvendo um programa de denúncias de violência doméstica, visando desenvolver um sistema capaz de propor denúncias de violência doméstica de forma automatizada, melhorando a eficiência e a rapidez no atendimento desses casos (Brasil, 2023b).

O Ministério Público do Estado do Rio Grande do Norte está em fase inicial do Projeto Genius, cujo principal objetivo se dá em agilizar os processos de trabalho, reduzir erros e fornecer insights valiosos para a tomada de decisões mais embasadas, desempenhando um papel crucial na análise de políticas públicas e na previsão de tendências (Brasil, 2023b).

Essas iniciativas, somadas a outras que buscam uma melhor otimização do tempo, análise e fluxo de processos e demandas judiciais, como algoritmos que podem vir a processar vastas quantidades de dados de denúncias, registros de trabalho e outras fontes relevantes para identificar padrões suspeitos e criar perfis de risco que ajudam os órgãos investigativos a direcionarem seus esforços de forma mais eficaz, estão sendo cada vez mais vistas como soluções para os problemas atuais relacionados às linhas investigativas.

Assim, o uso da IA na análise e monitoramento contínuo pode ajudar a garantir que os julgamentos sejam mais justos e eficazes. Algoritmos de avaliação podem ajudar a identificar e mitigar vieses nos processos legais, promovendo decisões mais equitativas e fundamentadas em evidências concretas. A combinação dessas tecnologias tem o potencial não apenas de aumentar a taxa de sucesso na resolução de casos, mas também de promover uma cultura de maior transparência e responsabilidade no combate ao trabalho doméstico análogo ao de escravo.

CONSIDERAÇÕES FINAIS

A valorização das condições do trabalho doméstico, a garantia dos direitos das trabalhadoras e a erradicação de práticas análogas à escravidão exigem esforços que vão além da busca por igualdade de oportunidades. É necessário enfrentar e superar as discriminações persistentes que afetam mulheres e pessoas negras no Brasil, especialmente no setor de trabalho doméstico. A equidade de oportunidades deve ser alcançada para impedir que desigualdades e exclusões, manifestas de diversas formas e influenciadas por vários fatores, continuem moldando as relações de trabalho.

A mera inclusão de direitos na legislação não é suficiente para assegurar sua efetiva aplicação. É preciso adotar medidas práticas que combatam atitudes discriminatórias e promovam a verdadeira igualdade no ambiente de trabalho, tornando as conquistas legais uma realidade tangível.

Atualmente, mulheres negras que desempenham funções de cuidado doméstico continuam a enfrentar condições degradantes, comparáveis ao trabalho escravo, devido à persistência de desigualdades de gênero, raça e classe nas relações laborais. A lenta evolução legislativa e as políticas públicas voltadas para as trabalhadoras domésticas, que ganharam maior abrangência apenas em 2013, revelam a necessidade de um Estado mais atuante e regulador. A promulgação de leis não é suficiente sem a ação e fiscalização efetiva por parte dos órgãos públicos.

Além disso, apesar das recentes iniciativas para capacitar magistrados em questões de interseccionalidade, ainda há uma carência de rigor e controle na aplicação dessas diretrizes. A implementação de uma educação decolonial e uma análise interseccional dos casos, juntamente com o aumento das fiscalizações e o desenvolvimento de métodos e políticas que possam identificar situações de opressão, mesmo quando a vítima não se reconhece como tal, são cruciais para garantir uma justiça equitativa.

A criação do grupo "Escravidão, Gênero e Raça" pelo Ministério Público do Trabalho em 2021 representa um avanço significativo, reconhecendo a necessidade de uma mudança na consciência dos investigadores e na abordagem das denúncias. Este grupo é essencial para introduzir uma perspectiva decolonial e prevenir a repetição de casos similares aos analisados, onde a conexão afetiva entre empregadas e empregadores mascarou a realidade de exploração e servidão.

As relações afetivas entre empregadas e suas famílias empregadoras, formada ao longo de anos de trabalho, contribui para a naturalização de situações de servidão e escravidão. A sociedade, marcada por profundas raízes coloniais, ainda não reconhece essas relações como opressivas. O fornecimento de alimentação e moradia, embora pareça um gesto de benevolência, muitas vezes serve como uma ferramenta de controle e perpetua um ciclo de exploração.

É necessário garantir que os avanços legislativos sejam aplicados de forma a criar uma verdadeira equidade. A combinação de leis eficazes, educação decolonial, conscientização social e fiscalização rigorosa contribuirá para expor e reduzir as práticas de trabalho análogo à escravidão. Medidas como a promoção dos direitos trabalhistas das empregadas domésticas, o reforço da fiscalização, a criação de canais seguros para denúncias e a desconstrução da ideia de que o trabalho doméstico é um "favor" são fundamentais para melhorar as condições e oportunidades para trabalhadores domésticos em todo o Brasil.

O uso e aplicabilidade da Inteligência Artificial (IA) no âmbito da justiça e, especialmente, para os membros do Ministério Público do Trabalho (MPT) oferece oportunidades significativas para aprimorar a eficácia, a celeridade e a precisão na resolução de casos complexos, como aqueles relacionados ao trabalho doméstico análogo à escravidão.

A IA pode transformar significativamente a eficiência dos processos judiciais ao automatizar tarefas repetitivas e demoradas. No contexto do MPT, isso inclui a triagem de denúncias, a análise de grandes volumes de dados e a identificação de padrões de comportamento. Algoritmos de aprendizado de máquina podem processar e categorizar informações de maneira mais rápida e precisa do que métodos tradicionais, liberando os procuradores para focar em aspectos mais estratégicos e complexos dos casos.

A aplicação de IA pode melhorar a precisão na identificação e análise de casos de trabalho análogo à escravidão. Sistemas avançados de IA, como algoritmos de processamento de linguagem natural (PLN), podem revisar documentos e depoimentos para detectar sinais sutis de exploração e abusos. Além disso, modelos preditivos podem ajudar a antecipar a ocorrência de padrões de violação com base em dados históricos e características semelhantes, permitindo uma intervenção mais proativa.

Ferramentas com base em IA podem fornecer uma análise objetiva e consistente das evidências, minimizando a influência de preconceitos humanos. No MPT, isso pode ser crucial para garantir que as investigações e ações judiciais sejam conduzidas de forma justa e imparcial, especialmente em casos que envolvem discriminação racial e de gênero, como os de trabalho doméstico análogo à escravidão.

A IA pode acelerar a tramitação dos processos ao automatizar a análise de evidências e o cumprimento de requisitos legais. Sistemas de IA podem realizar triagens preliminares e priorizar casos com base na urgência e gravidade, permitindo que os operadores da justiça se concentrem nas ações necessárias para a resolução efetiva e rápida dos casos.

A IA permite uma coleta e análise de dados mais eficazes, crucial para a investigação de casos complexos. Ferramentas de IA podem integrar informações de diferentes fontes, como registros de trabalho, denúncias e testemunhos, para criar uma visão holística dos casos. Essa abordagem integrada pode ajudar o MPT a identificar redes de exploração e tendências emergentes, facilitando a formulação de estratégias mais eficazes de intervenção.

Os sistemas de IA podem ser utilizados para criar simulações e cenários de treinamento, permitindo que os operadores da justiça se familiarizem com novas tecnologias e práticas. Essa capacitação pode melhorar a capacidade do MPT para lidar com casos de trabalho análogo à escravidão de maneira mais eficiente e informada.

Além de auxiliar na investigação e julgamento de casos, a IA pode fornecer insights valiosos para o desenvolvimento de políticas públicas. Analisando dados e tendências, os sistemas de IA podem ajudar a identificar lacunas nas legislações existentes e sugerir áreas para melhorias. Essa abordagem com base em dados pode apoiar a criação de políticas mais eficazes para prevenir e erradicar o trabalho doméstico análogo à escravidão.

Dessa forma, a aplicação de Inteligência Artificial pelos operadores da justiça, particularmente pelos membros do Ministério Público do Trabalho, representa um avanço significativo na busca por uma justiça mais eficiente, precisa e equitativa. A IA não só potencializa a capacidade de lidar com casos complexos e volumosos, como também oferece uma oportunidade para enfrentar desafios persistentes, como a exploração no trabalho doméstico. A integração de IA nas práticas do MPT pode transformar a forma como a justiça é administrada, promovendo a proteção efetiva dos direitos dos trabalhadores e a promoção de um ambiente de trabalho mais justo e livre de abusos.

REFERÊNCIAS

ARAÚJO, Ana Beatriz de Souza. **Trabalho Escravo Contemporâneo**: A invisibilidade seletiva das trabalhadoras domésticas e o caso paradigmático "madalena gordiano". Trabalho de Conclusão de Curso (Bacharelado em direito) Universidade Federal do Rio Grande do Norte (UFRN), Natal/RN, 2022.

BRASIL. Conselho Nacional de Justiça. **Resolução n. 492, de 17 de março de 2023.** Disponível em https://atos.cnj.jus.br/files/original144414202303206418713e177b3.pdf Acesso em 08 de fev. 2024.

BRASIL. Conselho Nacional de Justiça. Escola Nacional de Formação e Aperfeiçoamento de Magistrados — Enfam. **Protocolo para julgamento com perspectiva de gênero.** Brasília, 2021b. Disponível em: https://www.cnj.jus.br/wp-content/uploads/2021/10/protocolo-18-10-2021-final.pdf Acesso em 15 de mar. 2024

BRASIL. Conselho Nacional do Ministério Público. **Levantamento de iniciativas de IA no Ministério Público**, 2023b. Disponível em https://www.cnmp.mp.br/portal/images/Comissoes/CPE/MP_Digital/Publica%C3%A7%C3%B5es/Relat%C3%B3rio_IA_2023.pdf Acesso em 10 set. 2024.

BRASIL, **Instrução normativa nº 2**, de 8 de novembro de 2021, disponível em https://www.normaslegais.com.br/legislacao/In-2-2021.htm Acesso em 20 out. 2023

BRASIL, **Ministério do Trabalho e Emprego**. 2024. Disponível em https://www.gov.br/trabalho-e-emprego/pt-br/noticias-e-conteudo/2024/Marco/emprego-domestico-no-brasil-e-formado-por-mulheres Acesso em 10 set. 2024.

BRASIL. Ministério do Trabalho e Previdência. Secretaria de Inspeção do Trabalho. **Radar SIT**: Painel de Informações e Estatísticas da Inspeção do Trabalho no Brasil. Brasília, [2022]. Disponível em: https://sit.trabalho.gov.br/radar/. Acesso em: 14 out 2022.

BRASIL. Tribunal Regional do Trabalho (5ª Região). **Processo n. 0000373-27.2022.5.05.0024.** Ação Civil Pública. 13ª Vara do Trabalho de Salvador. Salvador, 2022.

BONAVIDES, Paulo. **Os dois Ministérios Públicos do Brasil**: o da Constituição e o do governo. In: MOURA JÚNIOR, Flávio Paixão et al (Coords.). Ministério Público e a ordem social justa. Belo Horizonte: Del Rey, 2003.

DIEESE. **Pesquisa Nacional por Amostra de Domicílios Contínua** (PNAD Contínua). Dados dos 4º trimestres de 2013 a 2022. Disponível em: https://www.dieese.org.br/infografico/2023/trabalhoDomestico2023.html . Acesso em: 23 out. 2023.

GORTÁZAR, Naiara Galarraga. **Escravidão contemporânea**: Caso de Madalena, escrava desde os oito anos, expõe legado vivo da escravidão no Brasil. Revista El Pais. São Paulo, Brasil., 2021. Disponível em: https://brasil.elpais.com/internacional/2021-01-14/madalena-escrava-desde-os-oito-anos-expoe-caso-extremo-de-racismo-no-brasil-do-seculo-xxi.html Acesso em: 20 out. 2021.

REPORTERBRASIL. Disponível em: https://reporterbrasil.org.br Acesso em: 22 de outubro de 2023.

10. INTELIGÊNCIA ARTIFICIAL E SAÚDE MENTAL: UM OLHAR ÉTICO A PARTIR DE ERICH FROMM

Joana Stelzer
Doutora e Mestre em Direito pela Universidade Federal de Santa Catarina (UFSC). Pós-Doutora pela Faculdade de Direito da Universidade de São Paulo (USP). Docente no Programa de Pós-Graduação em Direito - Mestrado e Doutorado (PPGD/CCJ/UFSC). Docente do Ensino Superior (CAD/CSE/UFSC, Classe Associada IV). Pós-Graduanda no curso de Formação em Psicanálise Clínica Humanista (ITPH/Facsu).

Alisson Guilherme Zeferino
Doutorando e Mestre em Direito pelo Programa de Pós-Graduação em Direito Universidade Federal de Santa Catarina (UFSC). Assessor Jurídico do Tribunal de Justiça de Santa Catarina.

Ricardo Murilo da Silva
Mestre em Direito Socioambiental e Sustentabilidade - PUCPR (2020). Doutorando no Programa de Pós-Graduação em Direito - Mestrado e Doutorado (PPGD/CCJ/UFSC). Advogado. Membro do Corpo Editorial da Revista Internacional de Empresas e Direitos Humanos.

1. INTRODUÇÃO

A inteligência artificial (IA) redefiniu os contornos da saúde mental, oferecendo ferramentas inovadoras para diagnóstico, tratamento e acompanhamento de pacientes. A rápida expansão dessas tecnologias, porém, exigiu arcabouço regulatório sólido e reflexão profunda sobre aspectos éticos. A ausência de marco regulatório específico comprometeu a segurança, a privacidade e a equidade no acesso às tecnologias. Do ponto de vista epistemológico, foi preciso saber quais valores humanos estão em debate, revelando a necessidade de marco regulatório robusto, de ética, de transparência e de responsabilidade na aplicação da IA.

Quando Fromm lançou as bases da sua teoria, articulou o eixo principal sobre o fato de o homem ter se desconectado da (Sua) natureza, passando a entender que a liberdade alcançada isolava o Indivíduo, mas que por intermédio do Amor seria possível retomar a união simbiótica, preservando a própria singularidade. A sociedade contemporânea, articulada sobre o individualismo exacerbado e a alienação, findaram por manter relações superficiais, solidão existencial e crise de valores. Em tal contexto, a IA quando aplicada à saúde mental possui obstáculos críticos que precisam ser examinados, inclusive pela amplitude de aplicação que possui.

Como problema de pesquisa, apresenta-se o seguinte: qual limite ético necessita ser observado na regulamentação de IA de saúde mental, sob a perspectiva de Erich Fromm? A hipótese sustenta que a IA tem limites no relacionamento social, sendo plausível na sua função de eficiência, mas desde que o bem-estar esteja calcado no relacionamento do Ser Humano com Outro Humano. Para validar a hipótese como solução para o problema da pesquisa, o objetivo geral buscou delinear os limites de aplicação da IA sob uma perspectiva frommniana, sem descuidar da responsabilidade ética no relacionamento social. Quanto aos objetivos específicos a meta foi a seguinte: a) explorar destacados avanços da IA na área de saúde mental, desde aspectos que envolvem o processamento de dados até aplicativos de interação com o paciente; b) descrever os valores de Erich Fromm na análise do Ser Humano quanto ao Amor e à Liberdade; e, c) discutir aspectos éticos que moldam necessária regulamentação do assunto. Como marco teórico foi dado destaque às obras 'A Arte de Amar', 'O Medo à Liberdade' e 'Psicanálise da Sociedade Contemporânea', todas de Fromm; além de 'O Princípio Responsabilidade', de Hans Jonas, e Ética Pós-moderna, de Zygmunt Bauman.

A motivação dessa pesquisa reside em apontar riscos potenciais para a evolutiva desumanização que a IA possa causar, haja vista a facilidade existente na substituição de interações humanas por digitais. A dependência excessiva da IA carrega o isolamento social como um possível preço a se pagar perante a eficiência, afinal, algoritmos de IA, sem os necessários limites éticos, perpetuam e amplificam a discriminação de vastas camadas da população.

Quanto à natureza, representou pesquisa pura e relativamente à abordagem do problema classificou-se como qualitativa. Em relação ao método, a investigação foi indutiva, pois partiu dos avanços de IA e dos desafios do Ser Humano frommniano para revelar aspectos de ética que necessariamente se fazem presentes na interseção com potencial regulamentação. Em relação aos fins é pesquisa descritiva, já que havia forte propósito em associar a ideia do potencial de IA com a plenitude humana na saúde mental. Quanto aos meios, foram bibliográficos, tanto servindo-se de obras doutrinárias nacionais e estrangeiras, quanto de esparsas pesquisas anunciadas.

A discussão sobre os limites da inteligência artificial (IA) e sua relação com a necessidade humana de interação social pode gerar diversas contribuições significativas para a sociedade, especialmente nas discussões sobre ética. A criação de diretrizes e regulamentações robustas para o desenvolvimento da IA incentivará o desenvolvimento de tecnologias que complementem as habilidades humanas, em vez de substituí-las, fortalecendo as relações interpessoais. A empatia e a capacidade de construir relacionamentos são habilidades essenciais para a vida em sociedade e continuam sendo domínio exclusivo dos Humanos.

2. SAÚDE MENTAL E INTELIGÊNCIA ARTIFICIAL: DO PROCESSAMENTO DE DADOS À PERSPECTIVA DE CURA

Para a Organização Mundial da Saúde (OMS), "saúde mental é um estado de bem-estar mental que permite que as pessoas lidem com o estresse da vida, percebam suas habilidades, aprendam bem e trabalhem bem, e contribuam para sua comunidade" (WHO, 2024). A OMS chama a atenção que se trata de direito humano básico, sendo elementar para o desenvolvimento pessoal, comunitário e socioeconômico. Um transtorno mental caracteriza-se pela disfunção clinicamente significativa nos processos cognitivos, na regulação emocional ou no comportamento, levando a sofrimento e a comprometimento substancial das atividades da vida diária.

Ainda conforme a OMS, em 2019 havia 970 milhões de pessoas no mundo que viviam com algum transtorno mental (1 em cada 8 pessoas). Os transtornos de ansiedade e depressão são os mais comuns: 301 milhões de pessoas vivem com ansiedade (dos quais 58 milhões de crianças e adolescentes); e, 280 milhões de pessoas sofrem de depressão (dos quais 23 milhões de crianças e adolescentes) (WHO, 2024) No âmbito da OPAS, alerta-se que "quase 90% das pessoas afetadas por algum transtorno mental ou devido ao uso de substâncias não receberão o tratamento necessário", o que traz um alerta: quais os benefícios que a IA possui nesse âmbito? Para Steven Pinker (2022), "é melhor do que nada" (FELIX, 2024), pois além do computador errar menos, não há diferença entre a consulta do profissional ao DSM-5 (Manual Diagnóstico e Estatístico de Transtornos Mentais) e o algoritmo, afinal, ambos trazem um conjunto de sintomas (FELIX, 2024). Pinker (2022, p. 46) adverte que em virtude de excesso de confiança, de falta de foco e de hábitos equivocados, a racionalidade muitas vezes é encaminhada para o caminho errado, enquanto um sistema de informática possui lógica inconteste. Mas, enquanto a mente humana tem condições de entender a intenção de alguém, como no caso da pessoa furiosa para falar com um Atendente (humano). Em semelhante situação, o *chatbot* não entende. Pelo contrário, há uma programação que não cansa de oferecer alternativas de 'vai e vem' para teclar números porque 'não entendeu sua opção'. Enquanto isso, mais irritação se instala com a pessoa que conversa.

A inteligência artificial (IA) demonstra significativo potencial na transformação do campo da saúde mental. Algoritmos sofisticados e análise de grandes volumes de dados trazem emergentes perspectivas para o diagnóstico, tratamento e acompanhamento de transtornos mentais. Naturalmente, é forçoso reconhecer que a IA, embora possua capacidade de processamento, está limitada pela qualidade e quantidade desses dados. Algoritmos de IA são ferramentas que moldam a realidade a partir das informações que receberam.

Mesmo que se considerem as limitações atuais da IA em relação ao fornecimento desses dados, houve muito avanço. Veja-se o Processamento de Linguagem Natural (PLN), uma tecnologia de *machine learning* (ML) que constitui amplo campo interdisciplinar, atribuindo aos computadores capacidade de compreender e gerar linguagem humana. O PLN combina linguística computacional, modelagem baseada em regras da linguagem humana, modelos estatísticos e aprendizado de máquina para reconhecer, entender e gerar texto e voz (IBM, 2024). Na Universidade da Califórnia, em San Diego, 80 participantes com idades entre 66 e 94 anos, responderam perguntas de forma não estruturada sobre solidão. Os resultados – por intermédio de análise dos padrões de fala – foram capazes de prever a solidão qualitativa com aproximadamente 94% de precisão (NELSON, 2022).

Outra aplicação da IA diz respeito à análise de imagens ao permitir a identificação de padrões anômalos na estrutura e função cerebral. O consórcio ENIGMA, liderado pelo professor Paul Thompson da Universidade da Califórnia do Sul, avaliou um conjunto massivo de dados composto por aproximadamente 30 mil imagens cerebrais (12.721 casos e 15.600 controles, com pessoas de 2 a 89 anos). Essa amostra de grande porte (JAMA, 2021), permitiu aos pesquisadores – por intermédio da IA – identificar padrões sutis de alterações cerebrais associados a diversos transtornos psiquiátricos. O esforço analítico da IA sobre as imagens seria impensável em termos humanos.

Para ir além da verificação de padrões de linguagem ou de imagens, mais polêmicos são os Aplicativos (Apps), nos quais os robôs coletam dados sobre o estado emocional e cognitivo. A coleta das informações identifica padrões comportamentais e de humor do paciente e, partir disso, o *chatbot* oferece suporte psicológico, fornecendo informações sobre saúde mental, bem-estar e técnicas de enfrentamento. Assim, em 2017, Alison Darcy e uma equipe de psicólogos e especialistas em IA, em Stanford, criaram o Woebot. O App já foi usado por cerca de 1,5 milhão de pessoas e a arrecadação já alcançou US$ 123,5 milhões por meio de financiamento, permitindo que o aplicativo estivesse disponível gratuitamente para usuários individuais de *smartphones*. Estar à disposição do paciente 24 horas por dia é um dos pontos fortes do aplicativo, sendo que "75% das mensagens são enviadas nos fins de semana ou fora do horário de trabalho tradicional (9h às 17h), com as 'sessões' mais longas ocorrendo entre 2h e 5h (WOEBOT, 2024). Nessa linha, o aplicativo brasileiro de terapia guiada Cingulo, que promete "[...] superar seus problemas emocionais [...] (CINGULO, 2024), resultado de 15 anos de pesquisa; de 27 escolas de psicologia, neurociências e meditação integradas ao método; recebeu a nota 4,9 no Google Play, com 239 mil avaliações (CINGULO, 2024).

Do exposto, parece haver pouca dúvida quanto ao êxito metodológico da IA. Mas, enfrentar (ou contornar) a inquietação humana profunda que surge da consciência da finitude, da busca por significado para a vida e da complexidade das relações humanas não são respostas localizadas em qualquer plano. Tal fato, leva a acreditar que enquanto diagnóstico na análise de imagens e padrões de fala, a IA consegue fazer o processamento inimaginável para um ser humano. Por outro lado, a terapia digital ainda possui obstáculos severos para ingressar na subjetividade da dor existencial, especialmente porque se trata da construção de Outro Humano, que replica e seleciona suas próprias angústias no algoritmo desenhado. A máquina é o elemento inerte dessa relação.

Os negócios globais sobre saúde mental revelam o quanto o assunto desperta interesse. De acordo com State of Mental Health Tech 2021 Report, acordos globais e dólares para *startups* de tecnologia de saúde mental cresceram em relação ao ano de 2020, na ordem de 139%, atingindo US$ 5,5 bilhões (CBINSIGHTS, 2022). Se falsos profetas se acumularam ao longo da história, agora emerge *ex machina*. A IA se apresenta como promissora aliada na saúde mental, mas é preciso ter cautela perante os desafios éticos e sociais.

3. ERICH FROMM: O ALCANCE DO SIGNIFICADO HUMANO NO OUTRO HUMANO

O filósofo e humanista alemão Erich Fromm (1900-1980), em sua obra 'O Medo à Liberdade' (1941), trouxe uma advertência quanto à expectativa das pessoas buscarem, em livros de Psicologia, receitas de como obter felicidade. Na obra que se passa a suscitar, frisa-se sobre o fato (e a importância) de fazer com que a pessoa muito mais se interrogue do que se tranquilize.

Esse é um dos primeiros aspectos que está na base das aflições humanas e que foi potencializado pela modernidade, vale dizer, a busca pela cura do sofrimento psíquico na contemporaneidade é marcada pela tentativa de erradicar completamente o mal-estar e a angústia inerentes à experiência humana. As emergentes respostas em IA, aliás, reforçam a ideia de que o indivíduo deve se desfazer, a todo custo, do mal-estar, vale dizer, dos "[...] incômodos efeitos do inconsciente, assim, servir às finalidades de um eu soberano, pragmático, feliz, ajustado às aspirações dos membros da cultura do individualismo e do narcisismo." (KEHL, 2002, p. 8). Em verdade, a IA quer algo que não existe, ou seja, o ajuste perfeito da subjetividade.

Para Fromm (1983, p. 14), o homem moderno sente-se cada vez mais perplexo, pois enquanto cresce seu poder sobre a matéria, sente-se impotente em sua vida individual. Embora tenha maneiras de dominar a Natureza, perdeu o fim que lhe dá significado – 'o próprio homem'[1]. Assim, envereda o Ser Humano pela IA construída, mas ignora aspectos essenciais da sua existência. "O *homo psychologicus* de Freud é uma criação tão irreal quanto o *homo economicus* da Economia clássica. É impossível compreender o homem e os seus distúrbios mentais sem compreender a natureza dos conflitos morais e de valores" (FROMM, 1983, p. 16).

Fromm reconheceu em Freud os avanços e os limites na análise da mente humana, especialmente aos avanços da compreensão na linguagem dos sonhos, das influências da primeira infância, das forças inconscientes e, acima de tudo, do fato de a irracionalidade obedecer a certas leis, "ao dedicar seu interesse aos fenômenos dos distúrbios emocionais e mentais do indivíduo, ele conduziu-nos até o topo do vulcão e fez-nos olhar para dentro da cratera fervente" (FROMM, 1983, p. 17). Contudo, evidenciou sua divergência, ao afirmar que o problema crucial "[...] é do tipo específico de relacionamento do indivíduo com o mundo e não o da satisfação ou frustração dessa ou daquela necessidade instintiva *per se*" (FROMM, 1983, p. 20). Não é como se houvesse, de um lado, um indivíduo (aparelhado pela Natureza com certos impulsos); e, de outro, a sociedade como algo à parte dele. As inclinações humanas resultam (também) do processo social. Nesse processo de interação social, é que o Ser Humano se realiza.

Constata-se, portanto, que a saúde psíquica (de uma pessoa) está ligada a um determinado coletivo social. Se a existência de um indivíduo for contrária ao sistema, acabará por mudar as relações ou terá que abdicar de suas faculdades racionais. A adaptação ao meio social, na visão frommniana, é muito

1 Melhor seria a expressão 'pessoa humana', muito mais adequada na contemporaneidade. Mas, foi mantida fidelidade ao texto original.

valorizada porque é ela também responsável pelo processo de 'individuação'. Assim, não existe a cura sem que se possa avaliar essa separação do Ser Humano, inicialmente da Natureza; e, depois do Outro Humano. "O fato é que o homem não se sente a si mesmo como portador ativo de seus poderes e riquezas, mas como 'coisa' empobrecida que depende de poderes exteriores a ele, e nos quais projetou sua substância vital" (FROMM, 1980, p. 118). A 'cura', nessa lógica, não pode estar unicamente 'em si', mas também no Outro.

Desde a infância, o Ser Humano promove um processo de separação (inicialmente da própria mãe, mas que avança em outros contextos). Os vínculos primários de 'individuação', por outro lado, levam à solidão crescente, já que a criança se dá conta de estar só nesse processo, criando sensação de impotência e angústia. Quando se passa a ser indivíduo autônomo, fica-se só. Para Fromm, uma das maneiras de vencer o isolamento é a submissão (potencialmente ao pai), mas, que não resolve o dilema, já que cria hostilidade e rebeldia como contrapartida. O outro modo é o do relacionamento espontâneo 'com o homem e a Natureza', processo de crescente vigor e integração com sua personalidade. Contudo, as condições econômicas, sociais e políticas contemporâneas - das quais vai depender a 'individuação' e a volta à integração acolhedora - não oferecem base segura, acarretando uma vida carente de significado e sentido.

A subjetividade do Ser Humano, em verdade, não está somente no que se sente, como se o Humano pudesse ser individualizado a tal ponto. Efetivamente, a singularidade e as suas manifestações sintomáticas também estão na ambientação social, terreno que a IA não capta. É importante lembrar que o Ser (também) não está somente em si mesmo, mas no Outro Humano. Poderia também estar na máquina? Ela sabe disso? Enquanto não se atribui ao próprio Sistema Informatizado um papel social, resta ele desajustado do meio no qual está o Sujeito Pensante. A questão é saber se faz sentido atribuir subjetividade ao sistema informatizado.

Outro importante aspecto ligado ao processo de se reconhecer no Outro (e no tratamento de saúde mental) está ligado à compreensão do narcisismo existente nos vínculos. A capacidade de Amar o Outro depende da aptidão de desenvolver uma orientação produtiva e interativa em nossas relações, mas qual parâmetro fornecerá a Inteligência Artificial? Afinal, nada garante que a IA tenha sido programada por um sujeito que não ama e que não reconhece o Amor, por ser ele mesmo vítima.

Fromm (2000, p. 96), em tempo que inexistia IA, já se perguntava de que forma cada um poderia achar uma alternativa de realização pessoal, se o indivíduo está inserido em organização social e econômica governada pelo egoísmo. Isso já representava um cenário desafiador, agora é o próprio Aplicativo que é causa e efeito da solidão e do individualismo. Se, na modernidade, o Ser deixou de ter um lugar distinto e incontestável no mundo social, pois abandonou as raízes em um todo estruturado, no qual o indivíduo tinha um significado; na pós-modernidade é ele, indivíduo atomizado, entidade isolada, que – agora – se vê amparado como engrenagem por outra engrenagem. Em tempo de IA, a capacidade para progredir se afunila, porque o Ser se descobre em outro 'Não Ser'.

No entender de Fromm, o Ser Humano se realiza no Amor, única resposta para a natureza humana e no qual reside a saúde. Cumpre advertir que esse Amor não é aquele oriundo do Romantismo; não é o *fall in love* que revela situação passiva e passional das emoções; e, não é a atração sexual. Amar é uma "resposta amadurecida ao problema da existência" (FROMM, 2000, p. 60), é uma força ativa "que irrompe pelas paredes que separam o homem de seus semelhantes, que o une aos outros [...] é união que preserva a identidade própria" (FROMM, 2000, p. 72) e, portanto, viabiliza (em união) a separação que está na origem da 'individuação' (e, muitas vezes, da insanidade mental). Se se compreende isso (e se aceita), emerge a denominada liberdade positiva frommniana. O Ser Humano necessariamente se realiza em Outro Humano. Não se realiza só e tampouco em um equipamento.

4. POR UMA ÉTICA NORMATIVA QUE CONSIDERE O SER HUMANO INTEGRAL PERANTE A INTELIGÊNCIA ARTIFICIAL

Há séculos o ser humano se ocupa de temas relativos à ética. Por diversas teorias morais e escolas de pensamento, buscou e busca fornecer subsídios à compreensão do que constitui o Ser e qual é o sentido da experiência relacional humana, o que leva a ação individual e coletiva a seguir um determinado curso, o que conduz à construção das tecituras sociais com certas características e valores basilares em detrimento de outros à luz de forças e interesses pendulares, ora confluentes, ora antagônicos.

Nesse contexto, a atividade reflexiva a respeito da ética e da moral se revela profícua quando leva em conta o mobiliário universal e sua influência sobre questões como o bem, o mal, a justiça e a injustiça, o dever, a responsabilidade, o vício e a virtude, bem como a área cinzenta que jaz entre cada conceito polissêmico, uma vez que a ética não é hermeticamente encapsulada e, por isso mesmo, a moral se sujeita a um grau de relativismo, e se elastece diante da ação e fatores como a época (tempo), o espaço (lugar) e o conhecimento disponível (*techne*).

Muito embora haja disputa conceitual e esquematizações diferentes para a explicação do que caracteriza e distingue a ética da moral, nos estudos de

Morin (2017, p. 15), o primeiro termo designa "um ponto de vista supra ou metaindividual", ao passo que a moral "se situa no nível da decisão e da ação dos indivíduos." Não obstante, a moral pressupõe uma ética que, a seu turno, depende das morais individuais. Assim, os conceitos funcionam de modo agregado, de sorte que na ética complexa a reflexão recai sobre os fundamentos e princípios da moral.

A ética, portanto, não cria a moral, mas a encontra no terreno das experiências históricas e sociais, e partindo dela, busca estabelecer sua essência, a origem, as condições objetivas e subjetivas do ato moral, pretende identificar as fontes de valoração moral, a natureza e a função dos juízos morais, bem como o princípio que rege a mudança e sucessão de diferentes sistemas morais, e não se limita à descrição e ao registro dos comportamentos morais efetivos. Em vez disso, como ciência do comportamento moral, transcende com seus conceitos, hipóteses e teorias, e aspira à racionalidade, à objetividade, à produção de conhecimento metódico, sistematizado e sempre que possível, verificável (VÁSQUEZ, 2011).

A ética é uma dimensão humana essencial, uma prática inerente à existência humana e à ação cotidiana, seja ela singular ou coletiva. Ademais disso, forma parte da reflexão filosófica, por consistir em uma teoria, uma formação cognitiva que segue uma ordem metodológica com suas categorias peculiares. Tenta explicar e fundamentar o sentido prático da existência, a forma de ser no mundo por meio da cultura, da língua e dos sistemas históricos, das mediações e práticas do cotidiano. Interpreta, pois, a ação humana concreta, e está sempre presente, embora passe despercebida de tão evidente. Por ética se analisa, explicita, ordena o mundo habitual e se revelam os sentidos. Pode-se considerá-la a teoria geral de todos os campos práticos. Em virtude do aspecto socializante dessa relação, cabe à máquina o processamento de dados que disso pode emergir, mas não é possível falar em inflexão social com o equipamento. Esse é um ponto elementar para avaliar a utilização da IA na saúde mental.

Dada a complexidade e a sistematização da vida cotidiana, portanto, há limitações cognitivas à captação e compreensão da realidade como um todo singular, de sorte que frequentemente é necessário cindir, analisar (decompondo em partes) e abstrair a riqueza do todo para lhe atribuir valoração, para administrá-la, manejá-la, dominá-la e habitar diferentes instâncias. Nesse passo, fala-se em campos específicos, como o político, o econômico e o familiar (DUSSEL, 2014).

É particular a cada campo prático um jogo de linguagem, que permite ao ser valorar um ente, um objeto, conhecer seu significado e manejar sua utilidade. Dessa feita, a ética não se adere a um campo específico. Em vez disso, a ética geral anima a todos eles, por ser una. E cada campo, muito embora ostente suas particularidades epistêmicas, serve-se das fontes principiológicas da ética geral para criar seus postulados normativos, o que Dussel nomeia subsunção dos princípios éticos pelos campos práticos. Numa reflexão macro, a ética geral transubstancia cada campo. Os preceitos generalistas, imperativos, são, assim, empregados em cada área, o que os concretiza, significa, transforma em princípios normativos aplicáveis e cogentes, e se moldam como exigências à ação pelas pessoas ou instituições, pelo que se pode perquirir, inclusive, o comportamento vacilante em relação a eles. É por tal razão que se pode falar em princípios normativos econômicos, políticos, familiares e assim por diante. No que diz respeito à distinção entre ética e moral, pode-se afirmar ser a moral o sistema teórico de categorias e práticas fundadas na totalidade ontológica vigente na cotidianidade existencial, que não necessariamente questiona a ordem posta, ao passo que a ética critica o ontológico – o ser que existe, se expressa, sente, age, sozinho, institucional e coletivamente – com pretensão de superação do dado, por meio da metafísica e da exterioridade (DUSSEL, 2014).

Tratando-se dos cânones da ética, pode-se regressar aos primórdios da tradição do pensamento ocidental até as fontes gregas do pensamento ético. Platão, considerado o discípulo de Sócrates que logrou sistematizar as reflexões de seu mestre por meio dos diálogos, tem na base de seu pensamento a busca da felicidade, a realização do sumo bem, que diverge de uma busca inescrupulosa de prazer e egoísmo, até mesmo porque sustentava a imortalidade da alma e, portanto, prospectava a felicidade para após a morte, exortando à busca do bem em vida, pela contemplação, pela arte da dialética, por ideias superiores, pela submissão à razão, pela harmonização da vida com ideias refinadas de purificação, desprendimento do plano terrestre, imitação do (ou aderência ao) divino (VALLS, 1994).

Dentre as questões que ocuparam Platão, estava a explanação de quais traços constituíam virtudes, se as virtudes eram, em realidade, apenas uma só, se se poderia transmiti-las, ensiná-las como o conhecimento do bem, se o conhecimento do bem implicaria na escolha desse bem, se ser virtuoso traria realização e bem-estar, e qual a relação entre prazer e felicidade. As virtudes, no pensamento Platônico, consistiam na sabedoria, na coragem, na prudência e na justiça. Para o pensador, a felicidade seria resultado do equilíbrio que a harmonia da personalidade produz, e que a justiça, a seu turno, geraria felicidade, no sentido de que a pessoa justa, capaz de canalizar prazeres, dores e desejos em direção ao bem, viveria mais feliz que a injusta (WHITE, 2013).

Aristóteles, de sua vez, desenvolveu suas ideias sobre o ser, o bem e a felicidade a partir de uma parcela maior de empiria. Pela variedade de seres, Aristóteles julgava haver também variados bens, e relativamente ao homem, afirmava que seu ser se subdividia no viver, no sentir e na razão, carente de amizade, saúde, e até mesmo da riqueza para alcançar a felicidade ou a vida virtuosa voltada à contemplação da ordem divina, aos bons hábitos, à livre deliberação (VALLS, 1994).

Tomando por base a variação do significado de honra, prudência, e prazer conforme as coisas boas, tem-se que o bem não é algo comum, sujeito a uma única ideia. O bem seria, portanto, o fim de toda ação e de toda escolha humanas, "e se existe algo que é o fim de todas as coisas feitas pelo homem, este seria o bem prático, e se existirem muitos fins, a soma deles seria o bem." Aquilo que é perseguido como um fim, desejável em si mesmo, é mais altivo que algo perseguido somente como um meio. Nesse passo, a felicidade se caracteriza como algo perfeito e autossuficiente, pois é um fim, e se identifica na condução de uma boa vida e em um bem agir (ARISTÓTELES, 2016, p. 23).

A virtude pode ser de ordem intelectual e moral, pertencendo à primeira a sabedoria, a inteligência e a prudência, e à última a liberalidade e a temperança. As virtudes intelectuais são passíveis de ensino, e requerem desenvolvimento e experiência, ao passo que as virtudes morais são geradas e se aperfeiçoam a partir do hábito. A seu turno, são destruídas pela falta e pelo excesso, motivo pelo qual pressiona-se pela conservação da justa medida, da posição intermediária, o meio-termo entre virtude e vício. "A virtude é uma disposição de caráter relacionada a uma escolha deliberada e ocupa uma posição central em relação a nós, a qual é determinada pela razão e determinaria o homem dotado de sabedoria prática". O fim, como objeto de desejo, deliberação e escolha, sempre pressupõe a voluntariedade na seleção dos meios para atingi-lo. A virtude é fruto da vontade, pois o homem bom escolhe agir bem para o fim desejado. Daí decorre que o vício é tão voluntário quanto a virtude (ARISTÓTELES, 2016, p. 48). Trata-se de 'paixões' inerentes unicamente ao Ser Humano, de forma sutil e sensível perceptível ao Outro Humano.

A escolha, em Aristóteles, é a compreensão (razão) combinada com o desejo, resultado da deliberação sobre o que fazer em determinada situação, com um objetivo em mente, como a correção em sintonia com o que é benéfico (GOTTLIEB, 2013). Essa não pode existir "nem sem o intelecto e o pensamento, nem sem uma disposição moral, pois as boas e más ações não existem sem pensamento e sem caráter" (ARISTÓTELES, 2016, p. 141). Portanto, alguém dotado de razão prática acerta no pensar e no agir. O ser feliz seria, nessa esteira, produto do bom exercício da função humana, de acordo com a virtude, e se há múltiplas virtudes, de acordo com aquela melhor e mais completa. A felicidade engloba o exercício da sabedoria (contemplativa), da sabedoria prática, e das virtudes de caráter (GOTTLIEB, 2013).

Em Aristóteles (2016), o saber prático e o bem deliberar envolvem o bom cálculo na esteira de um fim desejado e destacado. A razão prática não somente pressupõe a deliberação, mas exige que as escolhas não sejam totalmente arbitrárias, e que se possa escolher dentre diferentes opções não equivalentes. Opera, no raciocínio prático, a decisão de acordo com uma ordem e com valores que permitem considerar a escolha "oportuna, legal, razoável"; ainda que essa relação não emerja clara, de pronto, propicia a crítica da escolha de ação e sua justificação com base em valores e normas reconhecidos, pautando-se nos hábitos e convicções do meio, em princípios da moral (PERELMAN, 2005). A propósito, a sabedoria prática "está intimamente ligada à virtude moral, e essa à sabedoria prática, já que os princípios dessa dependem das virtudes morais, e a retidão das virtudes morais depende da sabedoria prática" (ARISTÓTELES, 2016, p. 258).

Como se verifica, "a ideia de usar a razão para identificar e promover sociedades melhores e mais aceitáveis" não é, de forma alguma, novidade (SEN, 2010, p. 318). O uso da IA na esteira do tratamento de transtornos mentais é só mais um aspecto da busca incessante por eficiência e bem-estar em dissociação à ordem imposta de cima, dando papel destacado ao ser e à sua individualidade.

Diz-se que à base da moralidade se encontra um ponto de convergência, uma convenção coletiva impondo ordenanças para suprimir em parte os apetites egoístas do ser humano em nome da sobrevivência. Sob esse prisma, a moralidade consiste em "uma espécie de trégua, relutantemente anunciada e ainda mais relutantemente observada por medo das consequências de seu rompimento" (DUPPRÉ, 2019, p. 31).

É justamente pelo receio das consequências da inobservância de um conjunto de regras por uma determinada sociedade que se dá ênfase ao papel da ética e do direito diante de grandes mudanças no contexto social, como ocorre no caso da promoção e difusão da IA em suas variadas formas como solução ao que o Humano alegadamente não pode ou não tem capacidade de processar à altíssima taxa de transmissão de *bits*.

Considerando-se que a tarefa inovadora perfaz o avanço do espírito humano e da ciência por meio da aplicação do conhecimento e da técnica, o que traz à tona a reflexão a respeito dos rumos da tecnologia e de seus propósitos, volta-se a discussão ao uso da IA no contexto da saúde mental e à demanda regulatória daí decorrente.

A vinculação da inovação à ordem jurídica é tamanha que a tarefa do jurista passa a exigir, de certa forma, um exercício de antecipação no que se refere ao lançamento das bases do ambiente jurídico adequado para o seu desenvolvimento. A inovação não somente cria condições para o avanço da técnica e da prática jurídica, como revela a maleabilidade da ciência do direito porquanto confrontada pela urgência de tutelar as atividades que buscam solucionar desafios contemporâneos em uma multiplicidade de áreas – ela própria incluída – por meio da lógica da eficiência com responsabilidade social.

Refletir as mudanças proporcionadas pela IA no setor da saúde, especificamente com relação aos serviços médicos e terapêuticos relativos à saúde mental, significa assumir lugar relevante nesse processo de virada tecnológica e induz ao questionamento da capacidade regulatória, tanto do ponto de vista da regulação estatal, como da atividade desempenhada por classes profissionais, diante da experiência de trabalho e abordagens agora introduzidas nessas áreas, e também pelos desafios mais concretos postos pela segurança da informação eletrônica, sigilo, confidencialidade, compartilhamento e comércio de dados pessoais dotados de alto grau de sensibilidade.

Hans Jonas há muito se debruçou sobre os perigos da morte da essência humana advinda da desconstrução e aleatória reconstrução tecnológica do ser e do ambiente. A dissociação entre ser e meio, tal como em Fromm, preocupa Jonas na medida em que a ética tradicional se ocupava de um recorte temporal mais imediato, sem que externalidades fossem integradas ao cálculo das potencialidades destrutivas. Com a revolução tecnológica, instaurou-se uma tendência à eliminação da consciência, do próprio sujeito singularizado, e da liberdade em proveito de um determinismo. É em virtude da constatação de que os poderes do Humano sobre a irresistível ação em direção ao aprimoramento da tecnologia disponível são ainda incomensuráveis que exsurge necessária a ponderação a respeito das próprias formas de bem e mal que as criações hão de causar. Jonas esclarece que "o novo continente da práxis coletiva que adentramos com a alta tecnologia ainda constitui, para a teoria ética, uma terra de ninguém", e que é justamente nesse vácuo de relativismo dos valores morais que se procura por uma bússola capaz de apontar a direção a ser tomada (2016, p. 21).

O pensamento de Jonas se orienta, nesse palmilhar, pela heurística do medo. É a previsão de perigo, a antevisão da desfiguração do homem, que permite chegar ao conceito de humano a ser preservado: "só sabemos o que está em jogo quando sabemos que está em jogo" (2016, p. 21). Apesar de se referir a um momento anterior à virada tecnológica pela qual o mundo está a passar, Jonas explica que a ética não mais se ocupa de sujeitos isolados, porquanto as ações coletivas têm uma projeção causal sem precedentes na direção do futuro e bruta magnitude em termos de impacto, inclusive com risco de irreversibilidade, o que tornou por deslocar a responsabilidade para o centro da ética. O Princípio Responsabilidade, orienta, obriga ao temor e ao respeito na tentativa de "conservar incólume para o homem, na persistente dubiedade de sua liberdade, que nenhuma mudança das circunstâncias poderá suprimir seu mundo e sua essência contra os abusos de seu poder" (JONAS, 2016, p. 23). Bem por isso, "questões que nunca foram antes objeto de legislação ingressam no circuito das leis que a cidade global tem de formular (JONAS, 2016, p. 44).

Os avanços sem precedentes na integração da IA ao cotidiano, o risco de deslocamento da autoridade de uma gama de profissionais para a máquina por ser capaz de gerar, por vezes gratuitamente, respostas em tempo real baseadas em linguagens avançadas e de acordo com *prompts* livremente alimentados criam, por certo, o temor necessário para que o direito e a ética forneçam o norte, quando limites claros não puderem ser impostos de cima, para que se contenham abusos e se evite o agravamento de condições pessoais delicadas e submetidas a algum tipo de interação tecnológica como supedâneo para o tratamento de queixas ou mal-estar ligados à saúde mental. Seu uso indiscriminado e dissociado de acompanhamento terapêutico por um semelhante pode, seguramente, agravar o já preocupante quadro de distúrbios mentais registrado pela Organização Mundial da Saúde.

Na forma da moderna técnica, diante do "infinito impulso da espécie para adiante. [...] somos tentados a crer que a vocação dos homens se encontra no contínuo Progresso desse empreendimento superando-se sempre a si mesmo, rumo a feitos cada vez maiores (JONAS, 2016, p. 43). Por tal razão, assinala Jonas, o comando cunhado em pedra "não matarás" foi fornecido, "porque o homem tem o poder de matar, e frequentemente a ocasião e a inclinação para isso – em suma, porque de fato se mata"; de sorte que uma vez verificado que o "agir coletivo-cumulativo-tecnológico é de um tipo novo", deixou de ser eticamente neutro, o que torna oportuno o questionamento a respeito do que se teme antes de afirmar o que se deseja, sem, todavia, considerar os males imaginados como já experimentados, como em antecipação catastrófica, mas para que se identifiquem os contornos da ética que o direito deve fazer viger, por seus primados, para que se adote a prudência e não o exagero, se produza saúde em vez de mal-estar, se use da racionalidade, razoabilidade, cuidado e Amor em vez de exacerbar a confiança no frio imediatismo e falsa segurança ao se desviar de abordagens tradicionais (e elas próprias aprimoradas ao longo do tempo) ao se optar por dar primazia à IA no tratamento de distúrbios de saúde mental.

O lançamento das bases éticas para o controle dessas ferramentas carece, igualmente, da reflexão a respeito do contexto social e jurídico pós-moderno. Bauman explica que "a realidade humana é confusa e ambígua, e também as decisões morais, diversamente dos princípios filosóficos éticos abstratos, são ambivalentes", e que a vida sem um código de ética rigoroso e abrangente, apoiado em normas jurídicas amparadas por poderes coercitivos, na qual a aposta na intuição moral humana e na capacidade humana de negociar o modo e os usos do viver juntos causa, efetivamente, amedrontamento na mente moderna (BAUMAN, 2021, p. 48-53). Nesse diapasão, repersonalizar a moralidade significa trazer de volta do fim da fila a responsabilidade moral para o ponto de partida do processo ético, e isso é parte do que se defende quanto à necessidade de considerar o ser humano integral.

Do ponto de vista prático, os desafios éticos ao redor da inteligência artificial no contexto da saúde indicam que as instâncias decisoras e os agentes que dela fazem e farão uso precisam identificar e pressionar pela observância de princípios inderrogáveis, sob pena de desvirtuamento da condição humana. Ao mesmo tempo em que os profissionais e pacientes podem se beneficiar do suporte de *chatbots* e modelos de linguagem no diagnóstico e tratamento de transtornos mentais, os dados processados, quando coletados mediante livre consentimento esclarecido, podem auxiliar o mapeamento de transtornos e orientar a ação pública coordenada, por exemplo. Todavia, há grande receio a respeito do uso, armazenamento e comércio de dados privados sem autorização expressa de usuários e pacientes, sem embargo das discussões a respeito da remuneração de profissionais e possível flutuação pela introdução de ferramentas de IA inovadoras no mercado consumidor.

Não obstante, há que se mencionar a problemática da validação científica das sugestões da IA para casos concretos nesse ramo sensível. Qual será o grau de confiabilidade da informação? Quem, de fato, instituirá uma "verificação em duas etapas"? A difusão do ferramental tanto amplia seu alcance hipotético, diante da disponibilidade virtual, quanto faz emergir o debate a respeito das discrepâncias em termos de acesso a novas tecnologias pelo mundo. Retomando-se o questionamento inicial, pode-se afirmar que os deveres que a ética aplicada à inteligência artificial no campo da saúde mental exige são, primordialmente, a responsabilidade e a confidencialidade. Em Jonas, o princípio responsabilidade encontra seu arquétipo na relação pais e filhos, pelo nutrir e cuidar. Com Fromm se afirmou que a subjetividade do ser humano não está somente no sentir, pois a singularidade de suas manifestações sintomáticas também fica evidente no meio, no ambiente social, que a IA é incapaz de apreender e processar.

Nesse jaez, é deveras improvável que IA aplicada no contexto da saúde mental venha a reproduzir um arquétipo do tipo terapeuta-paciente com a profundidade, *expertise* e atenção humana a detalhes do discurso, da história, da condição, capacidades, inseguranças e tantos outros aspectos de um indivíduo singular que um olhar clínico, como tal, é capaz de identificar na dialogicidade do encontro, na interação com um outro Tu, na leitura das nuances do sentir alheio, no acolher, servir e tratar, exortar, no aprender e ensinar. É evidente que a IA passa a ser empregada para mimetizar ajuda profissional, e o direito, apoiado nos princípios inderrogáveis, precisa tutelar de maneira ética o plexo de bens e direitos associados.

Do ponto de vista ético, constatada a inexistência de um código moral pós-moderno e universalizável e instaurado o desencantamento quanto à viabilidade de sua edição, tem-se que ao mesmo tempo em que não se pode falar em vácuo normativo nesse campo, e precipuamente por se reconhecer que a integralidade do ser humano não pode ser escrita nem sequer lida em *prompts* de algumas centenas de caracteres, convém elevar o direito e seu papel no lançamento da base regulatória da IA de modo a conter, a exemplo da automedicação, os efeitos deletérios do uso indiscriminado de ferramentas em descompasso com seu propósito, a propagação da desinformação na era digital, bem como o descrédito científico como fruto do recurso preferencial a interfaces não humanas.

CONSIDERAÇÕES FINAIS

A interface entre a IA e saúde mental revelou crescente interesse na aplicação da IA para o diagnóstico, tratamento e acompanhamento de transtornos envolvendo saúde mental, com destaque para a capacidade dos algoritmos em analisar grandes volumes de dados e identificar padrões complexos. Mas, há limites que transcendem a máquina e exigem princípios éticos que assegurem a proteção da dignidade humana e a promoção do bem-estar psicológico.

Erich Fromm alerta, contudo, para a tendência contemporânea de buscar soluções prontas para o sofrimento psíquico. A promessa da IA de erradicar o mal-estar e a angústia, promovendo felicidade e bem-estar constante, é vista como ilusão. Com efeito, a busca pela felicidade perfeita, livre de qualquer incômodo, ignora a complexidade da experiência e a importância do sofrimento como parte integrante da vida. A IA, ao tentar moldar a subjetividade humana para se ajustar a um ideal de perfeição, corre o risco de desconsiderar a dimensão social e relacional do ser humano. Fromm argumenta que a saúde mental não se limita à ausência de sintomas, mas envolve a capacidade de estabelecer relações significativas com os outros e consigo mesmo. Por mais sofisticada que seja a IA, não é capaz de compreender a complexidade das relações humanas e a importância do amor e da solidariedade para o bem-estar psíquico.

A aplicação da IA na saúde mental também exige reflexão cuidadosa sobre as implicações éticas e sociais. A busca pela felicidade e pelo bem-estar por intermédio da tecnologia, pode levar à desumanização e à perda da complexidade da experiência humana. A ética, nesse contexto, desempenha um papel fundamental ao fornecer um arcabouço para avaliar as consequências das ações humanas e garantir que a tecnologia seja utilizada de forma responsável e benéfica. As decisões éticas e uma necessária regulamentação não são tomadas no vácuo, mas influenciadas pelo contexto histórico, cultural e social. A IA, ao se inserir nesse contexto, levanta emergentes aspectos éticos, como privacidade dos dados, responsabilidade pela tomada de decisões algorítmicas, o potencial de perpetuar vieses e desigualdades, bem como contribuir para o descrédito científico nos diagnósticos e terapias convencionais. Nesse diapasão, é primordial trazer a moralidade para o cerne da discussão da ética aplicada à IA a fim de orientar o avanço da *techne* por princípios inderrogáveis que ao mesmo tempo respeitem a integralidade do ser e evitem lesão ao plexo de bens e direitos associados.

Rememora-se que o problema de pesquisa foi alinhavado quanto ao limite ético a ser observado na regulamentação de IA de saúde mental sob a perspectiva de Erich Fromm, e lançou-se a hipótese de que a IA tem limites éticos no relacionamento social, sendo plausível na sua função de eficiência, mas desde que o bem-estar esteja calcado no relacionamento do Ser Humano com Outro Humano.

Assinala-se que a hipótese foi corroborada, porquanto o tipo de ética que a IA exige na seara da saúde mental se materializa no arquétipo terapeuta-paciente, uma relação dialógica com um outro Tu, estabelecida a partir de inquietações, sentimentos e, por vezes, mal-estar instaurado como resultado do ser e agir no meio social, e como tal carece de apreensão de detalhes do discurso, da história, da singularidade do indivíduo que não cabem em *prompts* nem garantem a confiabilidade diagnóstica quando a máquina tenta mimetizar o olhar clínico e bem por isso, falha na verdadeira realização do humano.

Do ponto de vista ético, os avanços da IA na saúde mental, embora promissores, demandam reflexão profunda, especialmente quando se considera a complexidade da experiência humana abordada por filósofos como Erich Fromm, que convida a refletir sobre o papel da tecnologia na promoção da saúde mental. A busca pela felicidade plena e a eliminação do mal-estar são ilusórias e podem levar a uma alienação da experiência humana.

REFERÊNCIAS

ARISTÓTELES. **Ética a Nicômaco**. Tradução: Luciano Ferreira de Souza. São Paulo: Martin Claret, 2016.

BAUMAN, Zygmunt. **Ética pós-moderna**. Tradução: João Rezende Costa. 8a reimpr ed. São Paulo: Paulus, 2021.

CBINSIGHTS. **State of Mental Health Tech 2021 Report**. 2022. Disponível em: https://www.cbinsights.com/research/report/mental-health-tech-trends-2021/ Acesso em: 16/09/2024

CINGULO. **Para você**. Disponível em: https://www.cingulo.com/para-voce/ Acesso em: 16/09/2024

DUPPRÉ, Ben. 50 ideias de ética que você precisa conhecer. São Paulo: Planeta, 2019.

DUSSEL, Enrique. **14 Tesis de Ética**. Buenos Aires: Docencia, 2014.

FROMM, Erich. **Psicanálise da Sociedade Contemporânea**. Tradução de Giasone Rebuá e L. A. Bahia. São Paulo: Zahar Editores, 1980.

FROMM, Erich. **O Medo à Liberdade**. Tradução de Octávio Alves Velho. 14.ed. Rio de Janeiro: Zahar Editores, 1983.

FROMM, Erich. **A Arte de Amar**. Tradução de Eduardo Brandão. São Paulo: Martins Fontes, 2000.

GOTTLIEB, Paula. Aristotle's ethics. In: CRISP, R. (ED.). **The Oxford handbook of the history of ethics**. Oxford: Oxford University Press, 2013.

IBM (International Business Machines Corporation). **O que é PLN?** 2024. Disponível em: https://www.ibm.com/br-pt/topics/natural-language-processing Acesso em: 11/09/2024

JAMA Psychiatry. **Virtual Histology of Cortical Thickness and Shared Neurobiology in 6 Psychiatric Disorders**. 2021. Disponível em: https://jamanetwork.com/journals/jamapsychiatry/fullarticle/2769908. Acesso em: 11/09/2024

JONAS, Hans. **O Princípio Responsabilidade**: Ensaio de uma ética para a civilização tecnológica. Trad. Marijane Lisboa e Luiz Barros Montez. São Paulo: Contraponto, 2016.

KEHL, Maria Rita. **Sobre ética e psicanálise**. São Paulo: Companhia das Letras, 2002.

MORIN, Edgar. **O método 6:** Ética. Porto Alegre: Sulina, 2017.

NELSON, Daniel. **Cientistas detectam solidão por meio do uso de IA e PNL**. 2022. Disponível em: https://www.unite.ai/pt/cientistas-prev%C3%AAem-a-solid%C3%A3o-atrav%C3%A9s-do-uso-de-IA/ Acesso em: 08/09/2024

PAHO (Pan American Health Organization). **Política para melhorar a saúde mental** (CE170/15, de 9 de abril de 2022). Disponível em: https://www.paho.org/sites/default/files/ce170-15-p-politica-saude-mental_0.pdf Acesso em: 16/09/2024

PERELMAN, Chaim. **Ética e direito**. 2 ed. São Paulo: Martins Fontes, 2005.

PINKER, Steven. **Racionalidade**: o que é, por que parece estar em falta, por que é importante. Tradução de Waldéa Barcellos. Rio de Janeiro: Intrínseca, 2022.

SEN, Amartya Kumar. **Desenvolvimento como liberdade**. São Paulo: Companhia de Bolso, 2010.

TIME (Time100AI). **Alison Darcy**: Founder and President, Woebot Health. Disponível em: https://time.com/collection/time100-ai/6310605/alison-darcy-ai/ Acesso em: 17/09/2024

VALLS, Álvaro L. M. **O que é Ética**. Primeiros Passos. Brasília: Brasiliense, 1994.

VÁSQUEZ, Adolfo-Sanchez. **Ética**. Barcelona: Editorial Crítica, 2011.

WHITE, Nicholas. Plato's Ethics. In: In: CRISP, R. (ED.). **The Oxford handbook of the history of ethics**. Oxford: Oxford University Press, 2013.

WHO (World Health Organization). **Mental health**. 2022. Disponível em:
https://www.who.int/news-room/fact-sheets/detail/mental-health-strengthening-our-response/?gad_source=1&gclid=CjwKCAjwooq3BhB3EiwAYqYoElE1ow6ijS4o9JjdivsIsXfUX_zV3BmHfO-YVdD6BjCgnuq-dnppthoCylUQAvD_BwE Acesso em: 11/09/2024

WOEBOT. **Woebot Health**. Disponível em: https://woebothealth.com/ Acesso em: 17/09/2024.

11. FEMINISMO NA UNIVERSIDADE E SUAS CONTRIBUIÇÕES NAS POLÍTICAS PÚBLICAS DE COMBATE À VIOLÊNCIA CONTRA AS MULHERES

Maria de Fátima de Andrade Ferreira
Pós-doutorado em Antropologia Social e doutorado em Educação pela Universidade Federal da Bahia (UFBA). Professora Pleno da Universidade Estadual do Sudoeste da Bahia (UESB), do Departamento de Ciências Humanas, Educação e Linguagem (DCHEL), da graduação em Pedagogia e dos Programas Pós-graduação Mestrado em Ensino (PPGEN), Mestrado em Relações Étnicas e Contemporaneidade (PPGREC) e Doutorado em Ensino da Rede Nordeste de Ensino (RENOEN). Coordena o Núcleo de Pesquisa e Extensão Gestão em Educação e Estudos Transdisciplinares (Nugeet) e Rede de Pesquisa Representações, Discursos e Violência na Escola (Fapesb/CNPq/Uesb).

José Valdir Jesus de Santana
Pós-doutorado em Educação e Contemporaneidade pela Universidade do Estado da Bahia (UNEB). Doutor em Antropologia Social pela Universidade Federal de São Carlos (UFSCar). Professor Pleno do Departamento de Filosofia e Ciências Humanas da Universidade Estadual do Sudoeste da Bahia (UESB), na Graduação e Programas de Pós-Graduação Mestrado em Relações Étnicas e Contemporaneidade, Mestrado em Ensino e Doutorado da Rede Nordeste em Ensino (RENOEN). Coordena o Grupo de Pesquisa Etnicidades, Relações Raciais e Educação - CNPq/UESB e Grupo de Pesquisa em Interculturalidades e Educação: experiências entre os Povos indígenas da Bahia - CNPq/UESB.

1. INTRODUÇÃO

Pouco se fala, ainda hoje, sobre a participação das mulheres nas tomadas de decisões, na produção e difusão do saber acadêmico e suas contribuições nas políticas públicas, participação e responsabilidade pela criação e implementação das políticas, como aporte à promoção de uma agenda que prioriza questões como cidadania, educação, saúde, direitos reprodutivos, prevenção e combate à violência contra mulher, embora estudos e pesquisas sobre indicadores de gênero estejam se desenvolvendo a cada dia.

Por longo tempo, as universidades e os institutos de pesquisa foram espaços exclusivamente masculinos ou representados como tal nas suas figuras autoritárias, patriarcais, nos seus nomes fundadores, hierárquicos, nas suas imagens, comportamentos machistas e misóginos de práticas cotidianas. Além de ignorarem o devido valor e a contribuição das mulheres nos espaços públicos, de cientistas nos espaços de discussão, debates, reflexões e produção científica.

Na introdução da coletânea "Pensamento feminista brasileiro: formação e contexto", Heloisa Buarque de Hollanda (2019) lembra que "é curioso observar, embora com certa tristeza, que os estudos de gênero nas universidades e centros de pesquisa brasileiros são marcados fortemente por bibliografias e referências anglo-americanas e eurocêntricas" (p. 10). E observa que, apesar dos avanços, nessa direção, mesmo hoje, em plena explosão feminista e movimentos feministas articulados internacionalmente e com visibilidade social, ainda não é praxe que nossas pesquisas incluam como eixo teórico o pensamento feminista brasileiro. Mas não podemos deixar de recordar que, desde as décadas de 1960-1970, a questão sobre a mulher, a luta contra a discriminação sexual e racial no acesso e na vida acadêmicas, assim com a organização profissional nas universidades, são pautas de relevância no contexto do feminismo acadêmico. Esses estudos adentram os espaços dos departamentos, colegiados e centros de pesquisas das universidades brasileiras com objetivo de buscar reconhecimento e espaços de luta e reivindicações contra questões acerca do saber masculino como saber hegemônico, universal. Este é o cenário no qual se desenvolveram os acontecimentos das décadas de 1960-1970 e a história tem sido questionada e provoca inquietações sobre debates e trajetórias das mulheres, uma história de luta contra desigualdades e resistência às mulheres, de enfrentamento à violência política sexista, às práticas patriarcais, à falta de acesso aos direitos à educação, ao poder político e espaço público. Essas reivindicações foram ampliadas e redefinidas na década de 1980 e visibilizaram a participação das mulheres em agenda referenciada pelos valores da igualdade, liberdade e diversidade, mas tem ganhado novas dimensões, tomou novos rumos e foi inserida na agenda internacional de direitos da mulher, direitos humanos e sociais.

É fato. A necessidade da manutenção dos avanços legais na prevenção e combate à violência de gênero e violência contra a mulher é um desafio, principalmente porque as ações do patriarcado, um "complexo heterogêneo", se encontra "estruturado de padrões que implicam desvantagens para as mulheres e permitem aos homens dispor do corpo, do tempo, da energia de trabalho e da energia criativa destas. É ativado de forma concreta, nas instituições e nas relações cotidianas" (Biroli, 2018, p. 10). Nesse sentido, o presente artigo é resultado de reflexões elaboradas a partir de estudos das autoras Barsted (2016), Biroli (2018), Hollanda (2019), Perrot (2017), Saffioti (2015), dentre outras e objetiva, exatamente, discutir e refletir criticamente sobre o feminismo, seus saberes, pensamento, políticas e práticas feministas[1] na universidade, destacando suas contribuições nas políticas públicas para enfrentar a condição sofrida pelas mulheres, combater desigualdades e violência de gênero. E, aqui, especificamente, sobre o papel das mulheres que, com discursos e práticas, intervém nos processos de reconstrução da memória da violência em torno das mulheres, através de percepções que impactam o feminismo. As desigualdades de gênero, racismo e opressão de classe são elementos arraigados na sociedade brasileira e o feminismo, suas lutas e reivindicações representam uma força contra o sistema capitalista brasileiro e seus modos de dominação-subordinação e ao patriarcado, racismo, misoginia, que nele se reproduz e se entrelaça a outras formas de opressão.

Nesse sentido, justifica-se a relevância de tratar da luta feminista como um marco significativo no combate ao sexismo, à exploração sexista e à opressão e violência contra a mulher. E denota que a existência de políticas governamentais para enfrentar a violência é muito importante e, tanto de forma organizada e coletiva quanto individualmente, foram/são inúmeras as mulheres que contribuíram e continuam a contribuir para a construção da condição feminina atual. Contudo, ainda é preciso encontrar novos caminhos para a efetivação de ações que mudem sua posição na sociedade e que visem garantir a efetivação de políticas sociais específicas. E a escola, definida como um campo de articulações entre o social e o escolar, um lugar de formação humana, valores sociais, construção de sociabilidades, cidadania e condição humana dos indivíduos-sujeitos[2], deve permitir que questões

---

1 Os termos práticas feministas, estudos feministas, utilizados neste texto na designação do campo de estudos sobre mulheres é uma opção que se apoia em Heloisa Buarque de Hollanda (2019, p. 17), que diz: "Eu me permiti essa opção, arbitrária neste caso, mesmo sabendo que essa designação é uma entre outras, como 'estudos de gênero' ou 'estudos da mulher', e que o uso de uma ou outra significa uma disputa acadêmica diretamente ligada a correntes teóricas e mesmo políticas no campo destes estudos".

2 O termo indivíduo-sujeito foi tomado emprestado de Alain Touraine (1998). O autor explica: "Chamo Sujeito esse esforço do indivíduo para ser ator, ou seja, para agir sobre seu ambiente e criar assim sua própria individuação, que chamo subjetivação, a partir do momento em que se torna um objetivo positivamente valorizado. Somente indivíduo - que pode ser um ator coletivo – não tanto como consumidor ou participante de diversos tipos de organização, mas como Sujeito, ou seja, em sua vontade de individuação pode construir o princípio de mediação entre o mundo instrumental e o mundo da identidade [...]. Mas este mundo é também aquele no qual

sociais como relações étnico-raciais, violências e violências contra a mulher sejam tomadas como prioridades no planejamento e atualização dos currículos escolares e no desenvolvimento de práticas pedagógicas articuladas às práticas sociais. Nessa perspectiva, é preciso cumprir o que estabelece a legislação educacional brasileira, as orientações curriculares nacionais, estaduais e local. Além disso, a escola poderá se conceber como um lugar de formação do indivíduo-sujeito e que procura "aumentar a capacidade de cada aluno, ou estudante, combinar seus pertencimentos culturais, suas necessidades pessoais com a aprendizagem de instrumentos intelectuais e técnicos" (Touraine, 1998, p. 84).

O feminismo[3] é tomado, aqui, como um movimento social importante e, no campo acadêmico, além dos livros, há os jornais e as revistas, dos quais as mulheres são leitoras e produtoras. Na universidade, realizam estudos e pesquisas, lutam para romper com os padrões que são impostos a elas, e suas contribuições nas políticas são evidentes. Além disso, as mulheres no espaço acadêmico ocupam um lugar de destaque na formação e preparo de profissionais de diferentes áreas do conhecimento, inclusive de professores da educação básica e tem buscado estratégias para o combate à violência contra a mulher, mostrando suas práticas no campo da educação, da política, das visões de sociedade e de mundo mais justo.

É neste contexto que se apresenta o presente artigo. Para tratar deste tema múltiplo e complexo serão primeiro analisados o próprio feminismo, as políticas públicas e as próprias mulheres para, em seguida, tratar de uma breve contextualização dedicada ao que se poderia chamar de "As mulheres têm uma história: feminismo e resistências feministas na luta contra violências", é um recorte do movimento a partir da participação das mulheres na luta pela redemocratização do Brasil, tendo como marco a Constituição Federal Brasileira de 1988 – CF/88, que pela primeira vez, instituiu o direito social da população brasileira, na história do país, através de medidas de proteção social estruturadas por meio de um conjunto de políticas sociais que são efetivadas pela intervenção do Estado.

---

o indivíduo procura ser o Sujeito de sua existência. Em sua vida concreta, os seres humanos, envolvidos com seus interesses sociais, com sua herança cultural, sua personalidade individual, tentam ser diferentes uns dos outros, procuram não ser manipulados pelas mensagens e pelas pressões de uma sociedade de massa, autoritária ou não, delineando seu próprio percurso individual no tempo e no espaço" (1998, p. 68-70).

3 Touraine (2010, p. 9) lembra que muitos filósofos sociais proclamaram que "seria necessário suprimir do vocabulário expressões como 'ator social', 'movimento social' e principalmente 'sujeito', visto que elas se referiam a concepções ultrapassadas da consciência e da ação políticas". No entanto, na sua concepção esses termos são importantes e não devem ser suprimidos. Ele diz: "Eu contesto essa visão desanimadora e mesmo autodestrutiva e acredito, ao contrário, que as lutas feministas, como outras, trazem novas aspirações – e principalmente uma nova representação que as mulheres têm delas mesmas e de seu lugar na vida social" (p. 9).

Assim, os tópicos que compõem este texto dialogam entre si de diferentes maneiras em torno das ideias, dos projetos e ações do feminismo e sua luta e resistência na universidade no combate à violência contra a mulher.

Para destacar esse desafio, apresentamos uma reflexão sobre a mulher, políticas públicas e vozes na universidade, falando da contribuição do feminismo nas políticas públicas e as vozes da militância na universidade, do feminismo acadêmico e uma exposição sobre violências, exclusão e implementação da Lei n. 14.986, de 25 de setembro de 2024, que alterou a Lei n. 9.394, de 20 de dezembro de 1996 para incluir a obrigatoriedade de abordagens fundamentadas nas experiências e nas perspectivas femininas nos conteúdos curriculares do ensino fundamental e médio; e institui a Semana de Valorização de Mulheres que Fizeram História no âmbito das escolas de educação básica do País e da Lei n. 14.164, de 10 de junho de 2021, que altera a Lei n. 9.394, de 20 de dezembro de 1996 para incluir conteúdo sobre prevenção da violência contra a mulher nos currículos da educação básica, e institui a Semana Escolar de Combate à Violência contra a Mulher. Nessa perspectiva, interrogamos sobre qual o papel da escola nessa luta e de que modo ela poderá ajudar no combate à violência contra a mulher. E, ao final, as considerações finais e cabe registrar, ainda, que este artigo tem raízes em outro, *O feminismo e a questão da violência contra a mulher na universidade*[4], que escrevemos, para capítulo do livro "Universidade, movimentos sociais e educação". Muito do que discutimos, aqui, soma-se às discussões apresentadas naquele texto. Ampliamos, no caso, o foco da temática que consideramos fundamental para explicar as contribuições das mulheres na universidade, nas políticas, diálogos abertos, conscientização sobre a urgência de buscar estratégias no combate à violência contra as mulheres e qual o papel da escola, nessa luta.

2. AS MULHERES TÊM UMA HISTÓRIA: FEMINISMO E RESISTÊNCIAS FEMINISTAS NA LUTA CONTRA VIOLÊNCIAS

Para falar sobre a história das mulheres é preciso destacar algumas categorias importantes como participação, luta, conquistas, desigualdades e avanços das mulheres nos espaços de poder. Para isso, foi feito, aqui, um recorte do contexto político e histórico-social do processo de luta e resistências feministas no

4 Capítulo do Livro "Universidade, Movimentos Sociais e Educação", organizado pelas professoras Cecília Maria Mourão Carvalho, Helânia Thomazine Porto e Luzeni Ferraz de Oliveira Carvalho, publicado pela chamada pública n. 01/2024 para publicação de livro impresso anual e e-book do Departamento de Educação – Campus X, da Universidade do Estado da Bahia – UNEB, 2024.

Brasil, da década de 1980 aos diais atuais, tomando como ponto crucial, a participação das mulheres na Assembleia Constituinte, do movimento feminista na política, na academia, suas contribuições na redemocratização do país e à Constituição Federal Brasileira de 1988.

Na universidade, a partir da década de 1980, observamos alguns destaques para o envolvimento de mulheres e feministas, em atividades acadêmicas, de extensão e de pesquisa, contribuindo para a construção do campo do saber e do conhecimento sobre temas tão caros à sociedade brasileira e ao mundo, inclusive sobre a violência contra as mulheres. O feminismo tem uma história importante, marcada pelo enfrentamento à redemocratização, período que o movimento tomou novos rumos e a relação do movimento com os novos governos democráticos e com novas ações na academia, como explica Céli Pinto (2003), levou as militantes feministas até esse momento identificadas com o Partido do Movimento Democrático Brasileiro - PMDB, sucedâneo do PDM, e o Partido dos Trabalhadores – PT, a se dividirem entre os dois partidos. Assim, como destaca a autora (idem, p. 68):

> Surgem ao longo da década fortes grupos feministas temáticos, associados ou não a essa dicotomia, entre os quais se destacaram os que passaram a tratar da violência contra a mulher e da sua saúde. Também nos anos 1980 houve espaço para o surgimento e o desenvolvimento do que se poderia chamar de feminismo acadêmico, ancorado no Departamento de Pesquisa da Fundação Carlos Chagas, em São Paulo, e em pesquisas de ciências humanas e educação realizadas nas grandes universidades do país, em algumas das quais surgiram Núcleos de Pesquisa em Estudos da Mulher.
>
> Leila Linhares Barsted (2016), em suas discussões sobre "O feminismo e o enfrentamento da violência contra as mulheres no Brasil", lembra que a violência contra as mulheres continua sendo uma triste realidade no Brasil e no mundo e, desse modo, "a cotidianidade da violência tem o poder de ofuscar sua visibilidade e descriminalizá-la no imaginário social e até mesmo, especificamente, no imaginário das mulheres" (p. 17).

Contudo, para tratar de "As mulheres têm uma história: feminismo e resistências feministas na luta contra violências" é preciso também trazer o pensamento de feministas como bell hooks[5] (2019), Flávia Biroli (2018), Donna

5 Esta é a opção da autora para escrever o seu nome, com minúsculas. Este é o pseudônimo escolhido por Glória Jean Watkins em homenagem a sua avó. O nome escolhido, grafado em minúscula, é um posicionamento político da autora, que justifica a recusa egóica intelectual, pois, de acordo com a sua percepção, os seus leitores e leitoras devem prestar atenção em suas obras, em suas palavras, em seu pensamento e não em sua pessoa.

Haraway (1995), Jean Franco (2005), Margareth Rago (2004), Michelle Perrot (2017), Sandra Harding (1986), dentre outras, pois, foram contribuições importantes para o feminismo brasileiro, para pensar a articulação entre capitalismo, imperialismo econômico, supremacia branca e o patriarcado, além de contribuições importantes, nessa perspectiva, para a compreensão dos entrelaçamentos de raça/etnia, gênero e classe social nas práticas culturais acadêmicas, cotidianas e subjetivas.

Por isso, para comentar a história das mulheres, nas expressões de Michelle Perrot (2017), é preciso interrogar o passado, tomando como referência questões que fazem parte da vida das mulheres, como a existência de desigualdades de gênero, os significados das aparências, as manifestações da sexualidade, a luta por direitos, o papel da família, do Estado e das religiões no cotidiano das pessoas, as dificuldades e possibilidades de acesso à cultura, entre outros. O momento, agora, é de fazer com que um público mais amplo tenha acesso às informações importantes, que devem sair da universidade e ganhar os espaços das escolas e da rua, das famílias, igrejas e outras instituições sociais. Os assuntos que dizem respeito às questões acerca das mulheres "devem ser discutidos nos salões de beleza, nos almoços de família, nas mesas de bar, nos ambientes de trabalho; deve estar presente nas escolas, nas TVs e rádios brasileiras, no judiciário e no legislativo e, assim como na elaboração de políticas públicas" (Perrot, 2017, p. 11).

Neste ponto, é importante ressaltar que, nas últimas décadas, como lembra Flávia Biroli (2018), a posição relativa de mulheres e homens modificou-se profundamente no Brasil e em outras partes do mundo, as mudanças foram significativas, houve transformações na vivência e na compreensão dos papéis de gênero e das relações em que estes ganham realidade. Neste ponto, com apoio da autora, apresentamos outra questão, que tem especial relevância para a produção do conhecimento sobre esse assunto: a dualidade entre o público e o privado constitui papéis, produz gênero, desigualdades entre as mulheres, reprodução das hierarquias e, consequentemente, violências. Mas "não o faz da mesma forma para todas as mulheres" (idem, p. 12). Assim, para tratar dessa questão, Biroli chama atenção para que se deve estar atento à reprodução das hierarquias de gênero e, ao mesmo tempo, para as convergências entre gênero, raça, classe e sexualidade, além das ambiguidades presentes nos avanços ocorridos nas últimas décadas, da perspectiva das desigualdades entre as mulheres. Nesse sentido, as políticas feministas "têm por objetivo acabar com a dominação e nos libertar para que sejamos quem somos – para viver a vida em um lugar onde amamos a justiça, onde podemos viver em paz. O feminismo é para todo mundo" (hooks, 2019, p. 167).

Como pensa Jean Franco (2005): é preciso marcar diferenças, cruzar fronteiras e assumir cada vez mais, ocupar o espaço público com temas de discussão, mostrar sua presença, seus questionamentos, suas inquietações, provocações e suas políticas. A autora lembra um ponto crucial sobre o movimento de mulheres intelectuais, mostrando que esse é um marco indispensável da ação política e da produção literária por essas "indivíduos-sujeitas" e existe, na atualidade, uma demanda significativa de obras literárias escritas por mulheres, particularmente dos textos que parecem refletir, de uma maneira ou outra, "a experiência feminina" (p. 133). Seguindo essa discussão, a autora destaca que as mulheres

> [...] são escritoras realistas ou mágico-realistas, escritoras de literatura fantástica, defensoras do espaço estético ou destruidoras da estética. A literatura feminina não é nem uma escola nem um estilo. Sem dúvida, o gênero e o modo como as mulheres escrevem definem sua posição em um debate cujos termos são raramente articulados de maneira explícita. A distância entre os intelectuais e as classes populares, o abismo existente entre as posições de classe com respeito à sexualidade são substituídos para se transformarem em problemas de voz narrativa, de gênero e de estilo (2005, p. 134).

No campo da educação, da ciência, com publicação de obras literárias, livros com linguagem acadêmica clara, direta, de fácil compreensão e, também, atuando em outros espaços de construção, socialização e divulgação do conhecimento, as mulheres e feministas têm dado contribuições importantes para a compreensão das questões de gênero e no combate à violência contra a mulher, mostrando resultados de pesquisas teóricas e de campo e publicação de livros concisos que versam sobre diversos temas, categorias, conceitos. A intenção do movimento feminista é mostrar os dilemas existentes sobre as formas de privilégios e marginalização sofridas pelas mulheres escritoras e a brecha cultural que há entre as classes médias e as classes trabalhadoras no que se refere a suas posições diante da sexualidade, pois, esta questão pode ser explicada pela diferença entre as escritoras que se sentem obrigadas a separar o político do estético. Na verdade, as lutas e resistências feministas contra a dominação patriarcal e capitalista e contra violências são diversas. Assim como a luta por autonomia, liberdade, cidadania não é nova.

> A década de 1980 trouxe consigo a partidarização e a institucionalização do movimento feminista no Brasil. As eleições de 1982 haviam dividido as militantes em dois grandes grupos, as peemedebistas e as petistas. As feministas começam a ocupar cargos estaduais com a eleição de alguns governadores

> do PMDB, principalmente em São Paulo, e federais, com a criação do CNDM, em 1985, que teve papel decisivo na conquista de um conjunto importante de direitos na Constituição de 1988. Esse conjunto de ações, entretanto, não esgota a presença do feminismo no país durante a década. Ao lado das ações mais políticas, muitas vezes identificadas partidariamente, se firmaram no país grupos autônomos organizados, principalmente em torno de duas temáticas específicas: violência e saúde (Pinto, 2003, p. 79).

O Conselho Nacional dos Direitos da Mulher - CNDM, criado em 1985, junto ao Ministério da Justiça, que teve como objetivo articular demandas do movimento feminista e de mulheres em geral e, apesar de ter uma curta duração (1985-1989), tratou de questões importantes que centralizavam a luta feminista brasileira, como questões consensuais, a exemplo da luta por creches até as polêmicas acerca da sexualidade e direito reprodutivo, além de contribuir significativamente com a Assembléia Nacional Constituinte (Pinto, 2003, p. 72).

Margareth Rago (2004) ressalta que basta apenas um rápido olhar sobre os espaços públicos, a rua, as praças de cidades no mundo para observar um dado revelador sobre as mulheres, que ocupam, hoje, diferentes e significativos lugares e setores sociais. As pesquisas acadêmicas têm trazido à tona uma longa história de lutas, resistências e profunda determinação, que desfazem imagens da dominação-submissão, da passividade, docilidade e fragilidades atribuídas às mulheres brasileiras. Pois, traçando a história das mulheres em 2004, a autora (idem, p. 32-33) lembra que basta

> Um rápido olhar sobre as ruas e praças de várias cidades no mundo pode ser revelador de sua crescente e colorida presença da mulher no espaço público, marcando uma forte diferença em relação ao passado. Em postos de gasolina, restaurantes, bares, cinemas, lojas, bancos, empresas, escolas e universidades, ou ainda nas delegacias e em outras instituições, o fato é que as mulheres de todas as classes, etnias e gerações invadiram o mundo público, mesmo que, na maior parte das vezes, não ocupem postos de comando. Mesmo assim, uma mulher é, hoje, em 2004, prefeita da maior cidade do país e as negras começam a compor o ministério do governo de esquerda, no Brasil.

Além disso, Rago (2004) chama atenção para as inúmeras e ainda comentadas inovações éticas, estéticas e políticas que vêm sendo construídas pelas mulheres em suas múltiplas áreas de atuação, seja nas universidades, na ciência, na educação, nas artes, na saúde, no trabalho e na casa. Essas mudanças têm revelado as transformações que as mulheres têm conquistado e mostram a emergência de novos modos de ver, de novas possibilidades de interpretação, de ressignificação e de problematização e, podemos complementar, dizendo que estas são também novas provocações que, sem dúvida, não beneficiam apenas as mulheres, mas também aos homens, que são levados a se perceberem e a se reconhecerem como "sujeitos particulares e socialmente localizados[6]" (p. 37) e, nesse processo, são capazes de reconhecer e controlar os vieses que se originam de preconceitos sexistas.

Referindo-se aos saberes localizados, para tratar da questão da ciência para o feminismo e o privilégio da perspectiva parcial, Donna Haraway (1995, p. 7) lembra que a pesquisa feminista acadêmica e ativista tentou repetidas vezes responder à questão sobre o que nós, mulheres, feministas, queremos dizer com o termo, intrigante e inescapável, 'objetividade'. Na verdade, este é um conceito complexo, provoca muitos questionamentos e provocações, mas também, inquietações de estudos e pesquisas e, conforme as expressões da autora (1995),

> Temos gasto muita tinta tóxica e árvores transformadas em papel para difamar o que eles queriam dizer com o termo e como isso nos machuca. O "eles" imaginado constitui uma espécie de conspiração invisível de cientistas e filósofos masculinistas, dotados de bolsas de pesquisa e de laboratórios; o "nós" imaginado são os outros corporificados, a quem não se permite não ter um corpo, um, um ponto de vista finito e, portanto, um viés desqualificador e poluidor em qualquer discussão relevante, fora de nossos pequenos círculos, nos quais uma revista de circulação de "massa" pode alcançar alguns milhares de leitores, em sua maioria com ódio da ciência. Eu, pelo menos, confesso que essas fantasias paranóicas e ressentimentos acadêmicos espreitam sob algumas reflexões intrincadas impressas com meu nome na literatura feminista sobre a história e a filosofia da ciência. Nós, as feministas nos debates sobre ciência e tecnologia, somos os "grupos de interesse especial" da era Reagan no âmbito rarefeito da epistemologia, no qual o que tradicionalmente tem vigência como saber é policiado por filósofos que codificam as leis canônicas do conhecimento (p. 7-8).

Desse modo, além de Haraway (1995), muitas feministas têm questionado a ciência, um campo de poder e um texto contestável, e sobre a construção social de todas as formas de conhecimento, mais especialmente, e com maior segurança, das formas científicas, sobre o que os cientistas acreditam ou dizem

---

6 HARDING, Sandra. **Whose Science? Whose Knowledge?** Thinking from women's lives. Ithaca/New York. Cornell University Press, 1991.

acreditar e o que eles realmente fazem. Nesse sentido, a autora cita Latour e Woolgar (1997), reconhecendo a importância de suas discussões sobre contra todas as formas de reducionismo, colocando um ponto essencial para as feministas, pois se deve "ter cuidado com a pureza, o vitríolo da alma". E, por isso, Haraway (idem, p. 9) destaca que,

> Fora isso, Latour não é um teórico feminista notável, mas pode transformar-se num através de leituras tão perversas como as que ele faz do laboratório, esta enorme máquina de fazer erros significativos mais rapidamente do que qualquer outra, ganhando assim o poder de mudar o mundo. O laboratório é para Latour a indústria estrada de ferro da epistemologia, na qual os fatos só podem mover-se nos trilhos montados a partir do laboratório. Quem controla a estrada de ferro controla o território em volta. Como podemos ter esquecido? Mas atualmente não é da falida estrada de ferro de que precisamos e sim das redes dos satélites. Em nossos dias, os fatos se movem em feixes de luz.

Nessa perspectiva, o feminismo orienta e estimula a desconfiar dos discursos de vários cientistas praticantes que acreditam que estão descrevendo e descobrindo coisas através de sua construção e de sua argumentação sobre a contingencia histórica radical e os modos de construção de tudo, sem explicação melhor do mundo, da construção de uma "ciência sucessora" (Harding, 1986a; Haraway, 1995). Para Maria Aparecida de Moraes e Silva (1991), apesar dos avanços significativos das reflexões sobre a Mulher, há ainda, alguns pontos questionadores acerca das questões metodológicas e, no centro dessas lacunas, estão as análises do patriarcado, relações de sexo, relações de gênero, articulação das relações de gênero e das relações de classes. E,

> Somente a partir do momento em que houver uma clareza acerca da imagem do feminino e do masculino nas representações e na prática, é que poder-se-á pensar numa ciência desgarrada dos modelos dicotômicos e discriminadores e numa práxis traduzida na igualdade entre homens e mulheres.

Saffioti (2004; 2015), feminista e teórica, é uma contribuição e referência importante nos estudos de gênero, patriarcado, feminismo e no combate à violência contra as mulheres. Em sua obra "Gênero e patriarcado: violência contra mulheres" mostra a importância da teoria para que se possa operar transformações profundas na sociedade e reconhece que essa é uma tarefa urgente das teóricas feministas e, por isso, questiona: "a quem serve a teoria de gênero utilizada em substituição a do patriarcado?" (2015, p. 147). Daí, a autora procura responder a essa questão afirmando que se torna relevante compreender que a urgência dessa resposta pode ser aquilatada pela permanência de situar mulheres em igualdade de condições com os homens, pois é preciso tratar de mudar a relação entre homens e mulheres e buscar a compreensão para o jogo da imbricação entre patriarcado e gênero e para as múltiplas tecnologias sociais de gênero, de raça/etnia e de classe social. No entanto, ela entende que é "a categoria dominada-explorada que conhece minuciosamente a engrenagem patriarcal, no que ela tem de mais perverso. Tem, pois, obrigação de liderar o processo de mudança" e o problema está aí, porque "recusando-se a enxergar o patriarcado ou recusando-se a admiti-lo, a maioria das teóricas feministas dá alguns passos para trás" (idem, p. 44). Toma como exemplo, as questões relacionadas a gênero, patriarcado e violência contra a mulher, pois trata-se de categorias complexas e não devem ser empregadas de modo generalizado, ambígua, pois provoca baixo nível de compreensão e, portanto, exige atenção, cuidado no seu emprego pelas teóricas feministas que desejam construir uma sociedade igualitária do ângulo de gênero e a teoria desempenha papel fundamental nesse processo. Saffioti chama atenção de que cabe lembrar e frisar que as hastes do tripé gênero, raça/etnia e classe social têm, cada uma, sua própria ideologia utilizada nas relações entre brancos, negros, para convencer a exploração-dominação da legitimidade da ordem social implantada.

Enfim, não é pretensão, aqui, de esgotar essa discussão e as possibilidades de compreensão sobre o fato de que "As mulheres têm uma história: feminismo e resistências feministas na luta contra violências", mas buscamos mostrar algumas provocações sobre essa questão tão importante à compreensão de que é preciso buscar caminhos possíveis para formular estratégias poderosas e pertinentes à temática tratada. No próximo tópico, dando continuidade à formulação dos objetivos colocados neste texto, tratamos de questões acerca da "Mulher, políticas públicas e vozes na universidade, considerando que a história das mulheres e lutas e resistências do feminismo são importantes na formulação e implementação de políticas públicas para as mulheres e no combate à violência contra a mulher na sociedade contemporânea.

3. MULHER, POLÍTICAS PÚBLICAS E VOZES NA UNIVERSIDADE

As mulheres têm, há décadas, contribuído com mudanças culturais importantes, com o estabelecimento de novos conhecimentos, saberes, valores e práticas acadêmicas, de pesquisa e extensão nas universidades e, assim, têm provocado transformações e enfrentamentos às desigualdades contra a mulher – uma forte herança patriarcal do Brasil Colônia que atravessa os séculos e se mantém nos dias atuais.

Assim, as feministas, mulheres na universidade, seguem apostando em políticas que atuem na base das desigualdades históricas, promovendo encontros, debates, discussões, reflexões e publicações de resultados de pesquisas e estudos sobre os entrelaçamentos entre capitalismo, patriarcado, gênero, raça/etnia e classe social e a relação com a desigualdade de gênero e a violência contra a mulher. A tradição patriarcal, como lembram Chacham e Maia (2004, p. 81), "está na origem da hierarquia de gênero no Brasil e se manifesta de diversas formas, sendo uma delas a linguagem usada para se referir ao corpo". E o problema fundamental de compreensão sobre esse processo de dominação-subordinação é que gênero é um conceito aberto, diz respeito a uma categoria histórica, analítica, ontológica, carrega uma dose apreciável de ideologia e, por isso, pode ser concebido em várias instâncias, demanda investimento intelectual, é um conceito "por demais palatável, porque é excessivamente geral, a-histórico, apolítico e pretensamente neutro. Exatamente em função de sua generalidade excessiva, apresenta grande grau de extensão, mas baixo nível de compreensão" (Saffioti, 2015, p. 148). Retomando Chacham e Maia (2004, p. 81), podemos compreender que na tradição patriarcal de gênero, a ambivalência da brasileira contemporânea diante das cantadas parece ter sua explicação no conflito que revela a forte herança patriarcal e a construção do poder patriarcal e suas formas de coerção, coisificação da mulher e objetificação do corpo feminino. As autoras explicam que,

> Com relação ao corpo do homem, a linguagem sobre o pênis elabora a força e a superioridade dos genitais masculinos, bem como a sua função como instrumento ligado à atividade, à violência e à violação (pau, caralho, cacete, pica, ferro, vara). Com relação ao corpo da mulher, a linguagem aponta para a anatomia deficiente, inferior e passiva, objeto da violência e paradoxalmente, ao mesmo tempo, um local de perigo por si só (buraco, gruta, racha, boca mijada) (2004, p. 81).

Nessa perspectiva, as lutas, reivindicações e conquistas das mulheres na universidade não representam apenas medidas importantes para o espaço acadêmico e/ou no campo da atuação profissional dos estudantes, mas também, por consequência, na sociedade brasileira. Desse modo, o feminismo, especialmente, no campo da educação, tem contribuído com a formação de professores para atuar na educação básica, tendo como metodologias e estratégias, o emprego do discurso acadêmico e teórico sobre perspectivas de gênero. As feministas procuram mostrar que a complexidade do problema do conhecimento científico, impregnado de sexismo, machismo, misoginia chegam até a escola que, por seu caráter hierárquico, autoritário e normativo, por seu papel de transmissora do conhecimento, tem (re)produzido esses conhecimentos e saberes aos seus estudantes, meninos e meninas, no contexto escolar. Na universidade, portanto, as mulheres têm dado suas contribuições relevantes e mostrado resultados exitosos. Sobre essa questão, Hollanda (2019) destaca que, no contraponto com os estudos feministas internacionais, as pesquisadoras feministas privilegiam uma pauta mais afinada com os discursos das esquerdas do que os que colocam em evidência o aborto, a sexualidade, o planejamento familiar, questões que não foram silenciadas, mas sendo colocadas nas discussões privadas e grupos de reflexões. E,

> Outras estudiosas defendem ainda que o feminismo acadêmico é anterior ao ativismo feminista no Brasil, como comprovam a presença já na década de 1960 e início da década seguinte, de Heleieth Saffioti, Eva Blay, Carmem Barroso e Neuma Aguiar e seus trabalhos em centros acadêmicos de excelência. A tese *A mulher na sociedade de classe: mito e realidade*, de Heleieth Saffioti, é defendida em 1967. Zahidé Machado Neto ministra, em 1973, na Universidade Federal da Bahia (UFBA), um curso pioneiro chamado "Sociologia da família e relações entre os sexos". Em 1974, várias pesquisadoras brasileiras participaram da "Conferência sobre perspectivas femininas nas ciências sociais latino-americanas" realizada em Buenos Aires e, em 1975, tem lugar na reunião da Sociedade Brasileira para o Progresso da Ciência (SBPC) o seminário – Contribuição das Ciências Humanas para a Compreensão do Papel das Mulheres, organizado pelo Coletivo de Pesquisa sobre Mulher d Fundação Carlos Chagas (Hollanda, 2019, p. 12).

No Brasil, podem ser destacadas algumas vitórias do feminismo, a exemplo do direito de as mulheres frequentarem universidades, fazer opção por uma profissão e receber salários. Sobre essa questão, Pitanguy (2019) lembra que, na universidade, a participação das mulheres (e feministas) "tem início uma extensa produção de pesquisas e estudos sobre a posição da mulher no mercado de trabalho. Mulheres sindicalistas incorporam essa agenda em suas plataformas, em um momento em que o sindicalismo ressurge como uma força política no cenário nacional" (p. 82). A universidade e as parcerias com diferentes instituições públicas e privadas, organizações e militantes comprometidas com a causa da mulher foram cruciais no desenvolvimento de estudos e pesquisas sobre temas importantes sobre a condição da mulher na sociedade brasileira.

A criação do Núcleo de Opinião Pública, Pesquisa e Estudos - NOPPE, da Fundação Perseu Abramo, por exemplo, é uma importante ferramenta de produção intelectual sobre as mulheres e a violência de gênero, além de outros temas fundamentais como racismo no Brasil, trazendo contribuições ao debate público, socialização e divulgação de produção científica em diferentes espaços sociais. O cientista político Gustavo Venturi e a socióloga Marisol Recamán (2004), na pesquisa "As mulheres brasileiras no início do século XXI, confirmam que, em outubro de 2001, o NOPPE foi a campo para investigar "A mulher brasileira nos espaços público e privado e, em 2004, publicou resultados da pesquisa que revelou a discriminação racial e desequilíbrios regionais que marcam o perfil da desigualdade social. Comentam que,

> Quase 200 pesquisadoras entrevistaram 2.502 mulheres, com 15 anos de idade ou mais, sobre temas variados: de suas percepções sobre as mudanças na condição da mulher nas últimas décadas a expectativas pessoais e políticas; de sua relação com o trabalho remunerado e com o trabalho doméstico a hábitos de lazer; de contracepção e aborto à sexualidade e à violência contra a mulher (2004, p. 15).

Ao tratar da transversalidade da violência contra a mulher, Venturi e Recamán (2004) destacam que a outra faceta do padrão machista que caracteriza as relações de gênero predominantes em todo o país, refere-se à violência conjugal contra as mulheres. Sendo este um fenômeno "cuja existência é conhecida, mas sobre o qual se fala pouco, contribuindo para que se reproduza sob o sigilo e em nome de uma privacidade criminosa" (p. 24). As manifestações do fenômeno são diversas, seja do tipo violência física, psíquica, assédio sexual, diferentes formas de agressão, violência sexista, ameaças com armas brancas e de fogo, estupro conjugal ou abuso, xingamentos e ofensas à conduta moral, tapas, empurrões, críticas sistemáticas à atuação como mãe, desqualificação constante no trabalho, dentro ou fora de casa, ameaça de espancamento a si próprias e aos filhos. A misoginia constitui componente intrínseca à razão dualista" (Saffioti, 1991) e é preciso tomar decisões acertadas para combater à violência.

Na Universidade de Brasília (UnB), a professora Cristina Castro Lucas criou o Projeto Glória, trata-se de uma plataforma de inteligência artificial que será usada para combater a violência contra a mulher no Brasil. De acordo com a professora, ao ser entrevistada, em 03 de maio de 2019, pelo Painel eletrônico, da Câmara dos Deputados/Rádio Câmara, para a elaboração deste projeto foi necessário reunir empresas das áreas social e de tecnologia e, a partir de um conjunto de algoritmos, será possível a mulher interagir com a robô Gloria, contando os problemas de violência que tem vivido. Lê-se que,

> A pessoa não precisa se identificar, apenas dizer a idade, o local onde se encontra e relatar o que está vivendo. Com isso, os usuários poderão

> vivenciar comportamentos e atitudes de uma pessoa real. A robô Glória entenderá os fatos abordados e identificará soluções para a quebra do ciclo de violência contra mulheres e meninas. Segundo a professora, a intenção é alcançar mais de 20 milhões de pessoas e gerar relatórios com segmentação por faixa etária, local, dados socioeconômicos e padrão de ocorrências. Apesar de ainda ser um projeto, a glória pode ser acessada no Instagram ou no site falecomgloria.co.br.

A tecnologia pode, assim, ser uma grande aliada da escola, ampliar o alcance da visão, e o seu poder de inscrever significados, dar sentidos no mundo, pois é um instrumento com um universo de possibilidades de acesso e construção de conhecimentos e saberes plurais. A inteligência artificial pode ser uma aliada na prevenção e combate à violência contra a mulher e contribuir com estratégias que podem ser utilizadas em processos pedagógicos pelas escolas desde o ensino fundamental até o ensino médio.

De acordo com alguns estudos, a sua utilização em diversas atividades pedagógicas com alunos das melhores escolas do país já está sendo implementada, mas a questão é a acessibilidade a essa tecnologia que ainda é um desafio quando se considera a desigualdade social brasileira. Anna Gabriela Costa (2024) lembra que "diversas empresas já desenvolveram soluções com IA para a educação, usando computadores conectados à internet" e, para garantir que todos os alunos tenham acesso a elas, o Ministério da Educação desenvolve projetos, como a Estratégia Nacional de Escolas Conectadas". Além disso, nas universidades brasileiras há muitas ações importantes do feminismo que são exemplos de suas contribuições no entendimento das questões de gênero e combate à violência contra a mulher no Brasil. Na Universidade Federal de Santa Catarina (UFSC)[7], por exemplo, professoras-pesquisadoras envolvidas com o feminismo e com os estudos de gênero, criaram em 2005, o Instituto de Estudos de Gênero (IEG), associadas a outras pesquisadoras da Universidade Estadual de Santa Catarina (UDESC), UNISUL e UNIVALE, sediado no Centro de Filosofia e Ciências Humanas da UFSC, buscando dar unidade e visibilidade às pesquisas e atuação em diversas áreas acadêmicas acerca dos direitos das mulheres e a promoção da igualdade de gênero. Além disso, no Brasil, a legislação educacional tem estabelecido diretrizes pertinentes nessa direção, a exemplo da Lei n. 14.986 de 25 de setembro de 2024 (Brasil, 2024), que alterou a Lei n. 9.394/96, de 20 de dezembro de 1996 (Lei de Diretrizes e Bases da Educação Nacional) (Brasil, 1996), para incluir a obrigatoriedade de

---

7 JSTOR. Instituto de Estudos de gênero da Universidade Federal de santa Catarina. Informação disponível em: https://www.jstor.org/publisher/inesgeunfesaca? Acesso em: 05 de ago. 2024.

abordagens fundamentadas nas experiências e nas perspectivas femininas nos conteúdos curriculares do ensino fundamental e médio; e institui a Semana de Valorização de Mulheres que Fizeram História no âmbito das escolas de educação básica do País. Podemos, portanto, com apoio da militante feminista Vera Soares (2004), tomar o conceito de feminismo, aqui, utilizado,

> como parte do princípio de que ele é a ação política das mulheres. Engloba teoria, prática, ética e tomas as mulheres como sujeitos históricos de transformação da sua própria condição social. Propõe que as mulheres partam para transformar a si mesmas e ao mundo. O feminismo se expressa em ações coletivas, individuais e existenciais, na arte, na teoria, política. Reconhece o poder não somente no nível do público-estatal, mas também o poder presente em todo o tecido social, fazendo a concepção convencional da política e a noção de sujeito se ampliarem. Todos aqueles que têm uma posição subalterna nas relações de poder existentes são chamados a transformá-las. Não existe, pois, um só sujeito histórico que enfrenta e transforma estas relações em nome de todos os subalternos (2004, p. 162).

Enfim, diante das considerações, aqui, colocadas sobre as contribuições do feminismo no enfrentamento à violência contra a mulher e do reconhecimento da importância da legislação educacional brasileira, nesse sentido, considerando as estratégias de criação e implementação da Semana Escolar no Combate à Violência contra a Mulher e da Semana Valorização de Mulheres que Fizeram História no âmbito das escolas de educação básica do País, é preciso incluir melhor a escola nessa luta em busca de uma educação que considere a promoção de atividades para difundir conhecimentos sobre a Lei Maria da Penha e a urgência de combater o fenômeno na nas relações sociais de gênero, entre homens e mulheres.

4. VIOLÊNCIAS, EXCLUSÃO E IMPLEMENTAÇÃO DA LEI: QUAL É O PAPEL DA ESCOLA (?)

A escola é reconhecida como um espaço de construção de sociabilidades. Mas, muitas leituras podem ser feitas sobre a escola e, nela é ensinado e aprendido um sistema classista e binário de gênero que estabelece e mantém desigualdades, polarizações e hierarquias entre os dois sexos: o masculino e o feminino.

Esse sistema de classes diferencia poderes de homens e de mulheres, quem os exerce e quem cumpre isso e aquilo, marcando espaços, papéis, lugares, funções e presenças sociais, determinando o que pode ou não fazer cada sexo e onde podem ou não estar, ocupar, agir, estabelecendo de que modo deve ser as relações de dependência ou autonomia e dita o que pode ou não dizer/falar/fazer, quais devem ser os interesses, propostas e/ou projetos. A família, a escola, grupos de amigos, a vizinhança, a mídia, a rua, o bairro, a cidade ou a comunidade local, onde moram os alunos, meninas e meninos, são espaços/ambientes que influenciam modos de ver, sentir, pensar, olhar, (con)viver e constituem formas de ensinar gênero, além de suas intersecções com raça/etnia, classe e outros marcadores sociais da diferença.

Desde o seu início, se é possível determinar uma origem, a escola assumiu diferentes formas, mudanças e transformações em função do significado e do papel que tem desempenhado em cada sociedade em momentos históricos diferentes. Na sociedade e na escola, há diferentes canais de comunicação, transmissão e fortalecimento do binômio sexo-gênero, sendo que, no espaço escolar e ambientes de aprendizagens, o aluno e a aluna aprendem através da linguagem, dos conteúdos veiculados pelo currículo, forma de estrutura, organização e gestão escolar, livros didáticos, participação em jogos, brincadeiras, uso de materiais didático-pedagógicos, nos ambientes educativos e de lazer, o que é ser homem e ser mulher, ser macho e ser fêmea. Contudo, se a escola, através da educação, reproduz, pode também, contribuir para transformar, pois, é pela educação que se pode desaprender concepções binárias de gênero.

Como lembra Moreno (1999, p. 79), "os sonhos vão à escola". E tecendo comentários sobre a obra do psicólogo americano Howard Gruber (1981), intitulada *Darwin's 'Tree of Nature' and other images of wide scope*

> A escola é uma caricatura da sociedade. Por ela passam, como não passam por nenhum outro lugar, limitadas por diminutivos, todas as ideias que uma sociedade quer transmitir para conservar, tudo aquilo em que se acredita ou quer que se acredite. O ensino, nos níveis básicos, está nas mãos de mulheres. Até quando vamos repetir docilmente a lição que nos ditam?

A autora busca respostas para essa questão e afirma que é necessário falar a nossa língua, não negar às meninas sua identidade sexolinguística. Para ela, o feminismo concede aos meninos aquilo que a sociedade lhes nega, a possibilidade de serem eles mesmos, de não ter que ser "o macho forte", esconder seus medos, inseguranças, fragilidades sob máscaras de fortaleza. A família, a escola e a sociedade devem preparar meninos e meninas para seguir as suas trajetórias, percorrer novos caminhos com seu pensamento, formas de ver a realidade, para refletir, criticar e construir, cozinhar, lavar, passar roupas, lavar pratos, com a intenção de unificar o que foi fragmentado, separado e dividido arbitrariamente. Mas qual é a questão?

> Os arranjos físicos – do tempo e do espaço escolares – estão informando e formando. Talvez possamos entender que a própria arquitetura e, nesse caso a arquitetura escolar, constitui como que um "programa" que fala aos sujeitos, que lhes diz como ser ou como agir, enfim que acaba por instituir, "em sua materialidade, um sistema de valores, como ordem, disciplina e vigilância"[8]. [...]. Seu espaço interno tem também uma organização plena de significados: "seus corredores e salas, a capela ou o crucifixo, as bandeiras ou os retratos de autoridades, os quadros de formatura ou os bustos das 'personalidades ilustres' estão afirmando ou ocultando saberes, apontando valores e 'exemplos', sugerindo destinos[9]" (Louro, 2020, p. 455).

Louro (2020) e Moreno (1999) mostram que o conhecimento científico está impregnado de sexismo e, assim, é (re)produzido pela escola, devido ao seu papel de transmissora do conhecimento, "também está contaminada pelo sexismo, que constitui o código secreto e silencioso que molda e discrimina o comportamento de meninos e meninas, homens e mulheres" (Camargo, 1999, p. 10). Mas a questão, como explica Guiomar Namo de Mello (1975) em seu artigo "Os estereótipos sexuais na sala de aula", reconhece que esse aspecto tem sido relegado a segundo plano, ou é apenas mencionado de passagem sobre como a educação escolar transmite e reforça padrões de comportamento sexual culturalmente estereotipados, reproduzindo, dessa forma, as desigualdades de condições e de oportunidades que existem entre homens e mulheres na sociedade brasileira e a mais prejudicada é a mulher. Mas também, a autora destaca que professores e alunos são "elementos indispensáveis e dependentes na escola tal como esta se organiza até os dias de hoje" (p. 141) e a escola em si mesma não é responsável pelos estereótipos culturais, mas funciona como mais uma agência de socialização a fortalecê-los, lembra a autora. O problema é que os estereótipos e preconceitos relativos às mulheres são muitos e diversos e operam sem precedentes, construindo, muitas vezes, barreiras poderosas que impedem a ascensão da mulher, mexendo com a sua autoestima, sentimentos, modos de vida. Um outro grande problema é que

> A escola vem reproduzindo valores tradicionais também por omissão, ao não discutir inteiramente a questão feminina. Com exceção de alguns raros e esparsos cursos de nível superior, a instituição escolar não tem

---

8 ESCOLANO, Agustín. *La arquitectura como programa. Espacio-escuela y curriculum.* ***Historia de la Educación.*** **Revista Interuniversitaria**, Salamanca, v. 12/13, 1993-1994. p. 97-120.

9 LOURO, Guacira Lopes. A escola e a pluralidade dos tempos e espaços. *In:* COSTA, Marisa Vorraber (Org.). **Escola básica na virada do século**: cultura, política e currículo. Porto Alegre: Faced/UFRGS, 1995. p. 73-106.

> aberto espaço para uma análise crítica sobre o modo de existência feminina no plano social, econômico, cultural, político e nem mesmo educacional (Rosemberg; Pinto; Negrão, 1982, p. 63).

Sobre essa questão, Mello (1975) compreende que educadores e estudiosos que se preocupam com o papel que a educação pode desempenhar para a melhoria das condições sociais e culturais em que vivem os seres humanos, apontaram a frequência como o sistema de ensino reproduz e ajuda a manter as desigualdades existentes na sociedade. Rosemberg, Pinto e Negrão (1982) lembram desse estudo de Mello (1975) que foi apresentado durante a Semana da Mulher Paulista, organizada pelo Centro do Professorado, que já levantara a necessidade de inclusão de cursos sobre a condição feminina nos currículos das escolas. Para as autoras,

> A atuação da escola como reprodutora da ideologia dominante tem sido frequentemente denunciada por todos aqueles que visam a construção de uma sociedade democrática. No campo específico da reprodução de modelos sexistas [...]. Tem-se, então, informação sobre a existência de padrões sexistas na interação entre professores e alunos que, mesmo sendo de natureza inconsciente, não apenas refletem os valores discriminatórios da sociedade abrangente, mas também se originam da própria cultura escolar. A situação de sala de aula, necessitando e exigindo comportamentos obedientes dos alunos (por necessidades vinculadas à natureza da própria instituição, à posição de dominação a que é submetida a infância e às dificuldades materiais concretas, como número de alunos, limitação de espaço etc.) tenderia a reforçar estes mesmos componentes femininos criados e reforçados por outras instituições (1982, p. 59-60).

Não é sem razão que Venturi e Recamán (2004) reconhecem que as mulheres têm sido o sujeito ativo das mudanças nas relações de gênero, mas, há muito ainda que percorrer e romper as barreiras para que as mulheres possam exercer sua cidadania com igualdade de condições, perseguir sua autonomia, o respeito a sua dignidade e a sua integridade física e, por fim, a opressão de gênero e viver melhor nas relações sociais. Apontam que é certo que outras propostas poderiam ter sido testadas para investigar os avanços e resistências das mulheres contra as violências e citam a escola como um dos espaços que pode abordar o problema acerca desse fenômeno, desde o ensino fundamental, com seus alunos, seja em disciplina específica sobre direitos humanos e cidadania, ou de forma transversal em outras disciplinas. Além disso, destacam que a dimensão do fenômeno captada pela pesquisa indica que, por necessárias e importantes que sejam tomadas medidas importantes, como campanhas educativas na mídia e de acolhimento das vítimas, "mesmo se implementadas em larga escala, "serão insuficientes se não for combatida a base moral que legitima e confere neutralidade à violência contra a mulher, o que demanda uma política educacional ativa de desconstrução/construção de valores" (p. 27).

Enfim, o papel da escola e dos professores dentro de suas áreas de conhecimento e atuação passa a lhes exigir que definam, reflitam, instituam e coordenem o cumprimento das regras que forem impostas. Uma política pública específica pode ser bem projetada, passar por processo de aprovação sem alteração, propor ótimos objetivos, constituir-se como uma política pública específica, mas, isso apenas não basta para avaliar a sua eficácia. Exige a consideração e o interesse público para ser implementada e aplicada e a qualidade de sua implementação está associada ao preparo do professor, da gestão da escola, enfim, de todas as pessoas e profissionais envolvidos nesse processo na escola. A escola precisa atender a legislação educacional brasileira, não reforçar estereótipos, preconceitos e discriminação nos processos didático-pedagógicos e buscar novas estratégias e recursos didáticos alternativos para desconstruir padrões tradicionais e estruturas hierárquicas.

CONSIDERAÇÕES FINAIS

As desigualdades entre homens e mulheres se constroem em diferentes espaços sociais e se manifestam de várias formas, em diversos âmbitos sociais e instituições e, assim, restringem a autonomia, a liberdade de ação das mulheres e dificultam o acesso ao espaço público e que tenham compreensão positiva de si mesmas.

Por isso, o feminismo na universidade merece atenção por três motivos. Primeiramente, o movimento feminista e a mulher brasileira, como mostra a extensa pesquisa realizada por diferentes instituições de ensino, pesquisa e extensão e núcleos de estudos sobre a mulher no Brasil, são otimistas com a condição feminina, com os resultados das lutas e reivindicações ao longo das décadas de atuação e, têm mostrado a sua pertinência nas políticas públicas que atuem/contribuem para a construção da igualdade entre homens e mulheres e combater a violência de gênero e violência contra as mulheres. Cabe aqui destacar que fazer políticas públicas com objetivo de construir a igualdade entre homens e mulheres significa, em primeiro lugar, como explica Vera Soares (2003, p. 287), "favorecer a organização e a participação das mulheres como sujeitos sociais para assegurar que seus pontos de vista e suas demandas sejam consideradas". Além disso, concordamos plenamente com a autora de que as leis que coíbem a violência que se exerce contra a mulher não teriam existência sem as mulheres organizadas, dispostas a reconhecer e a dividir suas experiências de violência, a superar seus efeitos negativos e a incentivar outras mulheres a percorrer seus próprios caminhos.

Uma segunda observação sobre o feminismo é que, como movimento social, desafia o que normalmente é tomado como verdade e, quando o faz, questiona o processo pelo qual a verdade é produzida. As categorias gênero, mulher, masculinidade e feminilidade, patriarcado, racismo, são questionadas, principalmente porque as desigualdades entre homens e mulheres ainda estão longe de serem superadas, apesar dos inegáveis avanços e conquistas que asseguram cada vez mais direitos às mulheres. Em terceiro lugar, é também uma referência à compreensão sobre a necessidade de políticas públicas que atuem nas expressões das desigualdades e, como lembra Soares (2003, p. 283), "a experiência, as estatísticas e a realidade demonstram a existência de uma situação de desigualdade entre homens e mulheres, e o Estado tem a obrigação de contribuir para sua eliminação. O Estado pode contribuir para mudar estas imagens". E a escola, como campo do saber, de construção do conhecimento e valores, deve tomar decisões autônomas com foco em uma educação democrática, antirracista e buscar perspectivas que denunciem e combatam os padrões coloniais de poder, raça/etnia e de classes sociais, pautados em modelos capitalistas, racistas e patriarcais que se entrelaçam nos currículos, na leitura e interpretação da produção eurocêntrica e machista de mundo e de conhecimento. Nesse sentido, a escola deve acompanhar os processos pedagógicos e educacionais, observando os indivíduos-sujeitos, suas experiências, seus conhecimentos e a forma como os produzem no contexto escolar. Desse modo, deve se comprometer com a construção de uma educação e sociedade fundadas nos princípios da justiça social, da igualdade e da democracia.

Para concluir, podemos dizer que o tema mulher, feminismo e violência contra a mulher está na ordem do dia, sua presença na universidade, no mercado de trabalho, nos espaços de poder e na política são fatos e atestam sucesso, lutas e resistências, porém, na escola, percebemos que ainda há espaços que devem e precisam urgentemente ser considerados, a exemplo, da inclusão da temática mulher nos currículos, práticas pedagógicas e educacionais para preparar o indivíduo-sujeito desde a educação infantil, primeira etapa da educação básica, com valores humanos e sociais em vista de uma sociedade mais justa e igualitária.

REFERÊNCIAS

BARSTED, Leila Linhares. O feminismo e o enfrentamento da violência contra as mulheres no Brasil. *In*: SARDENBERB, Cecília Maria Bacellar; TAVARES, Márcia Santana (Orgs). **Violência de gênero contra as mulheres**: suas diferentes faces e estratégias de enfrentamento e monitoramento. Salvador, BA:EDUFBA, 2019. p.17-40.

BRASIL. **Lei n. 14.986, de 25 de setembro de 2024**, que alterou a Lei n. 9.394/96, de 20 de dezembro de 1996 para incluir a obrigatoriedade de abordagens fundamentadas nas experiências e nas perspectivas femininas nos conteúdos curriculares do ensino fundamental e médio; e institui a Semana de Valorização de Mulheres que Fizeram História no âmbito das escolas de educação básica do País. Brasília, DF: MEC/CNE, 2024.

BRASIL. **Lei n. 14.164, de 10 de junho de 2021.** Altera a Lei n. 9.394, de 20 de dezembro de 1996 para incluir conteúdo sobre prevenção da violência contra a mulher nos currículos da educação básica, e institui a Semana Escolar de Combate à Violência contra a Mulher. Brasília, DF: MEC/CNE, 2021.

BRASIL. **Lei n. 9.394, de 20 de dezembro de 1996**, que estabelece as Diretrizes e Bases da Educação Nacional. Brasília, DF: MEC/CNE, 1996.

CAMARGO, Ana Maria Faccioli de. Prefácio. *In*: MORENO, Montserrat. **Como se ensina a ser menina**: o sexismo na escola. Tradução Ana Venite Fuzatto. Campinas, SP: Editora da UNICAMP/Moderna, 1999. p. 9-11 (Educação em pauta: escola e democracia)

CHACHAM, Alessandra Sampaio; MAIA, Mônica Bara. Corpo e sexualidade da mulher brasileira. *In*: VENTURI, Gustavo; RECAMÁN, Marisol; OLIVEIRA, Suely de (Orgs.). **A mulher brasileira nos espaços público e privado**. São Paulo: Fundação Perseu Abramo, 2004. p. 75-86.

CONSELHO NACIONAL DE JUSTIÇA. **Formulário Nacional de Avaliação de Risco gora é lei**. CNJ, 2021. Disponível em: **www.cnj.jus.br/formulario-nacional-deavaliacao-de-risco-agora-e-lei.** Acesso em: 10 de outubro 2024.

COSTA, Ana Gabriela. Escolas no Brasil já usam do ensino básico ao médio em algumas instituições, mas conectividade ainda precisa atingir rede pública. Disponível em: https://www.terra.com.br/byte/escolas-do-brasil-ja-usam-inteligencia-artificial-em-aulas-mas-ha-desafios-de-inclusao Acesso em: 13 de junho de 2024.

GRUBER, Howard Ernest. *Darwin's 'Tree of Nature' and other images of wide scope. In:* WECHSLER, Judith. ***On aesthetics in Science***. USA: *The Massachusetts Institute of Technology, MIT Press; First Edition, 1981* (January 26, 1981). p. 121-140.

HARDING, Sandra. A instabilidade das categorias. **Revista Estudos Feministas,** v. 1, n. 1, p. 7-31, 1993.

HARDING, Sandra. **The Science question in feminism.** Ithaca: Cornell University Press, 1986a.

HARDING, Sandra. The instability of the analytical categories of feminist Theory. **Signs**: Journal of Women in Culture and Society. The University of Chicago Press Journals, v. 11. N. 4, p. 645-664, 1986b.

HOLLANDA, Heloisa Buarque de. Introdução. *In*: HOLLANDA, Heloisa Buarque de (Org.). **Pensamento feminista brasileiro**: formação e contexto. Rio de Janeiro: Bazar do Tempo, 2019. p. 10-21.

LATOUR, Bruno; WOOLGAR, Steve. **A vida de laboratório**: a produção dos fatos científicos. Tradução Angela Ramalho Vianna. Rio de Janeiro: Relume Dumará, 1997.

LOURO, Guacira Lopes. Mulheres na sala de aula. *In*: DEL PRIORE, Mary (Org). **História das mulheres no Brasil.** Carla Bassanezi Pinsky.10.ed. São Paulo: Contexto, 2020. p.443-481.

MORENO, Montserrat. **Como se ensina a ser menina**: o sexismo na escola. Tradução Ana Venite Fuzatto. Campinas, SP: Editora da UNICAMP/Moderna, 1999. (Educação em pauta: escola e democracia)

PERROT, Michelle. **Minha história das mulheres**. Tradução Angela M. S. Corrêa. 2. ed., São Paulo: Contexto, 2017.

PINTO, Céli Regina Jardim. **Uma história do feminismo no Brasil**. São Paulo: Editora Fundação Perseu Abramo, 2003. (Coleção História do Povo Brasileiro)

PITANGUY, Jacqueline. A carta das mulheres brasileiras aos constituintes: memórias para o futuro. In: HOLLANDA, Heloisa Buarque de (Org.). **Pensamento feminista brasileiro**: formação e contexto. Rio de Janeiro: Bazar do Tempo, 2019. p. 79-94.

RÁDIO CÂMARA/PAINEL ELETRÔNICA. Plataforma de inteligência artificial de combate à violência contra a mulher é lançada na Câmara. **Entrevista ao Painel Eletrônico à professora Cristina Castro Lucas**. Disponível em: https://www.camara.leg.br/radio/programas/556690-plataforma-de-inteligencia-artificial-de-combate-a-violencia-contra-a-mulher-e-lancada-na-camara/ Acesso em: 01 de out. 2024.

RAGO, Margareth. Ser mulher no século XXI ou Carta de Alforria. *In:* VENTURI, Gustavo; RECAMÁN, Marisol; OLIVEIRA, Suely de (Orgs.). **A mulher brasileira nos espaços público e privado.** São Paulo: Editora Fundação Perseu Abramo, 2004. p. 31-42.

ROSEMBERG, Fúlvia; PINTO, Regina Jardim; NEGRÃO, Esmeralda Vailati. **A educação da mulher no Brasil**. São Paulo: Global, 1982. (Teses; 8)

SAFFIOTI, Heleieth. **Gênero, patriarcado, violência.** 2.ed. São Paulo: Fundação Perseu Abramo, 2015.

SAFFIOTI, Heleieth. Gênero e patriarcado: violência contra mulheres. *In:* VENTURI, Gustavo; RECAMÁN, Marisol; OLIVEIRA, Suely de (Orgs.). **A mulher brasileira nos espaços público e privado.** São Paulo: Editora Fundação Perseu Abramo, 2004. p. 43-59.

SAFFIOTI, Heleieth. Novas perspectivas metodológicas de investigação das relações de gênero. *In*: SILVA, Maria Aparecida de Moraes (Org.). **Mulher em seis Tempos**. Seminário Temático II. Araraquara, SP: UNESP, 1991. p. 141-171.

SILVA, Maria Aparecida de Moraes. Introdução. *In*: SILVA, Maria Aparecida de Moraes (Org.). **Mulher em seis Tempos**. Seminário Temático II. Araraquara, SP:UNESP,1991. p.5-15.

SOARES, Vera. O feminismo e o machismo na percepção das mulheres brasileiras. *In*: VENTURI, Gustavo; RECAMÁN, Marisol; OLIVEIRA, Suely de (Orgs.). **A mulher brasileira nos espaços público e privado**. São Paulo: Fundação Perseu Abramo, 2004. p. 161-182.

SOARES, Vera. A caminhada: a construção das políticas públicas para a igualdade entre homens e mulheres. *In*: BITTAR, Jorge (Org.). **Governos estaduais**: desafios e avanços. Reflexões e relatos de experiências petistas. São Paulo: Fundação Perseu Abramo, 2003. p.

TOURAINE, Alain. **O mundo das mulheres**. 2.ed. Tradução Francisco Morás. Petrópolis, RJ: Editora Vozes, 2010.

TOURAINE, Alain. **Igualdade e diferença**: o sujeito democrático. Tradução Modesto Florenzano. Bauru, SP: EDUSC, 1998.

VENTURI, Gustavo; RECAMÁN, Marisol. Introdução: As mulheres brasileiras no início do século XXI. *In:* VENTURI, Gustavo; RECAMÁN, Marisol; OLIVEIRA, Suely de (Orgs.). **A mulher brasileira nos espaços público e privado**. São Paulo: Editora Fundação Perseu Abramo, 2004. p. 15-30.

12. A CONVERGÊNCIA ENTRE INTELIGÊNCIA ARTIFICIAL E RESOLUÇÃO DE DISPUTAS ONLINE PARA AMPLIAÇÃO DO ACESSO À JUSTIÇA

Rafael Soares Duarte de Moura
Pós-Doutor em Direitos Humanos pela Universidade Federal de Goiás. Doutor em Direito pela Universidade de Brasília - UnB. Mestre em Direito pela Universidade Federal de Minas Gerais. Professor na Universidade Estadual de Montes Claros - UNIMONTES.

Pedro Henrique Feliciano
Mestre em Desenvolvimento Social pela Universidade Estadual de Montes Claros - UNIMONTES. Especialista em Direito de Família e Sucessões pela Faculdade de Direito Professor Damásio de Jesus. Bacharel em Direito pela Universidade Estadual de Montes Claros - UNIMONTES. Bolsista pela Universidade Estadual de Montes Claros - UNIMONTES.

Vitória Dreide Xavier Araújo Silva
Mestre pelo Programa de Pós-Graduação em Desenvolvimento Social da Universidade Estadual de Montes Claros (PPGDS/UNIMONTES). Graduada em Direito pelo Universidade Estadual de Montes Claros (UNIMONTES). Bolsista pela Universidade Estadual de Montes Claros - UNIMONTES.

1. INTRODUÇÃO

A resolução de conflitos foi tradicionalmente concebida como uma atribuição exclusiva do Estado, que, por meio da tutela jurisdicional, assume o papel de solucionar litígios, definindo o desfecho das disputas. Contudo, o aumento exponencial do número de demandas, como revelado pelos dados do CNJ (2024), expõe a incapacidade do sistema judiciário em absorver a totalidade dos casos que lhe são apresentados. Como resposta a essa realidade, o sistema multiportas, proposto inicialmente por Mauro Cappelletti e Bryan Gart na década de 1970, oferece uma abordagem pluralista para a solução de conflitos, promovendo a adoção de métodos alternativos, como a conciliação, mediação, arbitragem e justiça restaurativa.

O problema se agrava com o advento das tecnologias digitais e a crescente complexidade dos conflitos. A transformação digital trouxe consigo disputas descentralizadas e multipartes, exigindo novos mecanismos de resolução. Nesse contexto, a Resolução de Disputas Online (ODR) surge como uma ferramenta promissora, alavancada pelo uso de plataformas virtuais e inteligência artificial (IA). Com a popularização de sistemas de IA, como o ChatGPT, a aplicação dessas tecnologias no Direito tem se expandido rapidamente, impactando a forma como advogados, tribunais e partes lidam com os litígios.

O questionamento central desta pesquisa é: como a ODR, mediada por inteligência artificial, pode contribuir para a ampliação do acesso à justiça, especialmente em conflitos complexos e tecnológicos?

O objetivo geral deste estudo é investigar o papel da ODR no contexto jurídico contemporâneo, analisando suas potencialidades e limitações, com especial enfoque no uso da inteligência artificial para a resolução de litígios complexos.

A motivação para esta pesquisa reside na necessidade urgente de adaptar o sistema de justiça às novas dinâmicas sociais e tecnológicas, que demandam respostas cada vez mais rápidas, eficientes e acessíveis. Além disso, com a crescente utilização da IA em diferentes setores, é fundamental compreender seus impactos no Direito e nas garantias fundamentais, como o acesso à justiça.

A contribuição deste estudo se dá ao explorar o papel da ODR e da IA na justiça contemporânea, identificando como essas ferramentas podem tanto ampliar o acesso à justiça quanto apresentar desafios éticos e operacionais. Ao analisar as potencialidades e limitações desses recursos tecnológicos, pretende-se contribuir para o debate sobre a modernização do sistema jurídico e a busca por soluções justas e equitativas para todos os cidadãos.

A metodologia adotada para este estudo será de caráter qualitativo, com abordagem exploratória e descritiva, visando compreender o impacto da Resolução de Disputas Online (ODR), mediada por inteligência artificial, no acesso à justiça. Para tanto, será desenvolvida uma análise interdisciplinar, que envolve o estudo teórico e empírico dos mecanismos de resolução de conflitos no contexto digital, com enfoque na incorporação de tecnologias emergentes no sistema multiportas.

A pesquisa será realizada com base em uma revisão bibliográfica e documental de natureza integrativa, envolvendo o levantamento e análise de obras acadêmicas, relatórios institucionais e dados estatísticos, incluindo informações do Conselho Nacional de Justiça (CNJ) e de estudos jurídicos sobre a ODR.

Essa metodologia visa proporcionar uma análise aprofundada e crítica sobre a ODR e a IA no sistema de justiça, contribuindo para o entendimento de suas implicações no acesso à justiça e para o desenvolvimento de propostas que possam aperfeiçoar esses mecanismos em prol de uma justiça mais inclusiva e eficiente.

2. DESENVOLVIMENTO

2.1. CONFLITOS E O ACESSO À JUSTIÇA POR MEIO DA ODR

Diante de um litígio, tradicionalmente entendido como um conflito intersubjetivo de interesses qualificado por uma pretensão resistida, a solução oferecida pelo Estado é a da tutela jurisdicional. Coube ao Estado, como guardião da paz social e detentor único da força e violência, o papel de resolver as lides, que inevitavelmente surgem e, conforme mostram dados do CNJ (2024), multiplicam-se e se acumulam. Diante da impossibilidade de solucionar todas as questões que lhe são apresentadas, desenvolveu-se o sistema multiportas. Conforme lembram Ferreira, Rocha e Pinheiro (2022), essa foi uma jornada iniciada nos anos 1970, por Mauro Cappelletti e Bryan Gart.

Esta nomeação de um sistema multiportas destaca a pluralidade de saídas para conflitos que ancoravam a vida das pessoas (naturais e jurídicas), permitindo que outras soluções mais rápidas, dentre outros benefícios, fossem alcançadas. O sistema multiportas se desenvolveu em diferentes países com sistemas jurídicos diversos, resultando, efetivamente, numa multiplicidade de meios de resolução de conflitos. Nesse sistema, soluções alternativas, ou adequadas, são, por exemplo, a autocomposição, a conciliação, a mediação, a justiça restaurativa, a arbitragem, entre outras, cada uma delas com uma série de técnicas que podem ser aplicadas, caso a caso.

Com isso, o significado de acesso à justiça foi cada vez mais se ampliando para ultrapassar o sentido mais estrito de possibilidade de acessar o Poder Judiciário e incorporar o sentido de acessar uma ordem jurídica que gere resultados que sejam considerados justos (Alvim, 2024). O acesso à justiça, então, é o próprio direito de ter uma vida justa.

A esse respeito, destacando a prevalência do segundo sentido sobre o primeiro, Mancuso (2018) aponta a necessidade de não se cometer "excessos" quanto ao acesso à justiça, como se este direito funcionasse ao modo de um convite à demanda. Para o autor, a jurisdição estatal deve ser considerada uma oferta estatal residual, já que outras soluções justas podem ser alcançadas por outros meios equivalentes.

Uma característica relevante para a autocomposição é o empoderamento das partes envolvidas na disputa, devolvendo-lhes o protagonismo na construção de soluções que sejam as melhores para a sua realidade. A autocomposição valoriza o poder de decidir titularizado pelos envolvidos. Esse poder é o que é delegado pelos litigantes ao poder judiciário, quando escolhem a via da heterocomposição pelo processo.

Portanto, o que permite a realização bem sucedida da autocomposição é o estabelecimento ou o resgate do canal de comunicação entre as partes, garantindo-lhes emancipação nas coordenadas de suas experiências. Assim, elas poderão, por meio de tratativas, encontrar ou desenvolver soluções que sejam mais adequadas.

Com o avanço das tecnologias, os conflitos se tornaram cada vez mais complexos, acompanhando as teias de relações de comunicação e informação impactadas pelas tecnologias, tornando comuns os conflitos descentralizados, multipartes, com interesses diversificados e antagônicos (Ferreira; Rocha; Pinheiro, 2022). É possível identificar também que há aqueles litigantes eventuais, que ocasionalmente precisam recorrer ao Poder Judiciário, e os litigantes habituais, cuja presença é recorrente, em razão de, por exemplo, ser responsável diante de um número maior de pessoas por prestar serviços públicos ou privados. Ferreira, Rocha e Pinheiro (2022) propõem que a Online Dispute Resolution (ODR), traduzido como Resolução de Disputas Online (RDO), seja uma técnica adequada ao tratamento desses conflitos complexos.

Tartuce (2024) ensina que a expressão Online Dispute Resolution (ODR) refere-se ao emprego da tecnologia de informação e comunicação para solucionar lides. Uma compreensão em sentido mais amplo da expressão permite incluir todo uso de tecnologia, desde o envio de e-mails até o uso de ferramentas de videoconferência e gestão de documentos. Uma interpretação mais restrita considera a necessidade de disponibilização de vetores para procedimentos e ambientes de resolução de conflitos não presentes nos meios tradicionais. Bergman (2022) aponta que um conceito amplo o suficiente para permitir o entendimento da potencialidade de alcance da ODR é a "utilização de plataformas virtuais para facilitar a comunicação e solução de disputas" (Bergman, 2022, p. 53).

A virtualização não se refere apenas à realização de audiências virtuais remotas, mas também à digitalização de processos, melhoramentos no processo eletrônico, e desenvolvimento de procedimentos que passam a ser possíveis com o surgimento de novas tecnologias (Dantas; Quintiliano, 2024).

Foi no comércio eletrônico que a ODR encontrou primeiro solo fértil para sua maior adoção. Plataformas próprias dos fornecedores, vendedores e mercados virtuais foram desenvolvidas para que consumidores pudessem apresentar suas insatisfações e procurar satisfazer seus direitos, em uma dinâmica mais próxima da negociação (sem a presença de um terceiro facilitador) do que da mediação ou conciliação, que contam com a participação de um agente imparcial para reestabelecer a comunicação (Tartuce, 2024). Exemplos de ODR reconhecidos em funcionamento no Brasil incluem consumidor.gov, Reclame Aqui, MeLi Resolve e Com Acordo (Dantas; Quintiliano, 2024). Embora sejam mais facilmente identificáveis nessas plataformas, não somente conflitos originados de relações de consumo poderão ser bem encaminhados por essa via, mas também qualquer causa em que a telecomunicação confira uma infraestrutura de suporte, para evitar deslocamento de pessoas ou manejo de documentos, por exemplo.

Conforme o preceito do resgate comunicativo entre os sujeitos em conflito, a ODR usa a tecnologia como caminho para ampliar as possibilidades de comunicação. Bergman (2022) defende que plataformas ODR podem ampliar o acesso à justiça, por diversos motivos, dentre os quais: redução de custos de deslocamento, possibilidade de diálogo sem aproximação física dos envolvidos (inclusive casos de conflitos familiares em que haja mulheres vítimas de violência), a impessoalidade no tratamento no ambiente virtual, redução de vieses cognitivos, menor intimidação do que no ambiente de um tribunal, concentração menos prejudicada pelos sentimentos. Além disso, a comunicação torna-se mais fácil e rápida, em modo síncrono ou assíncrono.

Desde o ano de 2020, verifica-se a forte tendência de ampliar o uso de meios digitais, em razão da necessidade de manter o afastamento entre pessoas. Essa irrupção fez com que as ferramentas eletrônicas fossem adotadas mesmo nos campos em que encontrava mais resistência. Referidas circunstâncias destacaram ainda mais o potencial da ODR.

De modo semelhante, pouco tempo depois, observou-se uma nova tendência tecnológica com grande força de penetração e capilarização em diversos âmbitos da vida em sociedade: a inteligência artificial. Apesar de o conceito não ser uma novidade, a disponibilização para o público amplo de ferramentas de modelos de linguagem generativa causou uma nova onda de rápidas mudanças, inclusive quanto a temas e funcionamento do direito.

2.2. INTELIGÊNCIA ARTIFICIAL NO CAMPO JURÍDICO

A inteligência artificial pode ser conceituada como "uma parte da ciência da computação que estuda processos simbólicos, materializados na tríade de signo, significado e significante, raciocínio não algorítmico e representações simbólicas do conhecimento" (Xavier, 2024, p. 634). A referência aos conceitos da linguística abrem um espaço promissor para a possibilidade do uso da inteligência artificial nos métodos autocompositivos, já que estes, conforme mencionado, atuam diretamente no canal de comunicação entre as partes.

Não há unanimidade quanto a um marco temporal para o surgimento da inteligência artificial (Pereira; Silva; Ferreira, 2022). No entanto, cabe destacar que foi em novembro de 2022 que a OpenAI disponibilizou para o grande público o ChatGPT, uma ferramenta que busca manter conversações próximas do que se esperaria de um contato humano (OpenAI, 2022). A sigla GPT significa Generative Pre-trained Transformer, referindo-se a um modelo de linguagem pré-treinado, capaz de aprender e replicar padrões. O serviço tornou-se extremamente popular e foi indicada como a plataforma de mais rápido crescimento na internet ao alcançar 100 milhões de usuários em dois meses após seu lançamento (UFRGS, 2023).

A popularidade da ferramenta atraiu a atenção da sociedade e do mercado e, em efeito cascata, fez com que o desenvolvimento da inteligência artificial, assim como sua aplicação nos mais diversos campos, fosse explorada com agilidade. Big Techs, como Google, Apple, Meta, Microsoft, buscaram desenvolver suas próprias ferramentas para estabelecer uma competição no mercado. Com o avanço da tecnologia, as plataformas passaram a fornecer, além da geração de texto, a geração de imagens e vídeos, a partir de comandos textuais comuns. A incorporação da inteligência artificial também se tornou rapidamente em um apelo comercial para o marketing das empresas (Brito; Santos, 2022). No Direito, as novidades foram rapidamente absorvidas e integradas no modo de trabalhar dos advogados e na operacionalização dos tribunais, inclusive como suporte em decisões judiciais (Santos; Santos, 2024).

A inteligência artificial tem sido usada no espaço jurídico para análise de informações e padrões em documentos e jurisprudência, além de ser aplicada na automação de tarefas repetitivas e burocráticas (Rosa; Fenelon, 2023). A atividade de julgamento pode ser avaliada em duas fases: atividades manuais, repetitivas e burocráticas, e atividades intelectivas próprias (Arceno, 2022). Atualmente, no Brasil, há o uso com a finalidade de triagem, organização e agrupamento de processos, como é o caso das ferramentas nomeadas como o Victor, RAFA 2030, e VitórIA no Supremo Tribunal Federal, e o Sócrates no Superior Tribunal de Justiça. Ao todo, existem ao menos 64 ferramentas de inteligência artificial entre 44 tribunais no país (Santos; Tedesco; Cananea, 2022).

O avanço no emprego das inteligências artificiais no sistema de justiça depende de um treinamento ético, imparcial e transparente, para evitar o surgimento de preconceitos e discriminações no próprio sistema (Rosa; Fenelon,

2023). Trata-se de uma anotação importante que destaca a necessidade de impedir que vieses surjam e sejam reforçados dentro da ferramenta de inteligência artificial. Deve-se evitar que a repetição de padrões nos dados de treinamento não levem a um circuito fechado que impeça a criação de novos padrões. A aproximação da justiça de um modelo matemático, se gerar modelos reducionistas, pode resultar em violação do direito à tutela jurisdicional e à igualdade (Xavier, 2024).

Portanto, ainda que as ferramentas de inteligência artificial possam colaborar no trâmite de processos no Poder Judiciário, é indispensável que haja supervisão humana (Rosa; Fenelon, 2023). E, mesmo sob supervisão, coloca-se em questão que as apurações de neutralidade também podem ser enviesadas, e em casos de violação moral ainda é preciso identificar o responsável (Urbieta; Jacob, 2022).

Nesse sentido, a adoção da inteligência artificial nas atividades manuais e burocráticas é menos controversa que a adoção para a porção intelectiva da atividade de julgar, sob o risco de haver uma ampliação de desigualdades (Arceno, 2022). Até então, utilizar a IA em contextos de demandas repetitivas é um modo mais eficaz de auxílio para o Poder Judiciário, ainda sem descartar a necessidade de superara desafios acadêmicos, tecnológicos e legislativos (Pereira; Silva; Ferreira, 2022).

2.3. INTELIGÊNCIA ARTIFICIAL APLICADA À ODR

Atualmente as ODRs funcionam em um modelo de autocomposição por negociação direta. As partes tratam do conflito por meio de um canal de comunicação próprio, via online, em que não há a presença de um terceiro facilitador. A ODR permite expandir as formas de resolução de conflitos, de negociação à mediação, inclusive por meio de intervenção com uso de inteligência artificial, já que uma das suas características centrais é a incorporação de tecnologias inovadoras (Dantas; Quintiliano, 2024).

Considera-se ODR de primeira geração aquelas que fazem uso de ferramentas eletrônicas para facilitar a comunicação entre as partes, dentro dos modelos de solução alternativa de conflitos. Com o refinamento do emprego dessas tecnologias e o avanço das próprias ferramentas, abre-se espaço para uma segunda geração de ODR, com significativo uso de IA e menor necessidade de intervenção humana (Dantas; Quintiliano, 2024).

A exemplo, por meio da aplicação da inteligência artificial é possível propor um modelo de Negociação Assistida por Computador (NAC). Neste modelo, os algoritmos e a inteligência artificial são usadas para facilitar a negociação entre as partes em conflito. A principal forma incluiria o uso de chatbots para intervir na autocomposição, com base em precedentes e padrões obtidos por análises de jurimetria (Rosa; Fenelon, 2023).

Tartuce (2024) sugere considerar a inclusão da inteligência artificial nos meios de composição como um quarto agente: os dois primeiros correspondem às partes em seus polos; o mediador, conciliador, árbitro ou assessor das partes como terceiro envolvido; e, por fim, o meio tecnológico como o quarto elemento. Este quarto elemento pode auxiliar na solução da disputa de diferentes formas, desde a realização de cálculos complexos até a listagem de possibilidades não vislumbradas para o caso discutido.

Os sistemas de suporte à negociação que utilizam da inteligência artificial são capazes de otimizar os acordos, por meio do entendimento e aplicação da teoria dos jogos, para identificar os interesses e opções benéficas. A capacidade de rápido processamento e apresentação de resultados com base em resultados anteriores positivos indicam uma poderosa forma de materializar os direitos das partes (Dantas; Quintiliano, 2024).

Além disso, é possível expandir o escopo da ODR para alcançar mais casos que possam se beneficiar de técnicas de mediação ou conciliação. A esse respeito, cabe mencionar a experiência australiana com o serviço governamental Amica e seu potencial na resolução de conflitos familiares (João; Sarlet, 2023).

Esta situação levanta o questionamento acerca de qual tipo de resolução de conflitos está em foco e, uma vez identificado, se os princípios e regras para esta autocomposição estão preservados e resguardados, mesmo com o uso de inteligência artificial no papel de facilitador. Deve-se também considerar que, a depender da forma como o uso da inteligência artificial é feito, as partes podem estar apenas delegando a função de decisão, e não participando efetivamente na construção de saídas para suas disputas.

Assim como se exige a imparcialidade de qualquer terceiro que venha participar no processo de solução de um conflito, seja um facilitador sem poder decisório ou um terceiro que irá definir o seu desfecho, como é o caso da arbitragem e do processo judicial, também é preciso garantir a imparcialidade da inteligência artificial utilizada com essa finalidade (Arceno, 2022).

Bergman (2022) anota limitações para uso de comunicação online ou ferramentas de inteligência artificial, como: questões vagas e indefinidas, importância de precedentes, não reconhecimento do direito da outra parte, instrumentalização de má-fé para postergar a solução, falta de transparência e auditabilidade. E, por essas razões, sugere dois grandes modelos de uso da inteligência artificial, conforme represente um papel ativo ou um papel facilitador da comunicação entre as partes. Ainda, prevê sistemas eletrônicos que serão o próprio facilitador (mediador ou árbitro), em que o elemento humano não estará presente.

Essas circunstâncias invariavelmente trazem impacto na relação conflituosa que se busca tratar. O acréscimo deste quarto agente influencia o comportamento dos envolvidos. E é isso que efetivamente se espera, pois, do contrário, não haveria razão para incluir essas novas ferramentas digitais.

Ao passo que é possível atingir uma maior rapidez na solução de conflitos, acesso remoto com garantia de segurança, o que proporciona maior facilidade na composição, surgem desafios, tais como falta de conhecimento e conscientização e cautela para a manutenção de uma infraestrutura adequada (Dantas; Quintiliano, 2024).

Essa nova realidade, em que a tecnologia digital se funde profundamente com todos os demais aspectos da vida, deve ser adequadamente explorada durante os procedimentos de autocomposição. É necessário verificar o status e a qualidade de conexão das partes, o bom funcionamento da plataforma de comunicação, o esclarecimento das ferramentas tecnológicas utilizadas, as diferentes formas que podem ser exploradas, incluindo suas capacidades e limitações.

É preciso garantir uma verdadeira compreensão acerca do procedimento que está sendo utilizado para dirimir o conflito. É possível que a inteligência artificial seja utilizada como um representante de uma das partes, na hipótese de que uma ferramenta de linguagem seja treinada por um comércio virtual para ofertar diferentes propostas dentro de um limite estabelecido, para que sejam viáveis. Há espaço também para que uma ferramenta de IA assuma o papel de facilitadora, acompanhando o diálogo e conduzindo as partes para que possam seguir nas tratativas com foco nos aspectos que mais interfiram na solução do litígio. Ainda, o modelo de linguagem dessas ferramentas pode elencar diferentes opções para que os sujeitos envolvidos possam ampliar sua visão sobre o conflito e seus desfechos, atuando como se fosse um conciliador. A capacidade de análise veloz de grande quantidade de dados abre espaço para a personalização da experiência dos sujeitos envolvidos, adaptando-se às suas necessidades e preferências, em todos esses potenciais modos de aplicação da inteligência artificial na ODR.

Além disso, não se descarta o cenário em que as partes podem estabelecer que as análises sobre os fatos e aspectos envolvidos no conflito sejam realizadas por uma ferramenta ou algoritmo, de maneira análoga ao que acontece na arbitragem. A inteligência artificial pode até mesmo ser utilizada para auxiliar no desenvolvimento de novas ferramentas e criação de plataformas de ODR mais sofisticadas e acessíveis.

CONSIDERAÇÕES FINAIS

A presente pesquisa investigou o potencial de desenvolvimento da Resolução de Disputas Online (ODR) com uso da inteligência artificial na ampliação do acesso à justiça, especialmente em conflitos complexos. A análise evidenciou que a ODR, impulsionada pela IA, oferece novas possibilidades para a solução de litígios, superando barreiras geográficas, temporais e financeiras, além de promover maior eficiência e personalização na resolução de disputas.

No entanto, a incorporação da IA na ODR também traz novos desafios. Questões éticas, como a garantia da imparcialidade e a proteção de dados pessoais, demandam atenção e regulamentação adequadas. A necessidade de supervisão humana e a construção de modelos de IA transparentes são fundamentais para assegurar a confiança e a legitimidade desses sistemas.

Apesar dos desafios, o futuro da ODR e da IA na resolução de conflitos é promissor. A capacidade da IA de analisar grandes volumes de dados, identificar padrões e oferecer soluções personalizadas tem o potencial de tornar a justiça mais acessível, eficiente e equitativa. A ODR associada à IA pode contribuir para a construção de um sistema de justiça mais moderno, responsivo e adaptado às demandas da sociedade digital.

Em suma, a ODR e a IA representam ferramentas poderosas para a ampliação do acesso à justiça, especialmente em um cenário de crescentes conflitos complexos e tecnológicos. A integração dessas tecnologias, de forma ética e responsável, oferece a oportunidade de construir um sistema de justiça mais acessível, eficiente e justo para todos os cidadãos. A pesquisa futura deverá aprofundar a análise dos impactos da IA na ODR, buscando soluções para os desafios identificados e explorando novas possibilidades para a construção de um sistema de justiça mais inclusivo e equitativo na era digital.

REFERÊNCIAS

ALVIM, José Eduardo Carreira. **Teoria Geral do Processo**. 25. ed. Rio de Janeiro: Forense, 2024.

BERGMAN, Deborah. Responsabilidade civil pelo uso de Inteligência Artificial na mediação e na arbitragem. Disponível em:

BRITO, Dante Ponte de; SANTOS, Lucas Emmanuel Fortes dos. A inteligência artificial (IA) das redes sociais como fator de indução ao superendividamento do usuário-consumidor. In: **Revista de Direito do Consumidor**. vol. 144, nov.-dez. 2022. Revista dos Tribunais, 2022. Disponível em: https://www.academia.edu/download/96280300/A_inteligencia_artificial_das_redes_sociais_como_fator_de_inducao_ao_superendividamento_do_usuario_consumidor.pdf. p. 395-416. Acesso em: 10 set. 2024.

CONSELHO NACIONAL DE JUSTIÇA (CNJ). **Justiça em números 2024**. Brasília: CNJ, 2024. Disponível em: https://www.cnj.jus.br/wp-content/uploads/2024/05/justica-em-numeros-2024.pdf. Acesso em: 07 set. 2024.

DANTAS, Adelma Araújo; QUINTILIANO, Leonardo David. A ODR como mecanismo de acesso à justiça. **Revista Ibero-Americana de Humanidades, Ciências e Educação**. São Paulo, v. 10, n. 03, mar. 2024. Disponível em: https://periodicorease.pro.br/rease/article/view/13228. p. 1446–1446.

FERREIRA, Ana Clara Lopes; ROCHA, Eliza Ferreira; PINHEIRO, Guilherme César. As plataformas de online dispute resolution como método adequado à solução de litígios complexos. In: ORSINI, Adriana Goulart de Sena, SILVA, Helen Cristina de Almeida Silva, MONTEIRO, Wilson de Freitas Monteiro (org.). **Acesso à justiça, inteligência artificial e tecnologias do processo judicial I**. Belo Horizonte: Skema Business School, 2022. p. 15-22. Disponível em: http://site.conpedi.org.br/publicacoes/4k5lvev7/jon6b8u9/XRU9VA26n70937U3.pdf#page=7.50. Acesso em 10 set. 2024.

OPENAI. **Introducing ChatGPT**. 30 nov. 2022. Disponível em: https://openai.com/index/chatgpt/. Acesso em 10 set. 2024.

JOÃO, Catharine Black Lipp; SARLET, Gabrielle Bezerra Sales. A aplicação da tecnologia na resolução de disputas familiares e o serviço "Amica" de autocomposição online auxiliada por Inteligência Artificial. **Revista de Direito Civil Contemporâneo**. vol. 34. ano 10. p. 221-250. São Paulo: Revista dos Tribunais, jan./mar. 2023. Disponível em: https://dialnet.unirioja.es/descarga/articulo/9456856.pdf. Acesso em: 06 set. 2024.

LOURENÇO, Margareth; BARROS, Sarah. Uso da inteligência artificial agiliza tomada de decisões judiciais em processos de saúde. **Notícias CNJ / Agência CNJ de Notícias**. Conselho Nacional de Justiça. Brasília, 24 nov. 2023. Disponível em: https://www.cnj.jus.br/uso-da-inteligencia-artificial-agiliza-tomada-de-decisoes-judiciais-em-processos-de-saude/. Acesso em: 06 set. 2024.

MANCUSO, Rodolfo de Camargo. **Teoria geral do processo**. Rio de Janeiro: Forense, 2018.

SANTOS, Antonio Carlos dos; SANTOS, Wagner Jose dos. Os impactos éticos da inteligência artificial no acesso à justiça. In: **Singular. Sociais e Humanidades**, v. 1 n. 6, jan./jun. 2023). Palmas: Ceulp, 2024. Disponível em: http://ulbra-to.br/singular/index.php/SingularSH/article/view/197. p. 169-185. Acesso em: 09 set. 2024.

TRIBUNAL DE JUSTIÇA DE MINAS GERAIS. TJMG apresenta SOFIA: sistema de inteligência artificial em linguagem simples. **Diretoria Executiva de Comunicação – Dircom**. Belo Horizonte, 13 dez. 2023. Disponível em: https://www.tjmg.jus.br/portal-tjmg/noticias/tjmg-apresenta-sofia-sistema-de-inteligencia-artificial-em-linguagem-simples.htm. Acesso em: 06 set. 2024.

TRIBUNAL DE JUSTIÇA DE MINAS GERAIS. TJMG apresenta SAVIA, nova ferramenta de inteligência artificial baseada no ChatGPT. **Diretoria Executiva de Comunicação – Dircom**. Belo Horizonte, 25 jan. 2023. Disponível em: https://www.tjmg.jus.br/portal-tjmg/noticias/tjmg-apresenta-savia-nova-ferramenta-de-inteligencia-artificial.htm. Acesso em: 06 set. 2024.

UNIVERSIDADE FEDERAL DO RIO GRANDE DO SUL (UFRGS). ChatGPT se torna plataforma com crescimento mais rápido da história. **infabico - Setor de Informática da Faculdade de Biblioteconomia e Comunicação.** Porto Alegre. Disponível em: https://www.ufrgs.br/infabico/chatgpt-se-torna-plataforma-com-crescimento-mais-rapido-da-historia/. Acesso em 10 set. 2024.

XAVIER, Paulo Ramón Suárez. Inteligência artificial, ADR e ODR: um olhar a partir do ordenamento espanhol. **Revista Eletrônica de Direito Processual**, Rio de Janeiro, v. 25, n. 3, 2024. Disponível em: https://www.e-publicacoes.uerj.br/redp/article/view/86626. Acesso em: 16 set. 2024.

13. A IMPORTÂNCIA DA INTELIGÊNCIA ARTIFICIAL NO CAMPO DO DIREITO: UMA ANÁLISE DA IA NOS TRIBUNAIS SUPERIORES DO BRASIL

Viviane Aparecida Mota de Carvalho
Bacharela do Curso de Direito da Faculdade de Ciências Jurídicas de Bom Jesus da Lapa.

Jianine Simões Rodrigues Pichite
Professora vinculada à Faculdade de Ciências Jurídicas Pitágoras/Anhanguera de Bom Jesus da Lapa.

1. INTRODUÇÃO

O ponto de partida é a inteligência artificial (IA) e sua célere aceitação e solidificação em diversas áreas, percebendo que no direito não seria diferente, foi explorado a importância da IA no campo jurídico, analisando seu impacto na eficácia do sistema legal. Depreende-se que a escolha deste tema se confirma pela relevância crescente da IA em todas as searas do conhecimento, principalmente no direito. Entende-se que pelo vultuoso volume de processos e a morosidade do judiciário, a ferramenta tecnológica visa aprimorar a eficiência do sistema legal promovendo uma justiça mais alígera. A pesquisa utilizará revisão bibliográfica para tal discussão.

Como fator problema, percebe-se que há lacunas sobre diretrizes para incorporar a IA no direito de forma responsável em prol da celeridade da justiça. Trata-se exclusivamente da norteadora pergunta que move essa pesquisa. Terá como objetivo geral, a discussão dos impactos, oportunidades e desafios da aplicação da inteligência artificial no campo do Direito. A partir daí, serão definidas as principais aplicações da IA no âmbito jurídico; onde serão expostas o potencial desses sistemas inteligentes para aumentar a eficiência, acessibilidade e precisão do sistema legal, e por conseguinte, serão pontuados os possíveis riscos, limitações e questões éticas relacionadas ao uso da IA no campo jurídico. (CARVALHO, 2023, p.97).

Esta pesquisa perpassa por uma temática atual, pertinente e ainda pouco perquirida academicamente, especialmente, no contexto brasileiro. Ao entender quais influências e ou consequências do uso da IA no direito, por meio desse estudo, será propositivo diretrizes éticas para trazer *insights* que poderão nortear incorporação consciente, responsável e atenta da ferramenta do sistema inteligente, a fim de beneficiar o sistema jurídico e consequentemente a justiça como um todo. A utilização da IA no campo do Direito traz aspectos e análises que fornecem previsões de padrões já identificados e dessa forma, contribui para agilizar o processo decisório, observando também tendências no sistema legal que poderá sofrer melhorias de estratégias jurídicas mais satisfatórias. Para tanto, o problema dessa pesquisa em caráter exploratório foi: há brechas sobre diretrizes para incorporar a IA no Direito de forma responsável em prol do aprimoramento da justiça nos Tribunais Superiores Brasileiros?

A aplicabilidade da IA tem fragmentado opiniões e evidenciado o debate dessa crescente realidade tecnológica. Para além disso, é inequívoco que os Tribunais Superiores também se utilizam dos sistemas inteligentes para lidar com a litigância. O extenso alcance dessas ferramentas advém da elaborada capacidade dos processos automatizados, que agilizam as análises e permitem insights precisos em uma área que tipicamente depende da ingerência humana e do estudo de vultuosos documentos com informações jurisprudenciais e legais. Sendo assim, ficam evidentes a definição das principais aplicações de IA no âmbito do direito, sendo coerente e cautelosos quanto aos possíveis riscos, limitações e questões éticas relacionadas ao uso da inteligência artificial.

Isto posto, o fim intencional desse estudo permite expor à comunidade acadêmica, ainda por vezes, alheia a esta realidade, que novas ferramentas afloram na esfera do judiciário brasileiro, atribuindo predominantemente, à inteligência artificial o papel de protagonista nesse cenário tecnológico e inovador, sem perder de vista a celeridade, a eficiência aliada à eficácia de resolução de conflitos dos processos submetidos à análise, de que o fim é, e sempre será, o humano.

2. MÉTODO

A produção dessa pesquisa foi utilizada como metodologia a revisão bibliográfica. O formato, valeu-se de literaturas com referenciais teóricos de juristas renomados sobre o assunto, com objetivo de debater, compreender, incentivar e propor mecanismos para dialogar com o problema desse estudo em questão. A pesquisa descritiva foi complementada com artigos científicos, leis, portarias, resoluções, fontes normativas e a Constituição da República Federativa do Brasil.

3. RESULTADOS E DISCUSSÕES

A inteligência artificial refere-se à capacidade que sistemas inteligentes por meio de máquinas, tem a capacidade de imitar a inteligência humana para executar tarefas e resolver problemas (RUSSELL; NORVIG, 2013). Isso implica no desenvolvimento de sistemas que apresentem características semelhantes à inteligência humana, incluindo aprendizado, resolução e solução de problemas.

O crescimento exponencial de tecnologias como *"machine learning"* que nada mais é do que o aprendizado de máquina, têm sido absorvidos de forma célere, por robôs inteligentes em escritórios de advocacia, tribunais e órgãos de justiça. (BAKER, 2019; KATZ, 2017; SURDEN, 2019). A adoção dessas tecnologias no campo do direito deve ser feita de forma responsável, visando o aprimoramento da justiça e das garantias fundamentais. Essa temática, especialmente no contexto brasileiro, é atual, relevante e ainda pouco investigada academicamente. (RODRIGUES,2021).

Cummings e Rho (2019), asseveram que o uso da IA no direito tem a destreza para democratizar o acesso à justiça, permitindo que mais pessoas tenham ingresso a serviços jurídicos de qualidade. SANTISO (2003), sugere que por mais de duas décadas de ditadura, o Brasil trabalhou para fortalecer a independência do Judiciário, consolidada pela Assembleia Constituinte, que garantiu aos magistrados vitaliciedade, irredutibilidade salarial e inamovibilidade.

Em 2004 uma medida que foi relevante para aplicação do direito e a tecnologia, nomeada como "Reforma do Judiciário" inscrita na Emenda Constitucional nº 45 foi aprovada, e concentrou mudanças importantes no texto constitucional, com intuito de fortalecer o Supremo Tribunal Federal (STF), como a instituição das súmulas vinculantes (BRASIL, 2004).

Em conformidade com a Carta Magna, foram estabelecidas diretrizes para o aprimoramento da função jurisdicional, o que abarca as disposições e ou sugestões de utilização de soluções de IA. (BRASIL, 1988). Apontam-se as normativas em vigor no Brasil para a criação, planejamento de desenvolvimento de sistemas computacionais de IA, a Lei Federal nº 11.419 de 2006 que estabelece sobre a informatização do processo judicial; e altera a Lei nº 5.869/73 - Código de Processo Civil. Destaque para a Resolução nº 185 de 2013 do CNJ que regulamenta o PJE considerando que os benefícios dos processos físicos por eletrônico, como canal de agilidade e precisão da prestação jurisdicional e a Lei Federal nº 13.709 de 2018 está relacionada a proteção de elementos referenciais.

O CNJ em 2021 registrou um número assustador de processos que estavam em andamento no Brasil, foram 77,3 milhões. 80,8 % destes, estavam em formato eletrônico. Abre-se um parêntese porque com a adição de máquinas para realizar as tarefas que antes eram destinadas aos magistrados e aos servidores e funcionários públicos, surge como uma saída positiva para a rápida realização de atos repetitivos. (SALOMÃO e TAUK, 2022).

A pesquisa realizada pelo Centro de Inovação, Administração e Pesquisa do Judiciário (CIAPJ) da Fundação Getúlio Vargas, intitulada "Tecnologia aplicada à gestão dos conflitos no âmbito do Poder Judiciário" e publicada em abril de 2022, foi importante, porque fez um compilado de dados apresentando as IA´s em diversos tribunais brasileiros. Foram identificadas 64 ferramentas de IA distribuídas em 44 tribunais, incluindo o Supremo Tribunal Federal (STF), o Superior Tribunal de Justiça (STJ), o Tribunal Superior do Trabalho (TST), os Tribunais Regionais Federais (TRFs), os Tribunais de Justiça (TJs) e os Tribunais Regionais do Trabalho (TRTs), além da Plataforma Sinapses do Conselho Nacional de Justiça (CNJ).

Mesmo com todo o aparato de leis processuais, resoluções, portarias e normas, quando se fala de funcionalidade da IA existem perigos que podem ir contra a ética. (RODRIGUES, 2021).

O projeto Victor, IA do STF criado em 2017 pelo valor de R$ 1.600.000,00 é um sistema de inteligência artificial criado com objetivo de potencializar resultados eficazes na tramitação de processos para promover a celeridade em análise judicial no Supremo Tribunal Federal. O Victor se tornou um marco no Judiciário brasileiro. (AZEVEDO,2019). A tendência dessa tecnologia, a partir de uso de novas ferramentas em uso no judiciário brasileiro, só demonstra uma tendência de incorporação e revolução tecnológica na área da Justiça (JUNIOR e OLIVEIRA, 2020).

Em 2018, o Conselho Nacional de Justiça (CNJ) registrou 31.883.392 processos baixados, um significativo aumento de 4,2% em relação a 2017. A produtividade do Judiciário também cresceu, foram 32.399.651 de sentenças proferidas. Os índices de resolução de casos foram animadores para a Justiça Estadual (55,6%), Federal (51,7%) e Trabalhista (49,7%) em 2018 (CNJ, 2019). (SAVIATO, 2019).

CONSIDERAÇÕES FINAIS

A pesquisa realizada perpassou por ampla revisão bibliográfica em que foi demonstrada o empenho do Sistema Judiciário Brasileiro em sofisticar e otimizar as rotinas e processos, utilizando sistemas inteligentes para execução de tarefas operacionais. O caso em questão foi o projeto Victor – Inteligência Artificial (IA) do Supremo Tribunal Federal (STF). O robô analisa recursos de repercussão geral e apresenta resultados impressionantes e satisfatórios. Enquanto um servidor precisa de cerca de 44 minutos para realizar a mesma atividade, o robô Victor realiza a tarefa em apenas cinco segundos, com precisão inacreditável de 96% de assertividade. Victor foi desenvolvido em parceria com a Universidade de Brasília (UNB).

É sem dúvida e exponencial o crescimento do uso da IA no judiciário brasileiro, ao ponto de ser impulsionado pelo apoio do Conselho Nacional de Justiça (CNJ), novas implementações e regulamentações para avançar em busca de um judiciário 100% digital. Decisões como estas, dilatam o sentido de justiça e promove na sociedade, sentimento e necessidade de paridade, equidade e uniformidade.

Conclui-se que a revolução tecnológica no âmbito jurídico, especialmente através do aprendizado de máquinas, surgiu em um momento crítico, preencheu a necessidade e por meio da tecnologia e digitalização dos processos com o uso da computação cognitiva representa, de fato, um marco significativo.

Isto posto, o debate sobre os limites da IA no judiciário continua. Enquanto alguns especialistas defendem uma abordagem restritiva, limitada a atividades operacionais, outros vislumbram uma revolução tecnológica mais abrangente. Esta análise não esgota o tema, mas convida à continuidade de investigações e reflexões sobre as complexidades e implicações éticas, sociais e econômicas da IA no judiciário brasileiro. Novos estudos e pesquisas são essenciais e necessários para ampliar e pontuar o melhor entendimento na abordagem mais elaborada sobre este fenômeno em constante evolução que é a inteligência artificial. A proposta desse trabalho foi mostrar que a IA não tem pretensão de substituir o homem sob a perspectiva do olhar da autora, mas sim, fazer com que o humano aceite essa revolução tecnológica necessária para a evolução humana e a celeridade da justiça.

REFERÊNCIAS

BAKER, Ashley. **A Lawyer's Introduction to Artificial Intelligence**. Chicago: American Bar Association, 2019.

BRASIL. **Emenda Constitucional n. 45** -2004. Disponível em: http:// www.planalto.gov.br/ccivil_03/constituicao/emendas/emc/emc45.htm. Acesso em: 09 de março 2024.

BRASIL. **Constituição da República Federativa do Brasil, de 05 de outubro de 1988.** Presidência da República, 1988. Disponível em: http://www.planalto.gov.br/ccivil_03/constituicao/constituicaocompilado.htm. Acesso em: 09 março 2024.

CARVALHO. Viviane Aparecida Mota. **A Importância da Inteligência Artificial no campo do direito: Uma análise da IA no Direito Brasileiro.** 2023. p.96-101. Disponível em https://repositorio.pgsscogna.com.br/bitstream/123456789/65530/1/Anais%20do%20I%20Semin%C3%A1rio%20Interdisciplinar%20de%20Direito.pdf

JUNIOR, Saulo Capelari; OLIVEIRA, Moacyr Miguel de. **O PROJETO VICTOR E O SUPREMO TRIBUNAL FEDERAL COMO CORTE INTELIGENTE: O ACESSO À JUSTIÇA NA ERA DIGITAL**. In C. Recaj-UfmgXICongressoRecaj-Ufmg, pp. 3-13.

KATZ, Daniel Martin; BOMMARITO II, Michael J.; BLACKMAN, Josh. **A general approach for predicting the behavior of the Supreme Court of the United States.** Plos One, [s.l.], v. 12, n. 4, p.1- 18, 12 abr. 2017. Public Library of Science (PLoS). Doi: http://dx.doi.org/10.1371/journal.pone.0174698. Disponível em:https://bit.ly/2xYhO9s. Acesso em: 18 abril. 2024.

RODRIGUES, Bruno Alves. **A Inteligência Artificial no Poder Judiciário 2021**.Editora: Revista dos Tribunais.

RUSSELL, Stuart J.; NORVIG, Peter. **Artificial intelligence: a modern approach**. Malaysia; Pearson Education Limited, 2016.

SAVIATO, D. **Fluxos da execução fiscal são analisados com mineração de processos. CNJ,2019**. Disponível em: https://www.cnj.jus.br/fluxos-da-execucao-fiscal-sao-analisados-com-mineracao-de-processos. Acesso em 12/03/2024.

SURDEN, Harry. **Artificial Intelligence and Law: An Overview**, 35 Ga. St. U. L. Rev. 1305 -2019.Disponível em: https://scholar.law.colorado.edu/faculty-articles/1234. Acesso de 27/03/2024.

SALOMÃO, Luis Felipe; TAUK, Caroline Somesom. **Objetivos dos sistemas de inteligência artificial: estamos perto de um juiz robô?** Conjur, 11 mai 2022. Disponível: [https://www.conjur.com.br/2022-mai-11/salomao-tauk-estamos-perto-juiz-robo]. Acesso: 07.04.2024.

SUPREMO TRIBUNAL FEDERAL. STF. 2021. **Apresenta inovações em seminário sobre corte constitucional digital. Supremo Tribunal Federal.** Disponível em: http://portal.stf.jus.br/noticias/verNoticiaDetalhe.asp?idConteudo=464769 &ori=1. Acesso em 17/03/2024.

14. UMA BREVE COMPREENSÃO DE COMO A INTELIGÊNCIA ARTIFICIAL PODE GERAR IMPACTOS NOS DIREITOS FUNDAMENTAIS

Larisse Salvador Bezerra de Vasconcelos
Doutoranda em Direito Internacional pela Pontifícia Universidade Católica de São Paulo (2024). Especialista em Direito dos Contratos pela Fundação Getúlio Vargas (2021). Mestre em Direito pela Universidade Católica de Pernambuco (2018). Bacharela em Direito pela Universidade Católica de Pernambuco (2009). Advogada sênior atuante em diversas áreas do Direito, com ênfase, nos últimos anos, nas áreas de Contencioso Cível Estratégico, Direito Securitário e Direito Empresarial. Membra da Comissão de Combate à Corrupção e à Impunidade da Ordem dos Advogados do Brasil - Seção Pernambuco (2019).

1. INTRODUÇÃO

Difícil sintetizar a compreensão sobre o que é a Inteligência Artificial ("IA") de forma extremamente precisa, pois, por si só, discutível o conceito de inteligência como algo apenas atribuível aos seres humanos; se seria uma capacidade inerente ao ser ou passível de ser aprendida, desenvolvida e; ainda, se possível de ser medida, de identificar quais pessoas seriam mais ou menos inteligentes.

Ao teorizar sobre a criatividade – capacidade comumente associada à inteligência –, Sternberg, por meio de sua Teoria do Investimento em Criatividade, considera o comportamento criativo como resultado da interrelação de seis fatores distintos, quais sejam: inteligência, estilos intelectuais, conhecimento, personalidade, motivação e contexto ambiental. Os fatores devem ser vistos de forma interativa com os demais e jamais de forma isolada, salientando: "alta inteligência na ausência de motivação, ou conhecimento amplo na ausência de habilidade intelectual para compreender e utilizar tal conhecimento, levará no máximo a níveis moderados de performance criativa" .

Em se tratando da inteligência, segundo o autor, três habilidades cognitivas se apresentam como de maior importância e devem coexistir simultaneamente. Seriam elas: a habilidade sintética de redefinir problemas, tendo-se a capacidade de identificar o mesmo problema por diferentes e novos ângulos; a habilidade analítica de reconhecer dentre as próprias ideias aquelas em que valeria a pena investir; e a habilidade prática-contextual, diz respeito a ser capaz de persuadir outras pessoas sobre o valor das próprias ideias .

Compreendida a inteligência dessa forma, parece que algo artificial – não natural – seria incapaz de atingir todas essas habilidades, ainda mais quando o entendimento sobre a artificialidade leva a considerar esse algo como postiço, fingido ou dissimulado, ganhando contornos de negatividade.

A questão é que, como explica Richard Feynman, "as futuras máquinas não pensarão como os seres humanos, da mesma forma que um avião não voa como os pássaros. Entre outras diferenças, os aviões não batem asas; são processos, dispositivos e materiais distintos" . Fato é que essas distinções e discussões estão longe de pacificar um conceito, pelo que se pode compreender, ao final, que a IA se assemelha à habilidade humana de analisar, sintetizar e raciocinar, indo além de um mero banco de dados com uma ferramenta de pesquisa, mas, que ao mesmo tempo, difere da inteligência associada aos seres humanos.

Em uma linguagem mais acessível para aqueles que não atuam no campo da computação, pode-se compreender a inteligência artificial como um "conjunto de rotinas lógicas que, aplicadas no campo da ciência da computação, permite aos computadores dispensar a necessidade de supervisão humana na tomada de decisões e na interpretação de mensagens analógicas e digitais" .

Através do processo de 'aprendizado da máquina' (machine learning), que utiliza um grande conjunto de dados (big data), existem valores de entrada (inputs) e valores de saída (outputs). A IA recebe dados e os processa, por meio de algoritmos matemáticos, gerando resultados. No entanto, os "algoritmos estabelecem correlações nos dados não perceptíveis aos desenvolvedores humanos, [dando] origem [a]o problema da interpretabilidade ou "caixa-preta" . Em simples palavras, parte dos outputs produzidos pela IA não são identificáveis e não são controláveis pelos desenvolvedores.

Ademais, a depender dos inputs, a aprendizagem da IA pode gerar resultados discriminatórios, antiéticos, tendenciosos, pelo que a rapidez de processamento, reprodução e expansão dos dados pode atingir, em grande escala, amplos grupos de pessoas, violando direitos, sendo esse um dos pontos de interdisciplinaridade com o direito, especialmente no que diz respeito aos direitos da personalidade.

Ao se compreender um pouco sobre a IA e o que, até então, se sabe sobre seu funcionamento, é possível concluir que a criação de legislações para regulá-la tem questionáveis chances de efetividade, especialmente considerando a velocidade das inovações – pelo que uma norma poderia vir a se tornar obsoleta em pouco tempo – e a ausência de fronteiras quanto ao uso e alcance da IA – a soberania dos países e suas jurisdições seriam um impasse no tratamento legal sobre o tema.

O direito, como uma fonte de regulação social e proteção de minorias, almeja a pacificação social e a proteção dos indivíduos, reprimindo condutas socialmente nocivas ou reprováveis. Por outro lado, "os algoritmos de inteligência artificial são bons em identificar padrões estatísticos, mas eles não têm como saber o que esses padrões significam, porque estão confinados ao "math world" (mundo da matemática)" , o que pode conduzir a resultados ilícitos, imorais ou que se desvirtuem do objetivo pacificador e integrador do direito.

Eis que já se sabe da capacidade lesiva em decorrência do uso indiscriminado da IA, pelo que entra em debate a questão da responsabilização. Como e quem responsabilizar por uma violação legal desencadeada pelo uso de IA? A identificação do fato gerador do dano pode ser dificílima e, muito possivelmente, não se poderá associar a algum agente óbvio, até mesmo porque a questão da *black box* (caixa-preta), como se viu, aponta a falta de controle quanto às associações dos algoritmos.

2. DOS POTENCIAIS RISCOS NO AMBIENTE CIBERNÉTICO

Dentre os riscos identificados em meio ao ambiente cibernético, podem ser apontados os seguintes: (i) ataques de *hackers*; (ii) incidente de vazamento ou uso indevido de dados; (iii) extorsão cibernética (*ransomware*); (iv) interrupção de operações de sistemas; (v) roubo ou furto de código de acesso; (vi) destruição, modificação, corrupção e eliminação de dados armazenados; (vii) transmissão de *phishing*, dentre outras coberturas em constante desenvolvimento.

A IA pode ser utilizada em diversos setores, inclusive para promoção e proteção dos direitos da personalidade, e está na rotina das pessoas em todo o planeta, tais como: no exame de dados possibilitando a análise preditiva de eventos e negócios; no uso de *chatbots* em serviços de atendimento ao cliente; na automação de processos robóticos para executar tarefas repetitivas; no desenvolvimento de marketing e vendas com a personalização de campanhas; em recursos humanos na seleção de candidatos à contratação ou em pesquisas de satisfação ; em aplicativos de GPS (em português, Sistema de Posicionamento Global); em *streamings* (serviço de transmissão online de conteúdo audiovisual) para direcionar e sugerir conteúdo; nas redes sociais para análise de comportamento do usuário e personalização; em assistentes virtuais que podem realizar tarefas solicitadas por seu usuário por meio de comando de voz e de texto ; na seleção de recursos repetitivos e afetados por temas pelos Tribunais etc.

Em relação às redes sociais, Eduardo C. B. Bittar, suscita especial atenção quanto à violência digital e a concentração de poder tecnológico das bigtechs , abordando e se detalhando em cinco casos: (i) a retirada de conteúdo (remove content); (ii) o vazamento de dados (data leak); (iii) os perfis falsos (fake profile); (iv) o discurso de ódio (hate speech); e (v) a perseguição virtual (cyberstalking). Para o autor, de forma geral, o uso da tecnologia não deve subjugar os direitos da personalidade:

> Os usos da tecnologia são variados e, no geral, colaboram para a formação de uma nova etapa do desenvolvimento material humano, incluindo-se, a redefinição das relações de comércio, indústria e trabalho, bem como das formas de interação social. Assim, pode-se entrever um uso da tecnologia que confirma a nossa humanidade e, também, pode-se entrever um uso da tecnologia que desconfirma a nossa humanidade. Quando a intensa circulação dos meios digitais passa a pressionar os direitos da personalidade - na medida em que, imagem, intimidade, vida privada, dados pessoais, informações, transações trafegam no interior das redes sociais num ritmo de fluxo acelerado, ilimitado, intemporal e massivo, deve-se coaduná-los para que sejam impostos limites à opressão, às injustiças, às intolerâncias, às violências, à humilhação, às perversidades, às diversas formas de subjugação e às diversas expressões de desrespeito .

Na primeira linha de preocupação quanto à violação de direitos, tem-se os direitos da personalidade, intransmissíveis e irrenunciáveis, tais como a vida, a dignidade, a inviolabilidade do corpo humano, a identidade, a liberdade, a honra, a imagem, a privacidade, pelo que são questões muito caras à sociedade, são fundamentos da própria humanidade e, portanto, quaisquer questões que venham a envolver tais temas merecem ser analisadas, estudadas, repisadas e revistas.

Não se entende que a IA seja um perigo à humanidade, pelo que seu uso na saúde e no gerenciamento de grandes crises, por exemplo, pode alavancar anos de pesquisas e salvar a vida de muitas pessoas; a questão está na potencialidade lesiva decorrente do uso (abuso) e na possibilidade de responsabilização.

CONSIDERAÇÃO FINAL

Tal como no yin-yang , a IA tem usos maravilhosos, mas eles estão intrinsecamente conectados com uma imensa potencialidade lesiva, com alto grau de dificuldade de responsabilização, pelo que se entende que se mostra necessária uma adequada compreensão.

REFERÊNCIAS

ALENCAR, Eunice ML; FLEITH, Denise de Souza. Contribuições teóricas recentes ao estudo da criatividade. Psicologia: teoria e pesquisa, v. 19, p. 1-8, 2003. Disponível em: https://www.scielo.br/j/ptp/a/Bw5kHpvyCYwFPsfxM7n5FMp/?format=html&lang=pt. Acesso em: 29 set. 2024.

DINIZ, Maria Helena. Curso de direito civil brasileiro: teoria geral do direito civil. v.1. São Paulo: SaraivaJur, 2024. E-book. ISBN 9788553621439. p. 49. Acesso em: 29 jun. 2024.

FILHO, Sergio C. Programa de Responsabilidade Civil. Rio de Janeiro: Atlas, 2023. E-book. ISBN 9786559775217. Acesso em: 30 set. 2024.

KAUFMAN, Dora. Desmistificando a inteligência artificial. São Paulo: Autêntica Editora, 2022. E-book. ISBN 9786559281596. Acesso em: 29 set. 2024.

SARLET, Ingo W.; SARLET, Gabrielle B S.; BITTAR, Eduardo C B. Inteligência artificial, proteção de dados pessoais e responsabilidade na era digital. Rio de Janeiro: Saraiva Jur, 2022. E-book. ISBN 9786555599527. Disponível em: https://integrada.minhabiblioteca.com.br/#/books/9786555599527/. Acesso em: 30 set. 2024.

TOMASEVICIUS FILHO, Eduardo. 2018. Inteligência Artificial e direitos da personalidade. Revista da Faculdade de Direito, Universidade de São Paulo. V. 113. P. 133-149. Disponível em: https://www.revistas.usp.br/rfdusp/article/view/156553. Acesso em: 29 set. 2024.

15. ENTRE REALIDADE E FICÇÃO: UMA ANÁLISE SOBRE A *DEEPFAKE*

Guilherme Manoel de Lima Viana
Mestrando em Direito na Sociedade da Informação (Bolsista CAPES/BRASIL) no Centro Universitário das Faculdades Metropolitanas Unidas- FMU. Pós-graduado em Direito de Família e Sucessões pelo Centro Universitário UniDomBosco (2022) e Pós-graduado em Direito Digital do Trabalho, Compliance Trabalhista e LGPD pela Faculdade Verbo Educacional (2023). Bacharel em Direito pela Universidade Presbiteriana Mackenzie (2021).

1. INTRODUÇÃO

No cenário contemporâneo da sociedade da informação, a sociedade é testemunha de um avanço tecnológico sem precedentes que tem, simultaneamente, ampliado as possibilidades e desafios. Entre esses desafios, surge um fenômeno que transcende as barreiras da realidade e da ficção, alterando profundamente a paisagem da comunicação e da confiança pública. Este artigo busca mergulhar no âmago desse fenômeno intrigante, que representa uma interseção intrigante de tecnologia, ética e direito.

O primeiro capítulo desse estudo direciona o olhar para o delicado contexto do direito à imagem e suas implicações em uma sociedade da informação. Em um mundo cada vez mais digitalizado, o direito à imagem torna-se uma questão essencial, afetando não apenas indivíduos, mas também instituições e a própria essência da verdade e confiança nas mídias. São exploradas as complexas ramificações dessas implicações e como o surgimento da *deepfake* desafia as estruturas convencionais de proteção.

No capítulo dois, adentra-se no fenômeno da *deepfake*. Uma inovação tecnológica que permite a criação de conteúdo de áudio e vídeo que é convincentemente falso, a *deepfake* desencadeou uma onda de inquietação em todo o mundo. São investigadas suas origens, capacidades e consequências, mergulhando nas profundezas daquilo que é, ao mesmo tempo, uma façanha tecnológica notável e uma ameaça à confiabilidade das informações.

No terceiro e último capítulo deste artigo, explora-se a (in)existência de legislação brasileira sobre a *deepfake*. A ausência de regulamentação específica no contexto brasileiro cria lacunas significativas na proteção dos direitos de imagem e privacidade dos cidadãos. É examinado o estado atual da legislação e suas implicações, bem como o debate sobre a necessidade premente de medidas legais e éticas para enfrentar a ameaça representada pelas *deepfakes*.

Este artigo visa aprofundar a compreensão sobre a intersecção entre tecnologia, ética e direito na era da *deepfake*, destacando a necessidade urgente de ações regulatórias e medidas éticas para preservar a integridade das imagens pessoais e a confiança pública. A *deepfake* representa um desafio à capacidade da sociedade de discernir entre a realidade e a ficção, e é imperativo que a sociedade enfrente esse desafio de maneira adequada em nossa sociedade da informação em constante evolução.

2. UM OLHAR SOBRE O DIREITO A IMAGEM E SUAS IMPLICAÇÕES NA SOCIEDADE DA INFORMAÇÃO

Sem dúvida, ao longo dos séculos, a relação do ser humano com sua própria imagem tem evoluído de maneira significativa. Começando com as pinturas rupestres em cavernas, nossos ancestrais expressavam suas identidades e experiências por meio de representações visuais. Essas pinturas não apenas documentavam eventos e crenças, mas também eram uma forma de comunicação, permitindo que as gerações futuras entendessem melhor o passado.

Com o tempo, a escrita e a literatura expandiram essa conexão entre imagem e identidade. Narrativas e histórias permitiram que as pessoas explorassem a psicologia e as motivações por trás de suas ações, dando uma nova dimensão à autoconsciência.

A arte, em suas várias formas, incluindo a pintura, a escultura e a fotografia, sempre desempenhou um papel crucial na exploração da identidade humana. Pintores famosos, como Leonardo da Vinci, capturaram não apenas a aparência física, mas também a essência de seus sujeitos. Com o advento da fotografia, as pessoas foram capazes de preservar suas imagens de uma maneira mais acessível e rápida, tornando a representação visual uma parte inegável de quem somos.

Hoje, as redes sociais e a cultura da selfie demonstram o quanto a imagem se tornou uma parte essencial da vida cotidiana. As pessoas usam suas fotos para construir narrativas sobre suas vidas, compartilhar experiências e até mesmo influenciar outros. A relação do homem com sua própria imagem continua a ser um tema rico e em constante evolução, refletindo nossas mudanças sociais e tecnológicas ao longo do tempo.

Nos Estados Unidos, o debate sobre a questão da privacidade surgiu pela primeira vez em 1893, no famoso caso Marks vs. Jaffa. Este caso foi fundamentado no *right of privacy*, ou seja, o direito à privacidade, e tinha como objetivo impedir a publicação de uma fotografia em um jornal durante uma eleição popular. O juiz encarregado do caso, Colt, proferiu uma decisão que teve um impacto significativo na evolução da proteção da privacidade. O juiz do caso decidiu que, conforme cita Miriam Gomes:

> Independentemente da questão contratual, creio que a lei seja a de que um indivíduo privado tenha o direito de ser protegido na representação de seu retrato sob qualquer forma, está sendo uma propriedade, bem como um direito pessoal e que pertence à mesma classe de direitos que proíbe a reprodução de um manuscrito ou pintura particular, a publicação de cartas privadas ou de conferências orais ministradas por um professor em classe (GOMES, 2019, p. 26)

A decisão do juiz Colt estabeleceu um precedente importante ao reconhecer que as pessoas têm o direito de proteger sua privacidade e controlar a divulgação de informações pessoais, incluindo suas imagens. Isso marcou um momento crucial na história legal dos Estados Unidos, ajudando a moldar futuras discussões sobre o direito à privacidade.

A partir desse caso, o conceito de privacidade se expandiu para abranger não apenas a proteção contra a publicação não autorizada de imagens, mas também a proteção de informações pessoais em um mundo em constante evolução, com avanços tecnológicos e mudanças na forma como as informações são compartilhadas e acessadas.

A Constituição Federal de 1988, em consonância com essa linha de pensamento, conferiu ao direito à imagem um status de direito fundamental, elevando-o ao nível de cláusula pétrea. Isso não apenas representa uma salvaguarda vital para os indivíduos, mas também é um testemunho do compromisso com o Estado de Direito. Conforme o art. 5º:

> Art. 5º Todos são iguais perante a lei, sem distinção de qualquer natureza, garantindo-se aos brasileiros e aos estrangeiros residentes no País a inviolabilidade do direito à vida, à liberdade, à igualdade, à segurança e à propriedade, nos termos seguintes:
> (...)
> X – são invioláveis a intimidade, a vida privada, a honra e a imagem das pessoas, assegurado o direito a indenização pelo dano material ou moral decorrente de sua violação. (Brasil, 1988)

A doutrina jurídica demonstrou notável agilidade ao forjar conceitos relacionados à imagem, adaptando-se eficazmente à constante transformação da sociedade. Essa flexibilidade permitiu o surgimento de diversas abordagens para compreender a relação da imagem do indivíduo no contexto do direito brasileiro.

Essas ramificações da doutrina têm como objetivo analisar e definir o escopo e os limites do direito à imagem, garantindo que as questões relativas à representação visual das pessoas sejam devidamente regulamentadas e protegidas. Isso reflete a necessidade de ajustar as normas legais à evolução tecnológica e social, assegurando que os direitos individuais, incluindo o direito à imagem, sejam preservados e respeitados em um mundo em constante mudança.

Diante da contínua evolução da sociedade, tornou-se imperativo definir, o que é imagem. Assim, surgiu o conceito de "imagem-atributo", que agrega a dimensão da imagem social à imagem corporal, reconhecendo a interconexão entre esses aspectos na concepção da identidade individual. Luiz Alberto David Araújo cita em seu livro a definição de imagem:

> O indivíduo tem um conceito social – sua imagem – de caráter qua se publicitário. Defende sua imagem, protege-a, modifica-a, tenta aperfeiçoá-la. A imagem de um bom pai de família, de um advogado, de um médico cordial, de um técnico atualizado, de professor estudioso, de hábil negociante etc.(Araújo, 2013, p.20).

A noção de "imagem-atributo" transcende a simples aparência física, abrangendo também a personalidade do indivíduo. Isso inclui elementos como seu comportamento na sociedade, seu humor e outros traços, tanto positivos quanto negativos, que o compõem. É uma concepção abrangente que reconhece que a imagem de uma pessoa não é meramente superficial, mas uma representação completa e complexa de sua identidade.

O Código Civil, ao classificar o direito à imagem, no art. 20, como um dos direitos personalíssimos, reforçou a importância dessa dimensão da personalidade do indivíduo.

> Art. 20. Salvo se autorizadas, ou se necessárias à administração da justiça ou à manutenção da ordem pública, a divulgação de escritos, a transmissão da palavra, ou a publicação, a exposição ou a utilização da imagem de uma pessoa poderão ser proibidas, a seu requerimento e sem prejuízo da indenização que couber, se lhe atingirem a honra, a boa fama ou a respeitabilidade, ou se se destinarem a fins comerciais. (Brasil, 2002)

Isso significa que o direito à imagem é inalienável, não pode ser transferido a terceiros e está intrinsecamente ligado à própria identidade de uma pessoa. Essa classificação legal estabeleceu a base para a proteção e garantia desse direito fundamental no contexto jurídico brasileiro, reconhecendo sua relevância na preservação da dignidade e integridade das pessoas.

O art. 20 reconhece a importância de respeitar a imagem e a reputação de cada indivíduo, estabelecendo as bases para a proteção da dignidade e da intimidade das pessoas.

Estabelece que a exposição indevida da imagem de alguém, sem o seu consentimento, é passível de reparação por danos morais. Em outras palavras, qualquer ato que viole a privacidade de uma pessoa, como a divulgação não autorizada de imagens ou informações pessoais, pode resultar em uma ação judicial em busca de compensação pelos danos causados. Maria Cecília Naréssi Munhoz Affornalli explica:

> Enquanto o direito à intimidade visa amparar o seu titular contra a intromissão em sua vida privada, o direito à própria imagem atenta para a proibição da fixação da imagem por qualquer meio apto, sua divulgação e publicação (elemento moral, extrapatrimonial) e, ainda faculta a exploração econômica da própria imagem, nas condições estabelecidas pelo representado (elemento material, patrimonial, *right of publicity*) (Affornalli; 2012, p. 43)

Percebe- se que a proteção da imagem é um tema complexo e essencial para a salvaguarda da individualidade de cada pessoa. O direito de imagem é autônomo e abrange um espectro de considerações legais que se mostram imprescindíveis para a proteção dos indivíduos em sociedade.

A autonomia do direito de imagem reside na sua capacidade de ser tratado de forma independente, mesmo em situações em que outras áreas do direito entram em jogo. Ele permite que cada indivíduo tenha controle sobre como sua imagem é utilizada, divulgada e explorada por terceiros.

A complexidade desse direito advém da diversidade de situações em que ele se aplica. Desde a utilização de imagens em publicidade, passando pela divulgação não autorizada em meios de comunicação, até a questão da preservação da imagem após a morte, o direito de imagem requer análises e medidas específicas para cada caso.

É, portanto, um pilar essencial na defesa da dignidade e privacidade de cada pessoa, garantindo que suas imagens não sejam exploradas de maneira indevida, ofensiva ou prejudicial. A proteção do direito de imagem, além de preservar a honra e a reputação, assegura o controle sobre a própria identidade, sendo um dos alicerces do ordenamento jurídico para garantir a integridade e a liberdade dos indivíduos em uma sociedade cada vez mais visual e midiática.

3. O FENÔMENO DA DEEPFAKE

O século XXI é notoriamente caracterizado pelo avanço exponencial da tecnologia, a qual se tornou uma presença onipresente e essencial no cotidiano das pessoas. Atualmente, a maioria da população dedica um tempo considerável ao uso de ferramentas tecnológicas, seja para aprimorar suas atividades de trabalho ou simplesmente desfrutar de entretenimento digital. É importante ressaltar que, nesse contexto, as tecnologias em si não possuem autonomia nem vontade própria; sua utilidade e impacto dependem inteiramente da maneira como são operadas por seus usuários.

Essa interação tecnológica é uma extensão das escolhas individuais, onde o usuário desempenha um papel central ao determinar como essas ferramentas serão usadas. A tecnologia, por si só, é neutra e não possui preferências ou intenções. Seu potencial para melhorar a produtividade, facilitar a comunicação, ou proporcionar entretenimento é moldado pelo discernimento e objetivos de quem a utiliza. Richard Urwin conceitua Inteligência Artificial:

> [...] uma ferramenta construída para ajudar ou substituir o pensamento humano. É um programa de computador, que pode estar numa base de dados ou num computador pessoal ou embutido num dispositivo como um robô, que mostra sinais externos de que é inteligente — como habilidade de adquirir e aplicar conhecimento e agir com racionalidade neste ambiente. (Urwin, 2016, p. 92)[1]

No entanto, com a crescente influência da tecnologia, surge a responsabilidade de utilizar essas ferramentas de maneira ética e consciente. O acesso

1 **Tradução nossa:** *"A tool built to assist or replace human thinking. It is a computer program that can be in a database or on a personal computer or embedded in a device like a robot, which exhibits external signs of being intelligent – such as the ability to acquire and apply knowledge and act rationally in its environment."*

constante à informação e a conectividade global oferecidos pela tecnologia também apresentam desafios, como questões de privacidade e segurança digital. Portanto, em um mundo onde a tecnologia desempenha um papel central, é crucial que os indivíduos estejam cientes de sua influência e tomem decisões informadas ao utilizá-la, garantindo que ela seja uma aliada em suas vidas e não uma fonte de problemas.

Uma das ferramentas mais notáveis no contexto tecnológico contemporâneo é o *deepfake*. Embora a tradução literal do inglês, "mentira aprofundada," transmita parte da sua essência, essa simples tradução não consegue captar completamente o impacto e a complexidade dessa ferramenta. O *deepfake* é mais do que uma simples falsidade; ele lança dúvidas sobre a própria natureza da verdade, manipulando os fundamentos do julgamento humano com base em momentos cuidadosamente modificados. Tais manipulações são tão habilidosas que podem transformar algo falso em algo que parece tão verossímil que é aceito como verdade por quem o observa.

O termo *deepfake* é uma fusão de *deep learning* (aprendizado profundo) e *fake* (falso). Essa técnica utiliza algoritmos de inteligência artificial para criar conteúdo de mídia, como vídeos e áudios, nos quais a linha entre realidade e ficção se torna incrivelmente tênue. Pode-se, por exemplo, colocar palavras na boca de alguém que nunca as disse ou fazer alguém aparecer em locais onde nunca esteve.

Essa capacidade de manipulação avançada levanta questões éticas, legais e de segurança, especialmente em um mundo onde a informação visual desempenha um papel crucial na formação de opiniões e na tomada de decisões. A difusão de *deepfakes* sem escrúpulos pode minar a confiança na mídia e na própria realidade. Portanto, é essencial desenvolver maneiras de detectar, combater e regulamentar o uso dessa tecnologia para garantir a integridade da informação e a proteção das pessoas contra manipulações enganosas.

O jornalista Michael K. Spencer dissertou em seu artigo sobre uma definição do deepfake, assim como os impactos que pode ter na sociedade:

> Deepfakes são, essencialmente, identidades falsas criadas com o DeepLearning [aprendizagem profunda, por meio de uso maciço de dados], pormeio de uma técnica de síntese de imagem humana baseada na inteligência artificial. É usada para combinar e sobrepor imagens e vídeos preexistentes e transformá-los em imagens ou vídeos "originais" (...) Essa combinação de vídeos existentes e "originais" resulta em vídeos falsos, que mostram uma ou algumas pessoas realizando ações ou fazendo coisas que nunca aconteceram na realidade. Em 2019, também estamos vendo uma explosão de faces

fake, através das quais a IA é capaz de conjurar pessoas que não existem na realidade, e que têm um certo fator de fluência." (Spencer, 2019)
Os deepfakes são produzidos por meio de ferramentas que fazem uso de Inteligência Artificial (IA), incluindo duas categorias distintas de algoritmos: Machine Learning (Aprendizado de Máquina, ou ML) e Deep Learning (Aprendizado Profundo, ou DL, que envolve Redes Neurais Profundas). Para melhor ilustrar, Adriano Tacca e Leonel Severo Rocha explicam as áreas de aplicação das Ias dividem-se em três:

a Machine Learning, Deep Learning e Natural Learning Processing:Dentre as áreas de aplicação da IA, o Machine Learning certamente é a mais utilizada. Permite o desenvolvimento de sistemas com habilidades para aprender e aprimorar conhecimentos através de experiências sem que tenham sido programados para tal finalidade. Isso significa os sistemas são capacitados para detectar e entender e aprender com os dados que analisa. Já a tecnologia que move a Natural Language Processing possibilita que os computadores possam analisar, entender e concluir com base na fala. Em sendo assim, as traduções, análises de sentimentos, dentre outras, são o espectro de suas aplicações. Por fim, o Deep Learning encontra-se num nível mais sofisticado. Sua capacidade engloba a percepção e a assimilação de múltiplos e complexos comportamentos e padrões. De forma intuitiva, o sistema descobre táticas para solução dos problemas que talvez o talento humano tenha levado muito tempo para aperfeiçoar. A partir dessa percepção, o sistema está apto a apresentar resultados para inúmeras tarefas, inclusive as relacionadas ao direito, assemelhando-se com extrema precisão com aquelas tarefas desempenhadas pelos seres humanos. (Tacca; Rocha, 2018, p.59)

O *Machine Learning* é uma abordagem da IA que se concentra na criação de modelos e algoritmos que podem aprender e tomar decisões com base em dados. Ele é capaz de identificar padrões e tendências em conjuntos de informações, tornando-se uma parte fundamental no desenvolvimento de *deepfakes*, uma vez que ajuda a criar modelos iniciais para reconhecimento facial, movimento dos lábios e entonação de voz.

Por outro lado, o *Deep Learning* é uma categoria mais avançada de Aprendizado de Máquina que se baseia em redes neurais artificiais profundas para simular o funcionamento do cérebro humano. Essas redes neurais profundas são capazes de analisar e sintetizar informações de maneira muito mais complexa do que as abordagens tradicionais de ML, tornando-se particularmente úteis na criação de *deepfakes* altamente realistas, pois podem replicar características e nuances sutis de expressões faciais e vocais. Para entender o que é o *deepfake*, se faz necessário falar sobre o *Deep Learning*. A empresa *Analytics Software & Solutions* (SAS) explica:

> Deep learning é um tipo de machine learning que treina computadores para realizar tarefas como seres humanos, o que inclui reconhecimento de fala,identificação de imagem e previsões. Em vez de organizar os dados para serem executados através de equações predefinidas, o deep learning configura parâmetros básicos sobre os dados e treina o computador para aprender sozinho através do reconhecimento padrões em várias camadas de processamento. Por exemplo, o deep learning é usado para classificar imagens, reconhecer fala, detectar objetos e descrever conteúdo (SAS, 2019).

O processo de criação de *deepfakes* envolve o treinamento de algoritmos para mapear o rosto de uma pessoa e integrá-lo de forma convincente em imagens ou vídeos envolvendo outra pessoa. Esse treinamento é realizado com uma ampla variedade de fotos de diferentes ângulos da face da pessoa alvo, permitindo ao algoritmo compreender e replicar as nuances das expressões faciais.

Além disso, para elevar a autenticidade das *deepfakes*, algoritmos podem também sintetizar sons humanos, como a fala, a partir de amostras de voz da pessoa original. Isso proporciona uma maior coerência entre a imagem e o áudio, tornando a representação visual e sonora mais crível.

Esse conjunto de técnicas resulta em *deepfakes* extremamente realistas, que desafiam a capacidade de distinção entre realidade e falsificação. Por consequência, a preocupação com a utilização maliciosa dessas tecnologias tem crescido, enfatizando a necessidade de se desenvolver medidas de detecção e regulamentação para mitigar os riscos associados à disseminação de conteúdos enganosos ou prejudiciais.

A primeira vez que o termo *deepfake* entrou em destaque ocorreu em 2017, quando um usuário do *Reddit*, que usava o pseudônimo *Deepfakes*, começou a compartilhar uma série de vídeos de conteúdo pornográfico notáveis por uma peculiaridade perturbadora. O que chamou a atenção nessas produções era a presença de atrizes famosas, como Daisy Ridley, Gal Gadot, Emma Watson, Scarlett Johansson e outras personalidades do cinema e da televisão. A singularidade desses vídeos estava na manipulação impressionante que substituía os rostos das atrizes nos filmes adultos por aqueles das estrelas de Hollywood.

Essa revelação gerou um impacto significativo, não apenas devido ao conteúdo explícito, mas também porque destacou a tecnologia emergente e suas possibilidades de manipulação de vídeo. A disseminação desses *deepfakes* desencadeou discussões sobre a ética, privacidade e segurança digital, além de aumentar a conscientização sobre os potenciais usos maliciosos dessa tecnologia.

Em um curto espaço de tempo, milhares de *deepfakes* começaram a surgir em todo o mundo, muitos deles compartilhados através das redes sociais. No entanto, um em particular se destacou de maneira impactante, trazendo à tona perigos até então subestimados. O vídeo em questão utilizou o rosto e a voz de Mark Zuckerberg, CEO e cofundador do Facebook, e foi postado na plataforma Instagram no ano de 2019. Esse caso foi noticiado por inúmeros jornais como a revista The Verge, onde a jornalista Kelly Makena[2] transcreveu o discurso falado pela IA:

> Imagine por um segundo: um homem com controle total sobre dados roubados de bilhões de pessoas; todos seus segredos, suas vidas e seus futuros. Eu devo tudo isso à Spectre. A Spectre me mostrou que quem controla os dados controla o futuro. (Makena, 2019)
> O impacto desse *deepfake* foi notável, uma vez que demonstrou o potencial para manipular informações e disseminar falsidades de maneira convincente, até mesmo entre figuras públicas proeminentes. A capacidade de criar um vídeo tão convincente, com uma personalidade de destaque, abalou a confiança do público nas mídias digitais e nas redes sociais, uma vez que ficou evidente como as *deepfakes* poderiam ser usadas para criar narrativas enganosas e prejudiciais.

O setor que mais avançou no uso da tecnologia de *deepfake* foi, notavelmente, o da indústria do entretenimento adulto. Um exemplo marcante ocorreu em agosto de 2018, quando a revista *Variety* anunciou que a produtora de filmes pornográficos *Naughty America* estava lançando uma proposta inovadora aos seus usuários. A empresa oferecia uma nova ferramenta que prometia personalizar fantasias sexuais, permitindo que os assinantes tivessem seus rostos sobrepostos aos dos atores nos filmes.

Em uma entrevista à Variety em 2018, o CEO Andreas Hronopoulos explicou o funcionamento dessa inovadora ferramenta. Os consumidores recebiam roteiros que os orientavam a filmar a si mesmos com expressões específicas, a fim de garantir a autenticidade do produto final. Ele ainda destacou que a oferta da empresa ia além da simples troca de rostos, incluindo a possibilidade de alterar cenários, permitindo aos assinantes encomendarem um filme estrelado em sua própria casa, por exemplo.

---

2 **Tradução nossa:** *Imagine for a second: a man with complete control over stolen data from billions of people; all their secrets, their lives, and their futures. I owe all of this to Spectre. Spectre showed me that whoever controls the data controls the future.*

4. A (IN)EXISTÊNCIA LEGISLAÇÃO BRASILEIRA SOBRE A DEEPFAKE

A falta de regulamentação específica para o *deepfake* no Brasil cria desafios na interpretação e abordagem dessa conduta. Proteger o direito de imagem e a reputação das vítimas é uma consideração lógica, dada a natureza danosa dessas manipulações de vídeo. No entanto, a complexidade aumenta devido ao ambiente online, onde essas atividades ilegais ocorrem.

É importante que o sistema legal e as autoridades considerem como combater o *deepfake* de maneira eficaz, garantindo ao mesmo tempo a liberdade de expressão e o direito à privacidade. É possível que futuras regulamentações sejam necessárias para abordar adequadamente essa questão em evolução.

Certamente, o Marco Civil da Internet, Lei nº 12.965/2014, é uma legislação abrangente que estabelece direitos e deveres para os usuários da internet no Brasil. Embora não mencione explicitamente o *deepfake*, diversos artigos e princípios podem ser relacionados a questões que envolvem essa tecnologia.

O princípio da neutralidade da rede, consagrado no art. 3º, III, desempenha um papel crucial na preservação da equidade e da imparcialidade no acesso à internet. Essa norma proíbe a discriminação de tráfego, impedindo que os provedores de internet favoreçam ou prejudiquem determinados tipos de conteúdo. Isso é particularmente relevante quando se trata da disseminação de *deepfakes*, que são conteúdos digitais manipulados que podem ser usados de maneira prejudicial. A proibição da discriminação de tráfego assegura que os provedores de internet não possam deliberadamente acelerar ou desacelerar o acesso a esses conteúdos, garantindo assim que a circulação de informações seja regulada de maneira justa e imparcial para todos os usuários da rede. Dessa forma, o princípio da neutralidade da rede desempenha um papel essencial na preservação da integridade da internet e na proteção contra potenciais ameaças, como a disseminação não autorizada de *deepfakes*.

O princípio da privacidade, estabelecido no art. 7º do Marco Civil da Internet, é de suma importância para salvaguardar os direitos individuais na era digital.

> Art. 7º O acesso à internet é essencial ao exercício da cidadania, e ao usuário são assegurados os seguintes direitos:
> I - inviolabilidade da intimidade e da vida privada, sua proteção e indenização pelo dano material ou moral decorrente de sua violação;
> II - inviolabilidade e sigilo do fluxo de suas comunicações pela internet, salvo por ordem judicial, na forma da lei;

> III - inviolabilidade e sigilo de suas comunicações privadas armazenadas, salvo por ordem judicial;
> IV - não suspensão da conexão à internet, salvo por débito diretamente decorrente de sua utilização;
> V - manutenção da qualidade contratada da conexão à internet;
> VI - informações claras e completas constantes dos contratos de prestação de serviços, com detalhamento sobre o regime de proteção aos registros de conexão e aos registros de acesso a aplicações de internet, bem como sobre práticas de gerenciamento da rede que possam afetar sua qualidade;
> VII - não fornecimento a terceiros de seus dados pessoais, inclusive registros de conexão, e de acesso a aplicações de internet, salvo mediante consentimento livre, expresso e informado ou nas hipóteses previstas em lei;
> VIII - informações claras e completas sobre coleta, uso, armazenamento, tratamento e proteção de seus dados pessoais, que somente poderão ser utilizados para finalidades que:
> a) justifiquem sua coleta;
> b) não sejam vedadas pela legislação; e
> c) estejam especificadas nos contratos de prestação de serviços ou em termos de uso de aplicações de internet;
> IX - consentimento expresso sobre coleta, uso, armazenamento e tratamento de dados pessoais, que deverá ocorrer de forma destacada das demais cláusulas contratuais;
> X - exclusão definitiva dos dados pessoais que tiver fornecido a determinada aplicação de internet, a seu requerimento, ao término da relação entre as partes, ressalvadas as hipóteses de guarda obrigatória de registros previstas nesta Lei;
> X - exclusão definitiva dos dados pessoais que tiver fornecido a determinada aplicação de internet, a seu requerimento, ao término da relação entre as partes, ressalvadas as hipóteses de guarda obrigatória de registros previstas nesta Lei e na que dispõe sobre a proteção de dados pessoais; (Redação dada pela Lei nº 13.709, de 2018) (Vigência)
> XI - publicidade e clareza de eventuais políticas de uso dos provedores de conexão à internet e de aplicações de internet;
> XII - acessibilidade, consideradas as características físico-motoras, perceptivas, sensoriais, intelectuais e mentais do usuário, nos termos da lei; e
> XIII - aplicação das normas de proteção e defesa do consumidor nas relações de consumo realizadas na internet. (Brasil, 2014)

A criação e compartilhamento de *deepfakes* sem o devido consentimento das pessoas retratadas representam uma grave violação da privacidade. Tais conteúdos manipulados frequentemente retratam indivíduos de maneira falsa e muitas vezes difamatória, o que pode ter sérias repercussões em suas vidas pessoais e profissionais. A legislação estabelecida pelo Marco Civil da Internet estabelece um alicerce para a proteção da privacidade online, reforçando a importância de obter consentimento explícito antes de utilizar imagens ou informações pessoais de terceiros de forma a preservar a dignidade e os direitos individuais. Portanto, o respeito à privacidade, conforme previsto no Marco Civil, é fundamental para mitigar as consequências prejudiciais da disseminação não autorizada de *deepfakes* e garantir que os direitos das pessoas retratadas sejam preservados.

No entanto, como mencionou anteriormente, o *deepfake* é uma área que requer regulamentações mais específicas. O Marco Civil da Internet fornece a estrutura básica, mas é importante que o Brasil considere a introdução de legislação adicional que aborde diretamente o *deepfake* e suas implicações, a fim de proteger os direitos e a privacidade dos cidadãos.

A relação entre a Lei Geral de Proteção de Dados (LGPD) e a tecnologia de *deepfakes* é um tópico de crescente importância no cenário da proteção de dados pessoais. A LGPD, que entrou em vigor em setembro de 2020 no Brasil, tem como objetivo regulamentar a coleta, tratamento e armazenamento de dados pessoais, garantindo a privacidade e segurança das informações dos cidadãos. Enquanto isso, os *deepfakes*, produtos de algoritmos de aprendizado profundo, têm a capacidade de criar conteúdo audiovisual falso e altamente convincente, representando uma ameaça à privacidade e à integridade dos dados.

Então percebe-se a proliferação dos *deepfakes* representa um desafio complexo para a Lei Geral de Proteção de Dados (LGPD), introduzindo diversas questões intricadas que demandam atenção cuidadosa. Em primeiro lugar, o conceito de consentimento informado, um pilar da LGPD, torna-se problemático quando *deepfakes* são utilizados para criar conteúdo enganoso sem que as partes envolvidas tenham conhecimento ou tenham dado seu consentimento para tal manipulação. Isso levanta questões sobre a necessidade de um consentimento específico e informado para a utilização de dados pessoais em situações que envolvem *deepfakes*.

O art. 7º da LGPD estabelece os princípios gerais de proteção de dados, incluindo o princípio do consentimento. O uso de deepfakes para manipular dados pessoais sem consentimento pode violar esses princípios. É importante consultar profissionais jurídicos especializados em privacidade de dados para obter orientações específicas sobre como a LGPD se aplica a casos de *deepfake*:

> Art. 7º O tratamento de dados pessoais somente poderá ser realizado nas seguintes hipóteses:

> I - mediante o fornecimento de consentimento pelo titular;
> II - para o cumprimento de obrigação legal ou regulatória pelo controlador;
> III - pela administração pública, para o tratamento e uso compartilhado de dados necessários à execução de políticas públicas previstas em leis e regulamentos ou respaldadas em contratos, convênios ou instrumentos congêneres, observadas as disposições do Capítulo IV desta Lei;
> IV - para a realização de estudos por órgão de pesquisa, garantida, sempre que possível, a anonimização dos dados pessoais;
> V - quando necessário para a execução de contrato ou de procedimentos preliminares relacionados a contrato do qual seja parte o titular, a pedido do titular dos dados;
> VI - para o exercício regular de direitos em processo judicial, administrativo ou arbitral, esse último nos termos da Lei nº 9.307, de 23 de setembro de 1996 (Lei de Arbitragem) ;
> VII - para a proteção da vida ou da incolumidade física do titular ou de terceiro;
> VIII - para a tutela da saúde, exclusivamente, em procedimento realizado por profissionais de saúde, serviços de saúde ou autoridade sanitária; (Redação dada pela Lei nº 13.853, de 2019)
> IX - quando necessário para atender aos interesses legítimos do controlador ou de terceiro, exceto no caso de prevalecerem direitos e liberdades fundamentais do titular que exijam a proteção dos dados pessoais; ou
> X - para a proteção do crédito, inclusive quanto ao disposto na legislação pertinente. (Brasil, 2018)

Além disso, o direito à retificação, outro aspecto importante da LGPD, torna-se mais desafiador na era dos *deepfakes*. A capacidade dessas tecnologias de criar informações falsas e atribuí-las a indivíduos pode dificultar a identificação e correção de dados imprecisos, pois pode não estar claro o que é real e o que é falso. O direito à retificação está previsto no art. 18 da LGPD:

> Art. 18. O titular dos dados pessoais tem direito a obter do controlador, em relação aos dados do titular por ele tratados, a qualquer momento e mediante requisição:
> I - confirmação da existência de tratamento;
> II - acesso aos dados;
> III - correção de dados incompletos, inexatos ou desatualizados;
> IV - anonimização, bloqueio ou eliminação de dados desnecessários, excessivos ou tratados em desconformidade com o disposto nesta Lei;
> V - portabilidade dos dados a outro fornecedor de serviço ou produto, mediante requisição expressa, de acordo com a regulamentação da

> autoridade nacional, observados os segredos comercial e industrial; (Redação dada pela Lei nº 13.853, de 2019)
> VI - eliminação dos dados pessoais tratados com o consentimento do titular, exceto nas hipóteses previstas no art. 16 desta Lei;
> VII - informação das entidades públicas e privadas com as quais o controlador realizou uso compartilhado de dados;
> VIII - informação sobre a possibilidade de não fornecer consentimento e sobre as consequências da negativa;
> IX - revogação do consentimento, nos termos do § 5º do art. 8º desta Lei. (Brasil, 2018)

A segurança dos dados pessoais também é afetada, uma vez que os *deepfakes* podem ser usados para criar informações enganosas que se assemelham a dados autênticos. Isso exige uma abordagem mais rigorosa na garantia da integridade dos dados e na detecção de fraudes. Vários artigos da LGPD tratam da segurança dos dados pessoais, mas o art. 46 é especialmente relevante nesse contexto:

> Art. 46. Os agentes de tratamento devem adotar medidas de segurança, técnicas e administrativas aptas a proteger os dados pessoais de acessos não autorizados e de situações acidentais ou ilícitas de destruição, perda, alteração, comunicação ou qualquer forma de tratamento inadequado ou ilícito.
> § 1º A autoridade nacional poderá dispor sobre padrões técnicos mínimos para tornar aplicável o disposto no caput deste artigo, considerados a natureza das informações tratadas, as características específicas do tratamento e o estado atual da tecnologia, especialmente no caso de dados pessoais sensíveis, assim como os princípios previstos no caput do art. 6º desta Lei.
> § 2º As medidas de que trata o caput deste artigo deverão ser observadas desde a fase de concepção do produto ou do serviço até a sua execução. (Brasil, 2018)

A LGPD também enfatiza a transparência e a responsabilidade no tratamento de dados pessoais. Contudo, a natureza anônima e muitas vezes ilegal da criação de *deepfakes* desafia a capacidade de atribuir responsabilidade aos criadores desse conteúdo enganoso. A identificação e punição dos responsáveis por *deepfakes* que violem a privacidade das pessoas se tornam uma tarefa árdua em um ambiente onde a anonimidade muitas vezes prevalece.

Conforme claramente apresentado anteriormente, o *deepfake* é uma técnica que infringe os direitos digitais, afetando a proteção, privacidade e dignidade dos usuários, que são considerados invioláveis. Portanto, classificar o *deepfake* como uma conduta lesiva é justificável.

O titular da imagem utilizada em um vídeo *deepfake* tem o direito de resposta garantido pela liberdade de expressão assegurada pela Constituição Federal para processar o infrator. Seguindo os ensinamentos de Fabio Konder Comparato:

> O direito de resposta, tradicionalmente, visa a garantir a defesa da verdadee da honra individual. Legitimado a exercê-lo, portanto, é sempre o indivíduo em relação ao qual haja sido difundida uma mensagem inverídica oudesabonadora. Ainda que se não possa nele enxergar um direito potestativo,como quer uma parte da doutrina, é inegável que ele se apresenta como ummeio de defesa particularmente vigoroso, em geral garantido pela cominação de pesada multa em caso de descumprimento pelo sujeito passivo (COMPARATO, 2010, p. 165).

Portanto, a vítima de um *deepfake* difamatório ou prejudicial tem o direito legal de tomar medidas legais para proteger sua reputação e buscar reparação contra os infratores. Essas ações legais podem incluir ações civis para reparação de danos, bem como denúncias às autoridades competentes. É importante que a legislação e o sistema legal evoluam para abordar adequadamente o *deepfake* e proteger os direitos e a dignidade das vítimas.

A vítima de um *deepfake* difamatório ou prejudicial enfrenta sérias implicações para sua reputação e bem-estar. É essencial que a legislação e o sistema legal evoluam para garantir que essas vítimas tenham meios eficazes para proteger seus direitos e dignidade.

Uma das principais formas pelas quais as vítimas podem buscar justiça é por meio de ações legais civis para reparação de danos. Nesse contexto, a vítima pode processar os criadores e disseminadores do *deepfake* por difamação, violação de privacidade, ou outros danos causados. A ação civil pode buscar indenizações financeiras para compensar os danos sofridos pela vítima, bem como medidas injuntivas para remover o conteúdo difamatório e impedir sua disseminação futura. Conforme possível verificar na Apelação Cível nº 70083972729:

> APELAÇÃO CÍVEL. RESPONSABILIDADE CIVIL. INDENIZAÇÃO POR DANOS MORAIS. DIREITO À IMAGEM. VIOLAÇÃO. SENTENÇA REFORMADA EM PARTE. 1. Ainda que não reste dúvidas de que a liberdade de expressão e informação, mediante a qual é possível noticiar fatos de interesse coletivo e expressar opiniões, consista em alicerce de um regime democrático de direito, tanto que seu valor está lapidado na Constituição Federal (art. 5º, incisos IV e XIV), também não restam dúvidas de que essa liberdade de informar deve ser exercida de forma responsável, dentro dos limites legais, a fim, sobretudo, de preservar outros direitos fundamentais consagrados na mesma ordem constitucional

> (art. 5º, inciso X), como são os direitos da personalidade (inviolabilidade da intimidade, da vida privada, da honra e da imagem, dentre outros). 2. Inexistem direitos fundamentais absolutos, por mais importantes que sejam. Assim, é necessário fazer conviver direitos fundamentais quando eventualmente colidam. A maneira adequada de garantir essa convivência passa pela chamada concordância prática, ou seja, quando ocorrem colisão de direitos fundamentais (no caso, entre a liberdade de informar e o direito à imagem), deve-se procurar soluções em que ambos os direitos sejam garantidos, na medida em que isso seja possível, com proporcionais limitações ao exercício de cada um. 3. Caso em que os prepostos do réu editaram e divulgaram vídeo contendo imagens dos autores durante a execução, pela polícia civil, de mandados de busca e apreensão e de prisão sem que houvesse qualquer necessidade ou interesse público na divulgação de tais imagens. **4. A violação ao direito à imagem constitui, por si só, um dano autônomo, independentemente de eventual dor, sofrimento, angústia, humilhação, ou qualquer outro sentimento anímico relacionado aos danos morais puros ou subjetivos. Ou seja, para se proteger o direito à imagem, enquanto direito fundamental e de personalidade, não é necessário que se tenha violado, concomitantemente, outro direito (à honra ou à privacidade, por exemplo).**5. A Constituição Federal reputa o direito à imagem como sendo inviolável (art. 5º, inc. X), e a proteção à imagem é fornecida abundantemente pelo legislador ordinário, bem como pela doutrina e pela jurisprudência. Cabe a cada um decidir se, quando e de que forma quer ver suas imagens divulgadas, em exercício pleno da autonomia da vontade.6. Caso em que a veiculação da imagem dos autores em vídeo promocional de operação policial era desnecessária à transmissão da informação objeto do vídeo. Abuso no exercício do direito de informar. Dano moral, por sua vez, decorrente da violação em si do direito à imagem.7. Quantum indenizatório fixado, nas particularidades do caso, em R$ 15.000,00 para cada um dos autores Marlene e José, e em R$ 10.000,00 para o autor Thiago, tido como razoável para reparar o dano sem causar enriquecimento indevido à vítima.8. Improcedência do pedido indenizatório com relação à autora Julia.9. Redimensionamento dos ônus da sucumbência.APELO PARCIALMENTE PROVIDO. (TJ-RS - AC: 70083972729 RS, Relator: Eugênio Facchini Neto, Data de Julgamento: 07/10/2020, Nona Câmara Cível, Data de Publicação: 26/10/2020) (***grifo nosso***)

Em outro caso, dessa vez julgado pelo STF, o Recurso Especial nº 1735712:

> CIVIL E PROCESSUAL CIVIL. RECURSO ESPECIAL. AÇÃO DE OBRIGAÇÃO DE FAZER E DE INDENIZAÇÃO DE DANOS MORAIS. RETIRADA DE CONTEÚDO ILEGAL. EXPOSIÇÃO PORNOGRÁFICA NÃO CONSENTIDA.

> PORNOGRAFIA DE VINGANÇA. DIREITOS DE PERSONALIDADE. INTIMIDADE. PRIVACIDADE. GRAVE LESÃO. 1. Ação ajuizada em 17/07/2014, recurso especial interposto em 19/04/2017 e atribuído a este gabinete em 07/03/2018. 2. O propósito recursal consiste em determinar os limites da responsabilidade de provedores de aplicação de busca na Internet, com relação à divulgação não consentida de material íntimo, divulgado antes da entrada em vigor do Marco Civil da Internet. 3. A regra a ser utilizada para a resolução de controvérsias deve levar em consideração o momento de ocorrência do ato lesivo ou, em outras palavras, quando foram publicados os conteúdos infringentes: (i) para fatos ocorridos antes da entrada em vigor do Marco Civil da Internet, deve ser obedecida a jurisprudência desta corte; (ii) após a entrada em vigor da Lei 12.965/2014, devem ser observadas suas disposições nos arts. 19 e 21. Precedentes. 4. A "exposição pornográfica não consentida", da qual a "pornografia de vingança" é uma espécie, constituiu uma grave lesão aos direitos de personalidade da pessoa exposta indevidamente, além de configurar uma grave forma de violência de gênero que deve ser combatida de forma contundente pelos meios jurídicos disponíveis. 5. Não há como descaracterizar um material pornográfica apenas pela ausência de nudez total. Na hipótese, a recorrente encontra-se sumariamente vestida, em posições com forte apelo sexual. **6. O fato de o rosto da vítima não estar evidenciado nas fotos de maneira flagrante é irrelevante para a configuração dos danos morais na hipótese, uma vez que a mulher vítima da pornografia de vingança sabe que sua intimidade foi indevidamente desrespeitada e, igualmente, sua exposição não autorizada lhe é humilhante e viola flagrantemente seus direitos de personalidade.** 7. O art. 21 do Marco Civil da Internet não abarca somente a nudez total e completa da vítima, tampouco os "atos sexuais" devem ser interpretados como somente aqueles que envolvam conjunção carnal. Isso porque o combate à exposição pornográfica não consentida - que é a finalidade deste dispositivo legal - pode envolver situações distintas e não tão óbvias, mas que geral igualmente dano à personalidade da vítima. 8. Recurso conhecido e provido. (STJ - REsp: 1735712 SP 2018/0042899-4, Relator: Ministra NANCY ANDRIGHI, Data de Julgamento: 19/05/2020, T3 - TERCEIRA TURMA, Data de Publicação: DJe 27/05/2020). (***grifo nosso***)

No entanto, as questões relacionadas aos *deepfakes* não são apenas um problema jurídico. A tecnologia por trás dos *deepfakes* está em constante evolução, tornando a identificação e responsabilização dos infratores mais desafiadoras. Assim, o desenvolvimento de tecnologias de detecção de *deepfakes* e métodos de autenticação mais robustos é crucial.

Além disso, a conscientização e a educação pública desempenham um papel fundamental na mitigação dos danos causados por *deepfakes*. É importante que as pessoas estejam cientes dos riscos associados a essas tecnologias e saibam como identificar conteúdo falso. Campanhas de conscientização podem ajudar a prevenir a disseminação de *deepfakes* prejudiciais.

Em última análise, a proteção contra *deepfakes* difamatórios ou prejudiciais requer uma abordagem abrangente que combine medidas legais, tecnológicas, educacionais e de conscientização. Garantir que as vítimas tenham recursos para buscar reparação e que os infratores sejam responsabilizados é um passo essencial no combate a essa ameaça emergente à privacidade e à reputação das pessoas.

CONSIDERAÇÕES FINAIS

A análise profunda do fenômeno da *deepfake* ao longo deste estudo nos revelou uma realidade complexa e desafiadora na sociedade da informação. A habilidade de criar conteúdo de áudio e vídeo falsos convincentes, capazes de enganar até mesmo os observadores mais críticos, apresenta implicações abrangentes e urgentes.

Uma das conclusões mais prementes deste trabalho é a necessidade de uma legislação específica para abordar as questões relacionadas à *deepfake*. A ausência de regulamentações claras deixa lacunas significativas na proteção dos direitos de imagem e privacidade dos indivíduos, o que pode resultar em consequências graves para a sociedade. Tais regulamentações devem ser projetadas para abordar os desafios impostos por essa tecnologia em constante evolução, equilibrando a inovação com a proteção dos direitos fundamentais.

Além disso, a criação de ferramentas online capazes de detectar e coibir a propagação de *deepfakes* é igualmente vital. A disseminação descontrolada de conteúdo falso tem o potencial de minar a confiança na informação, na mídia e na própria sociedade. Portanto, investir em tecnologias que possam identificar e limitar a propagação de *deepfakes* é uma medida essencial para proteger a integridade da informação.

Em última análise, a *deepfake* representa um desafio complexo que exige respostas igualmente complexas. À medida que avançamos nesta era da informação, é crucial que a sociedade e as autoridades atuem de maneira proativa para enfrentar as implicações éticas, legais e tecnológicas da *deepfake*. Somente através da cooperação entre legisladores, especialistas em tecnologia e cidadãos conscientes poderemos preservar a confiabilidade da informação e proteger os direitos fundamentais em um mundo onde a linha entre realidade e ficção se torna cada vez mais tênue.

REFRÊNCIAS

AFFORNALLI, Maria Cecília Naréssi Munhoz. Direito à própria imagem. 1ªed. 6ª reimp. Curitiba: Juruá, 2012.

ARAUJO, Luiz Alberto David. A proteção constitucional da própria imagem : pessoa física, pessoa jurídica e produto. Belo Horizonte : Del Rey, 1996. 131 pages. Acesso à justiça ; 1. ISBN: 857308135X

BRASIL. [Constituição (1988)]. Constituição da República Federativa do Brasil. Brasília, DF: Senado Federal, 2016

BRASIL. Lei nº 10.406, de 10 de janeiro de 2002. Institui o Código Civil. Diário Oficial da União: seção 1, Brasília, DF, ano 139, n. 8, p. 1-74, 11 jan. 2002

BRASIL. Lei nº 13.709, de 14 de agosto de 2018. Lei Geral de Proteção de Dados Pessoais. Diário Oficial da União, Brasília, DF, 15 ago. 2018. Disponível em: https://www.planalto.gov.br/ccivil_03/_ato2015-2018/2018/lei/l13709.htm. Acesso em: 09 de set. de 2023

BRASIL. Marco Civil da Internet. Lei 12.964/14.Disponível em: http://www.planalto.gov.br/ccivil_03/_ato2011-2014/2014/lei/l12965.htm. Acesso em: 27 de set. de 2023

COMPARATO, Fábio Konder. A afirmação histórica dos direitos humanos. 7. ed. São Paulo: Saraiva, 2010.

GOMES, Miriam. Direito à imagem nas redes sociais. 1ª ed. Curitiba:Editora Juruá, 2019.

MAKENA, Kelly. Instagram will leave up deepfake video of Mark Zuckerberg. The Verge. 2019. Disponível em:https://www.theverge.com/2019/6/11/18662027/instagram-facebook-deepfake-nancy-pelosi-mark-zuckerberg. Acesso em: 09 de set. de 2023

SAS. Deep Learning: O que é e qual sua importância? Analytics Software&Solutions, 2019. Disponível em: https://www.sas.com/pt_br/insights/analytics/deep-learning.html. Acesso em: 10 de out. de 2023

SPENCER, Michael K. Deep Fake, a mais recente ameaça distópica. Revista Outras Palavras. 2019. Disponível em: https://outraspalavras.net/tecnologiaemdisputa/deep-fake-a-ultima-distopia/. Acesso em: 18 de nov. de 2023

STJ - REsp: 1735712 SP 2018/0042899-4, Relator: Ministra NANCY ANDRIGHI, Data de Julgamento: 19/05/2020, T3 - TERCEIRA TURMA, Data de Publicação: DJe 27/05/2020

TACCA, Adriano. ROCHA, Leonel Severo. Inteligência Artificial: Reflexos no sistema do direito. Nomos, v. 38.2, p. 53-68, 2018. Disponível em: http://periodicos.ufc.br/nomos/article/view/20493. Acesso em: 09 de set. de 2023

TJ-RS - AC: 70083972729 RS, Relator: Eugênio Facchini Neto, Data de Julgamento: 07/10/2020, Nona Câmara Cível, Data de Publicação: 26/10/2020

URWIN, Richard. Artificial Intelligence: The Quest for the Ultimate Thinking Machine. London: Arcturus, 2016.

16. A RECONSTRUÇÃO DO TEMPO: EXPLORANDO A INTELIGÊNCIA ARTIFICIAL NA PREVISÃO DA APARÊNCIA DE CRIANÇAS DESAPARECIDAS

Guilherme Manoel de Lima Viana
Mestrando em Direito na Sociedade da Informação (Bolsista CAPES/BRASIL) no Centro Universitário das Faculdades Metropolitanas Unidas- FMU e Mestrando em Ciências Humanas e Sociais na Universidade Federal do ABC (UFABC). Pós-graduado em Direito de Família e Sucessões pelo Centro Universitário UniDomBosco (2022) e Pós-graduado em Direito Digital do Trabalho, Compliance Trabalhista e LGPD pela Faculdade Verbo Educacional (2023). Bacharel em Direito pela Universidade Presbiteriana Mackenzie (2021).

1. INTRODUÇÃO

Nesta pesquisa, a abordagem centra-se na problemática dos desaparecimentos de crianças no Brasil, visando aprimorar as estratégias de busca por meio do uso de aprendizado de máquina e inteligência artificial. O objetivo principal é otimizar os métodos existentes, melhorando a previsão da aparência das crianças desaparecidas e, assim, aumentando as chances de localização bem-sucedida.

A relevância desse estudo está na resposta à crescente incidência de desaparecimentos infantis, demandando abordagens inovadoras. A aplicação de técnicas avançadas, como aprendizado de máquina, representa uma oportunidade crucial para aprimorar os métodos tradicionais de busca.

A estrutura do trabalho se divide em três seções. Inicialmente, a pesquisa explora a problemática dos desaparecimentos infantis no Brasil, destacando a necessidade de estratégias mais eficazes. A segunda seção, por meio da revisão bibliográfica, concentra-se nas estratégias de aprendizado de máquina e inteligência artificial aplicadas à previsão da aparência, proporcionando uma compreensão aprofundada dessas técnicas inovadoras.

A terceira seção apresenta dois estudos de caso significativos. Primeiramente, analisa-se a tecnologia empregada pela Polícia Civil de São Paulo, examinando práticas e sistemas para propor melhorias. Em seguida, explora-se o uso da inteligência artificial na busca por bebês desaparecidos durante a ditadura argentina, trazendo uma perspectiva internacional ao estudo.

Cada seção contribui para uma visão abrangente do tema, culminando em conclusões fundamentadas e oferecendo recomendações para avanços futuros. Este trabalho busca não apenas compreender a problemática dos desaparecimentos infantis, mas também propor soluções inovadoras e eficazes no contexto das tecnologias emergentes.

2. A BUSCA POR CRIANÇAS DESAPARECIDAS NO BRASIL

As crianças, por estarem em uma fase inicial de formação, enfrentam uma vulnerabilidade inerente, influenciada por diversos fatores. A dependência é uma característica marcante, já que os cuidadores desempenham um papel crucial em atender às necessidades básicas, moldando o desenvolvimento físico, emocional e cognitivo. Essa dependência, por sua vez, as torna mais suscetíveis a situações de risco. Carmem Lussi conceitua a vulnerabilidade como:

> [...] as fragilidades e complexidades de sua situação psicofísica, jurídica e socioeconômica, enquanto migrante, a que determina as vulnerabilidades que podem causae, não somente formas genéricas de risco social, mas também ameaças bem específicas como deportação, tortura, perda de identidade e de equilíbrio psicológico ou até morte (Lussi, 2009)

Além disso, as crianças carecem da capacidade de se defenderem adequadamente, tanto física quanto emocionalmente, quando comparadas aos adultos. Seu processo de desenvolvimento cognitivo ainda em curso limita sua capacidade de avaliar riscos, discernir intenções maliciosas e compreender completamente as consequências de suas ações, tornando-as mais propensas a manipulações e abusos. Joy Shelton, Mark Hilts e MacKizer, Mark relaram:

> Comparado aos adultos, crianças são fracas, vulneráveis e fáceis de controlar psicologicamente. Os infratores que possuem habilidades sociais e interpessoais ruins podem achar que uma criança que se encontra dormindo pode ser fácil de manipular mental e emocionalmente. A tutela sob a criança fica comprometida quando os adultos que moram na casa estão dormindo ou ausentes. O abuso recente de substâncias pelos infratores reduz sua inibição de invasão me uma habitação ocupada. Um infrator pode se sentir confortável em entrar e navegar em residências como resultado de cometer arrombamentos anteriores
> [...]
> Ao sair, a maioria dos agressores caminhava com a criança, normalmente sem resistência, para um local secundário (muitas vezes para cometer agressão sexual), talvez um veículo próximo. Como muitos dos casos ocorreram durante a noite e as primeiras horas da manhã, a atividade de vizinhança limitada significava menos testemunhas. (Shelton; Hilts; Mackizer, 2017) [1]

A falta de conhecimento e experiência sobre o mundo também contribui para sua vulnerabilidade. Com uma compreensão limitada de comportamentos seguros ou perigosos, as crianças podem se encontrar em situações prejudiciais quando não orientadas adequadamente. O ambiente em que crescem é um fator crucial, já que comunidades afetadas pela pobreza, violência ou negligência podem expô-las a condições adversas, aumentando os riscos para seu bem-estar.

A imaturidade emocional das crianças é outra dimensão importante, já que podem ter dificuldades em lidar com emoções complexas e situações estressantes. Essa fragilidade emocional as torna suscetíveis a traumas que podem impactar seu desenvolvimento a longo prazo. Armando Rodrigues Machado ressalta:

> No que toca ao assunto de desaparecimento de pessoas a figura da menor idade tem a sua relevância perante a ocorrência de desaparecimento de menores, discutindo-se esses casos se podemos ou não considerar o

---

1 **Tradução nossa:** *"Compared to adults, children are weak, vulnerable, and easily psychologically controlled. Offenders with poor social and interpersonal skills may find a sleeping child easy to manipulate mentally and emotionally. The guardianship over the child is compromised when the adults in the household are sleeping or absent. The recent substance abuse by offenders reduces their inhibition to invade an occupied dwelling. An offender may feel comfortable entering and navigating residences as a result of previous burglaries.*
Upon leaving, most offenders would walk with the child, usually without resistance, to a secondary location (often to commit sexual assault), perhaps a nearby vehicle. As many of these cases occurred during the night and early morning hours, limited neighborhood activity meant fewer witnesses."

> desaparecimento como voluntário tratando-se de um menor, ou seja, saber se para tal efeito a vontade do menor é ou não relevante. Na nossa opinião, tratando-se de um ser humano com personalidade jurídica, mas que se encontra destituído da capacidade jurídica de exercício dos seus direitos ou do cumprimento das suas obrigações. (Machado, 2013, p. 57)

Adicionalmente, a falta de recursos próprios, sejam financeiros, sociais ou emocionais, contribui para a vulnerabilidade infantil. A ausência de autonomia e a necessidade de depender de outros as colocam em posição de maior suscetibilidade a influências externas.

Entender a complexidade da vulnerabilidade infantil é essencial para desenvolver estratégias eficazes de proteção. A sociedade desempenha um papel crucial na criação de ambientes seguros, na promoção da educação e na implementação de políticas que fortaleçam as proteções para as crianças.

O desaparecimento, por definição, refere-se ao ato ou processo de sumir, tornar-se invisível, muitas vezes sem deixar rastros ou pistas claras para seu paradeiro. Esse fenômeno complexo pode se manifestar em diversas formas e contextos, mas em sua essência, envolve a ausência de uma pessoa em um determinado local, sem que haja informações sobre seu paradeiro imediato. Dijaci David de Oliveira explica o significado de desaparecido:

> Chama-se, portanto, de desaparecidos civis todas aquelas pessoas que são notificadas publicamente por meio de registros em boletins de ocorrência (B.Os) sendo que a situação se caracteriza pelo desconhecimento (alegado pelos denunciantes) dos elementos intervenientes do desaparecimento, de sua condição de vida ou morte da pessoa desaparecida, assim como de seu possível paradeiro. (Oliveira, 2007, p.64)

O desaparecimento pode ocorrer em diferentes contextos, abrangendo desde situações cotidianas até casos mais graves e preocupantes, como o desaparecimento de crianças, adultos ou mesmo comunidades inteiras. Conforme explica Marcelo Moreira Neuman:

> o não-aparecimento da pessoa, ocorre por três motivações: o indivíduo desaparece por algum motivo pessoal, particular, mas faz isto de forma "voluntária". Uma outra situação em que ele desaparece sem vontade própria, "involuntária", seja por questões sociais ou catástrofes naturais ou causadas pelo homem. A terceira possibilidade é a falta de consciência sobre seu desaparecimento, seja por uma falta de informação, deficiência mental, seja por sua imaturidade psicológica ou de desenvolvimento, entre outras. (Neuman, 2010, p. 15)

Suas causas são variadas e multifacetadas, podendo incluir motivos pessoais, como fugas, decisões voluntárias de se afastar, ou eventos mais dramáticos, como sequestros, tráfico humano, acidentes ou eventos naturais. Marcelo Moreira Neuman traz uma importante observação:

> Deve-se considerar que a violência pode ocasionar tanto o desaparecimento voluntário como o involuntário. No caso voluntário, existe uma atitude que pode levar o indivíduo a não aceitar as violências em que ele fora submetido e assim foge desta realidade, desaparecendo do seu agressor como de seus familiares e conhecidos. No outro caso, ocorre a violência e o ofensor desaparece com sua vítima, sem o seu consentimento. O ofensor pode ter raptado, subtraído ou assassinado a vítima e oculta sem paradeiro ou cadáver. (Neumann, 2015, p. 53)

No contexto mais amplo, o desaparecimento pode ser temporário ou permanente. Algumas situações podem envolver um breve sumiço, como quando alguém se perde temporariamente ou decide se retirar momentaneamente da convivência social. No entanto, quando o desaparecimento se torna duradouro e inexplicável, torna-se uma questão de grande preocupação, principalmente quando relacionado a casos criminais, negligência ou eventos traumáticos.

O impacto do desaparecimento vai além da ausência física. Famílias e comunidades muitas vezes enfrentam uma angústia emocional intensa, marcada pela incerteza, ansiedade e sofrimento. A falta de informações claras sobre o destino da pessoa desaparecida pode criar um vazio difícil de ser preenchido, alimentando uma busca incessante por respostas.

Os esforços para lidar com o desaparecimento envolvem uma gama de atividades, desde investigações policiais, mobilização de recursos humanos e tecnológicos, até iniciativas de conscientização e prevenção. A criação de sistemas eficientes de registro e compartilhamento de informações, bem como a promoção de medidas preventivas, são aspectos cruciais para enfrentar esse desafio complexo.

A busca por crianças desaparecidas no Brasil é um tema sensível e complexo que envolve não apenas questões jurídicas, mas também emocionais e sociais. A cada ano, milhares de famílias enfrentam o desespero de não saberem o paradeiro de seus entes queridos, desencadeando uma busca incansável por respostas. Segundo o *international bureau of missing children investigation*:

> Na realidade do mundo atual, [...] a falta de segurança, o medo e a preocupação mostram a insatisfação da sociedade com os fatos que ocorrem todos os dias [...]. Crianças estão desaparecendo e sendo sequestradas sem que

> a sociedade possa tomar providências para combater este tipo de atrocidades. Apenas realizar campanhas para a conscientização da população não basta para solucionar os problemas apresentados pelos sequestros e desaparecimentos. Precisamos de uma colaboração mútua entre governo, sociedade e demais órgãos competentes. (International Bureau of Missing Children Investigation, [s.d.])

O desaparecimento de crianças é um fenômeno multifacetado, muitas vezes relacionado a situações de vulnerabilidade social, abandono, tráfico humano e até mesmo conflitos familiares. É crucial compreender que a busca por essas crianças vai além da mera localização física; envolve a restauração de suas vidas e a reconciliação com suas famílias.

O Brasil enfrenta desafios significativos nesse campo, desde a falta de uma base de dados nacional unificada até a lentidão nos processos de investigação. A diversidade geográfica e socioeconômica do país também contribui para a complexidade do problema, pois as condições variam amplamente de uma região para outra.

Organizações governamentais, ONGs e grupos voluntários desempenham um papel fundamental nessa busca. Campanhas de conscientização, divulgação de retratos falados e a utilização de tecnologias modernas, como reconhecimento facial e sistemas de banco de dados integrados, têm sido ferramentas importantes nesse esforço.

As famílias das crianças desaparecidas enfrentam uma jornada emocional desgastante. Oferecer suporte psicológico e jurídico a essas famílias é uma parte essencial da resposta social a essa problemática. A criação de redes de apoio e a sensibilização da sociedade sobre a importância de se envolver na busca por crianças desaparecidas são passos essenciais para o enfrentamento desse desafio.

3. ESTRATÉGIAS DE APRENDIZADO DE MÁQUINA APLICADAS À PREVISÃO DA APARÊNCIA

Algoritmos são conjuntos de instruções passo a passo projetados para realizar uma tarefa específica ou resolver um problema. Eles são uma parte fundamental da ciência da computação e da programação, sendo utilizados para processar dados, executar operações matemáticas, tomar decisões, entre outras funções. De acordo com Anderson Fraiha Machado, Leilani Dian Mendes e Lucas Nogueira Garcez, o algoritmo pode ser definido como:

> [...] uma linguagem na qual se apresenta uma sequência de regras, declarações e operações que, aplicada sobre um conjunto de dados, nos permite solucionar problemas. A base de um algoritmo são as instruções à máquina de modo a executar tarefas específicas. [...] Um programa, ou um algoritmo, é uma sequência de instruções que pode ser executada por uma máquina. [...] Sendo assim, é importante que no processo de construção do algoritmo se elimine qualquer comando desnecessário ou incompreensível pela máquina. Conclusão, o computador é muito mais burro do que imaginamos. O computador possui um recurso bem limitado de instruções. [...] Um algoritmo, ou programa, é em essência isto: uma sequência de condicionais, repetições e comandos executáveis por uma máquina. (Machado; Mendes; Garcez, 2018, p. 91)

Nas palavras de Tarcízio Silva:

> Apesar de não ser um conceito novo, remontando à história da matemática e computação, algoritmos poderiam ser definidos a princípio como 'uma sequência finita de instruções precisas que são implementáveis em sistemas de computação' (Osoba & Welser IV, 2017, p. 5). Na era da computação digital, em sistemas de big data, a lógica algorítmica foi expandida para processos de inteligência artificial estreita, presente nos sistemas informacionais do cotidiano. Os sistemas algorítmicos tomam decisões por nós e sobre nós com frequência cada vez maior. (Silva, 2020, p. 21)

Os algoritmos podem ser encontrados em muitos aspectos da computação e da vida cotidiana. Eles são a base dos programas de computador, orientando o comportamento das máquinas e permitindo que realizem diversas tarefas. Conforme explica Juliana Abrusio:

> A tecnologia inovadora vinculada à sociedade da informação consiste, por sua vez, no computador, com sua capacidade de memória e processamento de dados, sendo que sua principal função seria substituir e amplificar o trabalho mental do homem, possibilitando a produção automatizada em massa de informação. (Abrusio, 2020. p. 24)

Os algoritmos podem ser implementados em diversas linguagens de programação e são fundamentais para a resolução de problemas computacionais. Eles são amplamente utilizados em áreas como processamento de dados, inteligência artificial, aprendizado de máquina, criptografia, ordenação de listas, roteamento de redes, entre muitas outras aplicações. Para melhor ilustrar, as áreas de aplicação das IAs dividem-se em três, conforme explicam Adriano Tacca e Leonel Severo Rocha:

> Dentre as áreas de aplicação da IA, o Machine Learning certamente é a mais utilizada. Permite o desenvolvimento de sistemas com habilidades para aprender e aprimorar conhecimentos através de experiências sem que tenham sido programados para tal finalidade. Isso significa os sistemas são capacitados para detectar e entender e aprender com os dados que analisa. Já a tecnologia que move a Natural Language Processing possibilita que os computadores possam analisar, entender e concluir com base na fala. Em sendo assim, as traduções, análises de sentimentos, dentre outras, são o espectro de suas aplicações. Por fim, o Deep Learning encontra-se num nível mais sofisticado. Sua capacidade engloba a percepção e a assimilação de múltiplos e complexos comportamentos e padrões. De forma intuitiva, o sistema descobre táticas para solução dos problemas que talvez o talento humano tenha levado muito tempo para aperfeiçoar. A partir dessa percepção, o sistema está apto a apresentar resultados para inúmeras tarefas, inclusive as relacionadas ao direito, assemelhando-se com extrema precisão com aquelas tarefas desempenhadas pelos seres humanos. (Tacca; Rocha, 2018, p.59)

O campo do aprendizado de máquina tem se destacado como uma ferramenta poderosa em diversas áreas, e a previsão da aparência, por meio de algoritmos sofisticados, emerge como um terreno fértil para aplicação dessas estratégias inovadoras. Pedro Domingos esclarece que:

> Todo algoritmo possui um input e um output: o dado ingressa no computador, o algoritmo faz o que seu código determina com esse dado, e, então, sai o resultado. O Machine Learning muda essa lógica: adentram na máquina tanto o dado como o resultado desejado, e o produto é algoritmo capaz de tornar a relação entre dado e resultado verdadeira. Algoritmos inteligentes – também conhecidos como learners – são algoritmos que criam outros algoritmos. Com machine learning, computadores escrevem seus próprios programas, para que nós não tenhamos que fazê-lo. (Domingos, 2015, p. 6). [2]

---

2 **Tradução nossa:** *"Every algorithm has an input and an output: the data enters the computer, the algorithm performs its code-defined operations on that data, and then the result is produced. Machine Learning changes this logic: both the data and the desired outcome enter the machine, and the output is an algorithm capable of making the relationship between data and result true. Intelligent algorithms, also known as learners, are algorithms that generate other algorithms. With machine learning, computers write their own programs so that we don't have to do it."*

O processo de antecipar como algo irá parecer no futuro tem implicações vastas, desde design de produtos até modelagem climática, e as estratégias de aprendizado de máquina oferecem uma abordagem única para enfrentar esse desafio complexo.

Uma das estratégias fundamentais é a utilização de modelos preditivos. Através da análise de conjuntos de dados extensos e variados, esses modelos aprendem padrões intrínsecos e relações complexas entre as variáveis que influenciam a aparência de um objeto ou fenômeno. Essa capacidade de reconhecimento de padrões permite que as máquinas generalizem, ou seja, façam previsões acuradas mesmo diante de dados novos e não vistos anteriormente.

Algoritmos de aprendizado supervisionado são frequentemente empregados nesse contexto. Treinados com exemplos em que a aparência é conhecida e associada a determinadas variáveis explicativas, esses algoritmos são capazes de fazer previsões precisas quando apresentados a novos dados. A inclusão de feedback humano no processo de treinamento também aprimora a qualidade das previsões, permitindo que a máquina aprenda com a experiência e refinando continuamente seus modelos.

Outra abordagem promissora é o uso de Redes Neurais Convolucionais (CNNs), especialmente eficazes na análise de dados visuais. Essas redes, inspiradas no funcionamento do cérebro humano, são capazes de aprender automaticamente padrões hierárquicos e características complexas em imagens. Ao aplicar CNNs na previsão da aparência, é possível capturar nuances visuais e detalhes, levando a resultados mais refinados e contextualmente ricos.

A utilização de técnicas de *transfer learning* é uma estratégia adicional que se destaca. Ao treinar uma máquina em uma tarefa relacionada à previsão da aparência, ela pode transferir conhecimento e habilidades para lidar com uma gama mais ampla de cenários. Segundo Luis Meazzini o *transfer learning* "É a reutilização de um modelo pré-treinado em um novo problema. Isto é, vou usar uma rede neural treinada em outro outro conjunto de dados, geralmente maior, para resolver um novo problema." (Meazzini, 2019)

Isso economiza tempo de treinamento e permite que o sistema se adapte rapidamente a novos contextos.

As estratégias de aprendizado de máquina estão revolucionando a previsão da aparência, proporcionando avanços significativos na capacidade de antecipar como objetos, fenômenos ou ambientes se apresentarão no futuro. À medida que a tecnologia continua a evoluir, espera-se que essas estratégias impulsionem inovações em diversas áreas, moldando o futuro da visualização preditiva de maneiras empolgantes e transformadoras.

A utilização de algoritmos na previsão da aparência de pessoas desaparecidas representa um avanço significativo no campo da tecnologia aplicada à busca e resgate. Em um cenário em que a rapidez e precisão são essenciais, os algoritmos se destacam como ferramentas poderosas para auxiliar as autoridades e organizações na localização de indivíduos desaparecidos.

Os algoritmos utilizados nesse contexto baseiam-se em técnicas avançadas de reconhecimento facial e modelagem 3D, incorporando informações como idade, sexo, características étnicas, mudanças no formato facial ao longo do tempo, entre outros parâmetros relevantes. Esses dados são alimentados em modelos computacionais complexos, capazes de simular o envelhecimento e outras alterações físicas que possam ocorrer desde o momento do desaparecimento.

Imagem 01 – EXEMPLO DA TECNOLOGIA DA PREVISÃO DA APARÊNCIA

Fonte: https://www.diariodecanoas.com.br/noticias/rio_grande_do_sul/2022/07/21/projecoes-faciais-auxiliam-buscas-por-pessoas-que-estao-desaparecidas-ha-anos.html

Imagem 02 – EXEMPLO DA TECNOLOGIA DA PREVISÃO DA APARÊNCIA

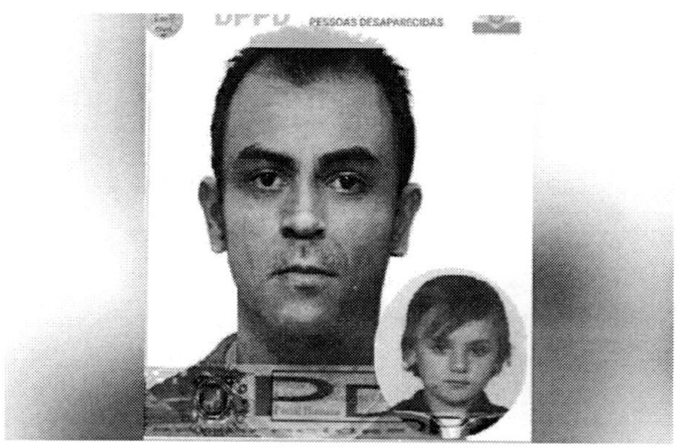

Fonte: https://www.nsctotal.com.br/noticias/quem-sao-as-criancas-desaparecidas-em-sc

Imagem 03 - EXEMPLO DA TECNOLOGIA DA PREVISÃO DA APARÊNCIA

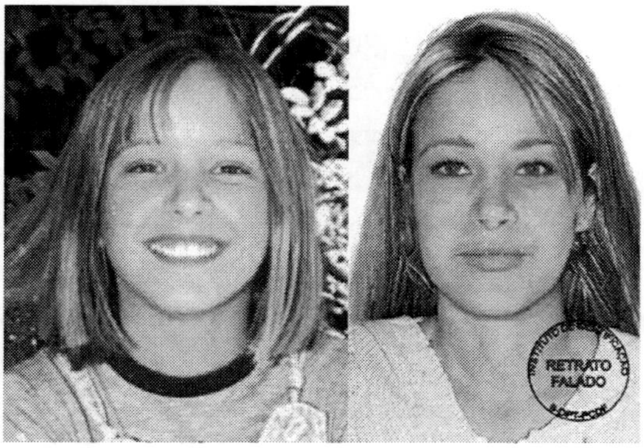

Fonte: https://jornaldebrasilia.com.br/brasilia/pcdf-divulga-imagens-atuais-de-desaparecidos/

Um dos principais desafios enfrentados em situações de pessoas desaparecidas é a falta de informações atualizadas sobre a aparência atual do indivíduo. Os algoritmos contornam esse obstáculo ao analisar características faciais em fotos antigas, levando em consideração fatores como padrões de envelhecimento típicos, estilo de vida e histórico médico. Essa abordagem inovadora permite que as autoridades gerem estimativas mais precisas sobre como a pessoa desaparecida pode parecer no presente.

Além disso, a integração de algoritmos com bancos de dados abrangentes, como registros de identificação civil, registros médicos e redes sociais, contribui para a construção de perfis mais detalhados e atualizados. A análise de padrões comportamentais online também pode fornecer pistas valiosas sobre o possível paradeiro da pessoa desaparecida.

Vale ressaltar que a eficácia desses algoritmos depende da disponibilidade de dados confiáveis e da colaboração entre diversas entidades, como agências governamentais, ONGs e empresas de tecnologia. A privacidade e a ética no uso dessas tecnologias são aspectos cruciais que devem ser cuidadosamente considerados para garantir a integridade do processo.

4. ESTUDO DE CASO

Neste contexto de análise, serão explorados dois casos específicos para fornecer exemplos concretos e ilustrativos. A escolha desses casos visa destacar situações particulares, aprofundando a compreensão e proporcionando uma análise mais detalhada das circunstâncias em questão. Ao examinar esses exemplos específicos, busca-se fornecer uma visão mais clara e aplicada aos conceitos ou temas em consideração.

4.1. TECNOLOGIA UTILIZADA PELA POLÍCIA CIVIL DE SÃO PAULO

A tecnologia empregada pela Polícia Civil de São Paulo representa uma abordagem inovadora e essencial no campo investigativo. Em particular, destaca-se o seu papel fundamental na resolução de casos relacionados ao desaparecimento de crianças. Desde 2017, o estado enfrenta o desafio vários em aberto.

A ferramenta utilizada pela Polícia Civil é uma extensão do retrato falado digital, adaptada com um propósito singular. Essa tecnologia, originalmente desenvolvida para a criação de retratos falados, é agora aplicada para projetar o envelhecimento de crianças desaparecidas. O escrivão Thiago Beleza destaca a meticulosidade do processo, considerando fatores como a situação em que a pessoa pode estar, inclusive possíveis impactos no rosto decorrentes de situações específicas, como o uso de entorpecentes ou a condição de rua. Conforme é narrado em uma reportagem intitula *Tecnologia utilizada pela Polícia Civil de SP é fundamental na busca por pessoas desaparecidas* da Revista Revide:

Em 2020, Eliot Paim, 27 anos, foi encontrado após ficar 2 meses em situação de rua. Ele morava no Morumbi, na zona Sul da capital. Depois de um passeio pelo bairro, não voltou para a casa dos pais. A família procurou a polícia, que então fez a progressão de envelhecimento. Com a divulgação da imagem, um professor de educação física reconheceu Eliot em uma rua da região central de São Paulo. (Revide, 2023)

O envelhecimento digital oferece às autoridades uma ferramenta valiosa para atualizar investigações, fornecendo uma visão mais precisa sobre como as vítimas podem ter evoluído ao longo do tempo.

Imagem 04 – EXEMPLO DE ENVELHECIMENTO DIGITAL

Fonte: https://www.revide.com.br/noticias/cidades/tecnologia-utilizada-pela-policia-civil-de--sp-e-fundamental-na-busca-por-pessoas-desaparecidas/

Essa abordagem representa não apenas um avanço técnico, mas também uma esperança renovada para famílias que buscam respostas sobre entes queridos desaparecidos. A tecnologia, nesse contexto, emerge como uma aliada crucial na busca pela resolução desses casos delicados.

Essa abordagem inovadora visa projetar como a pessoa desaparecida poderia ter envelhecido, levando em consideração as circunstâncias específicas. A tecnologia oferece às autoridades uma ferramenta valiosa para atualizar e refinar investigações, proporcionando uma perspectiva única sobre os possíveis desdobramentos dos casos de desaparecimento.

4.2. TECNOLOGIA UTILIZADA PARA PROCURAR BEBÊS DESAPARECIDOS DURANTE A DITADURA ARGENTINA

Um projeto de inteligência artificial está desempenhando um papel crucial na reconstituição dos rostos adultos de bebês que foram sequestrados durante a ditadura militar na Argentina. O designer argentino Santiago Barros concebeu o projeto no Instagram que reimagina como seriam os bebês sequestrados por militares durante a ditadura no país.

Imagem 05 – PROJETO DO DESIGNER SANTIAGO BARROS

Fonte: https://www1.folha.uol.com.br/amp/mundo/2023/07/argentino-usa-ia-para-simular--aparencia-atual-de-bebes-roubados-na-ditadura.shtml

A trágica estatística revela que aproximadamente 500 crianças foram separadas de suas mães durante esse período sombrio. A notável iniciativa é impulsionada pela Organização Abuelas da Praça de Mayo, cujo compromisso ao longo de 46 anos resultou na identificação de 133 netos, resgatando-lhes a verdadeira identidade.

Durante a ditadura militar argentina entre 1976 e 1983, mais de 30 mil pessoas desapareceram, marcando um período sombrio conhecido como Terrorismo de Estado. O regime impiedoso sequestrava e fazia desaparecer argentinos que protestavam contra suas políticas, envolvendo indiscriminadamente homens, mulheres, crianças e até mesmo bebês recém-nascidos.

Este avançado projeto de inteligência artificial assume um papel humanitário ao contribuir significativamente para recriar os rostos adultos dos bebês sequestrados durante a ditadura militar argentina. A triste estatística de cerca de 500 crianças arrancadas de suas mães durante esse período sombrio ressalta a brutalidade dos acontecimentos. A resiliência e dedicação da Organização Abuelas da Praça de Mayo são evidenciadas pelo impressionante número de 133 netos que recuperaram sua verdadeira identidade graças à incansável luta travada ao longo de 46 anos. Um exemplo é o retrato fictício de um filho ou filha nascido em agosto de 1976, descendente de Beatriz Haydée Neuhaus e Juan Francisco Martinis.

Imagem 06 – PROJETO DO DESIGNER SANTIAGO BARROS

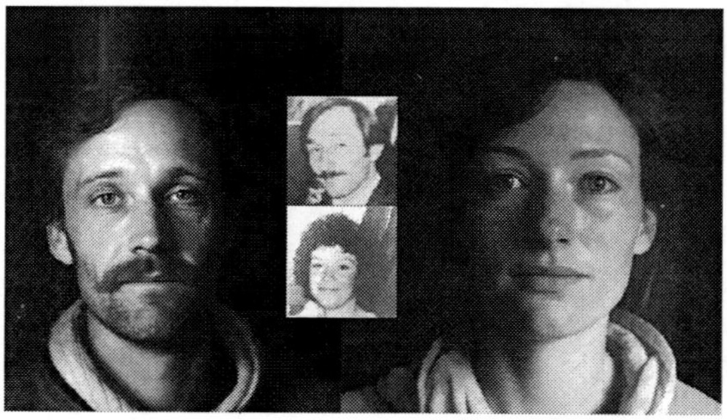

Fonte: https://www1.folha.uol.com.br/amp/mundo/2023/07/argentino-usa-ia-para-simular-aparencia-atual-de-bebes-roubados-na-ditadura.shtml

No período do regime militar, um nefasto processo conhecido como "apropriação" resultou no sequestro de centenas de crianças, quer fossem arrancadas de seus pais ou nascessem em cativeiro, sendo posteriormente entregues a outras famílias.

De acordo com as Avós, mais de 300 casos permanecem sem solução, e Barros, o responsável pelo projeto de inteligência artificial, almeja criar imagens de todas essas crianças não identificadas, contanto que haja fotografias disponíveis tanto dos pais quanto das mães sequestrados.

CONSIDERAÇÕES FINAIS

Em síntese, este artigo proporcionou uma análise aprofundada sobre a problemática dos desaparecimentos infantis no Brasil, propondo o aprimoramento das estratégias de busca por meio da implementação de técnicas de aprendizado de máquina e inteligência artificial. Ao longo das seções, exploramos a relevância do tema, revisamos estratégias inovadoras, e examinamos estudos de caso, evidenciando a eficácia potencial dessas tecnologias.

A inteligência artificial emergiu como uma ferramenta extraordinariamente valiosa no âmbito da busca por crianças desaparecidas, proporcionando insights cruciais e significativamente ampliando as chances de localização bem-sucedida. Diante dos resultados positivos obtidos, torna-se evidente a necessidade de estender a implementação dessas tecnologias de ponta por todo o país.

Ao implementar essas tecnologias em escala nacional, seria possível criar uma rede robusta de recursos que facilitaria a colaboração entre autoridades, organizações não governamentais e a comunidade em geral. Além disso, a disseminação da inteligência artificial para localizar crianças desaparecidas poderia não apenas aumentar a taxa de sucesso nas operações de busca, mas também contribuir para a prevenção, atuando na identificação de padrões de risco e comportamento.

A utilização generalizada da inteligência artificial não apenas aprimoraria a eficiência nas operações de busca, mas também forneceria dados e insights cruciais para entender e antecipar padrões de desaparecimentos. Portanto, recomenda-se fortemente a adoção e integração dessas soluções tecnológicas em âmbito nacional, como uma estratégia fundamental na luta contra o desaparecimento infantil, proporcionando não apenas respostas mais rápidas, mas também contribuindo para a construção de um ambiente mais seguro para as crianças no país.

REFERÊNCIAS

ABRUSIO, Juliana. **Proteção de dados na cultura do algoritmo.** - 1. ed. Belo Horizonte, São Paulo: D'Plácido, 2020.

DOMINGOS, P. **The Master Algorithm: How the Quest for the Ultimate Learning Machine Will Remake our World.** New York: Basic Books, 2015.

INTER BUREAU. **International Bureau of Missing Children Investigation.** Busca Salti: linhas gerais para implantação no Brasil e no exterior. Curitiba: Inter Bureau, [s.d.]. Disponível em: http://www.interbureau.org/salti.htm. Acesso em: 12 fev. 2024

LUSSI, Carmem. **Conflitos e vulnerabilidades no processo migratório.** Brasília, 2009. Disponível em https://www.csem.org.br/wp-content/uploads/2020/05/2009_Conflitos_e_vulnerabilidades_no_processo_migratorio_CARMEM_LUSSI.pdf. Acesso em: 12 fev. 2024

MACHADO, Anderson Fraiha; MENDES, Leilani Dian; GARCEZ, Lucas Nogueira. **Introdução à Arquitetura e Engenharia Jurídica com Lawtex.** São Paulo: Looplex, 2018.

MACHADO, Armando Rodrigues. **A investigação criminal no desaparecimento de pessoas em Portugal.** (Dissertação de Mestrado). Universidade Autónoma de Lisboa. Lisboa, Portugal, 2013.

MEAZZINI, Luis. **Tutorial — Transfer Learning aplicado no reconhecimento de flores.** (2019) Ensina.AI. Disponível em: https://medium.com/ensina-ai/tutorial-transfer-learning-3972cac5e9b5. Acesso em: 07 mar. 2024

NEUMAN, Marcelo Moreira. **O Desaparecimento de Crianças e Adolescentes.** Tese de Doutorado.Pós-Graduação em Serviço Social, Pontifícia Universidade Católica de São Paulo – PUC - SP, 2010.

OLIVEIRA, Dijaci David de. **Desaparecidos civis: conflitos familiares, institucionais e segurança pública.** Tese de Doutorado. Departamento de Sociologia, Universidade de Brasília: Brasília, 2007.

REVIDE. Revista Revide. **Tecnologia utilizada pela Polícia Civil de SP é fundamental na busca por pessoas desaparecidas.** 26 MAI 2023. https://www.revide.com.br/noticias/cidades/tecnologia-utilizada-pela-policia-civil-de-sp-e-fundamental-na-busca-por-pessoas-desaparecidas/. Acesso em: 17 fev. 2024

SHELTON, Joy., HILTS, Mark., MACKIZER, Mark. **Residential Child Abduction Cases.** FBI: Law Enforcement Bulletin. Nov. 2017.

SILVA, Tarcízio. **Racismo algorítmico em plataformas digitais: microagressões e discriminação em código.** In: Comunidades, algoritmos e ativismos digitais. Tarcizio Silva (Org.) São Paulo: LiteraRua, 2020.

TACCA, Adriano. ROCHA, Leonel Severo. **Inteligência Artificial: Reflexos no sistema do direito.** Nomos, v. 38.2, p. 53-68, 2018. http://periodicos.ufc.br/nomos/article/view/20493. Acesso em: 17 fev. 2024

ANEXO – RESUMO DE PESQUISAS EM ANDAMENTO

Os treze resumos apresentados a seguir resultam de projetos de pesquisa em desenvolvimento, voltados a temas contemporâneos e de grande relevância para a comunidade jurídica. Foram originalmente expostos no I Congresso Internacional Diálogos Humanistas, realizado em outubro de 2024, na cidade de Salvador, Bahia.

A publicação dos resumos expandidos tem como propósito oferecer subsídios e inspirar novas investigações, lançando luz sobre questões atuais que exigem reflexão crítica e aprofundamento acadêmico. Ao integrarem os anais do evento, esses trabalhos contribuem para a difusão do conhecimento e para o fortalecimento do diálogo interdisciplinar no campo do Direito.

1. INTELIGÊNCIA ARTIFICIAL COMO FERRAMENTA PARA MONITORAMENTO E APERFEIÇOAMENTO DO ORÇAMENTO PÚBLICO

Alessandra Patrícia Martins Félix de Sousa

Mestranda pela Universidade Autônoma de Lisboa . Possui graduação em Direito pela Universidade Católica de Pernambuco (2009). Especialista em Direito Público pela Universidade Maurício de Nassau/ATF Cursos Jurídico. Especialista em Direto do Trabalho pelo Complexo de ensino Renato Saraiva. Especialista em Direito civil e Processo Civil pelo Universidade Maurício de Nassau/ATF Cursos Jurídicos. Advogada Autônoma desde 2010 atuando com ênfase em Direito Administrativo, Orçamento Público, Direito Constitucional e Direito Civil. Atualmente é Gerente de Orçamento Municipal da Prefeitura de Jaboatão e já foi Gerente de Planejamento e Orçamento do Governo do Estado de Pernambuco.

RESUMO

A aplicação da inteligência artificial (IA) no monitoramento e análise do orçamento público pode revolucionar a maneira como as cidades são administradas e como os recursos públicos são utilizados.[1] A IA, com sua capacidade de analisar grandes volumes de dados e identificar padrões complexos, surge como uma ferramenta crucial para a gestão eficiente do orçamento público, garantindo que os recursos sejam utilizados de forma otimizada para melhorar a qualidade dos serviços prestados e promover políticas públicas eficazes.

1 CAVALCANTE NETO, Orlando de Sá Título: Desenvolvimento e aplicação de soluções de inteligência artificial pela Consultoria de Orçamentos, Fiscalização e Controle do Senado Federal: estudo de caso sobre a classificação do Resultado Primário / Orlando de Sá Cavalcante Neto. – Brasília, 2022 67p.

A proposta é a utilização da IA como ferramenta de transformação da governança ao monitorar e aperfeiçoar o uso do orçamento público, facilitando a criação de cidades mais inclusivas e sustentáveis. O orçamento público é um dos principais instrumentos de gestão governamental, pois é com as peças legais que se pode prevê o volume de receitas a serem recebidas, determinar as diretrizes de uso dessas, além de incluir as formas de como os recursos serão distribuídos para subsidiar os serviços essenciais. A administração eficiente do orçamento público enfrenta desafios como a detecção de fraudes, desperdícios e alocação ineficaz de recursos e nesse contexto, a IA se apresenta como uma solução poderosa para catalisar as despesas públicas, identificando desvios e ineficiências de maneira proativa.

Por meio de algoritmos de aprendizado de máquina, a IA pode processar grandes quantidades de dados orçamentários e detectar padrões que indicam possíveis problemas, como gastos excessivos em determinadas áreas ou subutilização de recursos em outras. Além disso, técnicas de mineração de dados podem identificar áreas em que os gastos não correspondem aos resultados esperados, permitindo uma análise mais detalhada sobre a eficácia dos investimentos públicos.[2]

Com essas informações, gestores podem tomar decisões mais informadas e ajustar o orçamento de acordo com as necessidades reais da população. O monitoramento do orçamento público por meio da IA não apenas melhora a eficiência financeira, mas também é fundamental para extrair a qualidade dos serviços públicos oferecidos. A possível conexão a ser estabelecida pela IA ao juntar os dados orçamentários com diversas fontes, como feedback dos cidadãos, indicadores de desempenho de serviços, relatórios de auditoria e informações de sensores urbanos, em meio a efetividade do gasto público, pode elevar a efetividade e a qualidade dos serviços públicos existente e prevê a criação de novos serviços que melhor atendam as demandas sociais. Ao medir a qualidade dos serviços públicos, a IA possibilita que gestores públicos identifiquem áreas que necessitam de melhorias e desenvolvam políticas públicas mais eficazes e direcionadas. Isso é particularmente importante em áreas urbanas complexas, onde as demandas por serviços como saúde, educação e segurança variam significativamente entre diferentes comunidades. A IA pode ajudar a identificar essas disparidades e recomendar ajustes específicos no orçamento para atender melhor às necessidades locais.[3]

---

2 CAMARGO, Renata Freitas. Como utilizar a IA no controle orçamentário. Disponível em : https://www.treasy.com.br/blog/ia-controle-orcamentario/, data da consulta 17 de setembro de 2024.

3 BURITE, Alexsandro Souza; SACRAMENTO, Ana Rita Silva; RAUPP, Fabiano Maury Possíveis implicações da aplicação combinada da blockchain, smart contract e inteligência artificial nas

A análise aprofundada proporcionada pela IA permite que os gestores públicos não apenas monitorem as despesas, mas também aperfeiçoem a utilização do orçamento público para fomentar políticas públicas mais inclusivas e eficazes. O uso de modelos preditivos, a IA pode antecipar futuras demandas de serviços públicos e sugerir ajustes orçamentários para atender a essas necessidades de forma mais precisa, sendo uma personalização futura do orçamento público à resolução de problemas iminentes. Por exemplo, em uma cidade onde há um aumento projetado na população idosa, a IA pode prever uma maior demanda por serviços de saúde para a terceira idade, sugerindo, inclusive, a regionalização de serviço e instrumentos públicos à esse público com o redirecionamento de recursos para essa área. Com uma visão mais clara dos efeitos esperados de diferentes alocações orçamentárias, as políticas públicas podem ser melhor planejadas para promover inclusão social, equidade e sustentabilidade urbana. A metodologia a ser utilizada é a leitura de artigos e livros bem como o estuo de casos em concreto.

Assim, o texto pretende trazer a discursão como a inteligência artificial está se tornando uma ferramenta indispensável para a qualificação do uso do orçamento público, permitindo uma gestão eficiente e transparente. Ao otimizar o uso das receitas públicas e extrair a qualidade dos serviços prestados, a IA, não só melhora a eficiência dos gastos, mas também promove o desenvolvimento de políticas públicas que atendem melhor às necessidades dos cidadãos, possibilitando a construção de cidades mais inclusivas, resilientes e sustentáveis, onde os recursos são utilizados de maneira eficaz para beneficiar toda a população.

---

contratações e no orçamento público. Revista da CGU/ Controladoria-Geral da União - Volume 15, nº27- jan-jun . 19p. http /2023://revista.cgu.gov.br/e-ISSN 2595-668X Administração Pública. Disponível em https://revista.cgu.gov.br/Revista_da_CGU/issue/view/43/53. Consultado em : 17 de setembro de 2024;

2. PEDAGOGIA & PRINCÍPIOS DO DIREITO NO USO DA INTELIGÊNCIA ARTIFICIAL PELOS OPERADORES DO DIREITO

Almeciano José Maia Junior
Doutorando em Direito pelo PPGD da Universidade Federal de Santa Catarina - PPGD/UFSC, Professor da Universidade Estadual de Santa Cruz - UESC, Mestre em Contabilidade.

RESUMO

O princípio do livre convencimento e/ou motivação do Juízo, previsto no nosso ordenamento jurídico pátrio: incisos X e XI do art. 93 da Constituição da República Federativa do Brasil -CRFB/1988 ou no art. 489 do Código de Processo Civil - CPC/2015, como também, no art. 155 do Código de Processo Penal- CPP/1940, é claro que não fica adstrito a estas áreas das aplicações do direito o que se espera do julgador, mas revela sua importância dentro do sistema de aplicação das normas soberanas do país Brasil no cômputo da busca de soluções conciliatórias e ou equânimes para as lides que se apresentam ao Poder Judiciário. O art. 371 do CPC/2015 é textual em estabelecer "o juiz apreciará a prova constante dos autos independentemente do sujeito que ativer promovido, e indicará na decisão as razões da forma de seu convencimento.", este magnifico pressuposto nos leva a crer no princípio da ampla defesa e do contraditório enquanto tramita o processo.

Todos os ordenamentos já mencionados sofreram ao longo do tempo desde a sua promulgação até nossos dias alterações por leis mais novas e ajustes em decorrência de julgamentos, normalmente de constitucionalidade pelas mais altas cortes da Nação, Supremo Tribunal Federal – STF e Superior Tribunal de Justiça – STJ.

Quando se alardeia o uso da inteligência artificial para o gerenciamento de processos por qualificação tipológica ou nexo factual, assim organiza-se os processos por tipos de ação e peculiaridades legais das partes envolvidas. Entretanto se a Inteligência Artificial – IA for além de buscar nas memorias das jurisprudências estabelecidas em casos assemelhados e a partir destas incrementar um relatório de sentença, se perde o livre convencimento motivado do Juízo nos autos. A hipótese é o uso da Inteligência Artificial – IA, retira do Juízo sua primazia na capacidade equitativa qualificada de julgamento imparcial e embasada.

A pesquisa buscará mediante pesquisa bibliográfica da temática, as pesquisas já realizadas sobre o tema, as respostas encontradas e suas contribuições pedagógicas aos aplicadores do direito, ao se propor responder a questão posta: Será que a Inteligência Artificial – IA retira do Juízo sua primazia na capacidade equitativa qualificada de julgamento imparcial e embasada? Para Freire "a pedagogia defende uma educação que seja dialógica, problematizadora e emancipadora, que parta da realidade e da cultura, que reconheça os sujeitos com seus contextos históricos e sociais, e prepare para o exercício da cidadania inclusiva e participativa", ele também defendia "a relação horizontal e democrática entre as partes envolvidas nos processos, que se conciliem com respeito as decisões proferidas e por fim se comprometam com uma sociedade mais justa e solidária". A pesquisa parti de vários pressupostos para não divagar o seu objeto: identificar as influências pedagógicas na aplicação da IA pelos operadores do Direito.

Para isso não questiona o uso dos sistemas digitalizados para celeridade processual e evidente economia ecológica de recursos como uso e guarda de documentos em papel; ambientes com alto custo de acondicionamento e pessoal qualificado em sua organização bibliotecária física. Também não tratará da hipótese do não acesso direto ao poder Judiciário do cidadão mais humilde e que resida fora das comarcas onde se estabelece os fóruns de serviços jurídicos e ou não sejam letrados. Sabe-se, também que o Conselho Nacional de Justiça - CNJ busca com resolução própria tornar a linguagem jurídica mais acessível aos menos fluentes nestes ditames normativos.

REFERÊNCIAS

ANTUNES, Paulo de Bessa, **Direito Ambiental**, 14ª ed., São Paulo: Atlas, 2012.

FEFERBAUM, Marina, MAFEI, Rafael, **Metodologia da pesquisa em direito: técnicas e abordagens para elaboração de monografias, dissertações e teses** / coordenadores: Marina Feferbaum, Rafael Mafei Rabelo Queiroz. – 2. ed. – São Paulo: Saraiva, 2019.

FREIRE, Paulo, Paulo Freire: o educador que propôs uma Pedagogia Libertadora, Disponível em: https://blog.faspec.edu.br/paulo-freire-o-educador/, Acessado em: 10/09/2024.

MOTTA, Elias de Oliveira**, Direito Educacional e educação no século XXI: com comentários à nova Lei de Diretrizes e Bases da Educação Nacional**, prefácio de Darcy Ribeiro. Brasília: UNESCO, 1997.

RIDEEL, Vade Mecum Acadêmico, organização Anne Joyce Angher, 23ª ed., São Pauli: Rideel: 2016.

ROCHA, Ailton Schromm de et al, **Metodologia da Pesquisa em direito e a filosofia**, Rafael Pamplona Filho e Nelson Cerqueira (coordenadores) são Paulo: Saraiva, 2011.

TOLEDO, Margot**, Direito Educacional (Ebook),** Ano de publicação: 2016, ISBN-13: 9788522122479

3. A UTILIZAÇÃO DA INTELIGÊNCIA ARTIFICIAL NA IMPLEMENTAÇÃO DE POLÍTICAS PÚBLICAS EM MORADIA NA CIDADE DE CAMPO GRANDE (MS)

Ana Érika Magalhães Gomes Martins Carvalho
Mestranda em Direitos Humanos pela Universidade Federal de Mato Grosso do Sul (UFMS). Advogada.

Maurinice Evaristo Wenceslau
Doutora em Direito da Relações Sociais pela PUC (SP). Professora e pesquisadora do Programa de Pós-Graduação em Direitos Humanos da Universidade Federal de Mato Grosso do Sul (UFMS). Líder do Grupo de Pesquisa Laboratório de Estudos e Pesquisa em Direitos Difusos (LEDD).

RESUMO

A Agência Municipal de Habitação e Assuntos Fundiários (AMHASF) identificou que, em Campo Grande (MS), existe, atualmente, um déficit habitacional significativo, já que constam 22.824 inscritos em programas de habitação e aluguel social (Barreto, 2024). Assim, pretende-se, neste estudo, verificar e analisar as políticas públicas em moradia na cidade de Campo Grande (MS) e a aplicação da inteligência artificial para facilitação do acesso aos cidadãos aos projetos habitacionais da prefeitura municipal de Campo Grande (MS). Considerando que Sarlet (2012, p.283) defende que por ser um direito social, a moradia é um direito fundamental prestacional do Estado que deve estar positivado.

Destaca-se que o art. 23, inciso IX da Constituição Federal vigente (Brasil, 1988) determina aos Municípios a promoção de construção de moradias, melhoria de condições de habitação e saneamento básico (Brasil, 2024). Portanto, com relação às políticas públicas, o poder público municipal precisa, primeiramente, descobrir quais são os problemas habitacionais mais prementes, pois a etapa da identificação desse problema público corresponde à necessidade ou oportunidade de melhorias para a população (Campos; Figueiredo, 2021 p. 197).

Não obstante, o cidadão deve ser ouvido em audiências públicas, para a adequação e a efetivação destas políticas públicas. Essas políticas devem ser acompanhadas tanto pela prefeitura, quanto pelos movimentos sociais, para evitar que se torne inócuo todo o trabalho previamente realizado. E, para ser mais eficaz, torna-se imprescindível ao poder Executivo municipal se valer da Inteligência Artificial (IA). Entende-se que o uso da IA não se trata de gasto supérfluo, mas um investimento para identificar cirurgicamente os problemas habitacionais, bem como encontrar qual seria a melhor forma de solução para esta problemática. O desenvolvimento das "máquinas que pensam" possui um lastro histórico e impacto direto na sociedade. E quando há algo que modifica e molda a vida das pessoas em seu convívio social, englobando diversos aspectos do dia-dia, ou seja, inova nos termos em que se dá essa relação, é essencial que o Estado observe e, se necessário, crie maneiras de garantir a segurança de todos.

Além de, principalmente, fomentar o desenvolvimento dos aspectos positivos dessa prática inovadora (Esteves, Goulart, Goulart Jr e Cataneo, 2023, p. 2). Portanto, deve-se constatar primeiramente o problema para delimitar exatamente qual a política a ser implementada com o auxílio da IA. E, assim, com aplicativos inteligentes para receber dados, processar as informações e apresentar propostas para a redução do déficit de moradia, a fim de que o Poder Executivo possa empregar a reserva do possível e respeitar o princípio do mínimo existencial. Para tal análise, a metodologia utilizada é a dedutiva, bibliográfica e documental, além do uso de dados empíricos para indicação da atual situação habitacional da cidade em estudo. Neste encaminhamento, identificou-se que a cidade de Campo Grande (MS), com base na Lei da Minha Casa Minha Vida (Brasil, 2023), legisla acerca dos projetos habitacionais, bem como aluguel social, regulamentado pelo Decreto nº 15.167 (Campo Grande, 2022) e regulamenta o Programa de Locação Social do Município de Campo Grande, instituído pela Lei Municipal nº 6.592 (Campo Grande, 2021). Ao cabo desta pesquisa foram identificadas várias políticas públicas habitacionais voltadas às mulheres, eis que as matrículas dos imóveis entregues relativos aos projetos habitacionais constam sempre o nome da mulher.

Há também políticas para mulheres vítimas de violência, idosos e deficientes. Entre os programas habitacionais que estão sendo desenvolvidos destaca-se a "vila dos idosos" (AMHASF, 2024) e o projeto "Recomeçar Moradia" que paga aluguéis às mulheres vítimas de violência (SEMU, 2024). Entretanto, todas as políticas públicas do Município são analógicas, sem a utilização de tecnologia para identificação do déficit habitacional e/ou auxílio da política a ser implementada. Destaca-se que, a IA sequer é utilizada para acompanhamento dos projetos existentes.

REFERÊNCIAS

BARRETO, Keila. Agência Municipal de Habitação e Assuntos Fundiários - AMHSAF. [Entrevista Concedida a] Ana Érika Magalhães Gomes Martins Carvalho. João Pessoa, 13 set. 2024.

BRASIL. **Constituição da República Federativa do Brasil de 1988.** Disponível em: https://www.planalto.gov.br/ccivil_03/constituicao/constituicao.htm. Acesso em 13 set. 2024.

BRASIL, Campo Grande. **Decreto nº 15167 de 24/03/2022**: *Regulamenta o Programa de Locação Social do Município de Campo Grande, instituído pela Lei Municipal nº 6.592 de 6 de julho de 2021. Disponível em: https://www.legisweb.com.br/legislacao/?id=429274. Acesso em: 13 set. 2024.*

BRASIL, Campo Grande. **Lei Municipal nº 6.592 de 6 de julho de 2021:** Programa de Locação Social. Disponível em: https://acrobat.adobe.com/id/urn:aaid:sc:US:812aa976-ea20-473b-bffe-53fd4a217d36. Acesso em: 13 set. 2024.

BRASIL. **Lei nº 14.620, de 13 de julho de 2023**: Dispõe sobre o Programa Minha Casa, Minha Vida, altera o Decreto-Lei nº 3.365, de 21 de junho de 1941 (Lei da Desapropriação), a Lei nº 4.591, de 16 de dezembro de 1964, a Lei nº 6.015, de 31 de dezembro de 1973 (Lei dos Registros Públicos), a Lei nº 6.766, de 19 de dezembro de 1979, a Lei nº 8.036, de 11 de maio de 1990 (Lei do FGTS), a Lei nº 8.677, de 13 de julho de 1993, a Lei nº 9.472, de 16 de julho de 1997, a Lei nº 9.514, de 20 de novembro de 1997, a Lei nº 10.188, de 12 de fevereiro de 2001, a Lei nº 10.406, de 10 de janeiro de 2002 (Código Civil), a Lei nº 10.931, de 2 de agosto de 2004, a Lei nº 11.977, de 7 de julho de 2009, a Lei nº 12.462, de 4 de agosto de 2011, a Lei nº 13.105, de 16 de março de 2015 (Código de Processo Civil), a Lei nº 13.465, de 11 de julho de 2017, a Lei nº 14.063, de 23 de setembro de 2020, a Lei nº 14.133, de 1º de abril de 2021 (Lei de Licitações e Contratos Administrativos), a Lei nº 14.300, de 6 de janeiro de 2022, e a Lei nº 14.382, de 27 de junho de 2022, e revoga dispositivos da Lei nº 14.118, de 12 de janeiro de 2021. Disponível em: https://www.planalto.gov.br/ccivil_03/_Ato2023-2026/2023/Lei/L14620.htm. Acesso em: 13 set. 2024.

CAMPOS, Sandro Luís Brandão, FIGUEIREDO, JosielMaimone de. Aplicação de Inteligência Artificial no Ciclo de Políticas Públicas. **Cadernos de Prospecção,** Salvador, v. 15, n. 1, jan./mar., 2022, p. 196-214. Disponível em: https://periodicos.ufba.br/index.php/nit/article/view/42957/25827. Acesso em: 13 set. 2024.

ESTEVES, Paulo Cesar Leite; GOULART, Jonas de Medeiros; GOULART JÚNIOR, Paulo Franco; CATANEO, Matheus Venos da Silva. Políticas Públicas para o Desenvolvimento De Inteligência Artificial no Brasil. **Brigdes for knowllege Society**. Florianópolis, nov.2023. Disponível em: https://proceeding.ciki.ufsc.br/index.php/ciki/article/view/1421/833. Acesso em: 13 set. 2024.

PAULINO, Márcia. Secretaria de Políticas Públicas para as mulheres - SEMU. [Entrevista Concedida a] Ana Érika Magalhães Gomes Martins Carvalho. João Pessoa, 07 ago. 2024.

SARLET, Ingo Wolfgang. **A eficácia dos direitos fundamentais:** uma teoria gera dos direitos fundamentais na perspectiva constitucional. 11.ed. Porto Alegre: Livraria do Advogado, 2012.

4. INTELIGÊNCIA ARTIFICIAL E DECISÕES ELEITORAIS: O IMPACTO DOS ALGORITMOS NA DEMOCRACIA

Arie Scherreier Ferneda
Doutoranda e Mestre em Direito pela Universidade Federal de Santa Catarina. Presidente da Rede Discente de Direito Administrativo Digital. Professora e Advogada.

Gabriela Mayer dos Santos
Graduanda em Direito pela Universidade Federal de Santa Catarina. Assessora Jurídica.

RESUMO

A crescente incorporação da inteligência artificial (IA) nos processos eleitorais tem gerado debates intensos sobre suas consequências para a democracia. Com a capacidade de processar grandes volumes de dados e automatizar comunicações, a IA vem revolucionando a forma como campanhas políticas são conduzidas, influenciando a formação de opinião, a segmentação de eleitores e a disseminação de informações.

No entanto, essa tecnologia também levanta preocupações profundas, especialmente relacionadas ao aumento da polarização política e à manipulação de narrativas, que, se não controladas, podem comprometer o processo democrático. Um dos maiores desafios está relacionado à falta de alfabetização digital entre o público em geral, o que permite que a desinformação se dissemine rapidamente por meio de ferramentas impulsionadas por IA. Destaca-se que a alfabetização digital se refere à capacidade dos indivíduos de compreenderem e utilizarem de forma crítica as tecnologias digitais, incluindo a análise de informações encontradas online e a habilidade de distinguir entre conteúdos confiáveis e falsos. A ausência dessa alfabetização, por sua vez, implica uma série de impactos, como (1) tomada de decisão mal-informada; (2) polarização política; (3) desconfiança nas instituições democráticas. Além disso, a falta de transparência nos algoritmos utilizados para direcionar campanhas e segmentar eleitores torna essencial uma análise crítica dos riscos e benefícios associados ao uso dessa tecnologia em contextos eleitorais. Isso porque eventual segmentação pode, positivamente, engajar os eleitores de maneira mais direta, mas, também, facilitar a disseminação de desinformação e *fake news*.

Um eleitor que carece de alfabetização digital é menos capaz de identificar conteúdos falsos ou enganosos, tornando-se mais vulnerável a narrativas manipuladoras, como o disparo em massa de fake news, que se torna especialmente perigoso em épocas de campanha. Diante desse contexto, o objetivo desta pesquisa, portanto, é examinar como a IA pode influenciar o processo eleitoral democrático, com foco nas implicações éticas e nas possíveis medidas de regulação que podem ser adotadas para garantir que essa influência seja positiva e não comprometa os valores fundamentais da democracia. Para isso, foram analisados estudos de caso envolvendo o uso de IA nas últimas eleições em diferentes países, além de discussões sobre regulamentação em fóruns internacionais e documentos legais relevantes.

A pesquisa revela que, se por um lado a IA pode transformar campanhas e engajar eleitores de maneiras inovadoras, por outro, seu uso precisa ser feito de forma ética e responsável, a fim de garantir a transparência, a privacidade dos eleitores e a inclusão de todas as vozes no processo democrático. A pesquisa também aponta para a necessidade de promover uma alfabetização digital mais ampla, conscientizando os eleitores sobre como as ferramentas de IA podem influenciar suas escolhas políticas. Ainda, as novas tecnologias permitem um monitoramento mais eficaz da integridade do processo eleitoral, mas também trazem desafios inéditos para os órgãos reguladores, como o Tribunal Superior Eleitoral (TSE) no Brasil. É necessário, então, que sejam desenvolvidas políticas públicas e normativas claras para garantir que o uso da IA não resulte em abuso de poder econômico, disparo em massa de desinformação, ou qualquer outra prática que comprometa a legitimidade das eleições. Os resultados desta pesquisa indicam que uma abordagem equilibrada é essencial. A IA deve ser aproveitada para otimizar o engajamento político e a eficiência das campanhas, mas sempre dentro de um arcabouço ético e regulatório que assegure a robustez da democracia em um mundo cada vez mais automatizado. A conscientização e a regulamentação são os dois pilares fundamentais para garantir que o impacto dos algoritmos no cenário eleitoral seja positivo e não prejudicial.

REFERÊNCIAS

ALVIM, Frederico Franco; NÚÑEZ, Rafael Rubio; MONTEIRO, Vitor de Andrade. **Inteligência Artificial e Eleições de Alto Risco - 2024.** Editora Lumen Juris, 2024.

LAGE, Fernanda de Carvalho. **Manual da inteligência artificial no Direito brasileiro.** Salvador: Editora JusPodivm, 2021.

LAGE, Fernanda de Carvalho; REALE, Ingrid Neves. **O uso da inteligência artificial nas eleições: impulsionamento de conteúdo, disparo em massa de fake news e abuso de poder.** Revista Estudos Eleitorais, Brasília/DF, v. 17, n. 1, p. 19-56, jan./jun. 2023.

LEAL, Luziane de Figueiredo Simão; MORAES FILHO, José Filomeno de. **Inteligência artificial e democracia: os algoritmos podem influenciar uma campanha eleitoral? Uma análise do julgamento sobre o impulsionamento de propaganda eleitoral na internet do Tribunal Superior Eleitoral.** Revista Brasileira de Direitos Fundamentais & Justiça, Rio Grande do Sul, v. 13, n. 41, jul./dez. 2019. Disponível em: http://dfj.emnuvens.com.br/dfj/article/view/793. Acesso em: 18 set. 2024.

MULHOLLAND, Caitilin; OLIVEIRA, Samuel Rodrigues de. **Uma Nova Cara Para a Política? Considerações sobre Deepfakes e Democracia.** Assunto Especial RDP, Brasília, Volume 18, n. 99, 378-406, 30 jun. 2021. Disponível em: https://doi.org/10.11117/rdp.v18i99.5773. Acesso em: 18 de set. 2024.

SILVEIRA, Maria de Paula. **Eleições e novas tecnologia:s dados, inteligência artificial e (des)informação.** Belo Horizonte: Editora Expert, 2024. 652p. Disponível em: https://play.google.com/books/reader?id=4cUgEQAAQBAJ&pg=GBS.PA1&hl=pt. Acesso em: 18 set. 2024.

5. INOVAÇÃO TECNOLÓGICA E TRANSFORMAÇÃO DIGITAL

Gabriel Fernando Batista de Araújo
Estudante da Universidade Católica do Salvador.

RESUMO

Paradigmas da utilização de software no contexto jurídico atual; Gabriel Fernando Batista de Araújo; estudante de Direito. A tecnologia está cada vez mais presente em várias áreas do conhecimento, tem revolucionado a maneira como as atividades cotidianas e procedimentos específicos são realizados. No entanto, o Direito é um campo que ainda enfrenta dificuldades para integrar plenamente essas inovações, o que levanta discussões sobre seu uso adequado. Deste modo, o objetivo deste trabalho é analisar o papel dos softwares jurídicos no cotidiano dos escritórios de advocacia, destacando ferramentas como "ADVBOX" e "Astrea", que têm sido usadas para aperfeiçoar o fluxo de trabalho, aumentar a eficiência e organizar processos com maior agilidade.

Apesar dessas vantagens, ainda há uma carência de dados, testes e estatísticas que comprovem de forma robusta a eficácia desses sistemas na prática jurídica, evidenciando a necessidade de mais estudos. Além disso, o impacto social dessas inovações, como o desemprego gerado pela automação de tarefas, também é uma questão importante. Mormente, a pesquisa busca se concentrar em um caso específico, onde protocolos de ações judiciais foram automatizados na plataforma PROJUDI.

O software permitiu que petições iniciais fossem preenchidas e protocoladas automaticamente, baseando-se em informações previamente fornecidas por meio de um formulário. Desta maneira, o sistema organiza os dados processuais e gera relatórios que permitiam o monitoramento de desempenho do escritório, resultando em uma produtividade impressionante. Antes, o trabalho demandava uma equipe de seis pessoas; agora, foi realizado por um único software, liberando os advogados para tarefas mais complexas. Essa tecnologia quanto mais avança, mais rápido tende a prosseguir. O poder muda de forma, e isto leva os governantes, notadamente das nações mais desenvolvidas, a perceberem que a grande necessidade do momento é o investir no conhecimento mais aprofundado do próprio homem.

A questão é buscar condições intrínsecas tais que lhe permitam continuar avançando sem correr o risco da autodestruição. A quarta onda é, portanto, a do autoconhecimento. Nesse ínterim, a automação jurídica, embora promissora, pode sobrecarregar o sistema judiciário com ações triviais, devido à facilidade de protocolo de ações. Assim, o estudo alerta para a necessidade de se estabelecer diretrizes claras que equilibrem a adoção da tecnologia com a preservação dos princípios fundamentais do Direito. Isso envolve discutir até que ponto a automação pode substituir o trabalho humano sem comprometer a qualidade e a ética da Justiça. O estudo também levanta questões sobre o risco de o uso desenfreado dessas tecnologias gerar desemprego em massa em áreas operacionais do Direito.

Nesta senda, a metodologia aplicada baseou-se em testes práticos e análise qualitativa dos resultados obtidos com o uso do software de automação na plataforma PROJUDI. A coleta de dados incluiu a geração de gráficos de desempenho, permitindo uma visão clara dos benefícios e dos desafios enfrentados na implementação dessa tecnologia. Entre os resultados observados, destaca-se a aceleração do fluxo de trabalho, a organização eficaz dos dados e a melhoria da eficiência geral dos processos jurídicos. No entanto, os riscos sociais associados à automação foram igualmente destacados, exigindo uma abordagem equilibrada para garantir que o uso de tais ferramentas seja benéfico sem causar danos ao mercado de trabalho.

O objetivo desta pesquisa é avaliar o impacto das tecnologias da informação no Direito, focando na automação de processos como forma de modernizar o setor. O estudo conclui que, enquanto essas inovações oferecem vantagens significativas, como a economia de tempo e o aumento da eficiência, também é necessário considerar os potenciais impactos negativos, como o desemprego e a banalização de processos.

A automação não pode ser vista apenas como uma solução eficiente, mas deve ser tratada com cautela, a fim de garantir que seu uso seja ético e sustentável. Em suma, a tecnologia no Direito é uma realidade em expansão, e seu uso, embora inevitável, precisa ser implementado de forma consciente. Ferramentas como softwares de automação têm o potencial de transformar a prática jurídica, oferecendo novos caminhos para a eficiência e a organização dos processos. No entanto, a reflexão sobre o impacto social e os limites da automação é fundamental para a tecnologia seja uma aliada, mas seu uso deve ser regulado para evitar consequências indesejadas no setor jurídico e no mercado de trabalho.

REFERÊNCIAS

Livro

Naveira E Silva., Lenilson **A 4ª Onda** – Os novos rumos da sociedade da informação, 4ª Edição, Editora Record, 1998

TCC, Dissertação ou Tese

Roberto Tremacoldi, Paulo, **Algumas reflexões sobre a Sociedade da Informação,** 2011, 18p, pdf, Mestre. Analista da Empresa Brasileira de Pesquisa Agropecuaria-Embrapa (Campinas-SP).

6. ACOMPANHAMENTO DA TRANSPARÊNCIA E GOVERNANÇA PÚBLICAS NOS MUNICÍPIOS DO TERRITÓRIO LITORAL SUL DA BAHIA: UMA EXPERIÊNCIA DE CIDADANIA DIGITAL E INOVAÇÃO TECNOLÓGICA

Guilhardes de Jesus Júnior
Doutor em Desenvolvimento e Meio Ambiente (UESC/PRODEMA).
Professor Titular do Departamento de Ciências Jurídicas da Universidade Estadual de Santa Cruz.

RESUMO

A transparência municipal é essencial para garantir uma gestão pública eficiente e participativa. Entretanto, a falta de padrões uniformes na divulgação de informações financeiras e administrativas tem comprometido a clareza e o acesso a dados públicos. Essas inconsistências dificultam o cumprimento de leis importantes a exemplo da Lei de Responsabilidade Fiscal (LRF) e da Lei de Acesso à Informação (LAI), o que prejudica o controle social e o engajamento da população nos processos decisórios, como audiências públicas e consultas populares. Assim, este trabalho objetiva avaliar, através do Índice de Transparência e Governança Pública (ITGP), o impacto da ausência de práticas transparentes na eficácia administrativa e na participação cidadã nos municípios do Território de Identidade Litoral Sul da Bahia, composto por 26 municípios caracterizados pela chamada "cultura cacaueira", que lhes confere uma identidade própria situada no tempo e no espaço geográfico.

A área de abrangência é dos municípios de Almadina, Arataca, Aurelino Leal, Barro Preto, Buerarema, Camacan, Canavieiras, Coaraci, Floresta Azul, Ibicaraí, Ilhéus, Itabuna, Itacaré, Itaju do Colônia, Itajuípe, Itapé, Itapitanga, Jussari, Maraú, Mascote, Pau Brasil, Santa Luzia, São José da Vitória, Ubaitaba, Una e Uruçuca, durante o período de 2023/2024. A metodologia adotada foi quantitativa, exploratória e descritiva, valendo-se da coleta de dados através dos portais de transparência dos municípios, cruzados com cálculo do índice de transparência municipal desenvolvido pela Transparência Internacional - Brasil.

O índice avalia seis dimensões (Legal, Plataformas, Administrativo e Governança; Obras Públicas; Transparência Financeira e Orçamentária; Comunicação, Engajamento e Participação) com 71 indicadores, e gera uma classificação em 5 níveis de acordo com a pontuação obtida: Excelente (80-100), Bom (60-80), Regular (40-60), Ruim (20-40) e Péssimo (0-20). Os representantes dos Municípios são contactados antes da coleta de dados e são cientificados da metodologia e critérios de avaliação. Os dados são coletados pela visita aos portais de transparência das prefeituras, bem como seus sites de internet e redes sociais. Antes da publicização dos resultados, todos recebem os dados preliminares e lhes é dada a oportunidade de contestar/retificar as informações, antes de formatação final e preparação das mídias de divulgação. Os resultados mostram que, entre os 26 municípios, apenas Ilhéus e Itabuna foram classificados como "bom", enquanto outros nove municípios (Itajuípe, Una, Ubaitaba, Uruçuca, Buerarema, Itapé, Camacan, Barro Preto e Ibicaraí) foram classificados como "regular". No entanto, os demais quinze municípios permanecem como "ruim" ou "péssimo", evidenciando a falta de políticas públicas de transparência e participação cidadã.

Conclui-se, portanto, que as inconsistências na divulgação e a falta de uniformidade nas práticas comprometem o cumprimento da LRF e da LAI e limitam a participação democrática, reforçando a necessidade de ações para fortalecer a transparência e o controle social na gestão pública. A aplicação do ITGP, nos últimos três anos (2021-2022, 2022-2023 e 2023-2024), reforça a necessidade de letramento da Administração e da sociedade para uma cidadania digital, apontando caminhos para a adoção de soluções inovadoras para o acompanhamento das contas públicas e da governança na Administração Pública.

Os próximos passos apontam para a utilização da automação via Inteligência Artificial para a coleta e análise dos dados, o que permitirá uma frequência maior na avaliação, o aumento do número de municípios acompanhados e a utilização de ferramentas de acompanhamento em tempo real. Necessários agradecimentos à Universidade Estadual de Santa Cruz e à Fundação de Apoio à Pesquisa do Estado da Bahia, pelas bolsas de Iniciação Científica, bem como ao Instituto Nossa Ilhéus e à Transparência Internacional - Brasil, pela parceria e compartilhamento da metodologia e instrumentos de coleta.

REFERÊNCIAS

BERNARDO, Joyce Santana; DE OLIVEIRA REIS, Anderson; SEDIYAM, Gislaine Aparecida Santana. Características explicativas do nível de transparência na administração pública municipal. **Revista Ciências Administrativas**, v. 23, n. 2, p. 277-292, 2017. 6 Disponível em: https://www.redalyc.org/pdf/4756/475655253003.pdf. Acesso em: 22/04/2022

CRUZ, Cláudia Ferreira et al. Transparência da gestão pública um//nicipal: um estudo a partir dos portais eletrônicos dos maiores municípios brasileiros. **Revista de Administração Pública-RAP**, v. 46, n. 1, p. 153-176, 2012. Disponível em: https://www.scielo.br/pdf/rap/v46n1/v46n1a08. Acesso em: 23/04/2022

DE SOUZA, Fabia Jaiany Viana et al. Índice de transparência municipal: um estudo nos municípios mais populosos do Rio Grande do Norte. **Revista de Gestão, Finanças e Contabilidade**, v. 3, n. 3, p. 94-113, 2013. Disponível em: https://uneb.br/index.php/financ/article/view/373. Acesso em: 16/04/2022

DA MATA, Catrine Cadja Indio do Brasil et al. Compliance na Administração Pública e Contratações Emergenciais na Pandemia: análise do litoral sul da Bahia. **Pesquisa, Sociedade e Desenvolvimento** , v. 11, n. 6, pág. e39111629374-e39111629374, 2022. Disponível em https://rsdjournal.org/index.php/rsd/article/view/29374. Acesso em 10/05/2022

VISENTINI, Monize Sâmara; DOS SANTOS, Micheli. Transparência na gestão pública municipal evidenciada nos portais eletrônicos dos municípios do Conselho Regional de Desenvolvimento (Corede) das Missões/RS. **Desenvolvimento em Questão**, v. 17, n. 49, p. 158-175, 2019. Disponível em: https://doi.org/10.21527/2237-6453.2019.49.158-175. 05/05/2022

TRANSPARÊNCIA INTERNACIONAL – BRASIL. **Recomendações de Transparência e Governança Pública para Prefeituras**. São Paulo: Transparência Internacional – Brasil/Instituto de Governo Aberto, 2022. Disponível em: https://transparenciainternacional.org.br/recomendacoes-para-prefeituras/. Acesso em:10/05/2022

__________. **Nota Metodológica – Índice de Transparência e Governança Pública (ITGP): Poder Executivo Municipal**. São Paulo: Transparência Internacional – Brasil/Instituto de Governo Aberto, 2022. Disponível em: https://comunidade.transparenciainternacional.org.br/itgp-executivo-municipal-nota-metodologica. Acesso em:10/05/2022

7. O USO DA INTELIGÊNCIA PARA CONTROLE MIGRATÓRIO NOS ESTADOS

Marco Antonio Lima da Cruz Filho

Advogado, especialista em Direito Internacional pela PUC/SP, mestrando em Direito Internacional pela PUC/SP e membro da Comissão de Relações Internacionais da OAB/SP

RESUMO

A utilização da inteligência artificial (IA) no controle migratório tem se intensificado internacionalmente, notadamente em localidades com intenso fluxo de migrantes e refugiados, trazendo novas dimensões para as práticas de vigilância, triagem e gestão de dados de migrantes. Neste aspecto, os Estados têm adotado tecnologias de IA para analisar padrões de migração, prever fluxos migratórios e identificar indivíduos em situação irregular. Embora esses sistemas possam, em teoria, oferecer maior eficiência e segurança, suas implicações éticas e legais suscitam sérias preocupações, especialmente em relação aos direitos humanos e ao direito internacional. Isto porque, se aplicados de maneira a endossar as preocupações excessivamente nacionalistas dos Estados, refletirão preconceitos já existentes no trato com diferentes grupos étnicos e de localidades distintas, violando, a exemplo, o princípio da não discriminação, assegurado internacionalmente.

Além disso, já há prática vigente de recomendação de detenção administrativa e posterior deportação de migrantes e refugiados com base na IA por meio de decisão automatizada e que não considera as particularidades de cada caso. Neste caso, há violação evidente ao princípio da não devolução e do devido processo, afinal sequer lhes é oportunizado o contraditório ou ampla defesa, como é assegurado no Brasil. Decisões automatizadas, dessa forma, padecem nos quesitos da transparência e revisão, impossibilitando o acesso à justiça e, principalmente, violando direitos internacionalmente garantidos por instrumentos vinculantes.

Sendo assim, muito embora a IA se destine à eficiência no controle migratório, especialmente nos principais polos de migração – em que há intenso fluxo e a mão de obra humana que já não consegue acompanhar a demanda, seu uso por alguns Estados, como Estados Unidos e Inglaterra, trazem desafios à garantia dos direitos humanos e do direito internacional, especialmente porque potencializam a violação à privacidade, não-discriminação, direito de solicitar refúgio, acesso à saúde, à segurança, à alimentação, ao tratamento digno e humanitário, demandando uma maior reflexão sobre a implementação da ferramenta, assim como uma maior transparência acerca das decisões tomadas por IA, com foco nos dados que alimentaram aquele sistema, a predição de tendências, a existência ou não de decisões equivocadas, a segurança da automação e se o aprimoramento da ferramenta está de acordo com o direito internacional. A tensão existente entre a segurança dos países e direitos dos migrantes e refugiados não legitimam o uso de medidas extremas e em desacordo com o direito internacional.

Ao invés disso, pode a IA ser utilizada para melhor compreender a complexidade em torno dos fluxos migratórios atuais, auxiliando na formulação de políticas migratórias, abordagens mais equitativas e humanas, promovendo o cumprimento dos direitos humanos na área da migração. Portanto, o objetivo desta pesquisa é demonstrar que o uso da IA para controle migratório nos Estados é utilizado de forma repressiva e xenofóbica, de modo a violar o Direito Internacional dos Refugiados, o Direito Internacional dos Direitos Humanos e o Direito Internacional.

REFERÊNCIAS

ACNUR. Diretrizes sobre a detenção de crianças refugiadas e migrantes. Alto Comissariado das Nações Unidas para Refugiados, 2019.

AMNESTY INTERNATIONAL. The Refugee Crisis in Greece. 2021.

BHABHA, J. Child Migration and Human Rights in a Global Age. Princeton University Press, 2014.

DRAPER, J. "The Impact of Detention on Children". Journal of Child Psychology, 2016.

HUMAN RIGHTS WATCH. Australia: Child Detention. 2020.

ORGANIZAÇÃO MUNDIAL DA SAÚDE. Mental Health in Childhood. 2018.

UNICEF. Children in Detention. Fundo das Nações Unidas para a Infância, 2020.

COMITÊ DOS DIREITOS DA CRIANÇA. Observações Finais sobre o Estado dos Direitos da Criança. Nações Unidas, 2019.

8. INTELIGÊNCIA ARTIFICIAL E *ETHOS* SOCIAL: REFLEXÕES E DESAFIOS PARA UMA JUSTIÇA ANTIDISCRIMINATÓRIA

Rafael Bertoldo
Doutorando em Direito pela Universidade Federal de Santa Catarina (UFSC).
Analista da Universidade Estadual de Santa Cruz (UESC).

Raildes Pereira Santos
Doutoranda em Direito pela Universidade Federal de Santa Catarina (UFSC).
Docente da Universidade Estadual de Santa Cruz (UESC).

Joana Stelzer
Doutora em Direito pela Universidade Federal de Santa Catarina (UFSC).
Docente do Programa de Pós-Graduação em Direito (PGDP) da UFSC.
Orientadora dos autores supramencionados.

RESUMO

O avanço das tecnologias, mediadas por Inteligência Artificial (IA), tem permeado diversas esferas da sociedade, incluindo o sistema de Segurança Pública (SP). No entanto, a aplicação dessas tecnologias suscita discussões sobre questões sociorraciais, especialmente, referentes à reprodução de estereótipos que perpetuam discriminações.

O francês Alphonse Bertillon implementou o primeiro sistema de reconhecimento biométrico na SP há 139 anos na França, inspirado nas ideias do racismo científico de Cesare Lombroso. Os algoritmos constituem elementos centrais para IA e desempenham funções complexas a partir de padrões previamente programados e podem impactar grupos vulneráveis racializados. No Estado da Bahia, por exemplo, o uso de sistemas de identificação facial pela SP, baseados em algoritmos de IA, tem suscitado críticas de autores, ativistas e movimentos sociais quanto ao denominado racismo algorítmico. O sistema foi implementado desde 2018, por intermédio do Projeto Vídeo Polícia do Estado, na gestão do Ex-Governador Rui Costa, e custou mais de meio bilhão aos cofres públicos.

Portanto, este estudo objetiva evidenciar desafios e implicações étnico-raciais do uso desses sistemas mediados pela IA, com ênfase na busca por uma justiça antidiscriminatória. O racismo algorítmico é um tema emergente na era digital, autores destacam a perpetuação de preconceitos raciais por intermédio da IA e de sistemas baseados em dados que, por sua vez utilizam contextos sociais e raciais discriminatórios. Logo, questiona-se: há riscos da programação de base de dados algorítmicos dos sistemas de identificação facial, utilizados pela SP, ao serem estruturados sem uma perspectiva de justiça antidiscriminatória, contribuírem para a construção de um *ethos* social que reproduz o racismo estrutural? Entre as fontes de pesquisa destaca-se o Anuário Brasileiro de Segurança Pública de 2024 (ANBSP), além dos diálogos estabelecidos com revisões de literatura sobre o tema racismo algorítmico e justiça social.

As variáveis associadas nesta pesquisa incluem a taxa de letalidade policial nas cidades baianas e a utilização de IA baseada em algoritmos raciais. Os dados do ANBSP revelam o seguinte cenário: das dez cidades mais violentas do Brasil, seis estão na Bahia; cinco cidades em que a polícia mais matou são baianas, a taxa de mortes violentas intencionais no Estado é a segunda mais alta do país; mais de 82% das vítimas de letalidade policial são negras, jovens e do sexo masculino, refletindo um risco 3,8 vezes maior de morte para pessoas negras em comparação com brancas. Esses dados podem demonstrar um viés racial nas operações policiais, o ANBSP revelou que os crimes de racismos aumentaram no Brasil em 77,9%.

O estudo também levantou a hipótese da falta de diversidade nos dados utilizados para treinar e programar os algoritmos de IA. Os resultados sugerem que, para alcançar uma justiça verdadeiramente antidiscriminatória, é necessário revisar e reestruturar os sistemas de IA com base em princípios de equidade e inclusão. Algorítmicos racistas tem alta probabilidade de ligação com os preconceitos (in)conscientes dos programadores e aos dados históricos usados para treinar esses sistemas. Fontes como banco de dados de imagens, por exemplo, tendem a priorizar a branquitude como uma representação universal, limitando a diversidade de subjetividades e existências.

A implantação de sistemas preditivos construídos com base em conjuntos de dados que refletem segregações históricas pode levar à violência material e simbólica contra populações negras e vulneráveis. Apesar das alegações de neutralidade, esses sistemas algorítmicos se alinham com narrativas oficiais de harmonia racial e meritocracia daltônica, ignorando insidiosamente seus preconceitos inerentes. Repara-se no fenômeno da letalidade policial o aumento das mortes violentas em decorrência da intervenção policial junto com a implantação do reconhecimento facial por IA na Bahia. Logo, enfrentar o racismo algorítmico requer discussões contínuas e alternativas reais para combater essa possível prática na indústria massiva de tecnologia atual contemporânea.

A aplicação de IA no sistema de SP, embora possa parecer uma solução tecnológica avançada, tem se mostrado problemática e poderá fomentar uma discriminação enraizada, havendo um risco de se perpetuar o racismo estrutural. É flagrante a necessidade de reformulação das políticas públicas de SP com base em IA, para assegurar que essas tecnologias sejam utilizadas de maneira socialmente justa e equitativa, garantindo que todos os cidadãos sejam tratados com dignidade e respeito.

REFERÊNCIAS

AMARAL, AJ; MARTINS, F.; ELESBÃO, AC. Racismo algorítmico: uma análise da branquitude nos bancos de imagens digitais. **Pensar:** Revista de Ciências Jurídicas, v. 26. n4. p. 1-9, 2021.

AMOSSY, R. (Org.) **Imagens de si no discurso:** a construção do *ethos*. Tradução de Dilson Ferreira da Cruz; Fabiana Komesu; Sírio Possenti. 2. ed. São Paulo: Contexto, 2013.

GOFFMAN, E. **A representação do eu na vida Cotidiana.** Tradução de Maria Celia Santos Raposo. 20. Ed. Petrópolis/RJ: Vozes, 2014.

GOFFMAN, E. **Estigma:** notas sobre a manipulação da identidade deteriorada. Tradução de Márcia Bandeira de Mello Leite Nunes. 4. ed. Rio de Janeiro: LTC, 2013.

MAINGUENEAU, D. **Variações do ethos.** Tradução Marcos Marcionílio. São Paulo: Parábola, 2020.

MOREIRA, J. A. Tratado de Direito Antidiscriminatório. São Paulo: Contracorrente. Nascimento, L.F. Algorithmic Racism: Artificial Intelligence, Ratification Of Marginalization Processes And The Law. **Revista Ibero-Americana de Humanidades, Ciências e Educação.** v.9 n12. p14. 2023.

NYLAND, J.J. Racismo algorítmico: uma revisão de literatura. **Research, Society and Development**, v. 12, n. 2. p.12. 2023.

SANTANA, M. de L.. Novas tecnologias, antigos interesses: sistema de reconhecimento facial e genocídio negro na Bahia. **Nexo Políticas Públicas**, 16 fev. 2024. Disponível em: https://pp.nexojornal.com.br/opiniao/2024/02/16/novas-tecnologias-antigos-interesses-sistema-de-reconhecimento-facial-e-genocidio-negro-na-bahia. Acesso em: 14 set. 2024.

SILVA, T. Necropolítica algorítmica. **Revista Sexualidade, Saúde e Sociedade**. Rio de Janeiro, 2023.

TRIBUNA DA BAHIA. **Reconhecimento facial na Bahia avança e chega a 81 municípios**. Disponível em: https://www.trbn.com.br/materia/I111569/reconhecimento-facial-na-bahia-avanca-e-chega-a-81-municipios. Acesso em: 14 set. 2024.

9. ECOÉTICA, INTELIGÊNCIA ARTIFICIAL E SUSTENTABILIDADE: UM DIÁLOGO ENTRE EDUCAÇÃO AMBIENTAL E OS ODS 4, 13 E 15

Rhadson Rezende Monteiro
Doutor em Desenvolvimento e Meio Ambiente pela Universidade Estadual de Santa Cruz; Doutorando em Direito pela Universidade Federal de Santa Catarina. Professor Adjunto da Universidade Federal do Recôncavo da Bahia.

RESUMO

O contexto ambiental contemporâneo é caracterizado por desafios complexos, exacerbados pelo Antropoceno, uma era definida pelo impacto das atividades humanas nos ecossistemas globais (Crutzen; Stoermer, 2000). A pesquisa aqui apresentada explora a interseção entre Ecoética, Inteligência Artificial (IA) e Educação Ambiental, com foco nos Objetivos de Desenvolvimento Sustentável (ODS) 4, 13 e 15. A partir de uma abordagem transdisciplinar, esta pesquisa visa contribuir para o avanço da literatura sobre Ecoética, destacando a relação entre tecnologia, governança e responsabilidade intergeracional no contexto das mudanças climáticas (IPCC, 2023).

A utilização de IA na gestão ambiental e na educação emerge como uma ferramenta essencial para acelerar a implementação de práticas sustentáveis. Tecnologias emergentes, como a IA, têm o potencial de otimizar a análise de dados ambientais, melhorar a eficiência dos processos burocráticos e apoiar a governança participativa (Da Silva et al., 2021). Nesse sentido, a IA desempenha um papel crítico na realização de ações climáticas (ODS 13) e na proteção dos ecossistemas terrestres (ODS 15), além de ser uma aliada na promoção da educação de qualidade voltada à conscientização ambiental (ODS 4) (Rech, 2020).

A metodologia desta pesquisa baseia-se em uma revisão bibliográfica aprofundada e na análise documental de relatórios de organizações como o Painel Intergovernamental sobre Mudanças Climáticas (IPCC) e o Instituto de Pesquisa Econômica Aplicada (IPEA). Esses relatórios oferecem uma visão detalhada dos impactos das mudanças climáticas e do progresso em relação aos ODS (Monteiro, 2024). A análise jurídica, apoiada pela hermenêutica, investiga como as legislações ambientais e os princípios da Ecoética podem ser aplicados de forma eficaz para promover a sustentabilidade (Streck, 2021).

Este estudo busca, ainda, compreender como a educação ambiental, em sinergia com a tecnologia, pode contribuir para a formação de uma cidadania crítica e responsável, preparada para enfrentar os desafios climáticos do século XXI. Layrargues e Lima (2014) identificam que as tendências da educação ambiental no Brasil variam de enfoques conservacionistas a críticos, sendo necessário um equilíbrio que incorpore tanto a consciência ecológica quanto a transformação social.

A Ecoética, nesse contexto, atua como um pilar fundamental para a internalização de práticas sustentáveis, orientadas pela justiça socioambiental e pela proteção dos direitos das futuras gerações (Leff, 2006). Os resultados preliminares da pesquisa indicam que a IA, quando aplicada na educação ambiental e na gestão de políticas públicas, pode facilitar o monitoramento de indicadores ambientais, acelerar a análise de grandes volumes de dados e promover a transparência nas tomadas de decisão (Dias, 2015).

Esses avanços tecnológicos também contribuem para a gestão de áreas protegidas e unidades de conservação, auxiliando na implementação de práticas de governança ambiental mais inclusivas e eficazes (Monteiro et al., 2021). Além disso, o estudo reforça a importância da governança participativa e da responsabilidade intergeracional no contexto das políticas públicas ambientais. Jonas (2007) destaca que as decisões tomadas hoje devem considerar o impacto sobre as gerações futuras, o que exige uma abordagem ética que transcenda as fronteiras do direito positivo.

A educação ambiental desempenha um papel central na construção dessa consciência ética, fornecendo as ferramentas necessárias para que as sociedades modernas enfrentem os desafios da sustentabilidade de maneira equitativa (Cortella, 2018).Conclui-se que a integração de Ecoética, IA e Educação Ambiental é essencial para a construção de um modelo de governança sustentável que responda às exigências contemporâneas de preservação ambiental e justiça social.

A pesquisa aqui apresentada contribui para o avanço das discussões teóricas e práticas sobre sustentabilidade, destacando a importância de uma abordagem interdisciplinar para o enfrentamento da crise climática e a promoção de uma cidadania ambiental crítica. Essa abordagem está alinhada com as metas da Agenda 2030 e dos ODS, especialmente os ODS 4, 13 e 15, que visam garantir educação de qualidade, ações climáticas eficazes e a proteção dos ecossistemas terrestres (ONU, 2015).

REFERÊNCIAS

CRUTZEN, P. J.; STOERMER, E. F. **The 'Anthropocene'. Global Change Newsletter**, n. 41, p. 17-18, 2000.

DA SILVA, L. M. M.; MARQUES, A. P. B.; ALKIMIM, M. A. **Inteligência Artificial e a Dignidade do Trabalhador no Meio Ambiente de Trabalho**. São Paulo: LTr Editora, 2021.

DIAS, G. F. **Pegada ecológica e sustentabilidade humana.** São Paulo: Global Editora e Distribuidora Ltda, 2015.

IPCC. Climate Change 2021/2023: **The Physical Science Basis. Contribution of Working Group I to the Sixth Assessment Report of the Intergovernmental Panel on Climate Change.** Cambridge: Cambridge University Press, 2023.

JONAS, H. **O princípio responsabilidade: ensaio de uma ética para a civilização tecnológica.** Rio de Janeiro: Contraponto, 2006.

LAYRARGUES, P. P.; LIMA, G. F. C. As macrotendências político-pedagógicas da educação ambiental brasileira. **Ambiente & Sociedade**, São Paulo, v. 17, n. 1, p. 23-40, 2014.

LEFF, E. **Racionalidade Ambiental: a reapropriação social da natureza**. Rio de Janeiro: Civilização Brasileira, 2006.

MONTEIRO, R. R. et al. **Ecoética e o Estado Socioambiental: Educação, Direito, Natureza, Política, Tecnologia e Sustentabilidade em Diálogo**. Projeto de Pesquisa UFRB, 2024.

MONTEIRO, Rhadson Rezende. (Eco)Ética, Estado e Esfera Pública: uma reflexão histórico-filosófica sobre a ótica transdisciplinar. In: Juan Morales Ordóñez; Irene Cristina de Mello Rossana; Valéria de Souza e Silva. (Org.). **Ética, Universidade e Sociedade**. 1ed.Quito, Ecuador: Editora Casa; Universidad del Azuay, 2022, v. 1, p. 1-265.

ONU. **Agenda 2030 para o Desenvolvimento Sustentável**. Nova York: ONU, 2015.

RECH, A. U. **Inteligência artificial, meio ambiente e cidades inteligentes**. Caxias do Sul: Educs, 2020.

10. O USO DE IA COMO FERRAMENTA NO PROCESSO DE ENSINO DA GRADUAÇÃO DE DIREITO

Rita Lobo Freitas
Graduanda do curso de Bacharelado em Direito, Universidade Católica do Salvador (UCSal).

Alexandre Barreiros de Carvalho Fonseca
Doutorando em Políticas Sociais e Cidadania na UCSal. Mestre em Filosofia pela Universidade Federal da Bahia (UFBA). Pós-Graduado em Direito do Estado pela Faculdade Baiana de Direito (FBD). Graduado em Filosofia pela UFBA. Graduado em Direito pela UCSal. Analista Judiciário do Tribunal de Justiça da Bahia (TJBA).

RESUMO

O presente texto se incube da tarefa de promover reflexões sobre o uso da Inteligência Artificial (IA) como ferramenta no processo de ensino na graduação do curso de Bacharelado em Direito. A escolha dessa temática, emerge da problemática, inserida no recente debate que toma conta das universidades, mas sobretudo do campo de trabalho do operador do direito, a respeito dos impactos que a popularização desta tecnologia tem trazido para a comunidade acadêmica e jurídica como um todo, a partir das plataformas de IA, de uso gratuito e aquelas ainda mais aprimoradas de uso pago.

Não é raro encontrar relatos de que o uso de IA possa trazer prejuízos acadêmicos no processo de ensino e aprendizagem, ou seja na formação inicial dos futuros juristas, bem como na atividade prática do operador do direito. Como exemplo citamos a elaboração de trabalhos científicos com o uso da IA, no âmbito das universidades, bem como o seu uso na elaboração das teses e argumentos jurídicos, ou na elaboração de uma exordial para uso efetivo no judiciário.

Desde o período da pandemia, notadamente quando houve um avanço das tecnologias digitais aplicadas à educação, percebeu-se também um avanço da tecnologia com IA. Segundo Kaufman e Santaela (2020), as máquinas e o sistemas inteligentes, executam tarefas que anteriormente eram prerrogativas de humanos, há no entanto, benefícios e desvantagens ao uso da IA. De acordo com Trindade e Oliveira (2024) muitas são as tarefas em diferentes campos profissionais, realizadas pela IA, tais como: diagnóstico e prevenção de doenças na saúde; elaboração de petições e previsão de sentenças no direito; análise de melhoria de redes de telecomunicações, além de um vasto uso no campo dos serviços de atendimento a usuários em diferentes áreas, pois essa tecnologia já está presente nos smartfones utilizados por quase 100% da população brasileira.

As desvantagens, perpassam pela possibilidade do desaparecimento de certas profissões, além da possível perpetuação de vieses preconceituosos presentes na sociedade e ou o favorecimento de desinformação. Em nosso ponto de vista, o debate perpassa por vários ângulos de discussão mais profundos, especialmente sobre os aspectos éticos do uso dessa tecnologia, tanto no ensino, quanto na pesquisa cientifica e acadêmica, como na prática profissional do operador do direito. Diante da problemática, o objetivo desta pesquisa é avaliar, as possibilidades de uso da IA nas aulas da graduação de direito, no âmbito das práticas de ensino, como possibilidade de colaboração na construção do conhecimento do futuro jurista.

Nesse sentindo, o principal debate fundou-se na questão principal do uso ou não da IA em um curso de direito de uma universidade de Salvador, além disso, como esta tecnologia estaria sendo utilizada nesse *locus.* A metodologia foi a pesquisa qualitativa, com a observação participante. Foram observados quinze componentes curriculares, desenvolvidos de agosto de 2023 a setembro de 2024.Os componentes observados, foram categorizados nas áreas de direito penal, civil, constitucional e direito administrativo, ministrados no segundo e terceiro ano do curso de direito da referida universidade.

A observação participante, pautou-se nas seguintes questões: a) O professor usa a IA nas aulas? b) o professor declarou usar IA na produção do material de sala de aula? c) o professor indicou aos estudantes ou orientou quanto ao uso de IA para sua disciplina? Surpreendentemente, dos quinze componentes curriculares, ou disciplinas observadas, a resposta foi não para qualquer uma das questões observadas. Ou seja, os docentes, não utilizam, ou pelo menos, não declararam utilizar IA na produção de material de aula, ou pesquisa. Além de não fazer indicação para que os educandos o façam, tão pouco inseri-la em sua prática pedagógica de sala de aula. Ao contrário, a observação que se identificou foi o uso de mecanismos para coibir o uso de IA, principalmente nas avaliações online.

Apenas um dos docentes indicou para os educandos a possibilidade de usar a ferramenta para estudo, e não a incluir na produção de textos de cunho avaliativos ou em sala de aula. As reflexões que apontamos são na verdade questões que levantamos preliminarmente à continuidade desse estudo, ora em andamento, e das razões que levam os docentes, da área jurídica a não utilização de IA como ferramenta pedagógica para construção do saber jurídico. Um segundo ponto é a discussão ética do uso de tal ferramenta na prática jurídica.

E por fim, que ao que tudo indica, os futuros juristas não estão sendo preparados para enfrentar, utilizar, adaptar-se e potencializar a atividade do operador do direito, sua futura profissão, com o advento de uma superinteligência com potencial para superar a inteligência humana em quaisquer práxis que a desenvolva.

REFERÊNCIAS

KAUFMAN, D.; SANTAELLA, L. O papel dos algoritmos de Inteligência Artificial nas redes sociais. **Revista Famecos**, Porto Alegre, v. 27, [s.n.], p. 1-10, maio 2020. Disponível em: <https://revistaseletronicas.pucrs.br/revistafamecos/article/view/34074/19629>. Acesso em: 30/09/2024.

TRINDADE, Alessandra Stefane Cândido Elias da; OLIVEIRA, Henry Poncio Cruz de. Inteligência artificial (ia) generativa e competência em informação: habilidades informacionais necessárias ao uso de ferramentas de ia generativa em demandas informacionais de natureza acadêmica científica. **Perspectivas em Ciência da Inform**ação, Belo Horizonte, v. 29, Fluxo Contínuo, 2024. Disponível em:
<https://www.scielo.br/j/pci/a/GVCW7KbcRjGVhLSrmy3PCng/?lang=pt>.Acesso:29/09/2024.

11. APLICAÇÃO DA INTELIGÊNCIA ARTIFICIAL NO DIREITO MÉDICO E DA SAÚDE

Rodrigo Eduardo Rocha Cardoso
Doutorando em Direito no Doutorado Interinstitucional (Dinter) Ues/UFSC. Mestre em Cultura e Turismo pela Uesc. Bacharel em Direito pela FTC. Advogado da Aspra. Professor substituto da Universidade Estadual de Feira de Santana (Uefs).

RESUMO

A inteligência artificial (IA) revolucionou o campo da saúde, trazendo avanços avançados em precisão de diagnóstico, triagem de pacientes e tratamento de dados. Entretanto, o uso dessa tecnologia levanta questões éticas e jurídicas que ainda precisam ser enfrentadas, sobretudo em relação à privacidade dos pacientes e à responsabilidade legal em procedimentos assistidos por IA.

Além disso, a resistência de alguns profissionais e a infraestrutura limitada de algumas operadoras de saúde dificultam a plena implementação dessas inovações. A presente pesquisa visa investigar como a IA está transformando o direito médico e da saúde, explorando os desafios e benefícios de sua aplicação. A metodologia utilizada baseia-se numa revisão bibliográfica de artigos acadêmicos, legislações e relatórios que tratam da aplicação da IA no setor de saúde e suas implicações jurídicas.

As fontes comprovadas incluem a Lei Geral de Proteção de Dados (LGPD), estudos de caso sobre erros médicos assistidos por IA, e comparações com regulamentações internacionais, com foco em identificar os principais desafios e oportunidades. A análise dos dados coletados visa fornecer uma visão crítica e abrangente do impacto da IA na prática médica e nas questões jurídicas a ela relacionadas.

O objetivo da pesquisa é examinar o impacto da IA no direito médico e da saúde, focando nos benefícios que a tecnologia pode trazer em termos de eficiência diagnóstica e ampliação do acesso aos serviços médicos. Além disso, a pesquisa visa discutir os desafios jurídicos que surgem com o uso da IA, como a responsabilidade em casos de erro médico e as implicações da proteção de dados sensíveis. Também se busca refletir sobre a potencialidade da IA em regiões remotas, onde o acesso a médicos especialistas é limitado.

Os resultados indicam que a IA tem potencial para expandir o acesso a cuidados de saúde de qualidade, particularmente em regiões onde a presença de especialistas é escassa. A capacidade da IA de analisar grandes volumes de dados e oferecer diagnósticos rápidos permite que os profissionais de saúde melhorem a eficiência no tratamento dos pacientes.

Contudo, a resistência de alguns profissionais em adotar a tecnologia é um dos principais desafios apontados, especialmente devido à falta de familiaridade com essas ferramentas e ao recebimento de depender de tecnologias que ainda não possuem uma regulamentação jurídica clara.

Além disso, a privacidade dos dados dos pacientes surge como um problema central. A LGPD, vigente no Brasil, estabelece normas sobre o tratamento de dados pessoais, mas sua aplicação específica no contexto da saúde e da IA ainda é um ponto de debate. Garantir que os dados dos pacientes sejam protegidos é essencial para manter a confiança na utilização da IA no setor de saúde. No entanto, a legislação ainda precisa avançar para acompanhar a velocidade com que as novas tecnologias estão sendo inovadoras.

No âmbito jurídico, um dos grandes dilemas levantados pela pesquisa diz respeito à responsabilidade em casos de erro médico envolvendo IA. Quando um diagnóstico incorreto é fornecido por um sistema de IA, quem cabe a responsabilidade? Ao médico que utilizou uma tecnologia, ao desenvolvedor de software ou à instituição de saúde? A falta de uma legislação clara sobre o uso da IA em processos médicos complica a resposta a essa questão, tornando necessária a criação de diretrizes específicas para lidar com essas situações.

Assim sendo, a pesquisa destaca que, embora a IA tenha o potencial de transformar positivamente o setor de saúde, é imperativo que sejam regulamentações claras para garantir sua utilização de forma ética, segura e responsável. O desenvolvimento de marcos legais que abranjam tanto a proteção de dados quanto a responsabilidade em casos de erro médico é fundamental para garantir a segurança dos pacientes e a eficácia no uso dessas novas tecnologias.

REFERÊNCIAS

BRASIL. **Lei Geral de Proteção de Dados Pessoais (LGPD)**. Lei n. 13.709, de 14 de agosto de 2018. Disponível em: https ://www .in .gov .br /materia //-/asset_publisher /KujrwoTZC2Mb /content /id /46558635. Acesso em: 12 out. 2024.

CARVALHO, A. C. et al. Inteligência Artificial: riscos, benefícios e uso responsável. **Estudos Avançados**, v. 35, p. 21-36, 2021.

HASSE, Juliana Peneda. Inteligência artificial na medicina: uma análise abrangente e atualizada com ênfase em aspectos legais, éticos e tecnológicos. **Revista de Direito da Saúde Comparado**, v. 3, n. 4, p. 70-79, 2024.

12. AUTOMAÇÃO E INTELIGÊNCIA ARTIFICIAL: DESAFIOS JURÍDICOS NA SALVAGUARDA DOS DIREITOS TRABALHISTAS

Tales Almeida Andrade
Mestre em Economia Regional e Políticas Públicas (UESC). Advogado. Sócio Fundador do Almeida & Korontai Sociedade de Advogado e Titular da Cadeira nº 20 da Academia de Letras Jurídicas do Sul da Bahia (ALJUSBA).

Geraldo Calasans da Silva Júnior
Doutorando em Direito pela Universidade Federal da Bahia (UFBA). Advogado. Professor Substituto da Universidade Estadual de Santa Cruz (UESC) e Titular na UNEX/Itabuna.

RESUMO

A inteligência artificial (AI) tem se consolidado como uma das tecnologias mais transformadoras do Século XXI, permeando diversas áreas da sociedade, incluindo economia, saúde, transporte e, de maneira expressiva, o mercado de trabalho. A automação proporcionada pela IA promete aumentar a eficiência e a produtividade, mas também levanta sérios desafios jurídicos, especialmente no que diz respeito à proteção dos direitos constitucionais e infraconstitucionais dos trabalhadores.

A substituição de tarefas humanas por sistemas automatizados traz à tona questões sobre a preservação de empregos, a manutenção de condições justas de trabalho e a responsabilidade legal das empresas que adotam tais tecnologias. Nesse contexto, o principal problema é a lacuna regulatória e a dificuldade de adaptação do direito trabalhista ao avanço rápido e contínuo da automação.

A pesquisa, de caráter qualitativo e exploratório, utilizou-se da revisão bibliográfica de livros e artigos científicos, além de análise documental, de legislações e estudos de casos, com o objetivo principal de identificar e analisar os desafios jurídicos da automação na proteção dos direitos trabalhistas. Nesta pesquisa, buscou-se especificamente compreender como o direito pode e deve evoluir para proteger os trabalhadores em um cenário onde a IA assume um papel cada vez mais central no desempenho de tarefas anteriormente realizadas por seres humanos.

A pesquisa também explorou as implicações éticas e jurídicas da automação no trabalho, incluindo a necessidade de novas regulamentações e a adaptação das existentes para garantir justiça e equidade no ambiente laboral. Ainda, verificou-se como a Constituição Federal, em razão de sua normatividade, pode salvaguardar os direitos fundamentais no âmbito laboral; até porque os direitos fundamentais vinculam não apenas o Estado, mas também a relação entre os particulares.

Os resultados indicam que a automação tem o potencial de substituir massivamente trabalhadores, especialmente em funções repetitivas e operacionais, como é o caso do setor bancário. Isso coloca um desafio ao direito: criar mecanismos para proteger os empregos existentes e facilitar a transição dos trabalhadores para novas funções na economia digital. É essencial proceder com prudência na implementação da inteligência artificial (IA) e desenvolver novas formas de proteção para minimizar seus efeitos prejudiciais. Para isso, é necessário realizar uma medição sistemática do impacto da IA nos diversos setores do trabalho e da economia. Ressaltando-se que o desenvolvimento profissional deve incluir a compreensão e a integração da tecnologia, entre outras medidas. Outrossim, pontue-se que o uso abusivo da IA pode afrontar inúmeros direitos fundamentais inerentes à pessoa humana, tais como a dignidade da pessoa humana (art. 1º, III, da CF/88), não-discriminação baseada em sexo, origem racial ou étnica, religião ou crença (art. 3º, IV, art. 5º, caput, art. 7º, XXXI, da CF/88), a privacidade e intimidade (Art. 5, X e XII, da CF/88).

De mais a mais, a IA destaca a necessidade de redefinir responsabilidades. Quando uma máquina ou algoritmo toma decisões que afetam os trabalhadores, surge a questão de quem deve ser responsabilizado em caso de erro ou injustiça: o desenvolvedor da IA, o empregador que adotou a tecnologia ou a entidade que gerencia o sistema? Este é um terreno jurídico ainda pouco explorado, que exige clareza normativa para evitar lacunas legais e proteger adequadamente os direitos dos trabalhadores.

Por fim, a pesquisa aponta para a urgente necessidade de garantir condições justas de trabalho em um ambiente cada vez mais automatizado. Isso inclui a regulação do uso de IA para monitoramento de desempenho e tomadas de decisões sobre promoções ou demissões, a fim de evitar abusos e discriminações. À vista disso, conclui-se que, embora a automação traga benefícios econômicos, o Direito do Trabalho deve se adaptar para garantir que os trabalhadores não sejam prejudicados. É necessária uma regulamentação holística que considere as implicações econômicas, éticas e sociais, demandando um esforço conjunto entre legisladores, juristas, empregadores e a sociedade.

REFERÊNCIAS

CONCEIÇÃO, Alessandra Alves Conceição; OLIVEIRA, Renata Cerqueira Nabuco; ANDRADE, Tales Almeida; LACERDA, Vinícius Matias Figueiredo de. A (in)definição trabalhista da relação jurídica dos trabalhadores por aplicativos. Rev. Eletr. Ejud TRT 17. Reg., Vitória/ES, Ano 11, n. 21, p. 71-94, nov. 2022. Disponível em: <https://www.trtes.jus.br/portais/escola-judicial/publicacoes/leitor/845964014?ClassificacaoPai=22602&Ordenacao=asc&Icone=pdf>. Acesso em: 02 de Set. de 2024.

DAMILANO, Cláudio Teixeira; STURMER, Gilberto. Regulação da inteligência artificial para garantia dos direitos fundamentais nas relações de trabalho. Rev. Eletr. Unifor. Disponível em https://www.google.com/url?sa=t&source=web&rct=j&opi=89978449&url=https://www.unifor.br/documents/392178/3101527/Claudio%2BTeixeira%2BDamilano%2Be%2BGilberto%2BSummer.pdf/4021973e-03b6-d6b8-17b3-a63e38e501c4&ved=2ahUKEwjV6KGfuKeIAxU7npUCHdv1CVwQFnoECD0QAQ&usg=AOvVaw0krZKo_wolkU7TCBwbnBl3. Acesso em 02 de Set. de 2024.

MINHARRO, Erotilde Ribeiro dos Santos. Novas tecnologias e seus impactos no mundo do trabalho e do processo do trabalho. Revista Internacional Consinter de Direito, Paraná, Brasil, v. 10, n. 18, p. 329-344, 2024. DOI: 10.19135/revista. Consinter.00018.13. Disponível em: <https://www.revistaconsinter.com/index.php/ojs/article/view/575. Acesso em: 2 set. 2024.

NASCIMENTO, Leonora Helena Alves do. Inteligência artificial e o desemprego tecnológico. 2020. 37 páginas. Monografia (Graduação) – Curso de Direito – Universidade Presbiteriana Mackenzie, São Paulo, 2020.

SARLET, Ingo Wolfgang. A eficácia dos direitos fundamentais: uma teoria geral dos direitos fundamentais na perspectiva constitucional. 13. ed. rev. e atual. – Porto Alegre: Livraria do Advogado, 2018.

SZNELWAR, Laerte Idal (Org.). Saúde dos bancários. 1ª Ed. São Paulo: Publisher Brasil, 2011.

13. DIREITO NO CINEMA: REFLEXOS SOCIAIS E JURÍDICOS DO USO DA INTELIGÊNCIA ARTIFICIAL NA SÉTIMA ARTE

Thiago Oliveira de Sá
Discente do curso de Bacharelado em Direito DCIJUR/UESC - Universidade Estadual de Santa Cruz, Ilhéus – BA.

RESUMO

A pesquisa apresentada no Congresso é fruto das discussões do Grupo de pesquisa em Direito, Cinema e Filosofia - Cinestesia (UESC/CNPq), e objetiva trazer à baila as consequências jurídicas do uso da inteligência artificial dentro da audiovisualidade, especialmente no cinema.

O fenômeno da inteligência artificial tem tido destaque nos últimos tempos, de modo que serve à sociedade simulações e produções automáticas de textos, sons, imagens e até mesmo de comportamentos, com suposta intenção de trazer praticidade e entretenimento para a vida em sociedade. Inevitavelmente a inteligência artificial afeta o universo da audiovisualidade, sobretudo as produções fílmicas, pois torna-se um meio de vantagem econômica que utiliza replicação de cenas sem autorização, escaneamento e uso indevido da imagem, e captura e reprodução de movimentos para substituir atores e figurantes por suas versões digitais, com um uso de imagem que implica em questões de direitos autorais e da personalidade.

Além do uso, controle e produção de imagem, a inteligência artificial ainda tem influência na composição de cenários, sons, dublagens, textos e roteiros, que muitas vezes reprimem a originalidade e os aspectos naturais das produções audiovisuais, com alto risco de lesão a direitos intelectuais e da personalidade de artistas, atrizes, atores, roteiristas, dubladores, dentre outros sujeitos inseridos no processo de produção da audiovisualidade.

O direito de imagem é protegido pelo artigo 5º, inciso X, da Constituição Federal, como uma garantia fundamental. O artigo 20 do Código Civil traz regras sobre o direito de imagem e o classifica como um direito da personalidade, vedando a exposição ou utilização da imagem de alguém sem permissão. Já o direito intelectual ocupa-se em proteger e incentivar a criação, inovação, invenção e a criatividade humana, contemplando os direitos autorais conforme a Lei 9.610/98, que trata das criações intelectuais artísticas.

O impacto da inteligência artificial no cinema reflete a complexidade das interações entre tecnologia, arte e sociedade, de modo que desafia convenções e redefine o processo criativo por trás das produções cinematográficas. A substituição da mão de obra humana pela máquina levanta questões sobre a individualidade da expressão artística e a conexão emocional entre o público e as obras da sétima arte. O uso de algoritmos avançados analisa padrões narrativos, gêneros de sucesso e preferências do público, mas pode resultar numa obra genérica e sem originalidade, o que afasta os elementos cativantes de uma obra fílmica, que por vezes são frutos das perspectivas e experiências pessoais únicas dos roteiristas, diretores e elenco.

Nota-se uma nova forma de controle social através do som, da escrita e da imagem, na qual os indivíduos tornam-se reféns de produtores cinematográficos e deixam de deter os direitos de sua própria imagem e propriedade intelectual, e ficam sujeitos a ver uma versão digital de si mesmo com comportamentos e falas que não manifestam a sua vontade.

Através da abordagem qualitativa e explicativa, o resultado alcançado da pesquisa bibliográfica e análise empírica cumpre com a finalidade estabelecida de evidenciar as graves implicações jurídicas do uso da inteligência artificial na audiovisualidade, com a conclusão de que, na atualidade, os sujeitos são controlados e sofrem severas lesões de seus direitos da personalidade em razão da manipulação desmedida promovida pela inteligência artificial dentro do cinema, o que deve ser vedado e repreendido pelas normas vigentes de forma rigorosa e eficaz.

REFERÊNCIAS

CHALUB, Ana; SOUZA, Murilo. Segmento de dublagem pede proteção legal contra uso de voz gerada por inteligência artificial. **Agência Câmara de Notícias**, publicado em 29/08/2024 - 16:30, disponível em: https://www.camara.leg.br/noticias/1092791-segmento-de-dublagem-pede-protecao-legal-contra-uso-de-voz-gerada-por-inteligencia-artificial

DUVANEL, Talita. Inteligência artificial é usada a sério na escrita de filmes e séries e levantam questões sobre autoria e criatividade. **O Globo,** publicado em 15/02/2023 04h29, disponível em: https://oglobo.globo.com/google/amp/cultura/filmes/noticia/2023/02/inteligencia-artificial-e-usada-a-serio-na-escrita-de-filmes-e-series-e-levantam-questoes-sobre-autoria-e-criatividade.ghtml

GOODHEART, Jessica. Figurantes dizem que já estão perdendo trabalhos para a inteligência artificial. **Fast Company Brasil,** publicado em: 23/08/2023, disponível em: https://fastcompanybrasil.com/tech/inteligencia-artificial/figurantes-dizem-que-ja-estao-perdendo-trabalhos-para-a-inteligencia-artificial/

PRESSE, France. Acordo após greve de atores de Hollywood põe limites à Inteligência Artificial de filmes e séries. **G1 - Globo**, publicado em 12/11/2023 03h46, disponível em: https://g1.globo.com/google/amp/pop-arte/cinema/noticia/2023/11/12/acordo-apos-greve-de-atores-de-hollywood-poe-limites-a-inteligencia-artificial-de-filmes-e-series.ghtml

SANTOS, Lucas Vinicius Brito dos. O impacto da inteligência artificial nas greves de Hollywood. **Febraban Tech**, publicado em: 29/11/2023, disponível em: https://febrabantech.febraban.org.br/especialista/renato-opice-blum/o-impacto-da-inteligencia-artificial-nas-greves-de-hollywood